克萊恩與臺灣

與

臺灣

反共理想與理性之衝突和妥協

涂成吉／著

目次

第一章 緒論

二次大戰後的美台關係發展歷程中，雷‧克萊恩（Ray Steiner Cline）一直是被雙方歷史忽略的指標性人物，因為直言不諱的性格，對台灣特殊的感情支持，尤其與蔣經國知交好友之特殊背景，一度曾受美台極峰倚重。

克萊恩不論在表象、黨派交遊與堅決反共的態度，思想一直定位於極右保守人士之列。但考察分析克萊恩從一九五〇年代末起，這段冷戰狂飆，黑白分明的風潮中，我們發現他一生對台之思想理念與實踐作為，卻是極其巧妙包裹於反共理想大旗下，靈活折衝於國府激進與美國現實政治的極端之間，如履薄冰般，求取平衡點，極具務實與權變性格，並不全然符合他極右保守主義之形象外衣。本論文根據此一認知，欲深入探究克萊恩以「務實性理想主義者」的內在思想，卻宛如行走於「政治鋼索之上者」的外顯作為，解釋他對近代台美關係走向之影響。

第一節 研究動機與目的

研究動機

一九五〇年，當台灣命運正徘徊於重生與覆滅與台美局面仍處混沌未卜之際，六月韓戰爆發，打亂了杜魯門原先準備放棄台灣，承認

中共的全盤棋局[1]，在冷戰的反共意識型態架構下，美國只有決定重新支持台灣的國民政府。

一九五四年十二月三日，中華民國與美國政府宣佈完成「中美共同防禦條約」談判，當天下午四時，於美國國務院五樓，舉行簽約儀式，由我國外長葉公超與美方國務卿杜勒斯（John F. Dulles）在條約上簽字。一九五五年三月三日，葉公超與杜勒斯復於台北市中山樓堡壘廳，舉行互換批准書儀式，條約隨即生效。[2]

岌岌可危的國府政權雖然藉著美國一紙防衛承諾，暫時穩定了台灣生存；但強化維繫台美日後關係者，卻是相當仰賴情報計畫之合作落實；中央情報局台北站也成了美國駐台軍事單位中[3]最受國府信任之

1　邵玉銘，「試論大陸淪陷前後之中美關係及中美共同防禦條約之解釋與存廢問題」，傳記文學，第三十五卷，第二期（台北：傳記文學，民國六十八年），頁二十六。及王正華編，中華民國與聯合國史料彙編：中國代表權（台北：國史館，民國九十年），頁二〇。此一計畫佈局可見以下諸端：（一）一九四九年二月二十四日，美發表「塵埃落定」談話。八月五日公佈「白皮書」，將中國之失敗，完全歸咎於國府無能。十二月二十三日，美國務院通令所有駐外單位，為台灣即將被中共解放，先作輿論準備。（二）一九五〇年一月十二日，艾契遜在向美國家記者俱樂部（NPC）演說中，預見中共將採取民族主義之反蘇路線，在「狄托主義」的期待及幻想下，美當避免採取任何行動使中共仇美，且別除台灣於美國西太平洋防線之外。（三）美國務院對國府在台灣之主權，甚至國家政權承認，皆採消極態度，故一九五〇年當我聯合國代表團蔣廷黻大使，要求美國代表團視我代表權為一實質問題時，竟遭美拒絕。（四）從駐華大使司徒雷登（J. Leighton Stuart）一九四九年八月二日離任，直到藍欽（Karl L. Rankin）一九五三年四月二日升任大使，三年七個月時間，美國未派大使級正式使節到台。

2　符兆祥，葉公超傳，（台北：懋聯文化基金，民國八十二年），頁一四七～一四八。

3　劉鳳翰、李郁青，溫哈熊先生訪問錄（台北：中央研究院近代史研究所，民國八十六年），頁二八三～二八八。美國軍事團體開始正式駐進台灣是在韓戰爆發及共同防禦條約簽署後，當時美國在台的三個主要相關軍事單位，除了一九五〇年底成立之中央情報局單位—西方公司，負責大陸情報蒐集及秘密間諜人員訓練滲透外，還有一九五一年五月一日成立之「美國軍事顧問團」

組織，始得翻覆韓戰時期「臨時及片面服務美國利益」的情報規劃，積極擴張兩國秘密軍事行動範圍。台灣當時在亞洲從事反共熱戰之活躍，除深入韓國、西藏、中南半島，甚至擴及印尼，足稱是當時美國在遠東最密切的戰略伙伴，使台灣在美蘇冷戰中，風雲再起，搖身一變為亞洲反共的急先鋒。就軍事意義言，台美終於再度回復二次大戰時軍事同盟之休戚與共[4]；就雙方關係，也一掃自一九四九年以來的外交低潮狀態，開啟兩國緊密與友好的階段。而當時一面協助維護臺灣生存安全之參與，又一面負責中美戰略情報合作，重啟兩國關係新機之第一線推手人物，正是雷・克萊恩。

　（MAG），首任顧問團團長蔡斯（M. Gen. William C. Chase），歷十四任，駐台近二十八年之久。一九五五年因台海情勢緊張，而成立之「美軍協防台灣司令部」（Taiwan Defense Command），首任協防司令普萊德（V. Adm. Alfred M. Pride, USN），也有十一任，二十四年駐台歷史。溫將軍發現幾乎所有協防司令與顧問團長之間相處多為不洽，前者有名無實，只有戰事時才能發揮；而後者對台較有實權，如武器銷售與軍事建議提供。一九五四年七月十六日，美軍顧問團合併到中情局駐台機構「海軍輔助通訊中心」（Naval Auxiliary Communications Center）。中情局成為美國在台最具權力之軍事機構。

[4]　中國社會科學院譯，顧維鈞著，顧維鈞回憶錄，七卷上，第十分冊，（北京：中華書局，一九八九年），頁二四，五五，三三，二三四。在一九五〇年六月二十五日韓戰爆發後，杜魯門採取「台海中立化」政策至一九五三年二月二日，艾森豪宣佈不以「第七艦隊作共產中國的後盾」加以終止「中立」之期間，中情局就已秘密協同國府，針對大陸東南沿海、西南滇緬為範圍，進行以游擊突襲戰為規模的軍事行動。但到了五四年中美共同防禦條約時，按杜勒斯看法，美方戰略重點雖在十二月十日的換文（Exchange of Notes）部分中所規定「任一締約國在任一區域使用武力，將為共同協議之事項……凡由兩締約國雙方共同努力與貢獻所產生之軍事單位，未經共同協議不可將其調離第六條所述各領土（此指台、澎）……」，意指中華民國對大陸採取軍事行動，必須事先取得美同意。惟我國當時外長葉公超及駐美大使顧維鈞以為此一規定並不表示我國已放棄光復大陸之權利與行動，本約對此無任何規定，因此自不受任何他國之建議或禁止。

　　本書研究動機即感懷於在美台關係重新出發的五〇年代裏，有一群親身在台，默默工作的美籍官員，一直是歷史忽視研究的對象；因為實地負責一切美國對台有關軍事、情報、政治與美援的工作，這群「微小卻又巨大」的美國友人，其實對台灣安全鞏固與台美關係之影響，有著更具關鍵的地位。相較其中，美國前中情局台北站長（Station Chief in Taipei）克萊恩，除有親身在台，同舟與共的際會外，克萊恩深層融入台灣風土人情及與蔣介石父子深厚特殊之關係，介入台灣政治與影響兩國關係走向之深，益顯特殊而非比尋常，克萊恩的反共理想、靈活務實與對台感情的三項特質，的確為當時低迷的美台關係帶來一段近代罕見的歷史高峰。

研究目的

　　克萊恩於一九五六年正式被任命為中情局台北站長，經一年中情局「農場」（Farm）[5]訓練，於五八年初蒞台到任；克萊恩是中情局台北站長任內，最積極任事者；這段時間克萊恩全然著迷於情報事業中最迷人的所謂「祕密作業」部分。[6]直到六二年返回中情局擔任副局長，克萊恩承認在台灣的五年，是個人情報生涯中最刺激（stimulating）

---

[5]　張殿清，間諜與反間諜（台北：時英，民國九十年），頁一九四。中情局在維吉尼亞州所設之農場，又稱「三軍實驗訓練基地」，對於新召募之情報間諜人員，即使曾經擔任諜報人員，也要在這裡進行間諜技巧的培訓，訓練內容除了有射擊、擒拿、監視、跟蹤、自衛技能等傳統科目外，還有談判策略、電腦網路操作、抗誘惑能力、與人快速聯絡的訓練。在這個農場受訓後的人員都將分配到秘密行動工作。

[6]　國防部史政編譯局，國軍簡明美華辭典，（台北：國防部，民國八十六年），頁二一八。covert operations 一詞統一譯「秘密作業」或「秘密作戰」，一般書籍亦譯「間諜活動」或「諜報活動」。

與懷念的階段。[7]深諳中國民情，喜好隨身「佩玉」，知道「拼酒、划拳」是工作必須，克萊恩更嫻於威權體制下的政治操作「工作上，只要掌握蔣經國，即可無往不利。」[8]但隨著時間的累積，使原本奉命監視蔣經國「政治傾向」的克萊恩卻愈加折服蔣經國的人格及理念，轉而向華府澄清對蔣「民主形象」成見。[9]在台五年期間，克萊恩與同樣也是負責台灣情報工作的蔣經國，結下三十年不解之緣的深厚友誼，這在中外情報史上，也是國家情治首腦人物間少有事例。按與蔣經國與克萊恩兩人相知甚深的共同摯友－前空軍情報署署長衣復恩對兩者關係之描述，最可見克對蔣友誼之仰賴與交心：「克萊恩對蔣經國用心良苦；無論公私，一切均隨蔣意，吃喝隨俗，宛若知友。」[10]

在配合中情局之全球反共秘密作業網路中，深受蔣經國「諜報實務」及「反共思想」影響的克萊恩，初起作法是改造台灣扮演美國在亞洲反共戰爭之秘密代理人，成為一支隨時打擊共黨勢力在亞

---

[7] Ray S. Cline, Secrets, Spies and Scholars: Blueprint of the Essential CIA （Washington: Acropolis Books, 1976），p.172.

[8] ibid., p.171, 174, 181.

[9] 聯合報國際新聞中心譯，Ray S. Cline 著，我所知道的蔣經國（台北：聯經，民國七十九年），頁四四～五一。及沈錡，「我所參加過的蔣公與美國訪賓的重要會議」，傳記文學，第七十八卷，第二期（台北：傳記文學，民國九十年），頁八六、八八。美國對「政工制度」之不滿，至少有美顧問團長蔡斯，尤其美國參謀首長聯席會議主席（JCS）雷德福（Arthur Radford）於一九五三年六月當蔣介石面，抱怨此制影響軍事技能、製造派系、打擊軍隊士氣，損及指揮系統，頗不以為然，雷因而直接建議蔣經國訪美，親自體驗美式民主政治運作，致蔣於同年首度訪美時，受到杜勒斯的以蔣之民主手段「有些粗暴」（"a little rough"）之當面質問。美對蔣經國的政治印象與民主疑慮，至一九五七年（克抵華前一年）三月，發生我平民劉自然遭駐華美軍士官雷諾槍殺之「五二四」事件後，更形加劇，美國認為暴民搗毀美大使館乃一有計畫行動。

[10] 衣復恩，我的回憶（台北：立青文教基金會，民國八十九年），頁二二五。

洲滲透、顛覆的快速反應部隊，而不時延伸台灣軍事活動至中緬邊界、印尼、西藏甚至越南；在擴大台灣的戰略效用上，克萊恩同時也為國府設計相當大膽之中美情報合作計畫，其中最成功者莫過引進 U-2 高空偵察機，揭露中共核武發展[11]。在中華民國日益孤立的六〇年代，克萊恩技巧的以「模糊政策」論述[12]，使兩國史上最大之政治岐見─反攻大陸一事，取得暫時性妥協。為安撫蔣介石孤注一擲（go it alone），不斷乘機進行「漸進式」軍事擴張行動，克萊恩順勢大膽提議美方接納國府軍力，助陣美國脫離正陷入泥淖般的越戰，[13]或在符合美國安全利益的考量下，美國可與台北聯手用武摧毀大陸在西北的核子設施。[14]也因為克萊恩不斷以專業支持對中共採行強硬路線下，此一被國務院主流對華政策人士視作「拖美國下水」的國府光復大陸軍事行動，[15]成功牽制美國務院對華政策的

---

[11] 聯合報國際新聞中心譯，Ray S. Cline 著，<u>我所知道的蔣經國</u>，頁一三一～一三三。

[12] Rice, "Memorandum from the Deputy Assistant Secretary of State for Far Eastern Affairs (Rice) to the Assistant Secretary of State for Far Eastern Affairs (Harriman), Subject: Recommendation for Meeting between You and Ray Cline of CIA", Subject: Recommendation for Meeting between You and Ray Cline of CIA", Washington, March 28, 1962, FRUS, 1961-1963, Vol. XXII, <u>China</u>, Footnote 2, p.200.

[13] Ray S. Cline, "Memorandum for the Deputy Director for Intelligence of the CIA (Cline) to the Director of CIA: Chinese Nationalist Military Forces vis-a'-vis Vietnam", Washington, December 6,1965, FRUS 1964-1968, Vol. XXX, <u>China</u> (Washington D. C. : US Government Printing Office, 1998) , pp.231-232.

[14] William Colby, "Meeting Between Mr. McGeorge Bundy and General Chiang Ching-kuo", Washing-ton, September 10, 1963, FRUS, 1961-1963, Vol.XXII, <u>China</u> (Washington D. C. : US Government Printing Office, 1996), pp.383-385.

[15] 參閱 Dean Rusk, <u>As I Saw It</u> (New York: W. W. Norton & Company, 1990), pp.283-285. 五、六〇年代，負責美國外交政策之兩大國務卿杜勒斯與魯斯克都是「兩個中國」政策支持者，杜、魯兩人也都反對國府之反攻大陸行動。依魯斯克回憶錄，魯在一九六八年，最後一次面見蔣介石時，坦言「美國人民決亦不可能為國府反攻大陸戰事流血。」依據 Nancy B. Tucker, "John Foster Dulles and the Taiwan Roots of

轉向北京；並一直持續到一九六七年，美國政策上決定正式擺脫此一議題止。[16]

　　除軍事、情報的深刻影響，克萊恩於當時台美重大外交事件上，亦完全取代了美國務院駐華大使館負責對台政策溝通與執行的功能與地位。一九六一年，克萊恩首度展現他外交折衝能耐，說服蔣介石放棄大陸西南基地，與蔣經國達成「雷國計畫」，[17]撤遷滇、緬孤軍回台；緊接著，一九六一年「外蒙加入聯合國案」的成功調處，克萊恩再度深得蔣介石與甘迺迪的激賞與信賴，順勢開始介入美台極度敏感性的聯合國中國代表權問題，開啟了六〇年代中美「首腦外交」決策模式，成為雙邊高層管道的秘密協調平台，[18]遠遠超越同期美國政治

---

the Two China Policy" in <u>John Foster Dulles and the Diplomacy of the Cold War</u>, Richard H. Immerman, Ed.（N.J. : Princeton Press University, 1990），pp.235~262. & Nancy B.Tucker, "A House Divided: The United States, the Department of State, and China", in <u>The Great Powers of East Asia</u>, 1953~1960, Warren I. Cohen and Akira Iriye, Ed.（N.Y. : Colombia University Press, 1990），p.45. 唐耐心在本書中指出杜勒斯外交中心思想有三點：（一）杜是一大西洋主義者（二）中共乃蘇聯傀儡政權（三）美國在遠東目的在維持現狀，降低台灣外島的重要性，避免捲入台海衝突，俾保留資源於歐洲事務。而其作法，就是中美共同防禦條約簽訂，節制台灣對大陸軍事行動，作為栓住蔣介石的機制（mechanism to control Chiang）。

[16] Drafted by Bennet and Berger, "Telegram from the Department of State to the Embassy in the ROC", Washington, March 16, 1967, FRUS, 1964-1968, Vol. XXX, <u>China</u>, p.540.

[17] 賴敔，<u>賴名湯先生訪問錄</u>，上冊（台北：國史館，民國八十三年），頁二〇八。一九六一年三月五日至十七日，克萊恩終於說服蔣經國合作執行一九五三年聯合國決議台北必須撤離滇緬游擊隊案，這次作業就是用兩國的主事者－克萊恩及蔣經國名字的組合為作業代號─稱為「雷國」（Ray-Kuo）計畫，蔣經國並令當時副參謀總長賴名湯負責執行撤退滇緬孤軍來台，賴將軍指出在國防部的工作代號則謂之「春曉計畫」。

[18] Ray S. Cline, "Message from the Chief of the CIA Station in Taipei (Cline) to the President's Special Assistant for National Security Affairs (Bundy), Taipei, October 25, 1961, FRUS,1961-1963, Vol.XXII, <u>China</u>, p.159.

人物的影響力。一九六四年中（共）法建交之兩岸「雙重承認」[19]及七〇年美國設計聯合國「中國雙重代表權」問題，都由克萊恩加以穿梭協調及介入。甚至於在六〇年代，台灣的非洲農耕隊創意（creative）構想，也出於克萊恩為開拓、穩固我與第三世界國家之聯合國票源而發謀。[20]

一九六四年詹森連任，國務院得勢，國家安全會議與中情局在甘迺迪時代之風光漸逝，與詹森愈行愈遠；一九七三年，克萊恩極度不滿尼克森與季辛吉「黑箱作業」的治國作風，中情局淪落成為主政者的國內政治偵防工具：如水門事件，導引美國政府進入一個「黑暗與偏執的年代」情形下[21]；克萊恩更痛心尼克森「低盪」政策及不求勝利的越戰之挫敗；而與中共「關係正常化」之推動，背信於中華民國，更使美國失去了反共的領導立場與勇氣，使美國迷失在一個錯誤的全球戰略定位，終於憤而掛冠。

重返民間的克萊恩，終於一圓當初學者之夢；也至此，才見克萊恩博士自在地公開發表個人著作、評論及文章，成為國際知名的戰略學者，疾呼美國重新建構一個明確堅定的全球反共戰略，用以喚起自尼克森迄卡特，美國人民日益沉淪的反共國力與振作盟國的信心。一九七三年克萊恩擔任美國重要智庫喬治城大學「國際戰略研究中心」

---

[19] Robert W. Komer, "Memorandum from Robert W. Komer of the National Security Council Staff to President Johnson", Washington, January 25, 1964, FRUS, 1964-1968, Vol.XXX, China, pp.12-13.

[20] 聯合報國際新聞中心譯，Ray S. Cline 著，我所知道的蔣經國，頁一七二～一七三。

[21] Ray S. Cline, "Policy Without Intelligence", Foreign Policy, (Winter 1974~75), p.121, 123.

（Georgetown University Center for Strategic and International Studies, CSIS）執行長，以此為據點，儼然是支持自由中國，最活躍之反共健將。

一九七八年十二月，在華府與台北斷交後的關鍵時段，學者的克萊恩不斷借重個人在媒體、智庫及國會上之關係力量，極力彌補『台灣關係法』中卡特刻意忽略之美國對台安全承諾；除了戰略上，提醒美國不要忽視台灣在美國全球反共佈局中之重要角色外，並發揮智庫學者學理研究，重新建構台灣未來國際處境中涉及政治、安全、經濟、外交因應之計。當時克萊恩有關對台論述貢獻中，具有清晰關切台灣未來發展概念者，計有：

(一) 中美斷交後，努力於「台灣關係法」（Taiwan Relations Act）內容中建立美國對台灣安全具體的承諾。

(二) 透過與台灣重要智庫「亞洲與世界社」[22]合作，克萊恩欣然接受亞世社負責人杭立武先生之「中美斷交後協防條約中止，更需西太平洋國家共同維護海上交通與自由。」的建議[23]，推動以台灣安全為中心之東北亞集體安全體系，聯合台、日、韓成立「亞洲安全與和平聯合」組織（Coalition of Peace and Security of Asia, CPSA），作為其所創導之美國全球總體戰略—「海洋同盟」（Ocean Alliance）之一部分。[24]

---

[22] 「亞洲與世界社」係由杭立武先生發起成立於民國六十五年六月二十九日，其宗旨目的即於「加強與國際政治機構與人士聯繫，冀有助我對外工作之開展」，依據九〇年代間，擔任該社社長之淡江大學教授魏萼透露：克萊恩先生確實是該社密切合作與學術研究的交流對象。

[23] 王萍訪問、官曼莉紀錄，<u>杭立武先生訪問錄</u>（台北：中央研究院近代史研究所，民國七十九年），頁七六～七七。

[24] Han Lih-wu, "Letter from Han Lih-wu（杭立武）, publisher of Asia & the World Forum to Ray S. Cline, Executive Director, CSIS", August, 24, 1979, Folder 8,

(三) 運用台灣之經濟優勢及區域參與，發展「太平洋海盆共同體觀念」（Pacific Basin Community Concept）尋求台灣以「經濟體」的新國家身份，參與亞太與國際周邊事務，避免台灣國際經濟的邊緣化。[25]

(四) 中華民國在失去美國外交承認後，為避免全面的國際孤立，爭取國際生存空間的合理性，建議以「德國模式：一個民族，兩個國家」（One Nation , Two States）主張[26]，要美國放棄「一中」迷思，應同時與海峽兩岸建立外交關係。

　　此階段的克萊恩顯現出他靈活務實的特質，在美台無邦交後，引導台北當局對美工作轉進體制外的國會遊說，且大膽倡導「兩德模式」之雙重承認，作為根本解決兩岸問題與突破台灣國際人格孤立良方。對照當今台灣之對美外交日益依賴利用華府之公關公司與智庫來發展第二軌道外交及兩岸希望就法理與事實，尋找一個政治共識的談判架構，與克萊恩的當時作為，可說是不謀而合。

　　一九八〇年代，在中共政府不斷發動「和平統一」攻勢，營造兩岸「國共和談」氣氛下，以自由中國友人自居，克萊恩仍以一貫的率真、自信，希望藉著與蔣經國深厚友誼，力主「兩德模式」，放下「一

Box 34: Taiwan (Republic of China) , Correspondence, The Papers of Ray S. Cline, Library of Congress.

[25] Ray S. Cline, "The United States and the North Paciifc Basin-Taiwan: The Future of Business, A Project Outline for Jeffrey L. S. Koo（辜濂松）", July 1, 1979, Folder 11, Box 30: Northwest Pacific Basin Project, 1979-83, The Papers of Ray S. Cline, Library of Congress.

[26] Ray S. Cline, "Letter to Clare B. Luce", June 30, 1976, Folder 11, Box 12: Inter-Chinese Problems since 1976-81, The Papers of Ray S. Cline, Library of Congress.

個中國」主張，儘管也曾取得蔣經國之暗示「默許」[27]，但時移勢轉，台北政治大氣候已轉向奉行「三不政策」—不接觸、不談判、不妥協[28]，克萊恩之立場自難採納，與國府關係從此淡然。

克萊恩自一九五〇年代後期，如何影響台灣的事蹟與信念之引人入勝與省思，是因為在現代台美關係史上，不易看到一位美國人物能像他這樣深度介入、卻又極度低調地參與台灣當時軍、政大計，重建美台關係架構，力挽當時命運未卜的台灣；也沒有人像他憑藉秘密情報上的力量及個人與蔣介石父子罕見的信賴關係，使台美雙方因一連串的情報合作倡導，創造了兩國關係史上最相互依存之友好時期。與華府內友我之美國國會議員或重要行政官員的光顯奪目，克萊恩的地位相形之下渺小多了，但他卻能完成他們做不到的事，不僅將混沌不定的美台關係大幅改善，也引導了台灣在冷戰新體制中更務實的的生存經營策略。

克萊恩是個充滿浪漫情懷的人，所以他能在二十三歲時，放棄哈佛大學的前途學業，一頭栽進情報事業。綜觀克萊恩一生，中國佔其志業大部，真誠、率直、才情洋溢，有著濃厚浪漫個人主義，並憑恃他在中美高層間特殊的關係，扮演著既關鍵卻又神秘的協調任務是其

---

[27] Chiang Ching-kuo, "Letter from Chiang Ching-kuo（蔣經國）, Premier of ROC to Ray S. Cline, Executive Director, CSIS", December 15, 1977, Folder 11, Box 30: North Asia Project,1977-78, The Papers of Ray S. Cline, Library of Congress.

[28] 一九七九年一月中共全國人大常委會於美中建交時刻，發表《告台灣同胞書》後，對於中國共產黨和中國政府關於「和平統一」、「一國兩制」的統戰策略，蔣經國隨即以「中華民國不論在任何情況下絕對不與中共政權交涉，並且絕對不放棄光復大陸解救同胞的神聖任務，這個立場不會變更。」回應，而在四月四日中國國民黨中常會中，前述蔣經的談話更進一步成為「不接觸、不談判、不妥協」的三不政策內涵。

成功之處；但在詭譎多變的世局、暗潮洶湧的美台雙邊關係中，克萊恩的人格特質、政治警覺的疏失與過度自信卻也正是他的「罩門」，讓克萊恩掉入時代背景的落差；先以反攻大陸對中國採強硬路線而不見容於詹森與尼、季政府，後則因「兩德模式」失意台北高層，最終竟以落寞收場於台美政權當局。

　　本書將以第一手史實和資料分析的個案研究，坦率且系統地以克萊恩歷史見證者之視野，探索他在台灣的奮鬥與成就，特別是在捍衛台灣心思的角色扮演、理念特質和多彩的歷程，分析他的經歷軌跡與成敗得失，究竟是克萊恩的那些觀念，造成台美關係決定性的改變？他怎麼產生這些構想？它們又是如何在台灣實現？本書研究目的正是為瞭解這些問題而作。

第二節　詮釋架構與研究方法

詮釋架構

　　本論文將結合「務實性之理想主義者」與近代美台事件之「走政治鋼索者」兩大詮釋面向，論述克萊恩一生對台灣的內在理念與外顯作為，探索他真實的思想本質與他處理問題的方式，進而了解那一段關鍵的中美關係期間，有那些基本觀念在此實驗，在實驗上成功與否？又有那些手段在此嘗試，結果是修正或揚棄。

　　就內在面向言，克萊恩一生充滿反共的理想與熱忱，然而觀察他外顯處理問題之手法上，卻有著不折不扣的現實主義作風；克萊恩對台思維充滿「求變與彈性」的作風，這般並不堅持守舊與權變的特質，實與其反共理想的形象外衣，不全然符節。誠如克萊恩所言：

「對一個國家而言，去追求一項不切實際的原則，作為在國際競賽場合中應付現實的方針其實是不道德的，在國際事務中，完全的非現實主義或自我中心，無論理想如何崇高，還是不道德的；它毋寧是招引災難的政策。」。[29]

克萊恩結合反共理想與理性本質下之「務實的理想主義者」的典型內外操作，我前外長周書楷即讚許克萊恩乃「近代處理美台複雜事務中，最具技巧與敏銳者」。[30]

因此，在當時美台軍事、外交理念迥異與不斷衝突的獨特年代裏，欲導衍克萊恩一生對台策略思考與作為方向的一種有效詮釋架構，除內在思想之「務實的理想主義」理論分析外，外部面向上，克萊恩亦有如一「政治走鋼索人」，藉此描述克萊恩在美台險惡與敏感環境下，努力維持平衡，隨勢應變，求同存異之積極作為。因此，結合克萊恩內在思想與外顯事蹟，**所分別形塑克萊恩之理想中見務實與決機於鋼索上，亦步亦趨之驚險**，將是本書用以有系統描述克萊恩這個人的信念與作法的論述架構。

克萊恩夾處在美台政治空間敏感及不甚寬廣環境下，結合反共理想與現實下的內外操作，其實也是不得不的適應。因此，在反共理想與現實環境不斷的衝突與妥協下，伊始，就有一個研究性的假設問題：克萊恩一生對台的理念與實踐，是否一以貫之？或他是否秉持一個中心信仰，始終奉行不渝？

---

[29]　王洪鈞譯，Ray S. Cline 著，一九七七年世界國力評估（台北：台灣商務，民國六十七年），頁二十一～二十二。

[30]　S. K. Chow（周書楷），"Letter from S.K. Chow to Ray Cline", October 5, 1980, Folder 3, Box 19: General Correspondence C-D, The Papers of Ray S. Cline, Library of Congress.

　　答案是肯定，也是否定。

　　是，克萊恩不變的是他的反共理想與深信台灣才是美國最真實的反共伙伴。克萊恩自始認定台灣是他反共信仰與事業的貫徹之地，他堅持信念：「台灣是捍衛自由的反共堡壘，不論政治、軍事與經濟發展，是世界最成功之典範，美國絕不可放棄。」[31]時空的背景促使克萊恩充滿反共的憂患意識，這種責任的堅持，更與天性使然之個性息息相關。主觀意識強烈，具有超凡使命感，凡事既下決心，克萊恩必盡一切力量，不計毀譽，克服萬難，前後數十年一貫其維護中華民國的政場，不改初衷。這般信念不只是建立在美國反共戰略成功的需要之上，克萊恩更信仰台灣才是代表中國未來民主與自由的價值核心，他衷心讚賞台灣成功融合東西政治，兼容並蓄儒家倫理文化與美國資本主義精神，是中國社會之典範。[32]

　　否，因為我們更深入檢驗克萊恩實際作為，發現他也有靈活創新的權變性格，雖然深受保守右翼思想環境的薰陶，克萊恩不全然是一個意識型態或教條主義掛帥的人，事實上，克刻意規避複雜的理論和別出心裁的論證。克萊恩是一個策略者，他重方法而輕理論，求效果而去虛幻。他在意的是事情是否辦得通，實踐就是最佳的檢驗方法。要是這件事物在別處曾經付諸施行，他會注意那是怎樣的經驗及可行性，而要是不曾試驗過，只要認為是值得的，他都願意一試：譬如在歐洲遭擊落的 U-2 高空偵照行動，克萊恩在獨排眾議下引入台灣，使

---

[31]　Ray S. Cline, "Taiwan-The Freedom Fortress The U.S. Must Never Abandon", <u>The China News</u>, August 17, 1983.

[32]　Ray S. Cline, "ROC National Building and the Legacy of Chiang Chin-kuo", <u>The Role of the Republic of China in the International Community</u> (Washington D.C.: The United States Global Strategy Council, 1990), p13.

用在中國偵測而卓然有成；開闢非洲外交，鞏固邦誼的台灣農耕隊，也出自其創意。克萊恩心目中的世界，單純且明確，並不需大道理解釋。這種工作態度，想必亦深受他情報事業啟蒙人－艾倫杜勒斯[33]（Allen W. Dulles）所信仰的「實用主義」哲學（pragmatism）觀（這也是他普林斯頓大學的畢業論文）所影響，「他覺得實用主義能正確無誤解決他自己的生活目標，實用主義的邏輯能夠冷靜地從客觀實際中提鍊有效有用的，便是有價值的。」[34]

因此，克萊恩處理問題是有其一貫方法與步驟：

一、就是他從經驗中汲取學習的能力，以及必要時調整信念，放棄與現實不符的念頭，甚至作一百八十度的轉變。這般特質充分展現在他對台灣外交思考路線的轉變，迥異於軍事上反共政略與戰略思想的堅持，克萊恩在台灣外交的策略上，是贊成兩個中國政策作為解決台灣在國際社會的人格問題，這種構想可溯源克萊恩一九六一年介入外蒙古加入聯合國的調處及六四年法國與中共建交時，運作兩岸雙重承認的親身經驗，但根本還是克萊恩對中國分立於海峽兩岸現實政治的體認，尤其中共在國際事務及地位愈益重要時，克萊恩認為「阻擋美國承認中共乃徒勞無濟，保護中華民國在台灣的人民、政府及國家

---

[33] 杜勒斯生於一八九三年，一九一六年畢業於普林斯頓大學，進入外交界服務，歷任維也納、伯恩、伯林、伊斯坦堡大使館，一九一九年一次大戰結束，杜也是美國巴黎和會代表團一員。一九二六年杜返國就任國務院中東科長。一九四一年十二月珍珠港事變爆發，美國參戰，一九四二年 OSS 處長杜諾凡徵召杜勒斯擔任瑞士情報站長，開始其一生豐富的諜報傳奇，最著事蹟為聯繫一九四四年七月納粹軍官政變，可惜美國高層不願積極支持，導致納粹軍官猶豫加入舉事，謀刺希特勒未果，否則應可加速歐戰結束。一九五三年二月任中情局長，建立中情局諜報人員五〇年代機智、浪漫、神秘的世間形象。一九六一年十一月因古巴豬灣事件下台。一九六九年一月過世。

[34] 編輯部，中央情報局與杜勒斯（台北：三誠堂，民國九十年），頁十九～二十。

的生存，『兩個中國』的安排是我所能設想到保衛中華民國存在，最好的策略選擇。」[35]當一九七〇年我聯合國會籍已至非改弦更張不足治的時候，克萊恩就已明白奉勸蔣經國，希望接受兩岸雙重代表權的安排：

「依我看美國人不可能無止境宣稱只有一個中國，以及中國政府只有一個，那就是在台灣的中華民國。從中華人民共和國控制整個中國大陸，在一九四九年成立事實政府的角度來看，這種作法違反國際現實的理念。職是之故，我從一九七〇年代便開始公開表示，中國文明與文化只有一個，但就事實存在的政府來看，卻有『兩個中國』。不幸的是，為了政治顏面，台北和北京雙方都拒絕這種看法，因為他們各自主張自己是代表整個中國的合法政府。蔣經國從未因我提出這個經過謹慎定義的『兩個中國』而責怪過我。」[36]

一九七二年當中華民國在聯合國席位保衛日益孤立時，克更以豐富的思考力建議何不由中共堅持「誓不兩立」立場？勸服台北應彈性接受「雙重代表權」，並經由當時新任之我駐美大使沈劍虹轉達台北高層，文電中，沈云：「克氏深明我政府立場，因『國策』關係自未便更改……至於此案通過共匪亦必因我席次之確保而拒絕入會，此項策略如執行順利，或可延用若干年云。」[37]

---

[35] Ray S. Cline, "Letter to Rev. John T. S. Mao（毛鳳翔神父）, Pastor, St. John's Catholic Church , Panchiao（板橋）, ROC", November 1, 1979, Folder 11, Box 12: Inter-Chinese Problems since 1976-81, The Papers of Ray S. Cline, Library of Congress.

[36] 聯合報國際新聞中心譯，Ray S. Cline 著，我所知道的蔣經國，頁一七六～一七七。

[37] 〈沈劍虹致外交部部次長電一一八號〉（民國六十年五月二十日），《忠勤檔案》，檔號 3010.82/5044.01-045，「聯合國」，編號二，國史館藏。與克氏相識，

一九七九年，美國終止對台承認，台灣國際空間壓縮已到極限，台北卻仍堅奉「漢賊不兩立」的政策，克眼見這一套在美國行不通，國際也不管用，而建議蔣經國，仿「兩德模式」變通。可見理論與實際矛盾時，克總是選擇後者。

二、克萊恩處理事物固然有一定脈絡，但夾處在理想與現實之間，克萊恩也與美台當局政策發生了牴觸，這般失衡召致他最後的悲劇性結局。雖然他寬容蔣經國在五、六〇年代的軍中「政工」與威權制度的存在，克萊恩相信這時反共較民主，秩序比改革更具優先與需要。但這亦非意謂克萊恩對台灣民主發展理想是淡漠或對威權體制是一昧縱容的，在堅持美國基本價值上，民主與自由仍然是國家應該追求之最高標的。隨著台灣繁榮安定，至少由兩件事可看出克萊恩有其立場：如一九七九年十二月之高雄「美麗島事件」，克萊恩在回應張旭成教授函：「為台灣自由民主與繁榮計，避免國民黨藉此壓制政治反對運動，我已經由個人管道向蔣經國勸誠，當包容、謹慎處置。」[38] 另外，一九八〇年，時任外交部次長錢復去函克萊恩「關切」喬治城大學禮聘美籍中國漢學家卜德（Derk Bodde）任教該校，原因卜德一九四九年知名作【北京日記：革命的一年】中曾語多批評國民政府，而遭克萊恩回信告誡「以個人或其他非學術考量者，作講學干涉依據，實顯笨拙（awkward），我相信中華民國倘能接受卜德任教喬治城

目前任教淡江大學知名國際關係學者李本京教授也肯定克氏是自由中國難得友人，友我立場堅定，相信克氏所建議乃誠意為國府「漢賊不兩立」國策解套，俾仍能保留國府聯合國會籍之計。

[38] Ray S. Cline, "Letter to Parris H. Chang（張旭成）, Professor of Dept. of Political Science, Pennsylvania State University", July 30, 1976, Folder 2, Box 19: General Correspondence C-D, 1976-83, The Papers of Ray S. Cline, Library of Congress.

大學，反更能顯見台灣政治的民主與寬容。」[39]更明顯的衝突矛盾顯現在他支持國府反攻大陸、預前性摧毀中共核武或鼓勵國府出兵越戰是可行的，這般變與美國不變的主流政策產生衝突；同樣於兩岸關係，克萊恩自始堅持「兩個中國」方向及一個兩岸都不會支持的「德國模式」，這更牴觸到國府的不變，而無法為台北政治環境所容許。而克萊恩一面支持「兩個中國」的成立；一面又暗助台灣「統一中國」，也證明過度的靈活所容易產生的不一致性。

　　三、影響克萊恩性格思想之形成要素除反共主義的理想及務實主義下的的權變思維外，「異國風情」（exoticism）成份，也是一值得注意因素。克萊恩這種對異國當地親善的心態，使他有極大接受在地文化的意願與吸收能力，克萊恩也自承他在台工作勝任愉快的原因「是因為我對不同文化的興趣；就一位學者言，深度探究異國族群與習俗是一個極富意義的挑戰與滿足的成就。」[40]克萊恩藉此在台所建立良好的人際與信任關係；人脈範圍之廣，除政、軍高層，也延及商、學界人士，更至學生、販夫、走卒，不以貴賤而交遊。然克萊恩之最後失意於台灣層峰，除克萊恩之兩中思想外，亦覆舟於克與台灣過度親近，這也是常遭美國國務院譏為一種「在地化」（localities）的典型症候，即駐外人員因長期的深入浸淫當地國人文，進而產生認同情愫，美國務院對克萊恩及同階段在台任大使之莊萊德（Everett Drumright）及萊特（Jeauld Wright）大使，也有忠誠之譏。

---

[39]　Ray S. Cline, "Letter from Cline to Fred Chien（錢復）, Vice-Minister of Foreign Affairs, ROC", July 3, 1980, Folder 2, Box 19: General Correspondence C-D, 1976-83, <u>The Papers of Ray S. Cline</u>, Library of Congress.

[40]　Ray S. Cline, <u>Secrets, Spies and Scholars: Blueprint of the Essential CIA</u>, p.171.

甚至後來接受台灣政府分別經由民間管道－先期以辜振甫先生之「台灣經濟研究院」，後則以邵玉銘主任之「政大國關中心」，每年提供二十萬美元的研究計畫的財務支助[41]，克與前空軍總部情報署長衣復恩將軍一段有關答問，就顯露此一問題的敏感性：「我曾問克萊恩是否拿我國政府錢？他說：『沒有。』並說他們的經費來自『洛克菲勒基金會』我說『這樣很好，如此才可保持超然獨立的立場。』但後來聽說他接受台灣官方及私人的經濟支持。『兜攬』替台灣遊說的廣告，我希望那是傳聞。」[42]

而華盛頓郵報（Washinton Post）更以這項計畫支助，負面批克萊恩以「新中國遊說團」（New China Lobby）及「學者遊說家」（scholar lobbyist）諷喻，揭發克萊恩在 CSIS 有「公器私用」之嫌。[43]

研究方法

本書在研究方法上，主要借重傳統歷史學研究法、內容分析法與「官僚政治學」（Bureaucrat Politics）中「組織化行為」的理論研究。

---

[41] Ray S. Cline, "Letter to Mr. Yu-ming, Shaw（邵玉銘）, Director, Institute of International Relations", January 11, 1985, Folder 9, Box 34: Research Funding, The Papers of Ray S. Cline, Library of Congress.

[42] 衣復恩，我的回憶，頁二二六。

[43] Ray S. Cline, "Memorandum for David Abshire, President of CSIS, Subject: Misrepresentation in The Washington Post Article", July 1, 1980, Folder 1, Box 33: CSIS, The Papers of Ray S. Cline, Library of Congress.

一、歷史學研究法

　　此即史學上的歸納、演繹方法，理論上，儘量蒐集可能的史料，史料到結論的程序，必須是（一）蒐史時間是愈長愈好（二）史料選擇愈原始愈好（三）結論必憑證據，證據愈多愈好。但如何在浩瀚如煙海的史料中歸納呢？實際上，歸納方法是無法完全從事實到理論的，史學家為什麼注意蒐集某一些史料？一定是那些史料對他有特殊意義。[44]誠如波普（K.R. Poper）在【史學主義的困乏】（The Poverty of Historicism）所言：「我們可以說科學在發展的任何時刻中，馬上所面臨的是『問題』。它無法如方法論學者所相信從觀察、『史料蒐集』開始，在史料蒐集前，對某些材料必然先掀起興建；『問題』往往是首先的開始。」[45]

　　換言之，他心目中已經有了一種假設，亦由某些史料可以得到某種結論，因此，由理論到事實，則成演繹。演繹法應用史學研究上，是先建立一種史觀或假說，由此假設以尋求符合其說的史實的歸納。所以歸納方法寓有演繹方法的成分，從早期比較粗略的歸納，根據歸納再去演繹，歸納與演繹兩法時時交流，相輔相成，本書得用以基礎性檢視及詮釋克萊恩在中美關係的理念與作為影響。

　　本書根據以上法則，蒐集並引用最原始、直接有關克萊恩本人之文獻、資料及作品，如：一、克萊恩個人所公開發表的文章、訪問及私人著作。二、《克萊恩文件》（The Papers of Ray S. Cline）：這份珍貴文件是美國國會圖書館（Library of Congress）將克萊恩於一九八九年

---

[44]　杜維運，史學方法論（台北：三民，民國七十八年），頁六十五。
[45]　K. R. Popper, The Poverty of Historicism (London: Routledge, 1976) , p.134.

及九四、九五年，分三次捐贈該館之近二萬四千筆私人收存的文件資料整理而成，包括：手稿、書函、記事、會議紀錄及接受美各家媒體訪問剪報等，是克萊恩個人第一手之相關文件。三、其他學者所作有關克萊恩的著作與學術性文件。四、美國政府官方之《美國外交關係》（Foreign Relations of United States, FRUS）文件內有關克萊恩的解密資料。

二、內容分析法

內容分析法則係由心理層面探討克萊恩的基本「意識」架構，即詮釋克萊恩面對國際冷戰政治體系與現實政治工作的內外環境時，他個人的思考與人格特質，往往遠比其他的判斷來得更具決定性考慮。以內容分析法研究克萊恩主要著作及文件，此係鑒於心理學家發現「一個人的用字遣詞及出現的頻度，是其內在性格的反射。」[46]，因此以克萊恩認知理念作解析根據，深入探索其內在思維對其「形於外」之行為與決策所產生的影響，充分反映出克萊恩務實彈性與理想求變性格所決定他在美台不斷衝突過程中之亦步亦趨與求同存異。

三、官僚組織之決策行為理論

本書另一個引人研究興趣上的問題則是：除了憑藉個人在中美高層間特殊的背景關係，克萊恩如何以一「中階官員」，遠遠超過當時美國政府檯面人物，縱橫自如在美台兩國政治舞台，誠如所言「韓戰以來的二十年裏，中央情報局的台北站長的言談、行動，都以台灣島

---

[46]　張廣智，西方史學散論（台北：淑馨，民國八十四年），頁三三四～三三五。

上主要決策者自居。這些站長養成習慣，凡事都不跟名義上的上司—美國駐華大使—打聲招呼。」[47]；為解釋此一獨特的現象，必然涉及美國政府政治（Government Politics）之研究理論領域。

　　克萊恩自一九六一年「雷國計畫」及「外蒙案」的成功協商，開始大肆介入中美高層軍事、外交領域。克萊恩個人之功成或發揮，一部分因素其實更建立在國家安全會議結合中情局與國務院的組織利益競爭現實之上，就官方解密資料上所得，克萊恩即是國家安全顧問彭岱（McGeorge Bundy）乘國務院魯斯克因外蒙案與國府交涉失和，焦頭爛額時，極力向甘迺迪推薦是「美國在台官員中最具能力者。而應由克萊恩之私人管道主導對台政策協商」。[48]因此，為理解克萊恩如何意興風發，活躍兩國政壇，理論上，官僚及組織行為模式（Bureaucrats and Organizational Behavior Politics）的概念假設，如：組織利益、組織間政策競爭、政策談判議價與個人在組織決策過程的行動管道優勢與否，有助理解克萊恩在美台軍事與外交決策過程的權力來源與目的。方法上，將有賴一九六〇年代起，大加風行於美國政治學者之「官僚政治學」（Bureaucrat Politics）中「組織化行為」關於「中階官僚」擴張的廣泛研究，綜合重要學者研究觀念有：

　　1、理查紐史達特（Richard Neustadt）：紐史達特發現美國政府政治結構之最大特色就是「體制分散權力共享」（separated institutions sharing powers），政策的產出是總統仰賴其說服權

---

[47]　林添貴譯，陶涵（Jay Taylor）著，<u>蔣經國傳—台灣現代化的推手</u>（台北：時報，民國八十九年），頁二二四。

[48]　McGeorge Bundy, "Memorandum from the President's Special Assistant for National Security Affairs (Bundy) to President Kennedy", Washington, July 7, 1961, FRUS, 1961-1963, <u>China</u>, pp.89-91.

（power to persuade）與政府官僚經過議價結果
（bargaining），紐史達特認為政府職務賦予的「地位與授權」
（status and authority）為其所有官員帶來政策議價的籌碼。
因此，即使總統也必須與他的官員妥協。[49]

2、大衛杜魯門（David Truman）：杜魯門也認同強調美國決策體
系中權力分散之特質，創立美國政府政治所謂「中層結構」
（intermediate structure）一詞，但杜定義此一階層範圍也至
廣，除了政府重要部門內各階主管官員外，還涵蓋媒體、利
益團體及各式其他民間組織層級領袖，因此只要少數中層官
員的結合（coalition）足將政府政策否決。[50]

3、羅傑希斯曼（Roger Hilsman）：希斯曼以親身在美國政府任
職經驗，則是將中階官僚局限於政府部門、獨立官署或任何
由總統任命，但具單位主管位階者，因此以「政治任命者」
（political appointee）稱呼，希斯曼認為這些中階官僚是政策
形成的「第一線人士」（frontmen）[51]權力之大，足以讓總統
政策全面轉變。希斯曼認為中階官僚權力乃根源於職務賦予

---

[49] Richard E. Neustadt, President Power and the Modern Presidents (N.Y. : The Free Press, 1990), pp.29-32.

[50] David Truman, "The American System in Crisis", Political Science Quarterly (December 1959) , pp.481-498.

[51] Roger Hilsman, To Move a Nation: The Politics of Foreign Policy in the Administration of John F. Kennedy (N.Y. : Doubleday, 1967), p.469.希斯曼出身 CIA 前身－戰略情報處（OSS），1961-63 年曾任美國務院情報研究處主任，1963-64 轉任遠東助理國務卿，在對華政策上，一直是與代表 CIA 克萊恩的組織競爭的對手，之後任教哥倫比亞大學。

以下特權：（一）政策與構想的最早起草（二）資訊、材料的蒐集與解釋（三）具體政策的建議與咨詢便利。[52]

4、凱（V. O. Key）：凱則以為美國政府運作之效率、反應與責任的維持，全來自政府部門中之這群助卿（assistant secretary）、次卿（under secretary）及中高官僚主管，提供總統與官僚機構、立法、媒體及大眾的聯繫（link），事實也是這群官員真正組成美國政府。[53]

5、葛里翰艾立森（Grahan Allison）：艾立森則是將官僚政治分成兩個部分研究，首先是官僚組織部分：組織的既定文化、既得利益與標準運作程序（Standard Operation Procedure, SOP）是最高優先，史坦恩（Arthur Stein）認為「美國外交決策其實是國內部門官僚組織之間利益競爭的拉拒延長，並非以外國的互動為判準」[54]，第二部分：則是官僚人員在組織文化的薰陶之下，自然為部門利益而作政策的效力：最顯見例子可見於國家安全會議與國務院之習慣性政策角力[55]，而這現象也發生在甘迺迪時期國家安全顧問彭岱與 CIA 局長麥康（John McCone）、副局長克萊恩聯手與國務院在外蒙案及反攻大陸的政策競爭，艾立森在這部份的理論架構則全

[52] Roger Hilsman, <u>The Politics of Policy Making in Defense and Foreign Affairs: Conceptual Models and Bureaucratic Politics</u> (N.J.: Prentice Hall, 1993), pp.78-79.

[53] V. O.Key, Jr. Politics, Parties, and Pressure Groups,5th ed.(N.Y.: Coreill, 1964), pp.711-712.

[54] Arthur A. Stein, <u>Why Nations Cooperate: Circumstance and Choice in International Relations</u> (Ithaca: Cornell University Press, 1990), p.179.

[55] Bert A. Rockman, "America's Department of State Irregular and Regular Syndromes of Policy Making", <u>APSR</u>, Vol. 75, No.4, December 1981, pp.911-927.

來自紐史達特的觀念，政府決策是來自部門官員的競爭議價而來；在官僚決策競爭中，艾立森指出有無進入決策結構與議價程序的行動管道（action channel）是重要因素[56]，克萊恩凌駕國務院，顯然與取得蔣介石與蔣經國父子深厚信任關係，是其權力發揮的關鍵。

艾立森因為將他的「組織行為」模式，應用於一九六二年古巴飛彈危機分析，開啟「官僚政治」模式的大行其道，後繼者有哈普林（Morton H. Halperin）、喬治（Alexander L. George）。[57]

第三節　研究限制、文獻分析與範圍簡介

研究限制

克萊恩工作、交遊涉獵之廣，超乎想像，尤其是一九七三年辭卸政府公職，身為 CSIS 智庫學者、喬治城大學教授、民間組織負責人及戰略作家多重身份後；散見有關克萊恩資料中，除台灣（1958~62）外，英國（1951~53）、德國（1966~69）、智利（1973）、南非（1978）、柬埔寨（1980）、菲律賓（1986）都有克萊恩以工作為主的停留行跡。由於本書寫作方向並非以全知觀點記敘他一生的個人傳記，如果一一

---

[56] Graham Allison & Philip Zelikow, <u>Essence of Decision: Explaining the Cuban Missile Crisis</u>, 2nd edition (New York: Longman,1999), pp.164-177.

[57] In reference to: Morton H. Halperin, <u>Bureaucratic Politics and Foreign Policy</u> (Washington D.C. : Brookings, 1974); Alexander L. Geroge, "The Case for Multiple Advocacy in Foreign Policy", <u>American Political Science Review</u> (September 1972); and I.M. Destler, <u>Presidents, Bureaucrats, and Foreign Policy</u> (N.J.: Princeton University Press, 1972)

細究克萊恩在這些國家的工作內容及目標，勢必失去焦點。因此，本書研究限制只擷取克萊恩與台灣事務有關者，即使克萊恩本人也承認他一生最有成就、耗費精力最多與貢獻最深者，還是在台灣安全事務上。

　　本書寫作上，最大挑戰在於克萊恩過往情報工作的秘密特質，一九七三年之前，克萊恩不脫情報人士一貫「沉潛、低調」的行事、作風，相關事蹟之文件資料自難公開見諸一般書籍、刊物之上，克萊恩參與事蹟如西藏抗暴、印尼政變、U-2 計畫等，迄今仍太過敏感，即便解密期限（三十年）到期，資料中對在世人物及過程仍在保密管制之中，在其個人著作，亦僅提及大要而不言細節；國內目前對這位在六○年代中美關係頗具影響力者，尚無詳盡專書研究，僅限於道聽塗說，論述多仍停留在塑造神秘傳奇的低調層次。在事蹟、資料仍有限下，克萊恩夫人瑪嬌麗（Marjorie W. Cline），也是他一生事業最得力助手和部分參與當年情報工作者之過世，益為資料來源上無可彌補之損失，基於史料稀有、人物凋零之限制，本書也許予人述多於論之感受，加上欠缺現有存在之關於克萊恩評論的著述下，這使筆者只能在有限的第一手史實資料中獨自發掘、評鑑與形塑克萊恩在美台關係艱困環境的理念與作法，盡力來達到論與述的平衡。

文獻分析

　　因此，要追溯整理那一段未見諸正史記載的機密檔案，除克萊恩本人著作中尋求主體，在國內材料蒐集的努力，筆者分別尋求了國民黨黨史館、政治大學人文社會資料館及美國在台協會資料館的工作官員協助提供相關資料與檔案文件和曾參與克萊恩在台秘密任務的有

關人士個人口述歷史或記載，如：衣復恩將軍、孔令晟將軍、賴名湯
將軍及汪敬煦局長等，並赴美探訪與克萊恩相交至深之羅伯杜南
（Robert L. Downen）[58]等，加以交叉過濾，希望有補足整理效果。譬
如與當時中華民國國軍特戰部隊之孔令晟將軍訪談中，直接證實蔣公
應付杜勒斯「栓緊」他大規模用兵大陸下，改採之「七分敵後秘密作
戰」方針，只有在台之 CIA 最加支持。CIA 在當時美國決策實力上的
如日中天，秘密情報作業確實是強化國府成為美國戰略伙伴上，最有
效之手段。至於杜南博士相當認同：克萊恩思想上，雖然是一位極度
保守之美國傳統價值主義者，但亦非食古不化，具有創新求變的現實
主義者之手腕，這種混合交錯的成份，確是極為合理作為矛盾現象產
生的分析，譬如，費正清即不解以深諳中國民情自許之克萊恩竟會支
持兩個中國，忽視中國人「一中」思想之歷史脈絡。另一矛盾現象上，
克萊恩堅持反共理想，支持台灣反攻大陸；然現實理性上，卻又反對
美國過度介入越戰。

　　國外部分的資料文件蒐集上，筆者在前往美國首府華盛頓停留期
間也造訪並獲得美國國會圖書館（US Library of Congress）麥迪遜館
（Madison Building）的鼎力相助，該館提供了有關克萊恩生前所捐贈

---

[58] 杜南歷任美國共和黨參議員杜爾(Bob Dole, R-Ks)外交顧問與國會助理
（1973-79）及克萊恩 CSIS 執行長時，負責遠東研究專案，是華府亞洲、中國
與台灣事務專家，與台灣政、學界來往密切，關係良好；杜南現任華府 APCO
公關公司之政府關係（Government Relations）部門的副總裁。出版著作：Downen
L., Robert, The Taiwan Pawn in the China Game: Congress to the Rescue,
(Washington D.C.: CSIS, 1979),Downen L., Robert, The Emerging Pacific
Community: A Regional Perspective, (Washington D.C.: CSIS, 1983) The Tattered
China Card, (Washington D.C.: CSIS, 1984).中文書籍有：杜南，瞿國瑾譯，台
灣關係法析論（台北：黎明，民國七十年）。杜南，沙智彰譯，中美斷交評
述（台北：時報，民國七十年）。

該館並經整理之《克萊恩文件》，該文件雖不至汗牛充棟，但數量之大，加上是「館外存放文件」（Collection Off-Site），經過該館職員們熱心努力在最短的時間處理報備，一天後，就運抵手稿文件閱讀室（Manuscript Reading Room）供筆者停留期間中就克萊恩的信件、會議紀錄及其他有關的新聞報導和演講文件，進行徹底的翻查，尋找他在台美工作上，主要於七三年後的軌跡與貢獻，此外，美國國會圖書館參考服務室（Reference Room）工作人員不厭其煩的敬業精神，也提供了在台灣所欠缺之完整克萊恩出版著作，供筆者閱卷。另外接洽單位則有美國中央情報局，在其能力範圍內提供的網站參考服務與六〇年代美台因「理想家計畫」（Idealist/Jackson Office）[59]而聲名大噪之U-2 相關資料。這些不論是直接或間接的資料都有助描述那一段可能被湮沒的歷史片段，但愈加深入探索，卻也發現愈有相當的資料尚待追查，本書之完成不過是浮出冰山之一角，暫告段落而已，這份追蹤工作還會繼續，決不因此文完成而中斷。

研究範圍與簡介

　　本書將以克萊恩自一九三九年，以二十一歲弱冠之齡，赴笈英國海上之旅，始見滄海之闊起，將克萊恩理念與志業作一全面性的檢視，克萊恩是如何形成其思想理念，在美台交涉中如何作策略發想，

---

[59] Directorate of Science and Technology, "Preliminary Report-U-2 Reconnaissance Mission C015C", February 1965, National Archives: Approved for Release 2000/08/28: CIA-DP66 B00597 R000100 110002-1 Top Secret-IDEALIST. In Jeffrey E. Richelson, Science, Technology and the CIA: A National Security Archive Electronic Briefing Book, 2001, at http://www.gwu.edu/~nsarchive NSAEBB

後來又如何藉經驗加以修正，或更加鞏固了信念。尤其以他一九五八年抵達台北，在美蘇冷戰以秘密力量大行其道的時代裏，擔任中情局台北站長，開始反共諜報工作與自由中國結下不解之緣後的歲月為主軸，從中找尋對台灣有決定性影響與改變了這個國家生存與發展的成分，而集中於四個領域：他的思想與性格、美台戰略情報合作之理念與實踐、美台外交之思考與作為及中美斷交後的貢獻，分析克萊恩在台灣的情報生涯、影響與奉獻。

第一章緒論。本書之研究動機與目的及詮釋方法限制等。

第二章著重在克萊恩進入情報事業及來台前美國情報制度狀況及美台歷史背景紹。

第三章（一九四三至一九五七年）：旨在介紹克萊恩個人來台前之成長、求學與工作為探討軸心，尋找啟發與形成克萊恩思想性格的人與事，這部分包括克萊恩成長之地域主義、美國情報制度的改革經驗。總結而言，我們看到克萊恩在西部這塊全美最濃烈保守氣息之處，開始萌芽他求新求變的熱情理想性格。

一九四一年底珍珠港事變爆發，開啟太平洋戰爭，克萊恩進入中情局前身戰略服務處（Office of Strategic Services, OSS），擔任情報分析員工作，以學者自命克萊恩亟思運用學術上之客觀精神、科學方法改革情報分析功能。現實是這時美國情報機制仍處軍人專事，自杜魯門政府起，更迷戀地下行動萬能，「秘密作業」大行其道[60]，導致中情

---

[60] Ray S. Cline, <u>The CIA under Reagan, Bush & Casey: The Evolution of the Agency from Roosevelt to Reagan</u>（Washington D.C.: Acropolis, 1981），p.154.克萊恩認為中情局應該以謹慎、嚴格態度，執行情報評估、分析工作，決定採取秘密行動，給予水到渠成之「邊際協助（marginal assistance），才是秘密行動之本質」；而不是無限上綱，感情用事介入。按此原則，克萊恩對越南情勢評估，

局「評估」與「行動」兩者的失衡於合作。[61]克萊恩一再不得其道，備受冷落，萌生退意。

　　但個性熱血、率性，崇尚自由及充滿個人作風的克萊恩，終究更適合諜報專業的發展。這段時間影響克萊恩最大的人物就是當時中情局長艾倫杜勒斯，杜勒斯戲劇化性格及強勢作風，熱衷秘密諜報工作的浪漫、冒險與神秘氣氛，慧眼識英雄引領克萊恩進入諜報生涯之路，於一九五六年引領克萊恩進入諜報世界，培養任命克萊恩擔任台北站長。學者、情報分析員專業出身的克萊恩也承認情報裏「杜勒斯改變了我的情報生涯事業與興趣，秘密作業之獨特氣息，不斷吸引著我。」[62]

　　第四章（一九五八至一九六二年）：此一階段是克萊恩情報生涯中最大轉折點。一九五八年克萊恩來到台灣，克萊恩終於進入他所謂在當時中情局情報業務中「只有百分之五的人員，所能參與的諜報工作」[63]，這一階段我們清楚看到克萊恩全面發揮他的靈活創意與反共理想，且萌生出對台灣獨特情感與全力支持台灣激進政策的實現，達到他個人事業的頂峰。

始終建議美國政府不應介入越戰，但在國府對大陸軍事行動上，克萊恩卻持贊成態度。

[61]　見克萊恩接受 New York Times 記者 David Binder 專訪之 "Idea for Creating a C.I.A. Grew out of Pearl Harbor", New York Times, December 26, 1975. Folder 6, Box 1: Interviews with Cline, The Papers of Ray S. Cline, Library of Congress.甘迺迪時期之豬灣事件，後有詹森政府之執意介入越戰，兩者之失敗，就是負責情報評估作業者完全被忽略於秘密行動作業之外。

[62]　Ray S. Cline, Secrets, Spies,..., p.151, 160.

[63]　ibid., p.119.

也由於毫無實際秘密工作經歷，蔣經國適時給予了克萊恩最道地的諜報訓練及指導，克萊恩承認蔣經國對中共問題的分析看法更具獨特睿智，而強化了他終身反共思想。加上兩人公誼私情的深厚關係下，克萊恩與蔣經國開始一連串台灣參與程度不等的極秘密軍事計畫，使台灣成為美國在亞洲反共戰爭中，效用卓著的快速打擊部隊，台北也因克萊恩的改造，再度活躍於美國高層，並說服甘迺迪，將U-2引進台灣，成立「理想家／傑克森辦公室」，進行大陸高空偵照，成功揭露中國核武發展秘密與實證中蘇分裂，是克萊恩在台北的最成功任務成績與個人事業的高峰；台北成為美國蒐羅中共情報之耳目，也是中美關係史上最緊密階段及少見美國相當依賴台灣時期。

第五章（一九六○年至一九七一年）：外交領域是克萊恩與台北當局理念上最大落差地帶，與國府堅持「一中」的不變，「兩中政策」卻是克萊恩始終堅持的求變；克雖務實，卻無法認識兩岸民族的統一大義。

自六一年「外蒙入會案」起，克萊恩贊成「兩個中國」政策作為解決台灣在國際社會的人格問題。在六四年「法國承認中共案」及七一年「雙重代表權案」，相繼說服及建言國府接受美國在聯合國「兩個中國」或雙重席位之安排，這種態度也延至七九年美國與台灣斷交後，克萊恩借鏡「德國模式」，創造文化、民族上的一個中國，但卻有兩個分立的主權政府，盼望台北高層能務實、理性看待此一彈性政策。

第六章（一九六二年至一九七三年）：反攻大陸是最能體現克萊恩有如走鋼索者如履薄冰之態於美台險惡關係之上，克萊恩「務實性

理想主義者」典型在這件美台最大政治歧見衝突上，導致克萊恩付出政治代價，失去詹森對他的信賴。

　　一九六〇年，杜勒斯古巴豬灣行動失敗，甘迺迪趁機進行 CIA 人事調整，使身為事件「局外人」的克萊恩－克予史勒辛吉的信中敘述「在豬灣行動時，我幸運在台灣，一無所知古巴行動。」[64]－獲得新任局長麥康的青睞，六二年四月返回中情局升任副局長，職掌「情報分析評估」，克萊恩要求麥康打破 CIA 慣例，讓他與聞所有「秘密作業」任務，結束美國情報分工中分離運作的傳統[65]也更有利他深入與勝任作為甘迺迪與蔣介石的「私下協商管道」（private channel）。

　　愈加自信的克萊恩乃決定進行他生涯工作中最大睹注，引導美國支持國府反攻大陸的軍事政策。克萊恩建議甘迺迪改變先前「迴避、不理」態度，折衷改採「模糊策略」，與國府進行「小型偵察突擊隊」合作，再進步體制化成立中美「藍獅委員會」（Blue Lion Committee）用以專門討論該議題[66]，克以為不但可安撫蔣介石之不滿；美國的模糊意圖，可迫使中共在疑懼中採取節制的作為。但國府的大陸軍事行動規模在「模糊」暗助下，卻不斷「漸進式」地擴大，也才有國府用兵至美台聯手摧毀中共核武與越戰掛鉤之戰略構想，不斷為反攻大陸製造可行性。

---

[64] Ray S. Cline, "Letter to Professor Arthur Schlesinger, Jr. The Graduate School and University Center of the City University of New York", July 18, 1977, Folder 3, Box 19: General Correspondence D, 1976-83, The Papers of Ray S. Cline, Library of Congress.

[65] Ray S. Cline, Secrets, Spies,..., pp.194-195.

[66] Alan Kirk, "Memorandum of Conversation", Washington, September 6, 1962, FRUS, 1961-1963, Vol.XXII, China, pp.306-312.

但克所創議之「模糊政策」被國務院「清晰政策」主張者如魯斯克、哈里曼（Avrell Harimman）、希斯曼（Roger Hilsman）等，視作是逐步將美國捲入蔣介石戰爭的玩火行為。直到國務院以柯克（Alan Kirk）大使取代克萊恩[67]，控制對台北溝通管道，力勸甘迺迪懸崖勒馬，才使「清晰政策」在反攻大陸政策拉鋸上，取得優勢。

一九六五年起，詹森主政，克萊恩情報事業下坡啟滑，尤其兩度與中情局長失之交臂，加上爭取駐華大使一職未果，最後直接批評詹森所任局長威廉雷朋（William Raborn）外行作風，慘遭下放德國三年之久。[68]待一九六九年轉任國務院情報處（Bureau of Intelligence and Research, State Department）主任，更加不滿尼克森與季辛吉濫用情報勢力作個人政策服務，「鷹犬化」中情局，成為其私人工具[69]，一九七三年決定離開政府，結束三十餘年的情報工作。

第七章（一九七三年至一九九六年）：這是克萊恩與台灣的最後關係階段，面對美台外交的斷絕，克萊恩提出許多嶄新概念作法，但面對台灣兩岸的緊縮政策，只能黯然以終。

一九七三年之後，克萊恩回復學者之身，擔任喬治城大學國際暨戰略研究中心執行長，發揮智庫學者優勢，在「美中建交」後，一片對北京「戰略同盟」的期待中，呼籲「美國在博大精深的中國文化中擁有戰略資產，但這種資產並不在中國大陸，而在中華民國的台灣」，希望重新認識中華民國對美國新戰略的重要關係；發揮草根性力量，轉進體制外的國會遊說，及透過智庫交流，邀請美國政、學界人員到

---

[67] John Kennedy, "Letter from President Kennedy to President Chiang", Washington, February 15, 1963, FRUS, 1961-1963, Vol.XXII, China, p.347.

[68] Ray S. Cline, Secrets, Spies,..., p.215.

[69] Ray S.Cline, The CIA under Reagan..., p.226, 242.

台北訪問，發展最早之第二軌外交，顯現出他靈活務實的特質，另方面，倡導「兩德模式」之雙重承認作根本解決兩岸問題政策，這是以深諳中國國情自許之克萊恩最大失誤，無法體察台北政府仍奉行「漢賊不兩立政策」，自不得不與其「兩德」策略劃清界線，也凸顯克萊恩乏兩岸政治之敏感度不足，導致最後竟連一生支持之國府亦不為見容，豈不是政治之分合難料，世事際遇無常最切之見證。[70]

　　第八章結論。歸納前文論述，將克萊恩行事作風下的思想底蘊作一更明確的定位及他在五〇年代末以來對台關係的影響貢獻作一總結。

---

[70]　傅建中，「政治分合難料、人生際遇無常」，中國時報，民國九十年八月十五日，版三。

第二章 研究背景

由於有著「東西兩大洋，南北無強鄰」得天獨厚之地緣優勢，傳統上，美國人民，除了戰爭時期，能體察到國家情報力量的發揮，往往是決定勝負之關鍵；但只要一旦回復平時，美國人民孤立於世的心態，復漠視甚抗拒此一秘密力量的保存與運用。直到二十世紀，隨著美國向外擴張，孤立主義動搖，情報改革才成為一項迫切的政府議題。因此，為保護國家安全利益，美國政府在「承平時期」，需不需要仍常態性控制秘密情報活動？或美國是否需要建立一個中央集權的情報組織，並賦予它固定執行此秘密活動之廣泛權力？這項爭論，直待一九四一年十二月七日之「珍珠港事件」[1]，全面曝露美國情報預警之低能，羅斯福與後繼之杜魯門在民氣可用下，才決心開始整頓國內散亂的情報單位。

克萊恩初起之猶豫不願入行於情報事業，就在於二次大戰爆發後，因為投身軍方情報單位，親身見識到美國政府內各情報單位相爭掣肘，抱殘守舊而怯步。美國政府政治中所奉為圭臬的「分而治之、相互制衡」的原則，在此一特殊的政府功能事業中卻是危害殆盡，使美國情報的「分析評估」及「秘密行動」兩大基本作業效能低落。這般現象直到一九四一年十二月七日「珍珠港事件」的教訓後，美國方

---

[1] Frank J. Smist, Jr., <u>Congress Oversees the United States Intelligence Community, 1947~1989</u>（Knoxville: University of Tennessee Press, 1990），p.5.美國珍珠港事件是公認敲醒美國人民與政界認識到美國情報網路分裂，作業散漫，最具體的歷史教訓。美國情報單位對日軍無線電通訊，之前，不能即時解碼；之後，駐夏威夷的美軍軍事指揮官又不能立即傳遞訊息予決策高層。

以英國為師，摸索進行國家情報建制的改革；第二個改革刺激則是一九五〇年六月二十五日之韓戰爆發[2]，美國才決心重視此一國家隱性的總體戰力運用，使初立未久的中情局成為名實相符的中央情報集權組織；中情局不但成為美國政府內惟一被授權執行海外「秘密作業」之單位，且享有預算保密、獨立人事甚至擁兵海外「武力（army）」特權，迅速發展成為冷戰之下的美國「隱形政府」（the invisible government）[3]，權力之大，讓人難以望其項背；至於在對華關係上，也因為韓戰，開啟了美台情報合作的契機，當中共於該年十一月二十六日正式出兵與美軍兵戎相見後，杜魯門才決定迴避「台海中立」的原則，同意中情局與國府進行大陸滲透的情報作業，為幾乎瀕臨中止的台美關係，重現了生機。自此，中情局成了國府最信賴的美國政府單位，為稍後克萊恩的來台種下繼續擴大的根基。

　　本章將針對克萊恩來台前的背景情況，作一完整性的研究介紹，並分列以下三個部分，包括（一）「情報」事業中重要的觀念、名詞與定義介紹，尤其是為克萊恩一生大放異彩之「秘密作業」，（二）美國於二戰前後，才展開之情報現代化改革（三）因韓戰而開啟之美台初期情報合作景況。

---

[2]　根據 Central Intelligence Agency: Current Capabilities of the North Korea Regime, Office of Research and Estimates 18~50 (19 June,1950)，這是當時中情局在韓戰六月二十五日爆發前，時間上最近（六月十九日）的一份有關「北韓政權現行實力報告」，當中評估：北韓由於行政人力低落、經濟匱乏及人民對共產黨不滿，尤其兵力之不足：陸軍只有 66,000 員，65 輛 T-34 坦克及 34 架 Yak-9 戰機，認為完全不足對南韓進行軍事侵略。D. Rusk, As I Saw It, p.161.美國務院遠東事務次卿魯斯克在六月二十一日，於國會作證時也坦言看不到任何證據（evidence），預見朝鮮半島將有戰事。

[3]　參見 CIA 專門研究學者 David Wise & Thomas B. Ross 合著之 The Invisible Government（New York: Random House, 1964）.

第一節　觀念、名詞與定義

「我唯一的遺憾是貢獻給祖國的生命只有一次。」

"I regret that I have but one life to lose for my country."

～納珊黑爾（Nathan Hale）

　　這是美國建國史上的間諜始祖－納珊黑爾，在一七七六年九月二十一日，年僅二十一歲臨刑前，留給後人的一句名言。在美國獨立戰爭的史冊上，黑爾的名字被紀錄公認是第一位為情報秘密作業殉國之間諜[4]，他的雕像塑立在中央情報局總部大樓（Original Headquarter Building,CIA）的正前方，這句悲壯話語，也鐫刻在他的雕像下方，成為美國情報人員工作的終身格言。

　　美國情報史上，被奉為「美國情報之父」的喬治華盛頓，在年僅二十一歲任職英國殖民時代維吉尼亞民團軍官時，因強據加拿大之法國北鄰不斷間諜滲透俄亥俄河谷及密西西比河地，就已開始親身從事反情報及諜報赴險工作[5]；到了美國革命戰爭時代，喬治華盛頓，據統計，共任命、指揮四百名間諜人員秘密與外國進行合作或顛覆的秘密作業[6]，一七九〇～九三年華盛頓也得到當時國會—大陸會議一百萬美

---

[4]　參見美國中情局官方網站：Virtual Tour of the CIA, Nathan Hale Statue, at web site: www.cia.gov/information/tour, 與 Stephen F. Knott, Secret and Sanctioned: Covert Operations and the American Presidency（N.Y.: Oxford University Press, 1996），p.15.

[5]　Ray S. Cline, "Intelligence", Encyclopedia of the American Military（New York:Scriner's, 1994），pp.1299-1300.美國史上以情報首長出身成為總統者迄今除華盛頓外尚有 1988-1992 年之老布希（George Bush）總統。

[6]　See "U.S. Intelligence Agencies and Activities: Risks and Control of Foreign Intelligence", Hearing Before the House Selected Comm. on Intelligence, 94th Congress, p.1729, 1731~1733.（Statement of Mitchell Rogovin, Special Counsel to

元的撥款[7]，進行秘密作業之用。由於加拿大是早期最直接威脅美國國家安全的英國領地，一八六九年格蘭特總統還派遣間諜到加拿大中、西部，煽動當地分離主義，加入美國。[8]

　　就情報事業中專業人員分工行為來看，間諜常與情報人員混為一談，其實這是以偏蓋全，混淆了兩個不同的職能身份；為瞭解差異，美國中央情報局人員所自許本身之「使命」（mission）篇中－誓以「作美國國家之耳、目和隱藏之雙手。」（we are the ears and eyes of the nation and at times its hidden hands.）[9]，可見端倪。耳、目之功用者，一般是指那些專門於整理、鑑定、與評估情報的分析員，他們的行動雖然也需保密及掩護，但一般情況下，他們的身份無需隱瞞。而間諜則是那雙隱密之手，他們必須隱瞞其真實身份，編造各種使人信服的假身份，還要隱瞞其真實使命和他們的聯絡關係以便進行秘密間諜活動和其他隱蔽任務，在其真實身份未被揭露之前，必須自始至終，絕對保持行動的詭密。艾倫杜勒斯（Allen W. Dulles）曾說：「如果你能使一位官員向你提供秘密內幕資料，這就是情報。如果這位官員把一份秘密文件放在桌上，而你把它偷走了，這就是間諜。」[10]

---

the Director of the CIA）

[7] Ray S. Cline, "Covert Action as Presidential Prerogative", Harvard Journal of Law and Public Policy 12, No.2 (Spring 1989), pp.357~358.克萊恩認為自美建國起，秘密工作一直就是總統特權，直到二次大戰之前，美國國會對秘密情報行動都是採取默許或「放任」（laissez faire）態度。

[8] Hearing, supra note 6, p.1733。

[9] 參見美國中情局官方網站：About the CIA: CIA Vision, Mission, and Values, at web site: www.cia.gov/information/tour。

[10] 張殿清，間諜與反間諜，頁十。

　　據統計，美國中央情報局直接雇用人員達兩萬人中，只有六千人從事於海外秘密的政治干預活動和心理戰，其餘皆工作於情報的搜集、評估和傳遞、交流國外情報，一般年度預算達十～十五億美元，「一九四九年中央情報法」（the Central Intelligence Act of 1949）更規定中情局的年度預算及秘密工作支出完全保密，無需公佈[11]，情報不止成為美國最大現代工業之一，在美國決策過程中影響力也是舉足輕重。

　　國家情報人員中，不論是「分析員」或「間諜」，亦不論他們在情報工作中是致力乎「靜態」的分析、評估，還是冒險犯難，甚至壯烈殉國，他們共同目的就是千方百計，得到有利鞏固國家安全的情報，因此何謂情報？按中央情報局本身定義者：國家決策領導人為保障國家安全所需要之資訊（information），尤其是來自敵國之機密（secret）。[12]

　　學者林嘉誠所編之政治學辭典則謂：由政府所蒐集到的消息，主要與他國能力與意向有關者。[13]

---

[11] Louis Fisher, <u>Constitutional Conflicts between Congress and President</u> (New Jersey: Princeton University Presss,1985), pp.248-251. 『一九四九年中央情報法』規定中情局預算包含於國防部，得以保密，無需公佈，大開秘密工作方便之門，雖然明顯違達反憲法第一條第九項規定：「合眾國政府所有公共支出，必須立法撥款，並隨時公佈之。」，但在一九七四年 Richardson v.U.S. 418 U.S. 166 (1974)乙案中，法院以事涉政治問題原則（political question doctrine），拒絕受理。參、眾兩院情報委員會（the Select Committees on Intelligence）在一九七七年的「Whether Disclosure of Funds authorized for Intelligence Activities is in the Public Interest」聽證會，也決議：「公佈情報預算將不符公共利益。」，支持秘密情報工作支出得不暴露於大眾。

[12] 參見美國中情局官方網站：<u>What is Intelligence</u>? At web site: www.cia.gov/information/tour.

[13] 林嘉誠、朱浤源，<u>政治學辭典</u>（台北：五南，民國八十三年），頁一七〇。

　　簡明大英百科全書（Concise Encyclopedia Britannica）定義：情報本質上是指經過評量的信息；係指與國家安全和對外政策有關的各種各樣的外國政府動態。[14]

　　大美百科（Encyclopedia Americana）則謂：情報係指經過鑑定的有關外國政府能力與企圖的情報資料，或某一團體所尋求之任何有關另一團體並且經過處理的資料。[15]

　　由此可見情報（intelligence）定義與一般消息、資訊或秘密不同者，是情報乃具以下特質：（一）它是以國家力量進行蒐集（二）最主要係針對外患，取自國外並涉及本國生存、發展之一切資訊（information），（三）此一資訊必須經過一定程序處理審驗而來。情報必須經過鑑別，意指情報必須經過一定處理的步驟，不加鑑別即吸收之情報資料，不但無益甚至有害。

　　任何情報機構的嚴格考驗，即視其提供外界情況的真實性並對即將來臨的危機事先預警的正確度，這也是情報之事業目的。由於情報的複雜多樣，美國中情局在千頭萬緒的資訊拼圖（information puzzle）中，為便利總統閱讀這處理後的資訊產品-情報，在類別區分上，有五種：[16]

　　一、即時情報（Current intelligence）：一般現行事件報告。

　　二、評估情報（Estimative intelligence）：預測可能發生事件。

　　三、預警情報（Warning intelligence）：緊迫須立即注意事件者。

　　四、研究情報（Research intelligence）：深度專案研究項目者。

[14]　大英百科全書，第九冊（台北：中華，民國七十七年），頁六五七。
[15]　大美百科全書，第十五冊（台北：光復，民國七十九年），頁一七〇。
[16]　參見美國中情局官方網站：What is Intelligence? At web site: www.cia.gov/information/tour.

五、科技情報（Scientific and Technical intelligence）：外國科技
　　秘密發展情況。

情報資料的蒐集來源可分成：公開部分與秘密來源，大概有百分
之八十或更高比例的情報蒐集是來自公開來源[17]，這些公開來源可從
各國政府外交公報和軍事武官的報告中尋求，還包括新聞媒體、外國
出版品和廣播。秘密來源：則包括國家隱密所進行積極情報部分之人
力秘密作業或較消極之空中與衛星監測、電子竊聽。克萊恩認為在不
包含「秘密作業」部分計算下，情報系統之「蒐集、分析到呈報」的
例行作業程序，佔據了中央情報局百分之九十八的人力及預算[18]。克
萊恩也指出其實在情報蒐集與過濾、鑑定的努力過程中，百分之九十
七是完全無益與浪費性的，但這是要取得珍貴百分之三的國家安全情
報，必須付出的代價；克將之比喻成挖礦，為取得金塊你必須連同多
餘無益的礦石一起收取、過濾。[19]

情報活動亦常被誤認與秘密作業相同，在「分析評估」作業外，
這也是情報事業中最引人入勝之處。美國情報改革焦點其實就在「秘
密作業」這一部門，一般印象中這是情報功能之關鍵及受人矚目部
分，但也往往是爭議之所在；定義上，依照一九七六年美國參議院情
報委員會（Senate Select Committee on Intelligence）—因為由艾達荷州
參議員法蘭克邱池（Frank Church,D-Id）主持，又稱邱池委員會（The
Church Committee）—因負責檢討中情局在五、六〇年代進行海外秘
密作戰而舉辦之一系列之聽證、調查後的總結報告書所作定義，堪稱

---

[17]　參見美國中情局官方網站：<u>What is Intelligence</u>? At website: www.cia.gov/
　　　information/tour.
[18]　Ray S. Cline, "Policy without Intelligence", <u>Foreign Policy</u>, p.121.
[19]　Ray S.Cline, <u>Secrets, Spies…</u>, p.127.

最為完整:「此類行動乃利用地下活動俾影響國外政府、組織、事件、個人,用以服務美國外交政策。秘密作業手段上包括運作政治、經濟行動、宣傳及秘密軍事武力(paramilitary),並經過縝密計畫及執行,以掩藏主事人員身份,利於主導人員有『可信的否認』(plausible denial),歸避責任的介入。」[20]

前中情局局長特納(George Tenent)更坦白謂:「秘密行動乃描述我們在不曝露任何角色扮演下,進行影響國外政府路線的努力。我們的手法有政治活動、宣傳及採取武力手段,這是 CIA 的功能所在。」[21]

美國政府第一份正式官方文件將秘密作業活動法制、集權化的過程,始於一九四七年十二月,杜魯門首度正式批准之國家安全會議 NSC4-A 文件,開啟秘密作業之濫觴[22],正式允許規定和平時期,美國中央情報局得秘密進行所謂「心理作戰」(psychological warfare)[23],俟一九四八年六月十八日又發佈 NSC10/2 文件,將「心理戰」一詞易以「秘密(covert)作戰」,內容也明確指出「美國政府針對敵對國家或團體或為支持友好政府或團體,得主導或贊助秘密活動:如宣傳、直接預防行動、顛覆及破壞,包括援助地下反抗組織、游擊隊、難民及當地反共人員,但此類之秘密行動,不得以掩護、欺騙方式,

---

[20] Allan E. Goodman,"Reforming U.S. Intelligence", Foreign Policy (Summer 1987) , p.l30.

[21] Stansfield Turner, Secrecy and Democracy: The CIA in Transition (Boston: Houghton Miffilin, 1985) , p.75.

[22] Ray S. Cline, "Covert Action as Presidential Prerogative", Conflict in American Foreign Policy, D. Mansfield and G. Buckley Ed., (New Jersey: Prentice Hall, 1985),p.362.

[23] NSC4-A, December 17,1947, "Emergence of the Intelligence Establishment", is printed in Document 257, Foreign Relations of United States, 1945-1950.

使武裝部隊、情報活動的運用，造成直接的軍事衝突。」[24]由於秘密作業是執行無法公開之秘密戰爭而生用，因此連帶隱藏美國政府參與之「可信否認」原則，即構成秘密作業的另一必要條件，NSC10/2 也首度規範：「本書所擬定之一切秘密活動當不得予聞於未授權之人員，一旦事機敗露，美國政府得合理地開脫責任。(U.S. government can plausibly deny any responsibility for them.)」。

未幾，中情局在一九四七～八年之義大利及希臘大選中，首度依法運用「秘密作業」之宣傳、心理戰及提供金錢手段，援助兩國親美之基督教民主黨順利擊敗共產黨候選人，自此美國官員開始大加迷信秘密作業的功用。[25]一九五一年十月在加強中情局秘密作業的「範圍及強度」（"scope and magnitude"）目的下，國家安全會議再度以 NSC10/5 允許中情局秘密軍事行動，得擴大進行至游擊戰。[26]

由 NSC4、NSC10/2 及 NSC10/5 內容之演繹及發展，「秘密軍事行動」（paramilitary operations）是秘密作業中最強烈之選擇，也是最後訴諸的軍事暴力手段。根據克萊恩所敘，此一「準戰爭」程度規模之試驗發展，始於一九五○年韓戰時期，美國政府為牽制中共調兵參與韓戰，而授權 CIA 得自行組織、擁有及運用自己的海空機、艦，以便利發動這準軍事戰爭行動，台灣也因此開始成為 CIA 遠東最重要的

---

[24] NSC10/2, June 18,1948, printed in Document 293, <u>Foreign Relations of United States</u>, 1945-1950.

[25] David Isenberg, "The Pitfalls of US Covert Operations", <u>Cato Policy Analysis</u>, No. 118, April 7, 1989, p.7.

[26] NSC 10/5, "Scope and Pace of Covert Operations", in <u>The CIA under Harry Truman</u>, Michael Warner, Ed., （Washington, D.C.: Central Intelligence Agency,1994）, pp.437~439.

機動反共部隊。[27]「秘密軍事行動」的執行權力無疑是 CIA 成為美國對外政策益具實力並受國外政府敬畏之最大因素。

　　從現代情報學的觀點看，秘密作業是積極情報活動的一部分，它是在情報機關的指示下，有組織、目的地刺探、竊取、收買對方秘密情報，甚至建立間諜組織進行滲透、顛覆、破壞等秘密行動，中情局情報事業內，從事這部分最深沉隱密任務的人力只佔百分之五，[28]但其影響規模及受到的爭議關切卻是最大。受限在資料的解密限制下，雖然無法確切認定美國自中情局成立後，執行了多少海外秘密行動，但根據一九九六年九月十一日紐約時報統計，「美國 CIA 史上共執行了 2,000 件秘密作業行動，企圖影響外國政府之政治行為。」[29]但考諸美國祕密作業之運用，也並非始自近代，克萊恩從歷史上發現，美自獨立建國始，秘密作業就是總統的特權（presidential prerogative），一七八九年華盛頓就任美國政府第一任總統時，就自己兼任情報首長，由於「美國國家安全是不可能在對國際潛在危機一無所知下，得以維持。」[30]因此只要美國總統在認為國家安全利益需要下，美國政府可任意針對海外敵意政權，採取輿情影響、策反敵國官員或任何強迫對方路線改變的海外地下間諜（clandestine espionage）活動，另外以功能而言，克也以為「秘密作業是美國外交政策的延續，秘密作業的採行是在投降與避免兵戎相見下的折衷之道（middle way），在避免直

---

[27]　Ray S. Cline, "Intelligence", Encyclopedia of the American Military, p.1320.

[28]　Ray S. Cline, The CIA under Reagan, Bush…, p.141.

[29]　Tim Weiner, "For 3d Time in 21 Years, Saddam Hussein's Foes Pay Price for a Foiled U.S. Plot", New York Times, September 11, 1996.

[30]　Ray S.Cline, "Covert Action as Presidential Prerogatives", Harvard Journal of Law and Public Policy ,No.2, Spring, 1989., p.358.

接的戰爭後果下，秘密作業是最有效果的選項。」[31]這也解釋了一九五〇及六〇年代美國總統益加依賴及使用秘密作業的效率與便利，原因不外：(1) 它是在外交、貿易的溫和手段及不惜赤裸武力相向間有利之「第三選擇」（the third option），(2) 它也提供國家領袖在人民批評他「不決」或「固執」及「好戰」或「軟弱」猶豫下的出路。[32]

美國學者古米納（Paul Gumina）還以「秘密作業」一詞太過溫和，應改成「秘密戰爭」（secret warfare）或許更為適合，因為這些作業根本無異於美國對海外國家未經正式宣戰的戰爭行為。[33]

總之，秘密作業除了有著保衛國家安全之絕對必要性，但它力量之巨大神秘，又令人有著過與不及的忌憚，讓人既愛又懼，這般的捉摸不定，一九七六年美國參議院情報委員會報告中，有段切入中肯的看法：「秘密是秘密作業之根本，但秘密也變成了權力之源。本委員會發現秘密造就了美國總統訴諸秘密行動的誘惑，以規避官僚、國會及民意。」[34]

（"Secrecy is essential to covert operations; secrecy can , however, become a source of power. The Committee found that secrecy contributed to a temptation on the part of the Executive to resort to covert operations in order to avoid bureaucratic, congressional and public debate."）

---

[31] Ray S.Cline, "Covert Action is Needed for United States Security", in Conflict in American Foreign Policy, D. Mansfield and G. Buckley Eds（N.J.:Prentice Hall, 1985）, pp.76-77.

[32] Theodore Shackley, The Third Option: An American View of Counterinsurgency Options（N.Y.: McGraw-Hill, 1981）, p.6.

[33] Paul Gumina, "Title VI of the Intelligence Authorization Act, Fiscal Year 1991: Effective Covert Action Reform or Business As Usual? ", Hastings Constitutional Law Quarterly,（Fall 1992）, p.168.

[34] See Results of the 1973 Church Committee Hearings, on CIA misdeeds, and the 1984 Iran-Contra Hearings, p.1.

第二節　美國國家情報建制歷程

迄二次大戰前夕，美國國家情報體制上，仍無一事權集中的中央情報機構，負責總體情報之運作。當時有關國家安全的情報分析與秘密作業，分權於政府中之國務院、戰爭部、海軍部、司法部四大系統運作。[35]四大系統互不通聯，彼此競逐，在情報評估與蒐集上，由於來源紛歧，不但分析各異，導致情報的混淆；行動上也各行其是，相互掣肘。此時，參與美國政府情報任務的人員規模，只千人之譜，技術複雜程度也僅及無線電信號的攔截[36]；情報的工作內容與品質可說是相當貧乏，績效上，不但不足應付美國國家平時安全之所需，遑論大敵當前時。

至於美國民心在孤立主義氣氛籠罩下，更冷漠於建立一個中央控管、統攝的情報組織，認為情報勢力集中的舉措，具有政府秘密侵犯人民隱私權的違憲之嫌；但不論如何，情報組織整合工作的最大阻力，仍來自現有情報組織單位間既得利益之維護，尤其是司法部聯邦調查局（FBI）長胡佛（Edgar Hoover）[37]不但反對任何情報統合的努

---

[35]　David F. Rudgers, Creating The Secret State（Kansas：University Press of Kansas,2000），p.5.美國國家情報分工如下：在海軍部之情報執行單位，一八八二年，設立航海局（Bureau of Navigation），負責偵蒐國外海軍船艦、武器與海軍戰略發展資訊，一八九九年起，改組為海軍情報處（Office of Naval Intelligence，俗稱 ONI）掌理。戰爭部情報組織，則始於一八八五年，成立軍事情報局（Military Intelligence Division），負責提供有助戰爭計畫的情資，一九一八年改名為總務署（General Staff, 俗稱 G-2）繼承。司法部，則因執行國內間諜法，也得以進入諜報領域，而有聯邦調查局設立。國務院因負責與外國政府接觸，則由其駐外之大使、領事或特使進行外國國情、政策情報蒐集工作。

[36]　Ray S. Cline, The CIA under Reagan…, pp.28~30.

[37]　王凌霄、劉麗真譯，David McCullough 著，杜魯門，1884~1972，（台北：麥

力，甚至企圖進一步擴張調查局也能跨足海外秘密工作發展；羅斯福不得已，只有將海外情報勢力大餅，分配成 FBI 負責西半球，海軍擁有太平洋地區及戰爭部控制歐洲、非洲及巴拿馬運河區。[38]如此一來，卻使得美國情報功能整體性更形分裂。

　　一九四○年五月，法國淪陷，大戰日益逼臨，在國內民意與世局壓力下，美國仍猶豫於干預或中立政策之間時[39]，羅斯福方嚐到了美國情報資訊分裂散亂的苦果；由於無法擁有整體及可靠的歐洲戰事情報，雖然駐英大使甘迺迪（Joseph P. Kennedy）及海、陸軍情報單位都悲觀認為英國距投降之日不遠，反對提供軍事援助予英國，但羅斯福仍決定派遣年屆五十六歲，華爾街律師出身，時任無任所大使之威廉杜諾凡（William Donovan）親自赴英國作一調查，希望得到一個獨立與不受官僚本位曲解的意見。杜於一九四○年七月十四日啟程赴

　　田，民國八十四年）頁三一六。羅斯福當政時，喜歡利用胡佛幫他打探收集一些重要人物的私生活，待杜魯門繼位，胡佛企圖以故技討好杜，但杜卻極加厭惡，認為如此做，無疑是侵犯個人自由，並在日記中道：「FBI 愈來愈有秘密警察味道，不是揭發性醜聞，就是搞黑函，這事一定得制止。」從此胡佛對杜魯門恨之入骨。

[38] David F. Rudgers, Creating The Secret State, p.7.四大情報系統中，胡佛是競逐情治權力大餅企圖心最強烈者，始終反對成立中央級情報組織。一九三九年六月二十六日，羅斯福以行政命令，要求四大情報系統協同作業；胡佛充分挾用（exploit）此一總統令，不但與海軍 ONI、戰爭部 G-2 逕行協定彼此情報責任分工，且趁勢在一九四○年六月成立「特別情報處」（Special Intelligence Service, SIS）將情報業務擴張至海外，四二年二月終於取得西半球（或拉丁美洲）情報勢力範圍。

[39] Herbert H. Rosenthal, "Political Ideology and American Foreign Policy" in Ideology and Practice: The Evolution of U.S. Foreign Policy, Thomas B. Lee（李本京）Eds.（Taipei: Tamkang University, 1985），p.88. 按 Rosenthal 文指出：美國民調直到一九四○年十月，才有首度過半數的民意支持羅斯福在戰爭的冒險下，援助英國。

英，八月返國，在杜諾凡傾向「干預主義」的報告中，杜諾凡盛讚英國軍民的英勇士氣與皇家空軍的前仆後繼，感於英國構成美國國防的第一道防線，建議總統羅斯福應立即軍援英國。[40]報告中，最讓杜諾凡所強調，且深刻印象者，卻是英國在大戰中，情報機構與人員的傑出表現；他發現主管英國國家情報機構「秘密軍事情報局」（Secret Military Intelligence，簡稱 MI-6）攔截、破解德國電訊密碼的高超效率及所屬「特別行動執行處」（Special Operation Executive, SOE）敵後地下工作，才是保障英國不墜的最重大原因，啟發杜諾凡師法建立國家情報組織於美國政府部門之內。[41]

同時間，老謀深算的英國首相邱吉爾也深知，在歐洲大部已遭希特勒淪陷，英國的命運只有決定在美國的即時參戰，因此加速美國認清本身戰略利益與身繫世界命運安危的事實，乃解救大英帝國危機首要之務。同年六月，邱吉爾派遣加拿大商人也是其摯友威廉史帝芬生（William Stevenson）擔任 MI-6 駐美國站長，他最大任務就是「教育美國高層人士，以英國視野看待國際戰略……最後並將美國帶進戰爭。」[42]，史帝文生其中工作之一，就是剴切宣導美國情報運作分裂

---

[40] 三個月後，九月四日，在杜諾凡建議與力爭下，羅斯福與英國完成「基地交換美國驅逐艦」（Destroyer-Base Deal）之行政協定，由於德國潛艇威脅，英國急需驅逐艦，保衛海域，乃將所屬 New Foundland, Bermuda, Bahamas, Jamaica, Antigua, St.Lucia, Trinidad, British Guiana 中之海軍基地以九十九年租約，換取美國五十艘驅逐艦，羅斯福並以行政協定方式簽署，避免國會的條約同意權，羅斯福等於表態美國將結束中立政策，預備介入歐戰。參見 Thomas A. Bailey, David M. Kennedy, <u>The American Pageant: A History of the Republic</u>,Vol.II （N.Y.: D.C. Heath and Company, 1987），p.783.

[41] Thomas F.Troy, <u>Donovan and The CIA</u>（Frederick,Md.：University Publication of America Inc., 1975），p.28.

[42] ibid., pp.34~36.

與彼此抵銷力量之害，並建議應仿傚英國 MI-6，建立一事權集中的中央情報機關，而杜諾凡就是史帝芬生所選擇之說服對象。[43]

在英國的推動、啟發與杜諾凡本身信仰之下，杜諾凡在一九四〇年十二月再受羅斯福之命，進行東地中海巴爾幹考察之旅與英國情報官員的密切接觸後，四月二十六日，終於上書羅斯福，建議仿英國情報制度與功能原則，成立一中央層級情報協調單位，該單位組織權責與辦法，原則上：

1、以總統為負責對象。

2、仍維持既有情報單位存在及權責，但海外情報蒐集工作則劃歸此一新立單位。

3、擁有秘密基金預算。

4、按照總統決策需要下，總體分析一切相關情報。[44]

美政府史上第一個中央文職（civilian）情報機構，就在杜諾凡與英國史帝芬生的努力及大戰壓力之下，羅斯福以三軍統帥的身份在一九四一年七月十一日，發佈軍事命令，成立情報協調處（Office of Coordinator of Intelligence, COI），任命杜諾凡為首任處長，規定：

1、情報協調處負責所有具備美國國家安全性質情報之「蒐集與分析」（collect and analyze）工作，並直接向美國總統或總

---

43 李灩春譯,余茂春著,美國間諜在中國，OSS in China（香港：明鏡，一九九九年），頁二六～二九。這段旅程自一九四〇年十二月八日迄一九四一年三月八日止，杜諾凡考察足跡重復往返於英國、直布羅陀、埃及、利比亞、保加利亞、南斯拉夫、希臘、土耳其、巴勒斯坦、塞浦路斯等達十三國，時間之長，範圍之廣，確實少見，令人訝異是杜整個旅程的費用、行程不是由美國政府支付，而是由英國情報機構負責與安排，而英國也充分利用此一機會，影響杜相信美國需要一中央統攝的情報單位。

44 Thomas F.Troy, Donovan and The CIA, p.38,39,56,63.

統授權之人負責。為取得此一國家安全情報，在總統許可下，可輔以「附加行動」（supplementary activities）運作。

2、美國政府中之情報相關單位，在總統許可下，需將其所有相關國家安全的情報資料交與該情報協調處析閱。

3、情報協調處不得干預、阻撓（interfere and impair）海軍與陸軍既有對三軍統帥咨議之責任與義務。

4、情報協調處將可獨立聘用人員及募集必要之供給、設備及服務。[45]

　　不論功能或行政上，情報協調處有了獨立的人事與預算；權責發揮上，除具有整合、分析所有情報資訊並向總統負責報告外，尚擁有「附加行動」權力，這也是情報工作中所謂「秘密或地下行動」的授權。就理論而言，情報協調處大體已具備所謂情報中央統合條件之機構。

　　一九四一年十二月七日珍珠港事件爆發，美國正式對德日宣戰，在一切以「戰爭」需要為前提，為「勝利」目的而服務下，美國參謀首長聯席會議（Join Chiefs of Staff, JCS）成為戰時政府戰略計劃與主導之核心。冷靜理智的杜諾凡深知剛起步的情報協調處勢須轉變成為一準軍事性組織，因為沒有參謀總部的作業支持與允許，隨時有被邊緣化的可能，情報協調處不但於情報分析不可行，尤其重要的秘密地下工作根本也無法開展。一九四二年三月三十日在杜諾凡所提備忘錄中建議情報協調處歸屬參謀聯席會議運作，以統一事權，增進作戰效率[46]，六月十三日，羅斯福再以軍事命令規定：

45　ibid., p.65.
46　Thomas F.Troy, <u>Donovan and The CIA</u> ,p.138.

1、取消一九四一年七月十一日成立之情報協調處，改組為戰略服務處（Office of Strategic Services ,OSS）；並歸屬參謀聯席會議管轄。

2、戰略服務處將依參謀聯席會議之需要，進行情報之分析與研判。

3、戰略服務處戰之行動與計畫，將依參謀聯席會議之命令行之。

4、戰略服務處之首長由總統任命，並受參謀聯席會議之監督節制。

5、命令威廉杜諾凡為處長。[47]

在二次大戰中，全面轉型以行動導向（action-oriented）或地下工作為主的戰略服務處，在仿英國 MI-6 的 SOE 而成立之特種行動處（Office of Special Operation, OSO）及行動小組（Operation Group）領導下，戰略服務處第一個重大的秘密行動考驗，是一九四二年，在代號「火炬行動」（Torch Operation）下，成功以假情報使納粹相信盟軍將在塞內加爾之達卡（Dakar）登陸，協助美國為首的盟軍龐大艦隊沒有損失一艦一艇，成功登陸北非，展開對軸心國德、義的反攻。[48]至於戰略服務處在中國戰區方面，由於英、蘇及國、共錯綜複雜的諜報活動，反而陷入更混亂的局面[49]，足可津津樂道較著事蹟者，則有與

---

[47] ibid., p.150.

[48] 張殿清，間諜與反間諜，頁四四六～四四七。

[49] 李灝春譯，余茂春著，美國間諜在中國，OSS in China，頁三四〇，四五九～四四六。戰略情報處在中國行動之挫折，可歸納於：1. 戰略情報處與美國海軍情報單位在中國之較勁內耗。2. 戰略處與中國情治首腦戴笠對「中美合作指揮所」所訓練之特工領導權歸屬之爭執：戴笠主張兩國共管，但杜諾凡則不以為然。3. 戰略處視蘇聯為戰時盟友，反對對蘇聯甚至中國共產黨進行特務滲透，引起國府不滿。4. 國府懷疑戰略處已遭中共滲透，杜諾凡甚至願以支援共產

陳納德（Claire Lee Chennault）為首之美國第十四航空「飛虎隊」在華作戰的情報配合。[50]

從一九四一年的情報協調處改組成四二年的戰略服務處，就性質而言，雖然，從文職又倒退隸屬於軍方組織，獨立性及位階有所下降。但杜諾凡能拋棄官僚本位的利益，智慧地讓這一得之不易的全國性情報統合組織的功能及組織保存下來，至四五年撤除前，兩大業務單位之「研究分析組」（Research and Analyze）的情報搜集與判讀，大抵還能保持其當初構想的條件：以學者為主體，文人的風氣依然不失[51]；「特別行動組」（Special Operation）則從此讓後人樹立情報的冒險、浪漫印象，於今不墜，立下日後中央情報工作的典型傳統規模。

一九四四年十一月十八日，念茲在茲一個中央調控、文職獨立的美國國家情報機構的杜諾凡再以備忘錄，敦促羅斯福注意大戰結束，國家進入和平時期後，有關情報重建工程。杜備忘錄建議重點有：

1、在國家平時，情報權責應回歸到總統掌握。

黨換取中共滲透滿州國的合作。作者相信杜諾凡可能已知道一九四五年二月羅斯福、邱吉爾與史達林所商訂的雅爾達秘約中有關出賣國府的協定，著手改善戰略處與中國共產黨的關係本質。

50　居亦僑口述，汪元舟整理，「蔣介石的衣食住行」，傳記文學，第五十五卷，第一期（台北：傳記文學，民國七十八年），頁六三。陳納德一九三七年來到中國時，已經三十七歲，一九四〇年得羅斯福總統批准，組織了一支近三百人的「美籍志願空軍總隊」又名「飛虎隊」來到昆明。到一九四三年，第十四航空隊正式成立時，已經是支擁有三千多架飛機的龐大戰鬥隊伍。十四航空隊連同前身飛虎隊共擊毀日寇敵機 2,600 架，敵軍 7,700 名，擊沉 44 艘敵軍艦艇。陳納德也由空軍中校升為空軍少將。抗戰後陳納德與飛虎隊退下來的許多人就在亞洲求發展，後來他所籌劃的民航空運大隊（Civil Air Transport, CAT）更發展成美國 CIA 運補的主力，範圍遍及整個亞洲，同時在一九五、六〇年代主宰台灣的航空市場。

51　Lyman B. Kirkpatrick, Jr., The Real CIA（New York: MacMillian,1968），p.16.

2、建立一個直接向總統呈報情報的中央機構，該機構負責設立
　　情報目標與搜集分析有關國家戰略計畫之資訊。

3、建議以立法或行政命令方式促使此一單位法制化、常制化。

由於一九四四年之歐亞戰事進展快速，德日已是困獸之鬥，且媒體懷疑杜所倡導的情報機關，乃羅斯福「新政」的「超級間諜組織」（super-spy），胡佛局長更極力阻止[52]，迫使羅斯福裹足不前。一九四五年四月，羅斯福逝世，政隨人去，此案也就束之高閣。杜魯門甫當政，一來對杜諾凡向無好感，其次，為削減政府因戰時規模膨脹，乃聽從預算局長史密斯（Harold Smith），於一九四五年十月一日，發佈第 9621 號行政命令：撤銷戰略服務處，並將其 R&A 有關情報分析、評估工作，撥給國務院，地下工作，則交給戰爭部負責。[53]從此，四五至四七兩年時間，美國情報分工又回復到戰前四大組織各自為政的分裂局面，一生希望以理想、理性，堅持於情報改革之杜諾凡也黯然退出美國政府。

然而，一個中央級的情報協調機制的發展並未因杜諾凡的離去而湮滅，杜魯門一九四六年一月二十二日，發布行政命令設立國家安全局（National Intelligence Authority, NIA），下轄中央情報小組（Central Intelligence Group, CIG），召集四大情報單位首長在總統代表下，進行有關國家安全戰略情報分析及製作商討。但這般維持各方本位主義，保障官僚既得利益的合議制會議，難免淪為互別苗頭，甚至為反

---

[52]　Frank J. Donner，The Age of Surveillance : The Aims and Methods of America's Political Intelligence System（N.Y.: Random House,1981），p.84. 在 OSS 年間，胡佛就不斷刻意向媒體泄漏共黨間諜已滲透該單位；戰後，杜諾凡所倡導之平時中央情報組織，胡佛亦誣蔑為蓋世太保（Gestapo），在阻止中情局成立行動失敗後，胡佛竟指示銷毀 FBI 當移交予中情局的國家安全資料。

[53]　David F. Rudgers, Creating The Secret State, pp. 38~40,43.

對而反對，功能依然不彰，充其量只能說是整而不合，協卻不調。此外不論是 NIA、CIG 都不是正式立法之機構，人事、經費上，臨時由海軍、戰爭部及國務院分攤，一旦經費削減，即無法維持[54]，完全不能達到當初杜諾凡追求獨立機制的理想。

　　固然胡佛委員會（此胡佛乃前總統 Herbert Hoover）一九五五年報告，認為「一九四一年珍珠港事變乃孕育中央情報局之母，使美國民心認識到孤立於世局之不可行，而能接受此一國家秘密組織之成立。」[55]，然壓垮孤立主義之最後一根稻稈，使杜魯門決心完成情報中央化之真正因素是：一九四七年戰後國際大環境的改變。由於舊歐洲英法勢力消退，造成全球權力真空，蘇聯大肆在東歐與地中海的擴張，面對民主陣營之岌岌可危，杜魯門「意識到美國在未來世界局勢重大角色之扮演」[56]，杜魯門乃決心將美國帶上國際主義道路，且戰後不斷的國際危機也解決了官僚組織上的競爭傾軋，各部重要官員如國務卿馬歇爾、戰爭部長派特森（Robert Patterson）、海軍部長佛瑞斯特（James Forrestal）國務院政策計畫處主任肯楠（George Kennan）基於共產顛覆力量擴張，應有效運用國家秘密作業反制，一同支持中情局的成立[57]，而有一九四七年國家安全法（National Security Act of 1947）所設立之國家安全會議（National Security Council）中，夾帶成

---

[54] David F. Rudgers, Creating The Secret State, pp.111~112.另外參考 Thomas F.Troy, Donovan and The CIA , p.382.杜勒斯（Allen W. Dulles）也撰文必須立即改革 CIG，批評擔當主管的軍職將領，欠缺文人及法制化的理想條件，有如走馬燈的在職位上來去無常，曾「一年換了三任」。

[55] Thomas F.Troy, Donovan and The CIA , p.409.

[56] Harry S. Truman, Memoirs :Years of Trial and Hope 1946~1953 （N.Y.: Doubleday,1956），pp. 58 -62.

[57] Ray S. Cline,The CIA under Reagan…, p.120.

立中央情報局的構想。杜魯門女兒認為中情局是她父親任內「最驕傲的成就」（"proudest accomplishments"）[58]。在該法一〇一款規定國家安全會議之目的乃在於：「負責對總統報告有關國家內政、外交及軍事之國家安全政策，徹底增進政府軍事與各部門機構有關國家安全資訊整合之效率。」一九四一年來所爭取的中央情報機關，也在此一國家安全法之第一〇二款中以附加（by-product）條款應運而生。

　　該款（a）部分規定：「謹此，在國家安全會議之下，設立中央情報局（CIA），該局長由總統提名，經參議院同意通過任命之。該局長職可由具軍方或民間背景者擔任之。」

　　（c）部分，授予局長「在國家利益之下，完全的人事任免權……」。這對中情局成為一個彈性獨立運作組織，免於繁瑣行政程序是絕對必要。

　　從一九四一年起，美國國家情報制度建立，就是著眼在情報事業中「秘密行動」的法制化，作專業常態的維持運用。不論是戰時之情報協調處（OCI）或戰略服務處（OSS）都是以執行「秘密作業」計畫，為盟軍勝利之需要而設立。因此，（d）款功能任務部分中之：（2）協調、整合政府各部有關國家安全資訊，以備國家安全會議諮詢……（4）在國家安全會議批准，及情報更有效率取得下，執行具『共同關切』（common concern）之附加行動（additional service）。該（2）、（4）款則成為日後中央情報局情報蒐集、解析與秘密行動授權之兩大業務的法源依據。

　　（e）政府各部有關國家安全情報資料，必須開放（open）予中央情報局長，利於其取得（available），以整合、評估與宣導。[59]一九四

---

[58]　Margaret Truman, Harry S. Truman（N.Y.: Morrow,1973）, p.332.

[59]　Thomas F.Troy, Donovan and The CIA ,pp.466~472.

七年九月十八日，美國中央情報局（CIA）終於在國際局勢的因素並經由國家安全會議的法案「包裹」立法下轉型成常制、平時的國家情報組織，局長由總統提名，參議院同意，並可由文職擔任。依法得享有完全的人事任免，權能上，所有政府各部必須開放其國安資料予中情局以利整合，並直接向國家安全會議或總統提供國家戰略資訊；一九四九年之「中央情報局法」為擴大中情局「秘密作業」運作，不但保密中情局秘密工作預算，且授權「中情局得接受或撥款予其他政府單位經費，執行國家安全會議規範之功能或活動（functions or activities）」。而法律上授權中情局之所謂「共同關切的附加行動」，明顯是指秘密地下工作部分，也往往是日後大眾看待與期待情報工作的焦點，而海外的秘密作業也確實是最能展露出情報事業迷人與價值之所在部分。

第三節　韓戰開啓之美台情報合作

　　一九四九年八月，國民政府主力部隊已喪失殆盡[60]，僅剩零星部隊與中共輾轉頑抗。美國務院於五日發表「對華關係白皮

---

[60] 一九四八年十一月二日「遼瀋之役」，共軍乘勝進入瀋陽，守將衛立煌棄城出走，東北全境淪陷，國軍前後損失四十萬人；十一月三十日「徐蚌會戰」，杜聿明統率六大兵團失利，損兵四十五萬，震動大局，加上之前濟南、長春、錦州失利，美國大使館估計，僅四八年最後四個月，國軍共損失一百萬人，四十萬枝步槍；四九年一月三十一日「平、津之役」傅作義與林彪議和，獻上華北劉總所部二十五萬人接受共軍改編，只有駐塘沽之國軍五萬人得從海上撤退，四月二十三日南京易手，五月十六日武漢失守，八月四日，長沙綏靖公署主任程潛暨湖南省主席陳明仁投共，華中剿總司令白崇禧撤入廣西，國府江山已大半不保，僅存西南一隅。參見張玉法，中國近代現代史（台北：東華，民國七十九年），頁四五二。李雲漢，中國近代史（台北：三民，民國七十四年），頁六三三～六三五。

書」[61]將美國在中國政策的失敗，完全歸咎於蔣介石政權的腐敗與無能。這篇厚達一千一百五十四頁的「中美關係」報告，聲明停止對國府的軍經援助，並待中國內戰「塵埃落定」之後，再重新檢討對華政策。年底，果然江山易主，國府轉進台灣一隅。一九五〇年一月五日的國家安全會議上，總統杜魯門再度表態，關於台灣問題的聲明「美國現行對華立場是明確承認中國對台灣享有主權，美國對台灣無任何佔領之企圖，也沒有在台灣建立軍事基地之野心，也無意成立在台親美政權，同時不再提供任何武器軍援予國軍部隊，更決不會介入中國的內戰。」，一週後，國務卿艾契遜在全國記者俱樂部（NPC）的「週邊戰略」（perimeter strategy）演說中聲稱「美國在亞洲防衛佈局，台灣與韓國不在美國西太平洋防線之內」，等於向侵略勢力大閃「綠燈」（green light）；且媚言「中蘇必將失和，美國才是中共能維持獨立的最好朋友。」[62]綜合這些「袖手」政策指導性發言[63]，到了六月中旬，美國中央情報局對台灣情勢分析，預測「台灣將在七月十五日前遭中國全面之攻擊，由於國府軍紀蕩然，民心浮動，中共將於攻擊發動數

---

[61] 正式標題是 United States Relations with China, With Special Reference to the Period, 1944-1949,中華民國外交部直譯書名為：美國與中國關係—特別著重一九四四至一九四九年之一時期。共一冊，二四四頁。

[62] Lester H. Brune & Richard Burns, Chronological History of U.S. Foreign Relations, Vol II, 1933~1988（N.Y.: Routledge, 2003），pp.645~646.

[63] D. Rusk, As I Saw It, p.158. 魯斯克坦言，美國此時已準備步英國之後塵承認中共，條件只是等著（wait and see）中共是否願意以文明態度行事於國際社會。美國這種態度，也不因韓戰爆發稍改，一九五〇年十二月三日，我駐美大使顧維鈞密電蔣故總統函中亦言：「美國在避免韓戰擴大及英國與西歐壓力下，已決定如中共願態度稍改……或可漸獲妥協，美國即許之安理會代表權……」見王正華編，中華民國與聯合國史料彙編：中國代表權，頁四四。

週內順利佔領台灣。」[64]中情局報告言猶在耳，北韓首領金日成搶先出兵，韓戰在六月二十五日爆發。雖然金日成、史達林及毛澤東自認這是根據美國官方「政策誘導」下的行動[65]，卻被杜魯門重新認定是中、蘇在亞洲陰謀擴張計畫的一部分，立即下令以軍事行動援助南韓。

　　韓戰雖令美國對台政策丕變，但相較於對韓國防衛的積極與全面，杜魯門與艾契遜為避免刺激中共介入韓戰或在台灣海峽另生戰場顧慮下，卻有所保留的採行「台海中立化」[66]，一面派遣第七艦隊進入台灣海峽，保衛台灣免於中共侵犯；但也要求台北當局停止針對大陸進行的海、空軍事行動，而「台灣未來地位的決定，必須等待太平洋恢復安定，由對日本和約或聯合國決定之。」，對國府出兵韓戰之請[67]，杜魯門於七月六日先是藉口出兵需聯合國決定之，加以推拖；

---

[64]　Karl L. Rankin 原著，藍欽使華回憶錄（台北：微信新聞社，民國五十三年），頁二三〇。中情局分析：台灣海峽五月到七月甚十月之間是所謂『侵略季節』，此時由於正逢颱風季節期中，台海外島如大陳等，由於四面環海、波濤洶湧，不利來自台灣本島的支援，易引中共侵犯。

[65]　Nikita Khrushchev, Khrushchev Remembers（Boston: Little, Brown and Company, 1970），p.368. 根據赫魯雪夫回憶，韓戰出兵決策過程：一九四九年底，金日成兩度造訪蘇聯，急欲出兵，史達林恐美國干預而猶豫下，轉請金請益毛澤東意見，毛則判斷此乃韓國內政問題，美國不會介入，而一口答應。最後史也認為北韓可速戰速決，讓美國來不及干預而同意。D. Rusk ,As I Saw It, p.164. 蘇聯被美國政策誘使，以致韓戰爆發，可以蘇聯駐聯合國代表維辛斯基（Andrei Vyshinsky）與魯斯克一段對話，得充分証實，維為向魯舉證美國之不可信任，即以韓戰為例，指責美國「一再表白不以韓國為興趣，待北韓出兵統一，卻又軍事阻撓。」

[66]　顧維鈞回憶錄，七卷上，第八分冊，頁七～八。依顧維鈞大使印象，美國從「塵埃落定」到「中立」聲明，就積極言，杜魯門之政策聲明不是徹底變更，至少也是對國務院所制定和奉行的對華政策作了重大修改。據顧大使報導：艾契遜和他的同僚其實仍強烈反對美國改變原來對台之既定政策，直至星期一（6月26日）在杜魯門堅持立場，作出最後決定後，他們方纔讓步。

[67]　同上註，頁十二～十五、二十四～二十六。 中華民國外交部於六月二十八日

七月十四日，聯合國秘書長賴伊（Trygve Lie）致電五十二會員國（共產國家除外）請求地面部隊支援韓戰時，獨予台北電文中附帶要求「需與美國政府具體詳商，討論處理辦法」[68]雙方互踢皮球下，可見對國府軍力在韓戰的角色扮演，美國是極力壓抑。

　　韓戰爆發後，杜魯門雖然從未考慮採納麥克阿瑟借重台灣國軍於朝鮮半島的主張，美國「台海中立化」政策亦言明禁止國府軍隊對大陸採取任何冒進的軍事行動，駐台的美軍顧問團也把這批地下游擊隊排除在軍援的範圍，嚴禁任何美軍裝備流入游擊隊手中[69]；但是大陸東南沿海地區和離島間的游擊行動卻仍持續進行，美方戰略思考上，企圖有效運用國府這批殘留在大陸的游擊隊，襲擊中共後方，開闢華南「第二戰場」，用以紓解美軍在韓壓力之念頭，也從未放棄。[70]七月十三日，美國合眾社即報導「有三十～三十五萬游擊隊仍在國府有

　　以備忘錄通知美國政府兩點：一、業應美國之請，命令暫停海、空軍事行動，但國府所擁有之沿海離島如受到攻擊，則不得不進行自衛。二、中華民國擬遣三萬三千人的陸軍交由麥帥指揮，加入韓國戰場。事實是，杜魯門只想使朝鮮戰場局部化，台灣不但保衛本身之軍事實力不足，一旦參戰，有可能戰爭擴大至中國，只會將情勢更加複雜化，也不保蘇聯不會進攻歐洲。至於艾契遜以為台灣出兵，不過是蔣介石想利用美國為他的軍隊謀取武器、物資。依據 D. Rusk, <u>As I Saw It</u>, pp.175~176.魯斯克認為蔣介石出兵韓戰所附帶條件是美國必須全面裝備這兩個師，並給予兩年時間的密集訓練，並非真心之舉。

68　「賴伊呼籲出兵援韓，照會我國特別處理」，<u>中央日報</u>，民國三十九年七月十六日，版一。

69　<u>顧維鈞回憶錄</u>，七卷上，第八分冊，頁二〇五。杜魯門七月二十六日終於重新恢復軍事援助台北，在簽署一九五〇年度軍事援助法案中，分配七千五百萬美元予國府，在九月七日記者會會中，當艾契遜被記者質疑：這是否有違美國對台中立政策時？艾回以美國對中華民國所提供任何軍需品只是為了防禦目的，不得用於進攻中國大陸，外島游擊隊在禁止接收之列。

70　Karl L. Rankin 原著，<u>藍欽使華回憶錄</u>，頁一〇一、一一〇。藍欽稱至少有國府孫立人將軍及陳納德分別向他建議在南中國沿海登陸及運用中國大陸游擊戰為韓戰解除壓力。

效控制下，只要中共向北方調動或進兵北韓，即可乘虛而入，美國政策若聰明，應繼續恢復空運支援」，代表美國軍方之參謀聯席會議就非常具體主張不要把國府軍隊用於韓戰而要用於中國大陸，以分散中共的注意和實力；加上鐵幕迅速落下，美國中情局在中國大陸毫無可靠的情報資產，美國又迫切需要監視中共軍隊於韓戰期間調動及部署的情報，益需靠著國府游擊隊員不停的突擊行動，才得有大陸軍事動態的情報。[71]根據中情局內部分析，一九五○年間，尚留在中國大陸之國府部隊，雖未如台北宣稱一百六十萬之眾，但亦有六十到六十五萬之間，如果能善加利用也的確大有可為。[72]

　　但在避免擴大韓國戰事顧慮下，且美國一直相信毛澤東不會冒險參戰，美國對國府軍事力量的借助還是採取節制立場，[73]一九五○年十月十五日，杜魯門與聯軍統帥麥克阿瑟相會於威克（Wake）島時，杜雖不同意麥帥一再提出之允諾國府軍隊參戰的提議，但杜、麥雙方卻一致預料中共不會參與韓戰，麥帥甚至發下豪語，即使失算，只要

---

[71] 「游擊武力遍佈大陸到處活躍對抗共匪」，中央日報，民國三十九年七月十三日，版一。

[72] 「大陸反共游擊武力艱苦奮鬥壯大起來」，中央日報，民國四十九年十一月二十六日，版一。中共「抗美援朝」同日，我國總政治部張彝鼎副主任以正式記者會向國內外報告中國大陸反共游擊隊發展狀況，公佈證實有 1,614,610 人，其中以西南地區力量最大有 477,630 人。但蔣經國在五三年訪美接受訪問時，則答以共七十五萬人。

[73] 顧維鈞回憶錄，七卷上，第八分冊，頁二一六、二二五。美雖然在七月二十六恢復對華軍援，但是九月和十月的朝鮮戰勢是朝著有利聯軍發展的，美方極其樂觀地認為戰爭即將結束，心思正考慮者乃如何重建朝鮮，借重台灣武力自是多餘作法，這多少解釋援華之首批軍火，竟然到十一月二十三日才運抵台灣。見藍欽使華回憶錄，頁九五。藍欽也於一九五一年一月二十四日函國務院在韓戰爆發以來七個月，抱怨此項援助僅限「一船的彈藥」實微不足道用來防衛台灣。

中共膽敢渡（鴨綠）江，美軍將寫下「世界軍史上的最大屠殺」。十一月二十四日時，麥克阿瑟發動「聖誕節攻勢」（end-the-war by Christmas），還對美兵保證：大家可以回家過聖誕節。[74]詎料，三天之後，十一月二十七日，中共彭德懷率領三十萬「抗美援朝」志願軍，如潮水般地南下與美軍兵戎相見[75]，美國自此陷入重大危機意識，杜魯門方放棄台海「中立化」政策，決定與國府合作非正規游擊隊在大陸本土進行秘密地下行動的政策。[76]

---

[74] Lester H. Brune & Richard Burns, Chronological History of U.S. Foreign Relations , Vol II, 1933~1988, pp.652~653。

[75] Introduction by James G. Hershberg and translations by Vladislav Zubok, "Russian Documents on the Korean War:1950-53", Cold War International History Project（CWIHP）, Issue 14/15,（Winter 2003-Spring 2004）, p.370. 根據俄羅斯近日解禁之總統檔案（Archive of the President, Russian Federation, or APFR）有關中共出兵決策過程：十月一日，金日成戰事失利，乞求蘇聯出兵，史達林轉請毛澤東派兵五～六師相助北韓，出人意表，毛竟以內部耗弱，及恐怕引爆第三次世界大戰而婉拒，此舉惹惱史達林，一面斥毛懦弱，要脅毛以出兵自清他非「狄托第二」，且作勢欲在黑海與林彪及周恩來商討出兵；一面又勸誘毛出兵，不但可解決南韓被美國與台灣利用作反攻跳板威脅，亦可用為與美國談判台灣及日本籌碼，十月八日，毛在政治局秘密會議中通過出兵韓戰決定。

[76] 「我軍援韓國問題美國政策不變」，中央日報，民國三十九年十二月一日。即使中共參戰，杜魯門於十二月一日仍正式通知我政府「當初拒絕我出兵韓國之請，乃此舉與避免世界大戰之旨不符，現在這種情形仍存，所以仍不接受。」因此，秘密游擊戰及情報活動成為美台軍事合作，最理想的折衷之道。顧維鈞回憶錄，七卷上，第八分冊，頁二三一、三四六～三四七。十一月二十八日顧拍電葉公超電文中，敘述當天艾契遜會晤參眾兩院外交委員會後，即有一種看法，主張向我政府最大限度地提供軍援，並如何利用台灣的武裝力量去對付中共政權。一九五一年四月二十三日《紐約時報》報導美國當前在亞洲有五個重要盟國，台灣第一，其次日本、菲律賓、越南和中國大陸上的游擊隊，美國應盡力和游擊隊力量建立聯繫，以便讓他們知道他們並沒有被遺忘。該社論指出如果目前戰局朝擴大趨向，那麼美國應為這支力量存在感到由衷慶幸。

顧維鈞大使乃於十二月初，與中情局副局長杜勒斯商討如何與台灣合作運用這批反共游擊隊，杜並派遣詹士敦（Charles Johnston），也是日後中情局首任台北站長，來台考察研究之後，決定展開合作行動。十二月十二日美聯社即報導：「一名在二次大戰時，參加遠東游擊戰爭的高級軍官，正從事此種研究。」，並指出美國軍方已進行游擊活動有分散中共兵力功效的研究，[77]十二月十六日，一份提入參謀聯席會議對中國大陸反共游擊隊實力之「高級機密」研究報告，建議美國需派聯絡官及空投物資，有效利用這批武力。[78]美國中央情報局從此進駐台灣，針對中共的秘密作戰計畫也開始啟動，展開國府遷台後，雙邊首度情報合作。

按一九五二年五月調至中情局台北站工作的李潔明（James Lilley）敘述證實，中情局這時依韓戰局勢需要下，在台灣情報作業可分成三個層面：「第一：和台灣情報機構通力合作，提供支援予滯留在大陸或周邊地區之一百六十萬反共游擊武力。其次，中情局同時在塞班島和沖繩等地秘密培訓一批既不效忠蔣介石也不聽命於毛澤東的「第三勢力」，預備把他們送回中國大陸，冀望能掀起百姓起事，反抗中共政權。最後，中情局還肩負對中共進行的秘密情報偵蒐工作」。中情局駐台北站和台灣的情報、特勤單位合作時，「經費十分充裕，幾乎沒有底限」。[79]

---

[77] 「大陸上游擊活動確能予匪大打擊」，中央日報，民國三十九年十二月十二日，版一。

[78] 「美國參謀聯席會議重視我大陸游擊發展」，中央日報，民國三十九年十二月十六日，版一。

[79] 林添貴譯，李潔明著，李潔明回憶錄—美、中、台三角關係大揭密（台北：時報，民國九十二年），頁五四～五五。「第三勢力」正式名銜稱之「中國民主戰鬥同盟」是美國 CIA 在香港所金援策動。第三勢力催生者，是美國務

　　作法上，中情局為便利工作推展，通常會與所在之外國情報機關合作（當時在台是與國防部大陸工作處），以企業組織方式，利用公司型態作為外圍掩護組織，從事所要之情報或秘密行動。一九五〇年中情局派遣首任台北站長詹士敦就以造路機器工程師身份，藉推銷伍滋公司的造路機器（Woods Road Machinery Co.）名義來到台灣，並由當時我方大陸工作處負責人鄭介民在松山機場接機，未幾，則在台灣現今中山北路址設立一西方公司（Western Enterprises），自任總經理，對外宣稱公司為幾家美國大公司所合組，總公司設在匹茲堡，對造路機器則隻字不提。這家神秘的美國船務公司，除了在本島基隆設有專造小艇的工廠外，很快就引起台北工商界人士的好奇注意，因為看起來沒有太多的生意可作，卻又經常維持遠超過公司業務所需的數百人以上的外國雇員。更啟人疑竇是西方公司擁有自己的飛機與船舶，頻頻出入台灣卻無需通關檢驗。[80]

　　中情局在台工作機關，除了設立台北站西方公司，尚擁有一家眾所周知的—民航空運公司（Civil Air Transport, CAT），民航空運公司

院無任所大使傑賽甫（Philip Jessup），他於美國發表對華政策白皮書後，啣命到遠東來，設法在國共之外另行糾合一股政治力量，當作日後解決中國問題時，美國可以直接掌握的籌碼。依顧維鈞回憶錄，七卷上，第八分冊，頁二一八、二二九敘述，傑賽甫在九月底於紐約見到我聯合國代表團蔣廷黻代表時，竟質問「他所打算建立第三黨進展情況，甚至問為什麼不能趕走蔣委員長？」。第三勢力主要人物考慮名單有張發奎、李宗仁，島內甚至有孫立人、陳誠、張群等人，CIA 也同時在沖繩基地也召募、訓練第三勢力的敵後工作幹部，對國民黨形成另類的壓力。按李潔明說法第三勢力沒多久就無以為繼，除了第三勢力往往提供不具價值甚至捏造的中共假情報，主因還是美國對華政策改變，重新以台北國府為支持對象。

80　胡光麃，影響中國現代化的一百洋客（台北：傳記文學，民國七十二年），頁四〇六～四〇八。

是一九四六年由飛虎將軍陳納德所創建，希望那一批在二次大戰期間
前來助國府抗日的美國飛行員繼續留在中國效命，這個構想取得蔣委
員長支持，因而成為在中華民國登記之下，僅次於中國及中央航空公
司之第三大航空公司，民航空運公司雖然名義以商業貨物運輸為主，
實際確是等於國府空軍的一部分，在國共內戰，扮演相當重要的角
色，如運送軍隊到前線馳援或是空投彈藥補給無法突圍的國軍。在經
過一九四九年十一月的中國、中央「兩航投共事件」後[81]，民航空運
公司規模不但擴大到近百架飛機，更取而代之擔起中華民國國家航空
公司的角色，但不巧航空市場的景氣十分蕭條，膨脹後的民航空運公
司面臨有資產卻沒市場的窘境，到了一九五○年三月，已是奄奄一
息，全公司僅剩二十四名外籍人員，負債六七一，○○○美元，就在
營運困頓之時，由於中情局本身在亞洲的運輸能力原本就不足，因
此，以亞洲活動為主的民航空運公司，早被中情局看上是專門秘密特
種任務，調度支援地下活動的利器；一向支持中國大陸游擊戰理論的
陳納德也樂見把抗共的理念與生意結合在一起，因此，中情局適時以

---

[81]　陳香梅，「驚心動魄的兩航事件」，傳記文學，第八十卷，第二期（台北：
傳記文學，民國九十一年），頁三八～四一。胡辛，陳香梅傳，（台北：國
際村，民國八十四年），頁四三○。一九四九年十一月發生震驚中外「兩航
事件」，中國及中央兩家航空公司一日內，十數架飛機由兩航機師與機械人
員把飛機從香港「起義投誠」飛到廣州，由於所牽涉到的資產相當可觀，光
是停留在啟德機場的飛機就有七十三架，蔣介石與陳納德同意這批航空資產
若落入中共手中，將對台灣的安全構成嚴重威脅。陳納德提議國府將兩家航
空公司轉賣給一家由陳納德在美國迅速成立的民用航空公司，經由這「掉包
計」，如此一來，陳也就可以代替國府出面加入這件「兩航」產權官司。這
場官司由於牽涉到美、英、國府、中共，可說是香港空前的大案，還驚動杜
魯門與英國首相艾德禮關切，最後政治力介入，英國皇家樞密院判決兩航資
產歸陳納德所有。

一百萬美元財務接管民航空運公司，順理成章成為民航空運公司幕後老闆。[82]一九五○年韓戰爆發後，中情局駐台北站就在西方與民航兩大公司型態的掩護下，進行對大陸情報偵蒐、人員滲透及運補任務，台北站成為美國在亞洲反共秘密戰爭中的行動大本營。

　　功能上，西方公司除有助美國政府規避秘密行動責任外，歷「毛邦初事件」，[83]西方公司也適時以商務名義，作為國府軍事武器進口的代理單位，搖身一變成為當時的「地下美軍顧問團」，提供這些游擊隊大量的金錢、武器、設備和訓練[84]，在蔡斯（William Chase）少將率領五十名美軍顧問團的先頭部隊及軍援形式尚未形成前，西方公司的裝備即已開始運載到台灣，西方公司的人員也早已遍佈各個前線島嶼，雖然西方公司在金門、馬祖、大陳離島的業務活動，多少也代表美國對台的同盟承諾，但是這些西方公司人員一直保持著神秘與低調，維持非官方的色彩，從不承認西方公司代表美國政府，在台業務往往也越過美國駐華大使館，除了例行簡報外，真正作業細節連當時駐台公使藍欽本人也不清楚，儘管藍欽建議美國駐台各軍、情、政單

82　胡辛，<u>陳香梅傳</u>，頁四三一。

83　<u>顧維鈞回憶錄</u>，七卷上，第八分冊，頁四三六～四四九。美國在白皮書發佈後，對國府也採取了一些禁運措施，除了化學肥料之類必需品外，國府駐美單位必須另闢門路，使用中國自己的美元購買軍需用品，當時國府空軍副總司令毛邦初中將奉派出任空軍駐美採購負責人，藉中國國際商業公司（CIC）在前第七艦隊司令柯克將軍運作下進行軍品採購，但這種非正常管道也滋生回扣等弊端傳聞，一九五○年九月友我國會議員周以德及諾蘭乃向顧維鈞大使反應長此以久，有害我美援恢復之努力。一九五一年八月，毛接到卸職交接令，不料毛竟抗命不從，不但把他所保管的空軍購料外匯及銀行外匯提存中飽，還不斷向美國 FBI 檢舉國府如何在美私下搜購如戰機零件、汽油、海軍砲彈、軍艦器材等，使美更懷疑我政府運用美援的能力及廉潔。

84　同上註，頁三四四。

位應充分交換情報，以利單位間瞭解彼此所作所為，但西方公司依然維持獨立與秘密的作業[85]，由於西方公司業務定位在中國大陸的地下游擊活動，國府就責成國防部大陸工作處長鄭介民負責與西方公司的聯繫配合，「由於中國共產黨已經把國民黨遺留在大陸的絕大部分器材設備破壞銷毀，大多數情報人員也遭逮捕，能從中國流出的訊息極少許，多人搖身一變成為雙面間諜，送回由中國共產黨製造的情報。」[86]因此，西方公司對游擊隊的期望就相當高，當時從上海到香港之間八百浬海岸線外，國府尚有五十多個所控制島嶼，大陸工作處將島上居民收編組成游擊隊，對中國大陸進行游擊戰。[87]

除東南沿海行動外，西方公司對中共在東北鴨綠江兵力部署的動態，亦是情報蒐集的重點。依據當時在台北站工作的李潔明敘述「我的第一項任務，是組訓一支中國諜報人員空降東北，我們這個單位和由毛人鳳將軍主持的保密局有密切的聯繫，我跟這支隊伍一道受訓，陪他們由東京到漢城，於一九五二年十月跳傘進入東北。鑒於朝鮮半

---

[85] Karl L. Rankin 原著，藍欽使華回憶錄，頁一九二、二三三。藍欽因為西方公司與國府的秘密游擊行動，損害他在台代表美國外交上，決策執行權之完整，迭有抱怨。因此藍欽也承認「國務院檔案有紀錄，說明我並不熱心於游擊隊襲擊大陸，因為韓戰的停止結束了他們的價值。」

[86] 林添貴譯，李潔明著，李潔明回憶錄—美、中、台三角關係大揭密，頁五五。

[87] 翁衍生，CIA 在台活動秘辛西方公司的故事（台北：聯經，民國八十年），頁四二～四三。西方公司提供游擊隊的裝備除了湯姆笙式衝鋒槍和無後座力炮外主要的配備就是電臺等通訊器材，通常戰術上兩人一組搶上灘頭建立通訊據點，為下一波突擊時提供地面狀態。只是這樣建立電台的作法損失相當慘重，往往十幾組人出去能夠生存發展的機率十分有限！當時西方公司就從這些俘虜口中得知許多中共海防兵力調度的情形。

島戰火猶熾，我們希望這支隊伍能提供中、韓邊境，中方部隊活動的訊息。他們一度透過無線電回報，然後就音訊杳然，了無聲息。」[88]

綜合來看，西方公司在國府情報人員合作協助之下，在東南沿海離島地區所策劃的突擊大陸任務及在東北方面空投人員蒐集中共兵力動態，依舊沒有很大的突破；情報所得成效不彰下，美國才有在西南之滇緬邊區，決定加碼對大陸本土的秘密突擊行動。這項在東南「外島」游擊戰外，另闢大陸「本土」西南戰區的構想，美國早已備案甚久[89]，當滇緬游擊隊於一九五○年三到八月間，展示其戰鬥實力，先後在大其力戰役中，數敗緬甸國防軍，八月二十一日緬甸政府甚至同意李彌移駐單邦區之猛撒，等於劃地為王，站穩了西南後方游擊武力的陸上基地。杜魯門終於支持運用國民黨的游擊力量，遂批准了支援滇緬游擊隊的行動計畫。正好美國為了籌組聯合國部隊參加韓戰，派軍事代表團到各國去洽商相關事宜，當美國海軍少將艾斯金（Erskine）率領軍事團抵達泰國商討如何參與聯合國部隊時，李彌透過我駐泰國武官陳振熙之助，與艾斯金於九月八日見面商談之後，美方原則同意給予李彌的國軍部隊援助，但是這項援助必須等到國軍推入大陸國境之後才能實施。[90]

---

[88] 林添貴譯，李潔明著，李潔明回憶錄——美、中、台三角關係大揭密，頁五五～五六。一九五二年十一月二十九日，專門「培訓由前國軍軍官組成的一個第三勢力小組」的兩位中情局幹員費陶（Dick Fecteau）與唐尼（Jack Downey）在「進行一項和一位不滿中共的將領取得聯繫並就共軍部隊實力和活動偵測訊息的任務。這個小組共有九人，空降進入東北，幾乎立刻就擒。」「費、唐」事件使西方公司在東北工作為之重挫。

[89] 述者柳元麟，訪問者傅應川、陳存恭、溫池京，滇緬邊區風雲錄-柳元麟將軍八十八回憶（台北：國防部史政編譯局，民國八十五年），頁八七。

[90] 覃怡輝，「李彌將軍在滇緬邊區的軍事活動」，中華民國軍史學會會刊，頁九七～一○三。

　　西方公司從一九五一年三月，就由 CAT 將 CIA 設在沖繩的軍火運往曼谷，再由清邁，轉運到游擊基地。一九五一年五月二十一日迄七月二十二日，李彌部深入鎮康、雙江、耿馬、孟定、滄源、瀾昌、寧江、南喬八縣，但後勤補給不力，CAT 空投只有五次，敗下陣來。[91]事後，西方公司所僱工程師乃在猛撒啟建機場，從此 CAT 的運補無需再採用空投的方式，規模和數量較往增加很多。是年九月，美國按月金援李彌七萬五千美元，迄五一年冬，官兵達一萬四千員。一九五二年八月，李彌向雲南境內發動第二次大規模的攻擊，進發一百公里，然戰線一旦拉長，兵員、物力則不繼，結果仍無功而返。[92]

　　韓戰爆發造就了滇緬游擊隊得以反攻的機會，同理，韓戰的接近尾聲，也給孤軍帶來不幸際遇。美國支持泰緬孤軍行動由熱轉冷，肇始於緬甸一連串外交攻勢，在中共、蘇聯、英國、印度和一些東南亞國家聲援下，緬甸在一九五二年元月二十八日由其外長宇譚（U Myint Thein）在聯合國內提出「美國援助李彌部隊侵緬」案，周恩來還飛往緬甸，簽署劃界條約，硬是將中緬大片未定國界割捨緬甸，利用緬軍來進剿國府游擊隊；一九五二年五月，李彌更是犯了緬甸政府大忌，決定與緬甸叛軍克倫族、蒙族合作，此舉引起美國大加反感，連台灣國防部與總統府也電令李彌停止與克、蒙族交往合作[93]；一九五三年三月緬甸乃提出「中華民國侵略緬甸」控訴案。四月二十二日，聯合

91　述者柳元麟，訪問者傅應川、陳存恭、溫池京，<u>滇緬邊區風雲錄—柳元麟將軍八十八回憶</u>，頁八九。

92　「緬泰越邊境我游擊隊行動受國際干涉之處理及李彌致聯合國等稿函」，<u>國防部史政編譯局檔案</u>，三十九年至四十二年五月，國防部史政局 93.覃怡輝，「李彌將軍在滇緬邊區的軍事活動」，<u>中華民國軍史學會會刊</u>，頁一一四。

93　覃怡輝，「李彌將軍在滇緬邊區的軍事活動」，<u>中華民國軍史學會會刊</u>，頁九七～一〇〇。

國大會通過一項決議，要求外國軍隊撤出緬甸。九月二十九日，當蔣經國訪美會晤總統艾森豪時，艾森豪竟謂「韓戰已經結束，美國不欲再與一支走私毒品部隊牽扯不清，希望蔣故總統盡一切力量把國軍撤出緬甸。」。蔣亦只能回以國府僅能成功說服大約兩千名游擊部隊撤回台灣，至於不願離開者，如當地土著，絕非國府所能影響。最後在十月九日，艾森豪只能要求國府承諾：「對不聽從勸告決意滯留者，決不予保持關係，亦不予以資助」，在國府保證與孤軍劃清界線，互不往來後，方暫告落幕。[94]

總結一九五○年至五三年，美國 CIA 駐台之任務活動主要是以配合韓戰局勢需要為標的，杜魯門在避免「擴大中國戰事，引發第三次世界大戰」的「有限戰爭」設定下，美國只想利用西方公司的業務來蒐集大量中國大陸的軍情，給予韓戰側面支援。一九五三年二月甫上任的艾森豪，雖然宣布取消台灣海峽中立化政策，言明美國無義務保障中國大陸不受攻擊，但因應達成韓戰停火的微妙國際情勢下，事實，美方不希望突擊隊有過度冒進的舉動。[95]等到七月份與中共、北韓完成韓戰停火協定，西方公司也就結束在金門馬祖外島的業務。

三年來，由於西方公司僅具「臨時、階段性」任務規劃，以片面服務美國情報需要為主，美國方面並無兩國長期暨整體性的雙邊情報合作上的深厚期待，而對大陸東南沿海、東北及西南滇緬地區的秘密

---

[94] 顧維鈞回譯錄，七卷上，第十分冊，頁三九四～三九五、四○六～四○七。

[95] Karl L. Rankin 原著，藍欽使華回憶錄，頁一六七。一九五三年一月間，美國新總統艾森豪就職前，台北大使館接到國務院一份對華政策草案，藍欽與國務院計畫把目前在外島進行的各種不同的反共游擊活動責任轉移到中華民國正規部隊身上，然後再轉至美軍顧問團範圍內，這些活動包括封鎖與突擊的任務在內，對內陸的游擊作戰活動，不應加以擴張。

作業行動，西方公司工作績效，也不是令人滿意。在顧維鈞回憶錄上就有一段坦率的批評：「它（西方公司）和軍事顧問團摩擦不斷，和台北當局也不融洽。人員操守素質不佳，常藉職務免辦報關手續之便，走私汽車並在黑市販賣圖利。他們與當地老百姓的關係也引起我國政府抱怨。此外，就執行作戰計畫或襲擊大陸，他們態度更是專橫，若我方指揮官質疑，則不悅以集體離職要挾，連我大陳島反共救國軍指揮官胡宗南也因此而去職」[96]

按當初催生此一單位有功者顧維鈞看法，僅管美國政府願意以西方公司和蔣委員長合作試驗一個以台灣為基地的游擊計畫，「但這倒不是他們真的指望這種實驗會有什麼結果，而是他們想消除公眾和國會的壓力。」[97]中美情報合作成果不彰，在李潔明總結整個五〇年代CIA對中國情報工作，有相當全面評論：「CIA關於一九五〇年代乃至一九六〇年代，企圖超越間接來源，於中國大陸建立更直接的網路，卻未能奏效。在亞洲從事秘密工作的我們發覺，這些秘密工作包括『費唐事件』或李彌部隊在滇緬地區的活動滲透進入中國的任務，都不足以揭露中國封閉社會太多的真相，與中情局原先估計南轅北轍，我們並不能在中國人裏頭找到不滿分子並利用他們在中國建立情報基地。」[98]

綜合克萊恩來台前的歷史背景可見：韓戰後，中情局在美國決策圈的角色扮演日益吃重，也是權力發展最快的組織；雖然韓戰促成了中情局與台灣任務接觸，然而這時的情報合作，不論是東南沿海的游

---

[96] 顧維鈞回憶錄，七卷上，第十分冊，頁三七三。這段報告是當時任職中華民國技術代表團副團長李駿堯於五三年九月二日，於雙橡園向顧大使報告。

[97] 顧維鈞回憶錄，七卷上，第十分冊，頁三四四。

[98] 林添貴譯，李潔明著，李潔明回憶錄—美、中、台三角關係大揭密，頁五八。

擊戰、東北的人員滲透與西南的反攻上，都成果有限，情報蒐集秘密
作業僅限於「臨時、片面」，完全朝服務美國在韓戰需要而規劃；一
旦，韓戰停火，西方公司業務也隨之結束，後續的雙邊情報合作陷入
停頓。這種現象，待至一九五八年初，克萊恩來台與蔣經國大展身手
具體執行中美情報戰略層次的計畫，中美一個新的情報合作方向才漸
次展開。

第三章　克萊恩之成長歷程

　　志在學者生涯的克萊恩以情報作一生志業，單純是一個青年的愛國熱忱與時代環境配合下的機緣境遇，並非來自克萊恩本人的原始志向或平生心願；而這一生命的意外接觸到最後與情報工作的難分難解，不但成就了克萊恩以間諜大師之姿，縱橫於六〇年代中美關係的台海風雲中，更促成了克萊恩與自由中國潮起潮落與起伏不凡的一生。

　　本章將提供克萊恩個人成長背景與時、空環境中，啟發、影響克萊恩想法的人與事，從而塑造了他的思想底蘊與人生展望，這包括克萊恩成長下，美國中西部地域觀、關鍵的情報人事歷練及與蔣經國之遭遇（內容敘述於第四章），總結整理如下：

(一) 早期影響他性格成長之人與事：融合中西部地域之自由、民主思想，拋棄孤立主義，強調美國當勇於承擔世界正義責任，形成克萊恩保守主義本質中具備濃厚理想色彩之國際觀。

(二) 意外的情報人生：從哈佛大學到中情局，衷心「異國風情主義」（exoticism），與受情報大師艾倫杜勒斯之提攜與啟蒙。

(三) 結識蔣經國：這是影響克萊恩性格與一生命運最密切與決定的因素，蔣可謂是克情報最深層之間諜實務操作與反共思想的導師，使克對台灣發生莫名的眷愛。

　　生長於美國中西部，有著愛好自由、不喜拘束天性之克萊恩，其才情、性格一如同儕—美國喬治城大學政治新聞研究所主任李愛德華茲（Lee Edwards）—對美國「中西部人」獨特氣質的精準描述：「熱情爽朗、能言善辯而且胸中各有丘壑，如果與東北部新英格蘭地區人

士自律衿持、謹慎節制的性格相比，那就會看到一個有衝勁、理想、目標的人物，他能深深影響他週遭的人群，甚至影響到歷史的走向。」[1]這種特質再加上愛國、冒險、義無反顧的性格，克萊恩可說是具有天生的情報人性格。

但在一九四二年至一九四五年時間，克萊恩在海軍情報局（ONI）及戰略服務處（OSS）的初步經歷中，按克萊恩說法，直到大戰結束，無絲毫留戀於政府公職之意念，只想「銷假」返回哈佛大學，重續其學者志願。[2]究其因，此時不脫學者「書生本色」之克萊恩，直言無隱地表達了對當時情報環境之不如所願，尤其是情報首長的弱勢，這對有著濃厚「英雄主義」崇拜的克萊恩，似乎最所不能忍；其次，不論是情報協調處或戰略服務處，仍不能發揮眾所期待之總體情報整合功能，及受到政府決策階層充分的尊重，隨著戰略服務處於大戰結束裁撤後，克萊恩也興起不如歸去之感。

就在事業回歸原點之際，陸軍參謀長艾森豪將軍令克萊恩編撰美國二次大戰時之陸軍戰史，在這三年的埋首典籍編寫鑽研，等於無形予克萊恩沉澱與深入美國決策與情報之訓練，培養了克萊恩完整的軍事及情報素養。緊接著韓戰爆發及中央情報局的改革更鞏固克萊恩打消了回哈佛教學之路，決定甘心奉獻美國中情局，展開情報生涯之路。這時影響克萊恩最大的人物就是當時中情局長艾倫杜勒斯。杜勒斯戲劇化性格及強勢作風，尤其熱衷秘密諜報工作的浪漫、冒險與神秘氣氛，不只是克萊恩情報工作之良師、摯友，更於一九五六年引領

---

[1]　Lee Edwards, Missionary for Freedom: The Life and Times of Walter Judd（N.Y.：Paragon House, 1990），p.13.

[2]　Ray S. Cline, Secrets, Spies..., p.87.

克萊恩進入諜報世界，任命克萊恩擔任台北站長，開啟了他生涯中最難忘的一頁。

第一節 地域思想與英國之旅

正統保守主義者自始認為：保守主義不是一種意識型態，亦非為政治而發生，在他們看來保守主義與其說是一種政治教義，毋寧說是一種思維習慣，一種情感方式，一種生活方式。[3]保守主義認為社會完全不同於國家政治權力的權威，社會中的親屬關係、鄰里關係、教會、道德、傳統及社會階層的自然作用，才是決定社會秩序的真正基礎。[4]

由此觀之，出生於中西部這塊全美社會最保守氣息地域之克萊恩，本質與情境上自受社會傳統價值的薰陶，具備執著、愛國心、自由民主的傳統保守主義特質。但自二次大戰爆發後，克萊恩卻首先對成長地向來奉為傳統價值之孤立主義產生懷疑，決赴戰火中的英國實地解惑，轉而採納國際主義（Internationalism），美國當捍衛國際和平與正義，這也是克萊恩保守性格開始往「理想」方向傾斜的思維開端。

根據「克萊恩文件」，克萊恩自述其家世族譜時，高祖傑可伯克萊恩（Jacob Cline）於獨立戰爭時期，即定居於俄亥俄州，直至曾祖喬納斯（Jonas Cline）於南北戰爭前夕，加入美國中西部移民潮，方遷移至伊利諾州之克拉克（Clark County）郡之安德森鎮（Anderson township）定居，開始置地務農，一脈輾轉至丹尼爾克萊恩（Daniel Cline）再到

---

[3] R.J.White, The Conservative Tradition（London:Nicholas Kaye,1950），p.10.

[4] Roger Scruton 著，王皖強譯，保守主義（台北：立緒，2006），頁三六〇。

其父親查爾斯克萊恩（Charles Cline），母伊娜（Ina May Cline），兩百年來，克萊恩家族一直是中西部最典型、傳統的務農之家。[5]

一九一八年六月四日，克萊恩出生於伊利諾州安德森鎮，於馬歇爾（Marshall）小學畢業後，轉往印地安那州，受教該地公立懷里中學（Wiely High School）；中學時代的克萊恩即展現文、武全才的領導天份，不但是該校足球隊長、辯論隊長也是學生會主席，更難得是學科上竟還能維持及保有該校迄今之全部甲等成績之紀錄（"stright A" academic record）。一九三五年，高中畢業的克萊恩，以優異的成績進入哈佛大學攻讀文學與歷史，同樣以卓越之學術表現，當選全美「優異學生社團」（Phi Beta Kappa）。[6]

一九三九年，克萊恩自哈佛大學畢業，適逢歐戰爆發，美國進入一個歷史道路上的交叉點：繼續孤立抑干預主義之抉擇。雖然「中西部」特殊地域培育出美國人民傳統之自由、正義、愛國典型人格，但同樣這般自命道德、清高、超越其他人群之地域思想，又是美國孤立主義思想衍生源流。由於自幼成長於這片代表「全美國保守與孤立主義氣氛最濃烈之處」[7]的中西部農業帶，居民傳統上對美國在世局立場一貫篤信「孤立、道德與中立才是美國維持和平最佳之道。戰爭是瘋狂人之所為，德國納粹黨與日本軍國政府遲早會因資源耗盡，而從歐

---

[5] Ray S. Cline, "Letter to Mrs. Mary Cline Hamaker", January 28, 1981, Folder 4, Box 20: General Correspondence E-H,1976-1983, The Papers of Ray S. Cline, Library of Congress.

[6] Ray S. Cline, "Biographic Data Sheet in CSIS", February 4, 1973, Folder 1, Box 1: Biographical File, 1974~83, The Papers of Ray S.Cline, Library of Congress.

[7] Herbert H. Rosenthal, "Political Ideology and American Foreign Policy" in Ideology and Practice: The Evolution of U.S. Foreign Policy, (Taipei:Tamkang University,1985), Thomas B. Lee（李本京）Eds. p.88.

亞戰場敗退。」面對傳統中西部崇尚自由與民主的價值觀，卻又要堅持孤立、保守，置國際自由正義於不顧的邏輯衝突，克萊恩自承「遠較其他美國同胞，更強烈地陷入美國在未來國際世局中何去何從的錯覺與迷惑中。」[8]

因此，當哈佛大學畢業，急欲親身解惑及找尋美國在世局戰火中政策出路的克萊恩，出人意表地選擇了英國牛津大學之亨利獎學金（Henry Prize Fellow），前往正受希特勒戰火轟炸中的英國找尋答案。（相較杜諾凡在羅斯福之命下進行的英國考察，他的『田野調查』早了兩年），一九三九年九月二日，克萊恩在加拿大蒙特利爾（Montreal）搭上 Prins Willem 郵輪；初出茅廬，始見滄海之闊的克萊恩，驚嘆大西洋波瀾壯闊，不獨風采壯麗，更令人驚心動魄，眼界大開。克萊恩馬上從大西洋公海上見識到納粹潛艇罔顧人命的殘酷襲擊，但重要是克結識了荷蘭籍郵輪船長，在長達四個禮拜，朝夕寢食相處的驚險海上航行，克萊恩對這位船長心念祖國荷蘭早晚淪入納粹鐵蹄的憂國情懷所感動，這位船長不但幫助克萊恩得到了歐洲戰爭的第一手認識，他也是克萊恩國際視野的啟蒙之人。航程中，除了躲避納粹潛艇的攻擊，當克萊恩發現該船長實際是在為英國運補戰爭物質的秘密工作後，越加欽慕，竟自願冒險參與協助偽造航行資料，以防納粹海軍艦艇的登船臨檢；克萊恩坦承這位船長的愛國勇氣與航行中指揮若定，結束了他對國際強權政治的「天真行為與思考」，而深信美國必須參與國際事務，承擔國際正義之維護重任，以避免孤立於「美國城堡」。[9]

---

[8]　Ray S. Cline, The CIA under Reagan, Bush…, p.25.
[9]　Ray S. Cline, Secrets, Spies,…, p.6.

　　在英國留學的一年，克萊恩一如杜諾凡，被英國軍民犧牲愛國與抵抗德國侵略的高昂士氣感動，更激發克萊恩反極權、擁護維持國際正義的干預思想，堅信美國應放棄孤立，支持英國的信念。克萊恩發現英國之所以仍然屹立烽火中之兩大因素：除英國皇家空軍捍衛領空的前仆後繼外；英國傑出的情報工作，屢破納粹密碼，搶奪先機，才是英國生存下來最關鍵因素。

　　總結，這趟從海上到英國本土之旅探索，克萊恩拋棄中西部孤立主義之惑，將民主自由的性格融入國際主義思想，地域思想與現實環境的矛盾成了開啟克萊恩國際視野的原動力，我們發現，二十世紀後，當美國在日益參與全球事務，事實這也是常發生在當時有志之士的思想衝突，譬如克萊恩最重要的情報啟蒙人艾倫杜勒斯在一次大戰時，就對美國孤立主義產生質疑；同樣成長於中西部的周以德（Walter Henry Judd），即秉持中西部人正直、自由本性，直覺無法容忍接受美國因孤立主義，不但坐視日本侵略中國，竟還提供日本油、鐵的根本違反民主、正義之牴觸行為。個性本質上，克萊恩與周以德都是代表美國最傳統、典型性格－道德性、保守與執著，加上不怯捲入世界紛爭，強烈的理想性，使他們不流於舊習，貫徹日後勇於任事，毫不媚俗，以助中華民國反共為終生志業的基礎。

　　一九四〇年中，帶著自信的答案與親臨現場的見證，克萊恩滿意返回哈佛大學，一九四一年不但取得碩士學位，且是全國甄選出的八名優秀年青學者之一，榮膺「哈佛大學傑出學者團體」（Harvard's Society of Fellows），不但與同樣身份後來擔任甘迺迪政府國家安全助理的麥克喬治彭岱（McGeorge Bundy）及重要智囊的小史勒辛吉（Arthur Schlesinger, Jr.）結為好友；也因研究補助金豐厚而與瑪嬌麗

（Marjorie W. Cline）結婚。此時克萊恩不論學術與婚姻兩得意，一心只想在研究教學上，努力為學者志趣鋪路，依克說法對當時美國情報改革或杜諾凡其人其事是一無所知，聞所未聞。[10]

第二節　意外的情報人生

一九四一年十二月七日，珍珠港事變爆發，哈佛大學師生紛紛投筆從戎，而情報機構正是哈佛學生絡繹投軍報效之地；原因除了情報工作對高人力素質的要求外，主要是當時擔任情報協調處及稍後改組之戰略服務處首長杜諾凡有計畫地大力在民間-尤其是大學內-延攬吸引高級知識分子加入，企圖改善過往情報機構都由軍人擔綱的體質，俾便利邁向專業客觀的文人組織。[11]

一九四二年八月，克萊恩以「告假」哈佛大學方式，也在「吾從眾」之下，向哈佛師生看齊，投身海軍情報局（ONI），擔任破解日軍密碼工作。克萊恩選擇投效海軍另一重要原因是：海軍情報局承諾

---

[10] Ray S. Cline, <u>Secrets, Spies,…</u>, pp.53~54.

[11] 林添貴譯，李潔明著，<u>李潔明回憶錄—美、中、台三角關係大揭密</u>，頁四九。類似經驗也可見李潔明在其回憶錄中，坦言他如何加入中情局的過程：韓戰爆發後，正就讀耶魯大學，主修俄文的李，某日，有位教授召其至住處「這位教授抽著煙斗，在煙霧邊緣下，他勸我改變人生的方向，我原本打算進入外交界，或是進入企業界服務。當這位教授談到在過去戰爭中情報工作如何扮演的關鍵角色及情報工作又是如何刺激驚險，令我目炫神迷。我很快就決定投效中央情報局。」另外 Edgar A.G. Johnson, <u>Dimensions of Diplomacy</u> (Baltimore: John Hopkins Press, 1964), pp.2~3.文中 McGeorge Bundy 指出在美國學術發展歷史上，值得注意是美國對國際區域研究（area study）發軔於戰略服務處，戰後，在美國大學繼起的地區研究計畫，也是在戰略處的鼓勵與人力指導下蓬勃。情報單位在經費補助及特殊管道資料取得優勢下配合學者專業發揮，學術與情報單位之結合乃自然意料之勢，學者基於愛國情操驅使往往也樂於轉變成為情報服務人士。

給予其夫人瑪嬌麗一份工作。[12]但這第一次情報工作的初體驗，並沒有使克留下良好印象，克發現海軍情報局單位瀰漫著官僚、僵硬及特權的作風，重視禮儀更勝過效率，且無心培養後進專業，實不以為然。克萊恩直到一九四三年四月方離開海軍，原本計畫加入陸軍，最後還是在哈佛同儕引薦下，克再改投戰略服務處。

　　一九四五年以前，美國國家情報的體制規模在杜諾凡催生下，雖漸告雛形，但限於戰時環境，戰略服務處在參謀聯席會議節制下，情報大權仍在軍方單位之手，克萊恩在戰略處的兩年餘，主要任職「研究與分析部門」（Research and Analysis, R&A）下所屬的「即時情報組」（Office of Current Intelligence, OCI）負責研究及必須隨時提出當前美國所需注意之重要情勢發展報告，克萊恩沮喪發現由於戰略處缺乏如海、陸軍可享有來自攔截敵人的訊號情報（signal intelli-gence）等情資提供，情報製作竟淪落到「剪貼報章雜誌」，這般情報的分析製作品質，難怪高層「寧可相信海陸軍的情報分析，也從不過目戰略服務處所提供分析之情報，遑論感到興趣。」[13]，這種不受重視之挫折經驗，在四五年大戰結束，戰略處也隨之裁撤的同時，更加速克萊恩一心重返哈佛大學，繼續其學術志業。

　　總結戰時在海軍與戰略處三年的初體情報經歷，使克萊恩深刻體認到美國政府決策階層對情報組織、效能與觀念的空洞、忽視與落後，但是克萊恩也直指核心，關鍵性認識到美國情報改革之鑰乃決定在「情報必須有通往權力決策者的管道（access），情報工作務必接近決策核心，才可以讓情報產生貢獻，人員得到尊嚴。此外，情報分

---

[12] Ray S.Cline, The CIA under Reagan, Bush…, p.74.
[13] Ray S.Cline, Secrets, Spies…, p.58.

析必須是嶄新兼具創意；決策核心人物對情報需要是求新（updated）重於求知（briefed）。」[14]可見滿懷理想熱情，求新求變的克萊恩深昧情報工作屬性的不同，他期待的不只是一個類似於學術具多元科學方法的分析機構，對此一可能是政府中未來最具權力的單位，更期待需要的是一個具備企圖心、政治實力及專業背景的情報首領。

　　眼見回到哈佛日子即將來臨之刻，一九四六年，克萊恩遇到「一個年青歷史學者無法抗拒機會」[15]—撰寫「美國陸軍史」暫時延緩了克萊恩的決定。領導二次大戰重任的美國馬歇爾與艾森豪將軍，希望以美國「戰時指揮中樞」決策功效（Command Post）為論述中心，蒐羅、分析美軍在戰爭期間重大戰略及戰術的應用，編撰美國二次大戰陸軍戰史，以說明美國戰爭勝利之關鍵。此一學術工程，艾森豪直言必須挑選民間歷史學者撰寫，方能客觀且快速完成。有著歷史學訓練素養兼軍事情報經驗的克萊恩，自然難以抗拒這一歷史工作的誘惑，為求編寫確實，艾森豪甚且下令所有軍事秘密檔案文件得開放給克萊恩閱覽及授權克萊恩採訪重要相關當事人。在一九四六到一九四九年所完成之【The US Army in World War II-Washington Command Post: The Operation Division】的三年修史工作中，克萊恩等於在一個完全寧靜學習的環境下，隔絕了當時美國政府情報組織重建上的爭執與擾亂不定，專心深入的埋首於各種軍方機密文件資料中[16]，不只學習到美國戰略與戰術擬定的軍事素養，且深入認識到在二次大戰中，美國

---

[14]　Ray S.Cline, The CIA under Reagan, Bush…, p.79.
[15]　Ray S.Cline, Secrets, Spies…, p.87.
[16]　See the *"preface"* by Ray S. Cline to The U.S.Army in World War II-Washington Command Post: The Operation Division（Washington D.C. : The U.S. Army, 1951）, p.10.

戰略高層如何運用情報於決策的過程與結果。克萊恩發現美國情報角色功能的薄弱缺失，不只發生在戰略服務處（OSS），而是全面存在於政府各情報單位中。克萊恩還列舉誇張現象，譬如：一九四四年六月六日諾曼地登陸之 D-Day 行動時，陸軍情報局（G-2）竟忙著辦公室搬家；戰爭期間，美國情報研判也幾乎全盤依賴英國同業的智慧。可見重大危機時，情報在美國國家決策階層的角色扮演上是如何地無力及無助，在驚訝激發出的使命感之下，克萊恩反而猶豫是否應該離開情報界！[17]

　　一九四九年，修史工作結束，同時也取得了他哈佛大學國際關係博士學位，在面臨教職邀約與政府公職的抉擇中，克萊恩回到中情局舊地重遊，懷才自負的克萊恩發現「在華府，有一群值得我工作賣命的人。」這包括了小史勒辛吉及後來繼克萊恩擔任中情局副局長的傑克史密斯（Jack R.Smith）等舊交，此外，按克萊恩說法：「史密斯從教職又返回中情局重作馮婦的經驗，是我為躲避重蹈覆轍，決定放棄返回哈佛校園的原因之一，因為史密斯告訴克「情報公職有著無法阻擋的魅力。」[18]而且，考量國家的處境與世界情勢，一九四九年，蘇聯在東歐及中東的擴張與赤化顛覆，共產黨粉碎捷克自由化運動，柏林危機及中國大陸的淪陷，使克萊恩認為在這樣國際情況下返回大學校園生活，實在也令人「恐懼」。其實從克萊恩青年時，單身赴英的熱血舉動，在亂世中求安逸生活，也的確不符克萊恩喜好挑戰、講求正義性格。

---

[17]　Ray S.Cline, <u>Secrets, Spies...</u>, pp.87~89.
[18]　Ray S.Cline, <u>Secrets, Spies...</u>, pp.104~105.

最後，一九五〇年關鍵地兩件事—韓戰爆發與新任史密斯局長對中情局的改革，益加堅定克萊恩決心加入甫成立不久的中央情報局。一九五〇年四月七日，美國國家安家全會議所完成之第六十八號（NSC-68）文件，總體分析蘇聯軍事、外交、意識形態路線，其中結論之一即建議「美國加強秘密情報力量的使用」以阻止蘇聯共產勢力的全球擴張，[19]此意味國家安全會議必須重視與支持中央情報局人事與權限的擴大；當年國防預算也從一百五十億美元上升到五百億美元。[20]兩個月後，繼珍珠港事件後，韓戰的爆發再次顯示美國情報的反應不力，使美國更感受到中央情報局現代功能改革的迫切及必要。也因韓戰這「致命一擊」，八月底，被克萊恩形容為因循柔弱，缺乏威信及政治實力的首任局長海倫科特（Roscoe Hillenkoetter）遭到撤換，杜魯門重新任命與他有深厚交情、國務卿馬歇爾的戰時同僚及具戰後駐蘇聯大使資歷的華特史密斯將軍取代，[21]有著果敢、剛毅個性，「對傻瓜沒有耐性的完美主意者。」，史密斯是杜諾凡之後最具遠見與活躍者，而被克萊恩認為是「當時發生在中情局最好的事情。」[22]由於史密斯足夠的威信，加上良好的軍、政背景、關係，使他具備對中情局進行功能強化及改革的條件，逐漸使中情局成為權力高層所倚重、信任的情報提供者。改革工作上，史密斯將中情局作出簡明、具體的職能分工，是繼承杜諾凡以來，真正將國家情報業務落實在「情

---

[19] Stephen F. Knott, <u>Secret and Sanctioned : Covert Operations and the American Presidency</u>, p.158.

[20] Glenn D. Paige, <u>The Korean Decision</u>（New York: The Free Press,1968），pp.58~61.

[21] Lyman B. Kirkpatrick, Jr., <u>The Real CIA</u> , p.121.

[22] Ray S.Cline, <u>The CIA under Reagan, Bush…</u>, p.108.

報分析評估」與「秘密作業行動」兩大部分。史分別任命兩位副局長，掌握「情報署」（Directorate of Intelligence, DI）及「計畫署」（Directorate of Plan, DP），前者建立「國家情報評估處」（Office of National Estimate, ONE），講求科學原則，專門負責情報研判，屬性上是靜態、學者專業分析工作。後者，中情局根據一九四八年九月一日 NSC10/2 文件，設立「政策協調處」（Office of Policy Coordination, OPC）執行秘密作業。[23]

　　史密斯的強烈企圖心可見於：雖然一九五〇年八月，史密斯接手的中情局，名義上是國家情報最高機關，但之上仍有一情報咨詢委員會（Intelligence Advisory Committee, IAC），負責召集所有政府各部情報單位代表，協調各界情報活動，合同分析資訊、製作結論，再上遞總統閱讀。但運作結果，往往是群龍無首、大家各自堅持己見，莫衷一是。[24]譬如，有關國內安全情資討論，聯邦調查局對其情報預測與立場，一定本位到底；而軍方情報單位，有時乾脆自行繞道 IAC，直接秘密上報國防部或總統。按當時初入中情局，負責「世界局勢評估」（Estimate of World Situation）情報編製撰寫之克萊恩發現情況一如戰時，換湯不換藥，抱怨「在史密斯上任之前，大部分時間，我只要依據報紙、期刊寫下我的分析評論……」，即使克萊恩在材料上，

---

[23] "Note of Covert Action Programs", FRUS,1964-1968, vol.XII, Western Europe, （Washington: US Government Printing Office,1998），pp.31-35. 但是 OPC 平時是歸國務院負責，戰時則受國防部節制，所有計畫直接承命於國務院及國防部，CIA 局長只要照會即可。情報工作中，這項最重要大權的旁落，即使史密斯任上期間，CIA 也是理論上收回政策協調處（OPC）秘密作業政策及執行主導權。

[24] Ludwell Montague, Intelligence Service,1940~1950（Washington：CIA,1969），pp.41~43.

費盡心思，希望引起注意，「海倫科特局長是毫無興趣，國家安全會議也不予重視或稍加聞問。」[25]

面對 IAC 情報會議上的眾說紛紜，甫上任的史密斯知道貫徹中情局情報領導重任，不重蹈 COI、OSS 之轍，首要工作就是掌握總統的資訊管道。在取得杜魯門支持，針對 IAC 缺失，史密斯在中情局成立「國家評估處」（Office of National Estimate, ONE）作為情報分析過濾及全盤彙整的最高評估單位，雖任命藍格（William Langer）出掌，但由克萊恩擔任該處評估專家幕僚長（Chief of Estimative Staff），領導全面情報分析與撰稿工作，由該處所整合之意見稱之「國家情報評估」（National Intelligence Estimate, NIE），NIE 是由中情局惟一交予國家安全會議及總統閱讀之統合情報意見，至於其他部門之有關異議，則僅允以註腳方式列入；NIE 成為總統決策過程中一個最重要判斷依據，從此，一個新的國家情報呈報制度方才建立。[26]直到季辛吉於一九七三年廢除 NIE，中情局藉著掌握所有情報最後分析、整合與呈報的權力，成為美國總統最重要之耳目，中情局長才躋身美國政府權力之階。[27]NIE 在艾森豪、甘迺迪時代，也成為美國決策核心階層最倚賴信任的資訊，為中情局不論功能及地位提升，作出最偉大之貢獻。

史密斯的強勢改革，固然使克萊恩深感自豪 NIE 統合呈報的改革成功，終於一償所願，盡情貫徹學術精神、方法於情報製作，並因此在中情局聲譽鵲起；但克萊恩痛斥舊制情報解析報告的冗長、無趣且

---

[25]　Ray S.Cline,Secrets, Spies,…, p.106.

[26]　Thomas F.Troy, Donovan and The CIA , p.365.

[27]　克萊恩認為在艾森豪及甘迺迪時代，是 CIA 最受美國政府重視的黃金時代，CIA 局長是當時美國政府內權力排名第四或第五的人物。

毫無根據，嚴格要求幕僚拋棄舊制，對 NIE 內容評寫，必須簡潔有力、要言不煩；一切情報應根據證據而非迎合政策人士之喜好撰寫的率直坦白作風，也得罪不少當道同僚。為紓緩局內批評及反彈，克萊恩因此在一九五一年到五三年自願外放英國，暫避風頭。

　　在英國三年這段期間中，與中情局駐英情報站貝茲（Tom Betts）共事，讓克有如魚得水之快意，按照克萊恩說法是「為所欲為，無拘無束」[28]，完全沒有在局內文案工作的繁文縟節，顯然克感受到諜報行動的領導統御方式更適合其工作性情。克萊恩也趁機首度親身考察到中情局在歐洲的海外地下秘密工作，並採取讚許的態度。克萊恩指出，相較中情局在亞洲完全以秘密軍事行動從事反共鬥爭，此時中情局在歐洲海外地下工作，主要是採「柔性」的政治戰及心理戰為主，如自由歐洲電台（Radio Free Europe）、自由電台（Radio Liberty）的對東歐自由與民主思想傳播；中情局為避免予當地國政府、人民「干政、霸權」的印象作風，採取不直接介入，以低調、迂迴方式資助歐洲文藝、媒體、勞工及政黨達到遏止親共政黨滲透歐洲國家政府目的。克萊恩認為，即使此時，中情局採取直接秘密顛覆工作，例如：一九五三年伊朗及五四年瓜地馬拉政變，推翻當地反美政權，堪稱情報分析與秘密作業協同運作，最有效率之經典佳作。中情局能精確掌握當地民情成熟，「在正確的時機和方式，提供適時的邊際協助（marginal assist-ance）」，以最經濟成本的秘密行動配合準確情報分析而一舉成功；更重要的是這時的秘密軍事行動，都是取得政府或國會的諒解與批准，堪為中情局秘密行動根據的典範。[29]

---

[28]　Ray S. Cline,The CIA under Reagan ,Bush…,p.147.

[29]　Ray S. Cline, "Covert Action as Presidential Prerogatives", Harvard Journal of

　　一九五〇年到一九五三年，史密斯旺盛的企圖心與在位三年對中情局的分工改革，是使中情局真正能將「一九四七年法律上具有的功能及授權」進入實質執行可能，奠定國家情報的領導地位者。更關鍵的是，史密斯任命活力、浪漫的艾倫杜勒斯擔任副局長，在史密斯任期內，中情局的秘密行動比一九四九年更為廣泛了，而杜勒斯是情報領導人中，公認最瞭解秘密作業奧妙的人，五〇至五三年，CIA 共在海外十八個國家進行了大小程度不等的秘密工作。[30]也只有能力高強的杜勒斯才能整合一直令人頭痛 OSS 時代所遺留的「特別行動處」（Office of Special Operation, OSO）與 CIA「政策協調處」（OPC）的明爭暗鬥，並建立自主性極高的海外諜報站長制度，使諜報工作更賦神秘與冒險的傳統特色。這也是克萊恩以為中情局是直到杜勒斯迄五三年上任才算名實相符，中情局不但找回尊嚴，也真正成為國家情報組織的龍頭。

Law and Public Policy 12, No. 2（Spring 1989), p.28.依據 Frank J. Smist, Jr., Congress Oversees the United States Intelligence Community, 1947~1989, p.5.上述之美國 CIA 對伊朗及瓜地馬拉秘密顛覆行動，杜勒斯是在事後才對國會報告，國會才加以完全支持追認。當時國會議員 Robert Ellsworth 非常「識相」指出：「發生伊朗及瓜地馬拉政變的年代，CIA 擁有全美人民支持及好感，任何想找 CIA 麻煩的人，不是被視成『混球』（screwball），不然，也不得民意支持。」

[30] Ray S. Cline, "Covert Action is Needed for United States Security", Conflict in American Foreign Policy, D. Mansfield and G. Buckley Eds.（N.J.: Prentice Hall, 1985），p.72.

第三節　亦師亦友的杜勒斯

　　一九五〇年，克萊恩以三十二歲之年正式服務中情局，專心於情報分析與評估的業務；出身哈佛大學，具備完整學術訓練的克萊恩，切中時弊以史學家的研究方法，努力以科學精神、講求證據及客觀的原則，運用於情報的分析、撰寫。這時克萊恩殷切有所作為的首要之事，就是希望協助改革中情局情報分析與評估的製作與呈報制度。克萊恩認為能將來源千頭萬緒的訊息，整理出具有正確預測且能防患於未來的情報產出，才是中情局保衛國家安全最重要與根本的任務。[31]但這項改革工作，僅一年，因克萊恩望革心切，鋒芒太露，而得罪同僚，五一年到五三年不得不遠走英國，暫避風頭。

　　一九五三年二月二十六日杜勒斯在史密斯之後接任中情局局長，是克萊恩在美國情報改革歷程中所期待的果陀。杜勒斯的惜才栽培，放任克萊恩學術訓練充分發揮於這帶有學者性質的情報分析工作，並轉移至中、蘇問題領域的專門研究，屢屢提出卓越的蘇、中分析與發現，取得杜勒斯乃至艾森豪的賞識。同樣性格果斷，加上間諜訓練出身，嚴格要求細節，講究完美操作的杜勒斯，是克萊恩認為最能深諳其所謂「有效用的情報必須是嶄新具創意，且能取得通往決策核心管道。」。按克萊恩評比美國中情局的發展功能及結構的成熟，是完成於杜勒斯局長取得艾森豪充分的授權與放任，加上個人強勢風格及才華，從此樹立中情局威信及權勢之地位；而克萊恩也是以杜勒斯為師，在杜勒斯任內受到最完整的情報分析與秘密作業的歷練與揮灑的培養。

---

[31]　Ray S. Cline, "Policy without Intelligence", Foreign Policy, p.121.

　　雖然有著文人條件的克萊恩在中情局從事情報分析與整合的呈報制度改革是適才適所，相得益彰；但克萊恩天生浪漫、冒險與崇拜英雄主義性格，踏進情報另大領域－秘密諜報工作，也是宿命可預料之事。自一九五〇年參與局內改革工作之後，克萊恩實際上也正從一位理論、靜態性質的情報學者，逐步轉型到務實、機動，具間諜性工作內容的中情局海外站長。這一轉換歷程，包括：除了五一年至五三年的外放英國，克萊恩首度親自見識到國際諜報運作；最大影響是一九五六年，杜勒斯局長在 CIA 全球諜報站考察之旅中，刻意讓克萊恩見習及熟悉美國政府最深沉與實際的國家安全機密運作，慧眼識英雄地打開了克萊恩「秘密工作」的生涯大門。

　　一九五三年底，克萊恩自英國調返總部。由於 ONE 幕僚長一職轉移威廉彭岱（William Bundy 是克萊恩好友 McGeorge Bundy 之弟）擔任，克萊恩決定轉而領導 ONE 之蘇聯情報評估小組，憑藉獨道情報直覺與領導才能，立刻使對蘇研究評估成為國家安全會議決策成員最權威的研讀資料。一九五四年至五六年，可以說是克萊恩在「情報分析」領域階段上，才華最大展現之時，克萊恩對蘇聯情報研究的獨特理論貢獻，提供了美國對蘇、中（共）未來戰略思考及外交政策制定之重要基礎與方向。

　　在美蘇核子相互毀滅及美國軍方意識型態一致認定蘇聯好戰侵略的本性，預測莫斯科將在兩年內發動對美攻擊的的普遍聲浪壓力下，總統艾森豪為求決策的客觀、理性，要求中情局協同參謀聯席會議，聯合評估美蘇未來戰爭遭遇時，雙方軍事實力之比較。負責此一「總結評估」（Net Estimate）重要文件撰寫的克萊恩一貫以科學方法，發揮學者創意，首度運用電腦兵棋推演，作出相反的結論，認為：「蘇

聯並無足夠軍事實力發動對美侵襲，蘇聯亦具理性決策，清楚光以盲目的軍事侵略，並不符合其利益。」[32]就日後看來，這份文件大為鼓舞了美國艾森豪政府拋棄恐懼，改以自信及理性的態度對蘇交往；而在一九五五年打破冷戰對峙，進行美蘇首度和解，建立「日內瓦精神」，對穩定世局和平、免除毀滅性災難發生，有極至提昇緩和作用。

　　「總結評估」的研究使克萊恩開始拉近他與杜勒斯距離，而杜勒斯局長也是克萊恩進入間諜世界的關鍵引導人。杜勒斯以身為總統耳目之使命而努力，他的原則就是全面掌握總統艾森豪與國務卿約翰杜勒斯政策的優先順序，並要求中情局作到只要艾森豪考慮到某件事時，所有的情報便能完整地即時到位，這也是杜勒斯能得到艾森豪的器重與賞識的原因，將中情局局長一職發揮到「直達天聽」之力。因此，為製作更具迫切性且能引起艾森豪總統或杜勒斯國務卿立即注意的情報資料，杜勒斯自不耐長期性及漫無主題的 NIE 報告，因此，克萊恩適時轉任至「即時情報處」（Office of Current Intelligence, OCI），負責以蘇聯、中國為研究主題的分析，正符合了杜的期盼，克萊恩在「即時情報處」最興奮的工作就是為杜勒斯負責「挑選與準備他所要求之簡潔、生動、洗練，能吸引國家安全會議高層關切的情報」，由於兩人性格與作風的契合，克也有如親信般參與重要情報討論，這些會議都被克稱之為是他模仿效法杜勒斯工作與信仰的「學習論壇」（Educational Forum）。[33]

　　充滿英雄氣息，深具人格魅力，研究威廉詹姆士實用主義哲學起家，杜勒斯的生活主義邏輯：有效、有用便是有價值的。因此，杜勒

---

[32]　Ray S. Cline, <u>Secrets, Spies…</u>, pp.142~143.
[33]　Ray S. Cline, <u>Secrets, Spies…</u>, pp.152~153.

斯認定情報工作的「秘密行動」是美國促進世界和平目標最有效率的手段。克萊恩以為杜勒斯是美國中情局史上最傑出、傳奇的海外情報站長，對有著知遇與提攜之恩的杜勒斯，克萊恩評價認為杜是位「喜愛異國風情（exocticism）及迷戀間諜冒險活動刺激；一生是正義愛國者、世界公民與學者的化身綜合。」，[34]這種人生歷練與描述，多少也有克萊恩本身性格投射與日後心理行事的角色模仿；預告間諜身份勢必是克萊恩下一塊的人生拼圖。由以下兩件事，顯示出克萊恩對這位擁有普林斯頓文學碩士學位，又深具領導魅力與用人擔當氣魄之崇敬與效法，而表示「與杜勒斯共事是我最愉悅之事」：「在某次場合，杜勒斯國務卿為求慎重，而事先將其即將發表的講稿交予杜勒斯局長過目，由於其中牽涉到蘇聯細節有誤，杜勒斯局長隨即在我的（克萊恩）建議下，要求杜勒斯國務卿更正，不料杜勒斯怒氣回以：『這是我的演說，不要忘記我是美國國務卿。』詎料，杜勒斯局長卻不甘示弱答以：『只要我的蘇聯專家建議你的報告有所錯誤，就不適發佈，不論你是或不是國務卿。』」[35]

另外杜勒斯對克萊恩之信任與不疑，最為人樂道之事，發生在一九五六年六月，赫魯雪夫在第二十屆蘇聯共產黨大會上發表清算史達林演講，這份演說是赫在秘密情況下發表，但是這份文件卻輾轉流落到中情局，克萊恩以蘇聯研究權威專家，考證這份影響國際政治的文件的真實性後；大膽在當時美蘇和解聲中，克萊恩獨排眾議，力主應將該份講稿公開印行，讓共產世界產生內部路線自我矛盾的意識型態爭辯，並在最後一刻取得杜勒斯的支持。果然，共產世界波蘭、匈牙

---

[34]　Ray S. Cline, The CIA under Reagan, Bsuh,…, pp.175-176.
[35]　Ray S. Cline, Secrets, Spies…, p.153.

利相信赫魯曉夫的話,因而要求赫魯雪夫給予更多的自由,匈牙利甚至還演成抗暴活動。[36]波蘭、匈牙利事件的共產世界內哄,促克萊恩進一步要求以單一嚴謹的評估標準,分析中蘇兩大共產國家行為模式,提出中蘇並不具同質性意見,作出中蘇分裂傾向的預測,間接成為美國政府往後十五年,與中蘇親疏交往重要導向指引。相較日後美國學者或政治人物如:喬治肯楠、傅爾博萊特(William J. Fullbright)直到六〇年初待中蘇分裂明朗化後,方主張美國應利用中蘇分裂矛盾、共產主義非堅固一致(monolithic)特性,調整外交取向。[37]

另外,在一九五七年中,克萊恩根據蘇聯在堪察加(Kamchatka)半島,進行密集「衛星載具」太空火箭實驗的情報研究,判斷蘇聯已具洲際飛彈的武力研發,對美國安全將構成可能威脅。對此一重大預測,杜勒斯深曉情報評估錯誤,代價上中情局必須付出年來立之不易的威信折損。但在國家安全會議最後一刻,杜勒斯決定信任克萊恩的判斷,臨時動議請克萊恩向艾森豪提出此一情報評估。十月份,果然證實蘇聯「史波尼克一號」(Sputnik I)發射成功,由於克萊恩的早期發現與杜勒斯的「用人不疑」,大幅降低蘇聯太空科技領先所導致美國民心之衝激。[38]

克萊恩在情報分析文案的絕佳表現,讓杜勒斯有計畫製造機會,栽培克萊恩去認識情報另面的神秘領域。一九五五年,東西陣營首度試圖和解,美、俄、英、法等相約於瑞士日內瓦舉行高峰會,進行限

---

[36] Robert Ferrell 著,梅寅生譯,艾森豪日記(台北:黎明,民國七十四年),頁四五一～四五二。及 Ray S.Cline, Secrets, Spies..., pp.150~151.

[37] Robert D. Schulzinger, Henry Kissinger-Doctor of Diplomacy(New York: Colombia University Press, 1989), p.78.

[38] Ray S. Cline, Secrets, Spies..., p.155.

武、德國統一、東、西歐人民與資訊流通的相關討論，杜勒斯刻意的派遣克萊恩擔任美國代表團中情報分析負責人，以備不時提供談判人員必需的資訊。在十月二十七日至十一月二十六日的外長會議的期間，克萊恩接觸了中情局最大的德國情報站，按照克萊恩的遭遇與表現，發現「經由地下情報員取得的資訊，較在辦公室評估更具價值。我越接觸秘密地下情報工作，我越覺得此一專業領域是任何一個全方位情報工作者，必須熟悉的部份。」[39]；在日內瓦談判期間，克萊恩更是親身下海，粉墨登場第一線的情報人員，原來中情局瑞士站長成功策反蘇聯談判代表團之其中隨員，因此，每到當天美蘇會議結束後，晚間，中情局人員與克萊恩即與該俄國代表相約在酒館密會，該隨員即把俄方當日談判後的反應洩露與美國情報人員，克萊恩再以最即時的情報分析，報告美方談判代表，應付隔日的會談。此一獨特的經歷，讓克萊恩堅信「學者與間諜的智慧伙伴關係，是情報評估與行動的最佳成功方程式」。[40]

一九五六年，杜勒斯為了要檢討中情局海外工作站業務，決定作一環球視察之旅，克萊恩被杜勒斯責成記錄隨行考察心得與檢討分析。這是自一九四〇年杜諾凡巴爾幹之旅以來，情報首長僅有在時間及行程規模上足堪比擬的情報之旅，但對克萊恩個人而言，這段長達五十七天，超過三萬公里旅程，某種意義也是杜對克萊恩通往海外情報大門的「啟業」式。按克萊恩回憶，杜勒斯在巡察中情局駐歐洲到亞洲海外工作站旅程中，皆破例要求克萊恩參與每站的秘密工作業務報告及了解海外站的運作性質。在這近兩個月，克萊恩不但事先見習

---

[39]　ibid., p.160.
[40]　ibid., p.161.

了諜報站長的工作內容，也看到杜勒斯所謂「杜勒斯法則」（Dulles Laws）對情報工作細節，即使是海外站長的接機稍有疏忽，亦不予容忍的一絲不苟，天衣無縫的要求，成為克萊恩日後的處事座右銘。這段旅行也成為日後每當兩人相聚時刻，無不在泛著淚水笑聲中回味的一段難忘歷程。

　　克萊恩坦承從這次全球之旅與杜勒斯近距離相處，不單深厚他與杜勒斯兩人的友誼與互信，且杜勒斯對他的信任與提攜，使他有了足夠的威信與人脈，便利接近更多秘密工作的資訊來源。擁有這項深入高層，參贊軍機優勢，即使與一般懵懂的同僚於資訊分析意見相左時，克萊恩仍能低調及自律，不事外露；與五〇年初入中情局的率性與急功相較，克萊恩已顯得更加成熟與持重。也就在這段旅程結束後不久，杜勒斯對克萊恩說：「你應該出任海外工作站長了！」，按克萊恩說法：「杜勒斯認為我已經盡得真傳，學會了他的一切。」[41]

---

[41]　Ray S.Cline, Secrets, Spies…, p.166.

第四章　克萊恩在台灣之工作歷程

　　從單純的情報研判工作到秘密反共的間諜大師之轉型歷程中，結識蔣經國是克萊恩一生情報事業裏，最關鍵與重要的一件事。如果說，杜勒斯是克萊恩的情報啟蒙大師，那與蔣經國的這段因緣際會，對克萊恩思想影響之深遠與中美兩國關係之增進，則更甚深刻及重要。

　　克萊恩和蔣經國自一九五八年起所建立的深厚情誼，在世界情報首長交往史上亦謂希罕與空前。與蔣經國和克萊恩兩人公私皆密、相知甚深的共同摯友－前空軍情報署署長衣復恩將軍－對兩者關係之看法即以：「克萊恩畢業於哈佛大學、身材矮胖，對蔣經國用心良苦；無論公私，一切均隨蔣意，吃喝隨俗，宛若知友。」[1]

　　克萊恩從原本偵防、考核蔣經國的民主思想與政治立場，到最後發展至對蔣經國的人格、理念，近乎崇拜的折服，認為「經國先生是個十分睿智和眼光遠大的人，但同時他更是一位能堅持他所信仰之原則和務實的領袖人物」。[2]這要相當歸因於克萊恩真誠的性格與蔣經國坦白、開朗的作風，才能彼此推心置腹；但更重要是克萊恩能理性地看待蔣經國被美國政府所深為詬病的「政工」制度；美方長期質疑蔣「留蘇、民主」的疑慮，克萊恩也能求同存異的將「反共」的務實優先於「民主」的需要，畢竟反共是眼前冷戰的需要，而民主是未來的理想，這也是五〇年代國際大勢之所趨。

---

[1]　衣復恩，<u>我的回憶</u>，頁二二五。

[2]　Ray S. Cline，「經國先生的遠見」，<u>蔣總統經國先生追思錄</u>（台北：黎明，民國七十七年），頁四二七。

　　台北站長階段上，我們也看到一個放手發揮創意理想之克萊恩，從塑造臺灣扮演一支機動打擊亞洲共產勢力的快速反應部隊，再到引進 U-2 於臺灣，偵蒐大陸情報；因為克萊恩不斷的發想、求變、試驗與開拓、深化中美戰略情報的合作，提升了台灣在全球反共戰略上的功能與地位。

第一節　結識蔣經國

　　克、蔣相會前，中美情報聯合作業一度平淡，待至關鍵的一九五四年，三件事務的同時發展，再啟中美情報生機與榮景：（一）美國接手法國潰敗後的中南半島戰事及台海局勢變化，促成中美締結共同防禦條約，美台恢復軍事同盟關係；（二）艾森豪政府時代，CIA 勢力的空前膨脹，反共的杜勒斯兄弟聯手掌握了美國對外行動政策；（三）蔣經國完成國內情報單位之整合。綜合言，中共成為美國在亞洲局勢上最大威脅，掌握中共情報對美益發重要，一個中美新的戰略局面的推手人物－克萊恩與蔣經國，就在上述時空背景下交會，為台美近代關係創造出一段獨特與緊密的友好時期。

　　韓戰於一九五三年七月正式停火後，西方公司也完成了在台階段性任務。當年十月一日，首度訪美的蔣經國在中情局會見甫接掌中央情報局未久的杜勒斯時，這兩位掌管中美情報工作的領導人，自然知道在亞洲共黨日益擴張之威脅下，美台雙方勢需重新檢討、規劃一個後韓戰的情報合作關係。雙方寒暄後，杜開門見山瞭解蔣經國在台灣所從事任務領域和他自己的工作範圍有密切關係，在探詢完國府「外島」地位及游擊隊戰力問題後，杜接著詢問了按蔣經國觀點，為了加強日後中情局和蔣各機構間的合作，最優先需要條件為何？蔣即表

示，目前合作方式非常有限，中情局在台北進行的一些合作計畫，某些部分內情，連他都蒙在鼓裡不得其詳。為了實現更有效的合作，蔣提議雙方今後，應共享所蒐集到中國的全部資訊，憑以作出結論，並有協同一致的後續行動。可見蔣經國不但顯現他在台灣情報的惟一地位，更期待一個新的中美情報關係，是要不同於先前西方公司『片面服務』美國利益的模式。杜勒斯原則接受接他的建議，兩人也共識彼此在台灣的單位，應就特定項目，改善合作關係，並發展具體的措施。[3]

　　美國自韓戰已開始建構亞洲集體安全體系，到一九五四年根據「骨牌理論」[4]接手法國中南半島戰事，中共事實已視為美國在亞洲最大之假想敵。同年，遠東情勢再度緊崩，對韓戰心有未甘的毛澤東，趁法國於中南半島戰事奠邊府一役潰敗後，於『侵略季節』的九月，在台灣海峽的金、馬離島再啟戰端，一面向美國務卿杜勒斯正積極籌組以中共為圍堵對象的「東南亞公約組織」（SEATO）示威；同時，也企圖阻撓國府所企盼的「中美共同防禦條約」的簽訂。但適得其反，其實一九五四年的金、馬進犯，反而給了「中美共同防禦條約」完成的動力。[5]老羞成怒的中共，乃於一九五五年升高台海戰事，再以武力奪取外島一江山及大陳，美國不但不予退讓，反暗示不惜使用核武之決心，周恩來只有在一九五五年四月萬隆會議上以「和平共存」收場。

---

[3]　顧維鈞回憶錄，七卷上，第十分冊，頁四〇九～四一〇。

[4]　一九五四年四月七日白宮召開之總統記者會（Presidential News Conference）上，艾森豪被問到美國人民不解越南對自由世界之戰略重要性時？艾以骨牌遊戲為說明，如果越南倒下，其後則是緬甸、泰國、印尼和整個中南半島，地緣上甚至波及日本、台灣、菲律賓及更南邊的紐、澳，是骨牌理論之由來。

[5]　Karl L. Rankin 著，藍欽使華回憶錄，頁二二八～二三五。

如果說，韓戰使台灣免於赤化的危機，那直到華府與台北「中美共同防禦條約」的簽署，才算正式結束一九四九年以來美國對華「塵埃落定」的政策取向，而代以一個嶄新及密切的軍事同盟關係架構，這不但代表新的美台關係呈現，也意謂蔣經國一九五三年底與杜勒斯談話時，所期待一個尊重台灣軍情需要，「情報互惠、相互共享」局面的到來。

其次，一九五四年，艾森豪在位期間也公認是中情局史上的黃金時期，特別是艾倫杜勒斯主掌中情局後，與他擔任國務卿的兄長約翰杜勒斯聯手使美國外交與情報活動結合為一，在圍堵共產擴張的全球策略下，基本上是「大力報復」與「秘密作業」的政策混合體，讓 CIA 的影響力膨脹到空前強大地步，艾倫杜勒斯極至迷戀秘密工作無遠弗屆力量，且視任何加諸情報任務的監督與制衡都是對國家安全利益的妨害。[6]因此，一九五四年三月十五日，美國國家安全會議繼 NSC 10/2 之後，通過的 NSC 5412（NSC Directive 5412 on Covert Operations）指令中，[7]所界定的「地下行動」更是無邊無際，有若「尚方寶劍」，該指令規定—「有鑑中、蘇邪惡秘密活動猖獗，美國當創造及用盡一切手段，包括宣傳、政治行動、經濟戰及顛覆敵對的國家或團體，破壞中蘇計畫及他們之間的和諧，打擊揭穿共產國際之威信與意識，方法涵蓋：支持地下的反抗勢力、游擊隊和流亡的政治團體，還有與上述

---

[6] Congressional Research Service, Library of Congress, The U.S. Government and the Vietnam War, Executive and Legislative Roles and Relations, Part I, 1945~1961（Washington D.C.: U.S. Government Printing Office, 1984），pp.308~310.權傾一時的艾倫杜勒斯於國會聽證會上甚至於表示：任何國會或政府單位對秘密作業的調查，無異敵人對國家安全之滲透。

[7] See Results of the 1973 Church Committee Hearings, on CIA misdeeds,and the 1984 Iran-Contra Hearings, p.23.

目標直接、間接相關的行動都可以進行」，對『可信否任』更明確規定「在採取一切有關計畫行動時，務必隔絕於政府中非授權參與者（意指決策圈外者如美大使、國務院官員），保護美國政府能明確聲明，擺脫關係於任何上述計畫行動。」，一九五四年之 5412 指令成為 CIA 從事秘密行動的護身符，等於給了 CIA 進行地下工作的一張「空白支票」，緊接著七月份，中情局在瓜地馬拉牛刀小試推翻左傾的古茲曼政權（Arbenz Guzman），使美國開始迷信中情局的地下力量有著傳奇性無堅不摧的能耐。

同時間，一九五四年，在台灣的蔣經國也完成了自一九四九年起，承父—蔣故總統之命，從事整飭「政工」與「情報」之兩大任務。在情報重建上，蔣於民國四十一年六月二十五日對情報政工高級人員講：「三十八年政府自大陸撤退後，領袖鑒於革命的失敗，特成立『政治行動委員會』，並對革命工作提出了兩個重大任務：（一）改進情報工作；（二）建立政工制度，以期進行徹底的改造工作。」[8]

蔣經國在「政治行動委員會」命令下，於總統府成立「機要室資料組」，整頓撤退來台一團如麻的情治機構，當時接受「資料組」管轄情報機構除保密局、調查局外，還有國防部大陸工作處、總政治部、憲兵司令部、台灣省保安司令部等，彼此爭功諉過、暗中較勁，蔣經國在民國四十年九月一日對情治人員講詞，痛快淋漓的點破了：「我們過去（情治）工作作風不好的地方在那裡呢？過去情報機關一般的缺點，不是磨擦傾軋，爭功諉過；就是招搖撞騙，同流合污。……至於如何改進我們今後的工作呢？今後我們一定要健全組織，統一領

---

[8]　蔣經國，「革命力量的核心」，蔣經國全集，第四冊（台北：新聞局，民國八十一年），頁一六八。

導，畫分權責，嚴明賞罰，務求分工合作，各盡所能，這樣大家才能聯繫確實，運用靈活，共同完成艱鉅的任務。」[9]

　　蔣改革情報系統計畫核心就是開設（淡水、石牌）訓練班，輪訓現有情報工作人員，並在訓練基礎上，將各屬情報人員混編，打破長久以來敵對狀態，並乘勢將「積極情報」（敵後派遣諜報人員組織指揮地下游擊隊等直接傷害敵方的工作）與「消極情報」（摘奸發伏敵人佈建或本身自發產生的腐惡作為）單位截然劃分，附帶召訓新血，結束私人割據局面，逐步建立以他為中心的情治工作體系。四十二年一月三日，蔣經國在第三次情報大會總結後，對政工情報人員演說：「今天我要向各位同志談一談『資料組』三年來統一領導各情報機關進展，三十八年大陸失敗後，政治行動委員會在台灣成立，本人開始即奉命參加，我自知道此項工作責任非常艱鉅，以個人性格來說，我並不適合做這種工作。」[10]

　　一九五四年三月「總統府機要室資料組」宣告結束，在這個基礎上成立了「國家安全局」作為新的、正式的全國情報治安單位的領導、協調機構，保密局改名情報局，隸屬國防部，職掌積極情報，深入中共情報發展，另有總政治部，是軍中政工保防單位；調查局則由內政部改隸司法行政部，負責司法調查，即消極情報任務，國民黨中央的情報單位是中六組，以後改為大陸工作會。首任局長鄭介民，但真正主其事者則是蔣經國，後來有很長一段時間蔣經國是以「國家安全會議副秘書長」的職稱任事。

---

[9]　蔣經國，「論工作作風」，蔣總統經國先生對國軍講詞選編，上冊（台北：黎明，民國七十四年），頁四一四，四二六～四二七。

[10]　蔣經國，「貫徹領袖的精神意志與幹部政策」，蔣經國全集，第四冊，頁三八六。

　　蔣固然因為整頓情報、政工機構，掌握了臺灣情治力量，成為國府情報首腦，卻也使美方對蔣經國，這位具有十二年「留蘇」背景，托洛斯基激進信徒[11]的「民主思想」形象，更加的疑慮；韓戰後，中美展開軍事援助訓練時，首先具體的衝突便發生在國軍「政工制度」的實施，這種關切甚至直接導致蔣經國有一九五三年首度訪問美國的「民主學習」之旅。

　　一九五〇年四月一日，蔣經國就任國防部政治部主任，為整頓軍隊，加強反共思想，實施「政工改革」六大目標，恢復軍隊黨務，開始實施「政工」於三軍。[12]固然政工制度對撤退來台充滿失敗主義、甚至思想混濁的六十萬國府軍隊，有提升士氣與嚴整紀律的需要及效用。惟韓戰爆發，一九五一年四月二十一日，美國派遣以蔡斯少將為團長的軍事援華顧問團抵華，台北以蔣經國主任為聯絡人，由於蔡斯援華顧問工作「軍隊國家化」是最重要目標之一，自然對蔣經國致力國軍的政治工作「黨軍化」甚為反感。[13]

---

[11] 蔣經國，「我在蘇聯的生活」，<u>蔣經國先生全集</u>，第一冊，頁六九～七十。文中蔣自述「我的觀點與托洛斯基的政治思想不謀而合，我對托洛斯基要以『革命的火炬燒掉舊世界』尤感興趣，我和托洛斯基關係日益密切，最後還加入托派組織。」

[12] 漆高儒，<u>蔣經國評傳</u>（台北：正中，民國八十六年），頁三五三。政工六大目標是（一）建立政治幕僚長制（二）確立監察制度（三）加強保防工作（四）恢復軍隊黨務（五）實行四大公開（六）革新政治訓練。

[13] 沈錡，「我所參加過的蔣公與美國訪賓的重要會議」，<u>傳記文學</u>，第七十八卷，第二期（台北：傳記文學，民國九十年），頁八五～八六。一九五二年九月十七日，蔣公接見蔡斯少將討論過去六個月內國軍的進步情況，其中針對蔣經國實施之國軍政工制度成為雙方最大的爭執。蔡斯嚴肅指出：政工人員的干預導致國軍的指揮系統薄弱，尤其是海軍，他批評政工人員的工作，有些應該是參謀人員做的，可是他們沒有受過這種訓練。蔡斯結語則云：美軍顧問團之目的無非是提高國軍戰力。在蔡斯講完後，蔣公委婉以中美軍官在背景、教育及軍事傳統上的歧異，不可能以同樣尺度來看，他說中國軍官

　　一九五三年六月二日至六日，美國參謀首長聯席會議主席雷德福
（Arthur Radford）上將訪問台北與蔣故總統三度密談，雷談到軍中政
治訓練，雷說美國政府對於此事極為關心，他怕過分重視青年軍官的
政訓，會影響到他們的軍事技能，製造派系，而損及指揮系統。雷氏
提到他與經國先生談話，認為後者未能了解他的立場，所以他建議邀
經國先生訪美，親自體驗美國輿論的性質與意義及了解一個堅強的民
主政治如何解決類似的各項問題。[14]由於美國對蔣「民主思想」的疑
慮壓力，迫使蔣經國於同年九月底，在美國務院及國防部名義邀請下
首度訪美，觀摩美國民主與社會生活制度，十月一日在華府與國務卿
杜勒斯的會晤，再度受到杜的「質詢」，這段會談畫面，在當時陪同
見面的國務院中國科科長馬康衛的談話備忘錄中，有生動的敘述：「杜
勒斯告訴蔣經國他聽聞一些美國駐台代表說：『蔣經國在國內安全事
務手段上有些粗暴（a little rough）』導致當場氣氛有短暫沉寂，杜卿
接著進一步表示，他希望蔣在美國實地觀察後，可以看到不需要使用厲
害的辦法，也可達到同樣的目的。美國也必須對付顛覆與忠貞的問題，
但總以不侵犯到嫌犯者的基本人權及合法權利為原則。蔣聽了這段話
後，只是喃喃自語（murmur），以幾乎聽不到的聲音說他知道了。」[15]

常將部隊當作個人私產自立山頭，當年軍閥即由此而來，也是國軍喪失大陸
原因之一。蔣公解釋為了使政工人員不怕事，敢查報高級軍官的不忠行為，
所以派了他自己的長子蔣經國來主持其事。然蔡斯仍堅持其看法，認為教育、
背景不是問題，他知道中美國情不同，但這個問題必須解決。

[14]　同上註，頁八八。

[15]　Walter McConaughy,"Subject: Notes on General Chiang Ching-kuo's Call on Secretary of State Dulles", October 1, 1953, FRUS, 1952-1954, Vol.XIV, China & Japan, Part 1, pp.251-252. 傅建中，「蔣經國會晤杜勒斯插曲」，傳記文學，第六十六卷，第四期（台北：傳記文學，民國八十四年），頁八二。

但蔣心中的不平，從隔（二）日在國務院歡宴席上，卻大肆抒發了他渴望美方能易地而處，諒解台灣的作法：「不少的美國友人，因為不了解我們的苦心孤詣，以致發生不少誤解與曲解，譬如批評我們政府不夠民主等，不過我要求各位瞭解一點：一個跌到狂流快要溺斃的人，他的真實感覺只有他自己才完全知道，為了求生存，他必須用盡一切方法而掙扎，當時情境，決不是站在岸上的人所能深切體會。」[16]

但在十月十七日，蔣經國在離美記者會，仍大加讚賞美國民主制度：「我利用了這個優厚的機會，盡可能考察和記取美國之生活方式和偉大的美國民主政府之工作情形，我相信這種知識對我將有很多益處。」[17]

同年十一月十三日，在對美國之音記者發表談話，蔣經國又說：「除軍事範圍外，美國所給我最深刻印象是政治上民主的作風，社會上的守法精神，以及人民生活上的自由快樂。」[18]

以上表態固然回應了美國政府期望，但隨著時間演變，美國對蔣經國民主態度的「關切」並沒有顯著改善，一九五四年十一月十八日，蔣經國在對政工幹校高級班第一期學員講【真正的問題在那裡？】時，更道出心中對「很多人」反對國軍「政工制度」的無奈與不滿：「我們為什麼要革命呢？拿政工來說，這四、五年來最痛苦的事，就是一方面我們在改進部隊裡的一切，另一方面也有很多人主張要取消

---

[16] 蔣經國，「第一次應邀訪美在美國國務院歡宴席上之談話」，蔣總統經國先生言論著述彙編，第三集（台北：黎明，民國七十一年），頁三九七。

[17] 蔣經國，「第一次應邀訪美離美時對各報記者發表之聲明」，蔣總統經國先生言論著述彙編，第三集，頁四〇一。

[18] 蔣經國，「談訪美觀感—答覆台北美國之音六個問題」，蔣經國先生全集，第十三冊，頁一八七。

政工。他們為什麼要這樣呢？把政工取消了，是不是想使我們的軍隊沒有國家民族的思想？我想，軍隊裡沒有了靈魂，便只有一個軀殼。這樣還講什麼反共？講什麼革命，到了今天，還是有人要取消政工，好像非取消政工，不肯甘休，如果政工不取消，睡覺睡不著似的。」[19]

　　到了一九五七年五月二十四日，克萊恩來台前一年，發生台灣史上最強烈之反美情緒的「劉自然」事件，台灣民眾激烈搗毀美國大使館，使中美關係大為緊張，儘管台北道歉賠償，美國仍懷疑主管台灣情治工作的蔣經國有放任之嫌，[20]更加深對蔣經國的「既定成見」；待一九五八年初，克萊恩來台就任中情局台北站長後，繼續對蔣進行「思想」考察的工作也成了克萊恩的首要付託任務：「我在台北任職的目標之一，即是搜集蔣經國的資料，但不公諸大眾，而是私底下送交美國政府，以便判斷蔣經國對蘇俄的真正感想。這在五〇年代末期相當重要，因為當時中華民國許多舉足輕重的人士仍認為蔣經國是蘇聯的代理人，或至少是蘇聯的同情者，他們以蔣經國長期留蘇的事實作為此項判斷的依據。因此，提供事實的真相供決策者參考是我當時的目標。」[21]

---

[19]　蔣經國，「真正的問題在那裏？」，蔣總統經國先生言論著述彙編，第三集，頁三八二。

[20]　陸以正，微臣無力可回天-陸以正的外交生涯（台北：天下，民國九十一年），頁一一七～一一八。事發當時駐台美國記者即根據「蔣經國曾受蘇聯教育，思想左傾反美，又加上他那時機兼任救國團主任，因此，傳說抗議大使館的大專學生均由救國團號召動員，用卡車載去美使館前。」當晚行政院長俞鴻鈞召集之閣員會議，陸大使現場形容「被誣陷的蔣經國在室內踱來踱去，滿腔苦悶，不發一語。」陸大使相信美國最終仍以取消某一「數額極大」的合作計畫作為報復。

[21]　聯合報國際新聞中心譯，Ray S. Cline 著，我所知道的蔣經國，頁七一。

　　按克萊恩透露，美國當時對這位未來台北國府權力接班人重視不只是「政治立場」的關切，甚已到了對蔣健康情況的掌握，「那就是我的辦公室固定照顧蔣經國的健康，不斷供應胰島素供他使用。蔣長期為糖尿病所苦，在一九五〇年代，台灣很難取得胰島素。」[22]

　　克萊恩與蔣經國首次相會的場合，當回溯到一九五六年，克萊恩當時以中蘇事務分析專家身分，陪同杜勒斯局長巡迴全球，視察中情局分布在歐亞一些重要據點的工作站時。在五十七天內，艾倫杜勒斯的環球旋風式訪問也無異確認了中情局「左右」全世界的角色。他們走遍歐洲、土耳其、巴基斯坦、印度、泰國、越南、新加坡、澳大利亞、菲律賓、南韓、日本，其中當然也包括了跟西方公司合作最密切的台灣。十月四日，杜勒斯與克萊恩一行抵台，在機場受到蔣經國與其他官員的歡迎，這是克萊恩第一次見到蔣經國，面對這位當時才四十六歲，自由中國最具政治實力及未來權力接班者，克萊恩對蔣留下約五尺四吋，體重一定有一百四十磅，有著一張華南中國人典型圓臉的樸實印象；克萊恩當時雖早已熟知蔣經國大名，然亦一如其他華府人士或美國政府情報單位，僅以蔣經國極表面的「留蘇」背景，外加其情治身份及個人神秘處事作風為根據，對蔣印象仍停留「在一般外國官員的流言之中，他名聲甚惡，當時大部分人認為蔣經國代理他父親是專搞警察任務與國內安全的小號獨裁者。」[23]但很快地，克萊恩就發現表象與事實的差距，隔日，由於長途旅程及時差因素，克萊恩等一行人正從所下榻「吳賓館」（乃先前省主席吳國楨居所）二樓臥房，一個個散漫地下樓來，克見到蔣經國站在樓梯口耐心等待的情

22　同上註，頁六三。
23　同上註，頁二〇～二一。

形，「起初我以為他是賓館的僕役或侍者，因為他向我們說話十分溫和有禮，他待客如此謙遜沉靜，令我驚訝。對於目前華府有關他的形象與面前這位謙抑的人之間的不和諧，我感到不安。」。[24]在台北的短暫停留時間，克萊恩對蔣經國之「初步印象，我可以看出國際間的閒言閒語，已為他造成形象問題。」克萊恩也憑著對東方政治以人治為權力中心了解，敏銳觀察到「我第一個反應是，一定要深入了解這個人，因為他的未來對中國人民可能十分重要。」[25]巧合是，也就在這趟全球之旅結束未幾，杜勒斯就把 CIA 在亞洲蒐集中國情報地位最重要的台北站，交付予其信任心腹-克萊恩。

克萊恩在一九五八年初春，抵達台北任所後，很快就發現蔣經國實際上就是中華民國方面與他搭配的人，及注意到蔣經國在台北情報特殊的權力與地位，蔣經國雖然只有國家安全會議副秘書長頭銜，卻是所有各方面的決策者，他唯一的頂頭上司是他父親，當時總統蔣中正。現實上，克萊恩也承認了在台工作上要順暢，只要能取得蔣經國同意，即可無往不利。[26]

一向從事政治思想考核工作，此番角色互換，蔣經國自然深曉克萊恩的來華任務，其中必然有一項工作是分析他的政治細胞，克萊恩對蔣經國的評斷與認識，勢將構成美國能否放心與國府重新加強中美情報事業的關鍵考慮之一。如何與這位來台主持情報大計的克萊恩相處並贏取他在民主形象的進步與消除他反美親蘇的疑慮，自然是中美展開雙方合作，保護台灣生存與進而光復大陸重要的一步。迥異於情

---

[24] 聯合報國際新聞中心譯，Ray S. Cline 著，我所知道的蔣經國，頁二二。
[25] 同上註，頁二〇～二二。
[26] Ray S. Cline, Secrets,Spies..., p.181.

報人員職業性的深沉、秘密處事風格，極其聰明的蔣經國採取全盤的「透明化」配合克萊恩能負責地根據他親身所見，描繪這位「尊嚴自持、精力充沛、職銜與權責不一致」的官員，認識他真正的思想與看法。蔣經國明智地以坦誠、自然的相處方式，毫無保留的開放他工作場所、私下社交甚至家庭寓所予克萊恩參與他的公私領域生活。事後證明，這種「完全交心」的浪漫方式，對熱誠、坦率的克萊恩幾乎是完全的由心理征服，使克對蔣一生有極高的尊崇與評價。

　　蔣經國首先打開他家庭的大門，為便於識別，克萊恩與其妻瑪嬌麗伉儷駕著編號『002』（僅次於美國大使）外交車牌公務車，自由出入蔣位在台北市長安東路居所。克萊恩首先感受到這棟簡陋僕實的居所讓中華民國如此重要官員來住「確顯寒酸」，但也反映了蔣經國「清廉自持與不講虛飾」之平民作風。熱情、健談的蔣經國夫婦，尤其是深受克氏夫婦喜愛之蔣俄籍妻子蔣方良，立刻拉進了與克萊恩夫婦的距離，從蔣妻芬娜親膩喊蔣「阿五」（把蔣當她第五個孩子）與蔣和兒女在家中相處情形，克萊恩確信他為人的熱情與真誠。之後，克萊恩夫婦與蔣經國伉儷熟得經常彼此互相到對方家中作客，使克萊恩對蔣經國產生由衷的敬意與喜愛，以他為現代中國極不尋常的模範人物。兩家的融洽程度，蔣經國還到了要求其子女以克萊恩「叔叔事之」[27]，克萊恩也透露，蔣經國當時即有「先見」，為表示對民主的尊重「他不希望他孩子繼承他的職位，也不培養他們接班，只因為他們是蔣家人。」[28]蔣也為能與克萊恩夫婦更直接且自然地溝通，努力擺脫中間翻譯；精通俄語的蔣經國向克萊恩表達學習英文的困擾，要

---

[27]　聯合報國際新聞中心譯，Ray S. Cline 著，<u>我所知道的蔣經國</u>，頁三八。
[28]　同上註。

求克萊恩能不能找個老師，教他美國式的英語會話，蔣抱怨說知道很多的英文字彙，但卻不能它們化成會話道出。[29]由於彼此雙方身份特殊，克萊恩經過一番考慮，在公私皆宜下，推薦了妻子瑪嬌莉。蔣經國也一連四年，終克萊恩在台任期，每週前往克萊恩住宅與瑪嬌莉檢討他的英文錄音，根據衣復恩先生言：「蔣共計上了一百節課。」[30]與克之妻一起矯正發音。

蔣經國似乎知道越是隨意無拘的酒宴場合，越是彼此坦誠相見機會，懂得「入境隨俗」的克萊恩也樂於配合中國酬酢禮俗，在中美雙方舉辦的大宴小酌中，克萊恩發現情報頭子一般冷酷、不苟言笑的僵硬外表，絲毫不見乎蔣經國身上，蔣經國稚真的幽默感在這些場合裏盡興發揮，外形極其相似的兩人也成了「絕配」，不但自娛也娛人。克對中國傳統宴席裏的「乾杯、鬧酒」的待客之道，感覺是既親切又開心，克萊恩仗侍兩百磅的身材，很快就闖出酒量不錯的名聲，贏得「海量」的美譽；蔣經國也教克萊恩如何划拳，克萊恩為入境隨俗，惡補一番，最佳教練與榜樣莫過於蔣經國；就在蔣經國教導下，「後來我甚至和他打成平手，在我們經常往來的朋友中，他顯然是拳王。」在一手好工夫下，兩人善飲傳聞，不逕而走。克萊恩也自認這在中國人社會是很有面子的事。[31]

---

[29] 顧維鈞，<u>顧維鈞回憶錄</u>，七卷上，第十分冊，頁四〇二。按顧維鈞所述：一九五三年蔣經國首訪美國，在某次宴會中「席間，浦立德和蔣經國談話時不讓蔣的秘書沈錡為他翻譯，這使我們許多人為之一驚。浦立德說在台北時他常和蔣經國單獨用英文交談幾小時。隨後，坐在蔣經國右側的雷德福也試用英語和他交談，並發現大致可行。」可見精通俄文的蔣經國之英文當不致太差。

[30] 衣復恩，<u>我的回憶</u>，頁二二五。

[31] 聯合報國際新聞中心譯，Ray S. Cline 著，<u>我所知道的蔣經國</u>，頁四一。

　　至於由克萊恩於重要節日作東，如耶誕節、春節、感恩節或中秋節以慶祝中美合作成功的派對中，克萊恩也有意的指點蔣經國塑造開明、風趣的形象，贏取美方的好感。在一向由克擔任主持人的美方晚會上，克萊恩知道如果蔣他能放下身段，以輕鬆心情，允許別人對他開個善意玩笑，接受這種美國式自嘲的幽默，那麼，美國人和他的中國部屬都會對他另眼相看。這個機會終於在某次宴會中到來，其中設計之重頭戲是一組很棒的「男聲四重唱」，「我謹慎的試探蔣經國的意思，問他願不願意演出？他答應了。我知道我們即將造成一場大轟動。」

　　這天晚上，當克萊恩先以英文夾雜著不標準國語對在場人士抱歉很不湊巧一位歌手臨時病了，幸好臨時有人來代打，並請大家多包涵、感激他的見義勇為，到介紹出場時，當原來的三位歌手陪著「身穿侍者燕尾服，手腕搭配一條餐巾的第四名歌手—蔣經國—出現時，整個會場簡直瘋掉了。雖然蔣勇敢地用他剛學會的英語，賣力地歌唱，但沒人聽得清楚他的歌聲，因為全場美國人與中國來賓陷入震耳欲聾的笑聲與喝采中。從那晚起，所有美國人都喜歡他，甚至尊敬他，雖然他們不知道他多麼善於接受玩笑，美國人認為他的風度很好，中國人則看到蔣經國能優雅地使自己融入幽默的情境中，而更愛戴他。他也顯然喜歡這種發展。」[32]此例一開後，克萊恩與蔣經國的即興表演越加豐富，倆人成了中美歡宴上的最佳拍檔，盡情要寶娛賓，讓大家樂不可支，深具群眾魅力的蔣經國，加上從善如流地接受克萊恩的指導配合，顯示蔣經國很希望能作一個美國人所謂的『平常人』。讓當時在台美國軍政人士輕易地喜歡上他，也更加重視他，重新另眼評價。

---

[32]　聯合報國際新聞中心譯，Ray S. Cline 著，<u>我所知道的蔣經國</u>，頁五五～五六。

　　儘管性情投契，私下形同莫逆的克蔣二人，於公仍有關係嚴肅的
一面，那就是美國對蔣經國揮之不去的蘇聯經歷是否終究會動搖他
「反共」的信念。蔣經國自一九三七年三月二十五日離開待了十二年
的蘇聯，回到中國，即奉父之命待在老家溪口檢討、省思，在這段類
似「隔離檢疫」日子中，一生憂讒畏譏的蔣經國早已嚐盡外界對他思
想的存疑，最後寫下『我在蘇聯的日子』交待他立場的堅定。此番，
為徹底解除克萊恩對其思想檢驗，蔣經國有著不露痕跡的巧妙安排：
蔣以克萊恩妻瑪嬌莉為英文教席後，某日，在要求瑪協助將該筆記翻
譯成英文本之名[33]，心照不宣的將『我在蘇聯的日子』形同以「自白
書」的方式，交給克萊恩，此書完全交待了一九二四至一九三七年蔣
在蘇聯的日子，從蔣十六歲開始在北平，經邵力子認識中國共產黨員
李大釗，透過李的影響，蔣對社會主義產生迷戀，進而前往蘇聯孫逸
仙大學，成為托洛斯基信徒被迫害，最終對共產制度希望的破滅。蔣
經國在書中結尾寫道：「我在這段歲月中，雖然身心均深受創傷，但
亦看清楚了共產國際的真正本質和蘇共、中共的本來面目。這十二年
給我的教訓深烙我心，永遠都不會淡忘。」書中內容完全可說是一份
「思想的自白」。從克萊恩日後所公佈對蔣觀感，這本傳記深深影響
了克對蔣的看法，使克萊恩相信蔣經國「反蘇、反共」的堅定立場，
克說「蔣在日記中毫不避諱他當初對共產黨懷抱無知的期望，他多麼
痛苦地從對整個蘇聯體制及中國共產黨所懷的理想覺醒過來。他從未
贊成史達林的作法，並且很快就認清共產主義兇殘與醜陋本質。」[34]

---

[33]　同上註，頁六七。
[34]　聯合報國際新聞中心譯，Ray S. Cline 著，<u>我所知道的蔣經國</u>，頁六八。

　　至於蔣經國仿採蘇聯監軍的三軍「政工制度」，不同於蔡斯、雷德福等美國典型軍官，單純以軍事統一指揮權觀點，認為他們的軍隊接受像中華民國三軍這樣的政治灌輸乃絕不可行。克萊恩反而能以歷史背景的脈絡與易地而處之客觀角度來看待與判斷：「基於中國長期內戰教訓，蔣經國與其父親希望他們軍隊能瞭解共產主義和自由社會間的政治衝突究竟是怎麼回事，以及如何分辨何者是正確的思想。所以，他們的作法是可以諒解的。根據我的觀察他們使用的方法，並不全然高壓，而是教育性的，而且非常有用。」[35]

　　克甚至切身實地走進國軍部隊去觀察政工對國軍士氣的影響，蔣也同樣以「開放、透明」的方式，讓克能親身接觸政工人員，自然地去除他們是秘密警察或思想箝制的恐怖形象。因此，蔣經國自樂於克萊恩相陪，一起下部隊、吃大鍋飯，使克萊恩看到他親民作風不只在酒宴冶遊之上，更愛與普通士兵打成一片，「蔣經國尤其重視部隊，感謝他們為國家的貢獻……他急於瞭解軍隊實際狀態，他仔細聽取屬下的報告，改善配合軍隊的需求。我相信他大大鼓舞了軍隊高昂的士氣，這正是一九五八年保衛金門成功原因之一。」[36]

　　此外，克萊恩也認同中美軍隊都有程度不同的政治教育，「美國軍中雖沒有政工人員，但同樣有新聞宣傳及心理戰或軍隊牧師工作，可見他們的政治教育和精神教育是另一種方式去做，與國軍政工人員協助部隊長處理士氣問題及盡力於文康及勞軍方面，事實上多與相同。」[37]顯然，通曉政治心理作戰的克萊恩能以同理心將政工視之乃思想教育國軍必須清楚為何而戰的必要宣導。

---

[35]　同上註，頁四四。
[36]　同上註。
[37]　蔣經國，「訪美觀感」，<u>蔣經國全集</u>，第四冊，頁五六九～五七〇。

　　就整體台灣社會利益輔助上，克萊恩也指出「對自由與民主社會有利的政治教育灌輸，確實協助提升全體國民的知識水準與社會團結。蔣經國對全民教育的關切，的確塑造了台灣的面貌，促進它的現代化，並在今天得到豐碩的收穫。」[38]而「劉自然事件」中，被懷疑遭利用動員反美的「中國青年反共救國團」，克萊恩則贊同蔣經國對青年「知識與政治傳統的投資」因為「中華民國與中共政權間的政治鬥爭及地緣戰略戰鬥可能會延續好多年，也許好幾代，而台灣要想成功，答案就在年輕人身上。」克萊恩也輕描淡寫「救國團」，基本上，該組織與童子軍類似，是讓青年男女能在合格訓練專家指導下登山、野營，增加他們的體能，協助他們享受對身心皆有利的體育與青年活動。「蔣經國發展對青年人這種開放又自由的政治教育，和美國一些組織完善的社區青年計畫並無二致。」[39]

　　對蔣經國的政治哲學及思想分析上，克萊恩進一步報告發現，蔣經國事實上是具「親美」傾向。固然，克萊恩承認蔣經國最初對美國人支持中華民國的誠意可能有所懷疑，「證之於晚近歷史，他的懷疑大有道理，我深信蔣經國基本個性的改變，應歸諸他愈來愈瞭解美國與中國文化之間不無共通處。」克深信蔣經國努力找尋雙方共同交集之點時，他也能保持尊嚴的「設法讓美國人知道中國人的脾氣，最後，我發現，蔣經國在情感上同樣深望美國人的友誼與合作，也盡量學習美國人的方式，我深信他成了美國與自由中國之間一道真正的橋樑。」[40]至於蔣經國政治中心、治國思想為何？

---

[38]　聯合報國際新聞中心譯，Ray S. Cline 著，<u>我所知道的蔣經國</u>，頁四六。
[39]　同上註。
[40]　同上註，頁五〇。

　　有完整史學素養的克萊恩有別於一般人貫以美式「資本主義」或「社會主義」衡量一個人民主政治傾向之兩分法標準，在蔣經國尚未完全嶄露頭角當時，就能最妥切地以「一位單純民粹主義者」（pure populist）形容蔣經國。[41]認為蔣經國最關心的就是服務自己的同胞，提高每個人的生活水準，培養廉潔自持的官員，並經由政府的協調與策劃，來照顧民眾個人的消費福利，建立一個自由、公平、安定、繁榮的社會。

　　在增進人民生活幸福的理想之下，蔣經國打算建立未來的一個中國模範社會是：「不僅不喪失固有中國維繫社會的家庭倫理價值和儒家紀律之下，還能注入充滿活力的美國式的自由市場經濟，以及政治制度上的司法正義與代議民主。」[42]這些行動使克萊恩深深瞭解一位具有現代思想，專注經濟而又「親美」的中國領袖，如何的希望把自己的根深植在中國文化的泥土上的同時，他也深信要想使中華民國現代化，必須引進並徹底瞭解某些美國觀念，蔣經國這種思想的高明處在於它融合了『家父長式威權』取向的儒家政治文化和比較自由與公平的美國代議制政府。[43]美國中蘇問題學者亞倫懷丁（Allen S.Whiting）在懷念追悼蔣經國一文【從烏拉山到臺北盆地】時也有同樣的分析附和，認為「蔣經國是一個非常實際的政治人物，他的基本信念是為民服務以及為人民追求幸福，他也佩服美國所扮演的世界角色及生活

---

[41] Ray S. Cline, "ROC National Building and the Legacy of Chiang Chin-kuo", The Role of the Republic of China in the International Community, p12.

[42] ibid. p.13.

[43] ibid.

水準，但並不是純由傑佛遜（Thomas Jefferson）式的民主精神為出發點。」[44]

　　另外，克萊恩能免於學者「犬儒」（cynical）之短，一併注意到威權體制下蔣經國與他所發掘官員的樸實、節儉、自律以及戮力從公的「正面」特質，而這種效率與廉能的特質往往是民主體制下政府所缺乏與更加懷念的，克萊恩將日後台灣的富裕、開放與創造性的作為及成就完全歸功於這一批由蔣經國「所拔擢、培養之無以數計、精明幹練的年輕人，這些奮發有為的人們，他們的見解，對國際事務的看法，都是那麼中肯、深刻和有主見，並使中華民國各方面有驚人的成就，這一事實顯示經國先生對中華民國巨大的貢獻。」[45]克萊恩務實以為接納「民主」價值固然優於「威權」，但這非意謂「民主」的實踐一定優於「威權」，蔣經國雖然心儀美國的一些政治結構，卻是百分之百的中國人。然而，這也可能是克萊恩最受公評之議，就是容忍台灣的威權，放棄了提早台灣民主化的最佳時機。在一九六〇年美國甘迺迪政府時代，國務院情報研究處（INR）主任希斯曼（Roger Hilsman），也是與克萊恩一直作組織政策競爭的對手，就以克萊恩對台灣或蔣經國的高度利益支持，認為是國家駐外人員因為過度融合當地文化、習慣而產生一種近乎盲目的認同及擁護，而以「在地化」（localities）症狀解釋，[46]國務院也好以同樣情況解釋同時期駐華大使莊萊德及萊特不能有效執行國務院政策。

---

[44]　Allen S. Whiting，「從烏拉山到臺北盆地」，蔣總統經國先生追思錄（台北：黎明，民國七十七年），頁四〇。

[45]　Ray S. Cline，「經國先生的遠見」，蔣總統經國先生追思錄，頁七一。

[46]　Roger Hilsman, The Politics of Policy Making in Defense and Foreign Affairs, p.212.

　　但客觀而言，戰後台灣迭經風雨板蕩，政治發展的歷程裏，威權與民主的衝突勢所難免，而民主在這樣的摩擦與衝突中，一路蹣跚走來時，克萊恩深切體諒蔣經國是承父之命，為培植日後接班大任，而不得已負責「既困難又不討好的國內治安工作，而這是他必須學習的經驗之一。」[47]，並以「生不逢時」諒解有許多代價與責任只得由蔣經國承擔。蔣經國也公開表達對從事情治工作並非心之所向，於個性亦不合，[48]實有不得已之苦衷。另外，雖然蔣經國一九五三年訪美受到「民主思想」的質疑，但中情局長杜勒斯卻更甚以往的重視與蔣經國發展密切關係，可見當時國際情勢衡量下，美國對蔣經國「反共」的需要更勝過對「民主」的急迫。從這裏我們可以看到一個能將理想與現實加以靈活結合的「務實主義」者；至於「在地化」的理論，我們何嘗不以這是克萊恩效法杜勒斯「世界公民」的寬闊、包容及「異國主義」（exoticism）對不同文化的尊重、欣賞角度來看待。

　　總之，蔣經國能在堅持本身信仰，「開誠布公、不卑不亢」與克萊恩「包容互諒、理性務實」下進行溝通互動，徹底擺脫先前美國官員一味高壓、教訓的作法，代以平等尊重態度，建立中美日後「互惠、互信」的軍事情報合作。當時美國政治人物中，克萊恩是絕無僅有能以最近距離，具備決定蔣經國「思想、形象」條件地位，解析這位在中、外都披著神秘面紗的權力人物；倘克萊恩心胸、固執一如蔡斯等輩，不能著眼台灣環境之歷史脈絡及從大處著眼的通權達變智慧，縱使當時世界環境氣候一切有利，恐中美也難有更進一步拉緊雙方關係，創造一系列反共的軍事合作計畫。當然克萊恩除了從反共政治角

---

[47]　聯合報國際新聞中心譯，Ray S. Cline 著，<u>我所知道的蔣經國</u>，頁九、二一。
[48]　參考本章，註 10。

度推崇蔣經國的理念，克萊恩還是秉持其一貫獨立、客觀原則，剖析蔣經國的「總體政治思想」，讓美方能真正客觀地認識蔣經國，克萊恩不但搬開中美合作互信上的障礙，也贏得蔣經國與其父親的信任及友誼。

第二節　克萊恩在台啼聲初試

　　克萊恩在一九五八年上任中情局台北站長後，到六〇年代來臨前，短短不到三年時間，協同台灣政府程度不等的參與了印尼行動、第二次台海危機、西藏抗暴及與蔣經國協調西南滇緬游擊隊的撤遷回台工作。台北在克、蔣合作下，幾乎是無役不與，台灣成了亞洲反共代理戰爭中之前進基地。

　　在台灣安全方面，一九五八年之金門危機中，克萊恩以親臨現場之第一手情報，反對美國決策核心放棄金馬外島，他建議美國提供台灣先進武器，尤其是當時世界最高科技的響尾蛇飛彈，大幅提升國府空軍戰力，從此掌握台海制空權，將金馬外島納入實質保衛能力範圍，結束了一九四九年以來不斷的台海「外島」危機戰事，提供台灣經濟在六〇年代開始起飛的安定基礎。

　　軍事外，代表美政府與蔣經國協調將輾轉泰緬寮金三角之國府西南孤軍撤遷來台的「雷國計畫」，展現了克萊恩折衝協調的外交能耐，不但解決了台北自五三年以來與艾森豪政府的「爭執」，也預防國府免於日後「掩護毒品」的國際惡名。

　　此一階段，為融入杜勒斯兄弟所編織的全球秘密反共網路下，克萊恩之對台戰略實驗是塑造台灣成為一支快速反應部隊，隨時打擊共黨在亞洲的武力滲透與擴張。針對此一台灣戰略角色設計定位，根據

當時負責籌組國軍特戰部隊的孔令晟將軍接受筆者訪問時表示：克萊恩的秘密作戰方向與蔣介石當時所決定之「七分敵後抗暴，三分臺海正面」以特種作戰部隊進行地下軍事行動之基本大戰略方針，完全是不謀而同：「一九五八年，我自美受訓回國，擔任國防部作戰室陸戰隊次長，負責特種作戰業務，同時，蔣公成立『武漢小組』要我們研究失去大陸的原因與反攻大陸的初步構想，透過武漢小組，大家耳熟能詳的『七分軍事，三分政治』化作實際行動之『七分敵後抗暴，三分臺海正面』的基本大戰略方針，但這種以特種部隊進行獨立作戰的構想，卻與美國傳統戰術以特戰部隊支援正規作戰概念完全背道而馳，美國軍事顧問團自然反對我們的特戰訓練、組成，但我們仍然繼續進行，原因美國其他單位像太平洋總部和 CIA 在幕後仍然支持我們。」[49]

　　克萊恩也就與孔將軍所謂「實際真正特戰部隊負責人－蔣經國」的合作下，先將此一戰略計畫運用於境外秘密作戰，到了一九六一年克萊恩又根據這一敵後特種作戰之基本構想，說服甘迺迪成立中美聯合「偵察突擊小組」，為反攻大陸行動揭開序幕。

　　就在甫上任，蔣不暇暖之際，克萊恩展開平生第一項秘密軍事行動參與，推翻印尼總統蘇卡諾（Sukarno）親共政權。

---

[49] 孔令晟將軍於二〇〇六年三月二十五日於台北縣永和宅中，接受筆者之訪談紀錄。孔令晟將軍一九五八年負責籌劃特種作戰部隊；一九六〇年與蔣經國視察滇緬孤軍，並目睹國雷計畫執行；一九六二年銜蔣故總統命進行陸戰隊「精兵實戰化」，準備反攻大陸；一九六七年奉命率陸戰隊第一師揮兵越戰。就歷史角色扮演言，孔將軍似乎是克萊恩與蔣經國各項行動計畫下的重要執行人。

一、印尼行動

　　杜勒斯國務卿根據骨牌理論，是決不能讓「東南亞的底部」—印尼，落入共產陣營。因此，早在一九五三年美國家安全會議就制定了 NSC 171/1 文件要求「與其他友好國家，採取適當行動，永久避免共產黨對印尼的控制。」[50]一九五四年四月，蘇卡諾與緬甸的宇努和印度的尼赫魯及中共周恩來召開萬隆（Bandung）會議，採取所謂不結盟國家的「中立」立場，不異是對杜勒斯努力奔走，即將在九月於馬尼拉成立的「東南亞公約組織」的集體安全制度澆上冷水，而被杜斥之「中立主義不過是通向共產主義道路上的一個階段。」。[51]為壓制印尼共產黨做大，美國中情局當時手段上尚偏於暗中扶植國內反對勢力，在一九五五年印尼選舉，中情局秘密提供了一百萬美元予中間偏右之馬斯友米（Masjumi）黨。[52]但隨著共產黨的一連串全國及地方上選舉勝利，蘇卡諾討好、邀請共黨人士進入政府之舉動，更加深美國認定蘇卡諾親共左傾的立場。一九五六年，蘇卡諾果不其然訪問了蘇聯、中共，大肆向東歐國家採購武器，並在國內沒收荷蘭及美國僑民私人企業，進行國有化的動作，終於讓美國無法繼續容忍蘇卡諾。一九五七年十一月，中情局引用 NSC/5412 命令，決定對蘇卡諾採取直接顛覆的推翻行動，計畫裏，就算推翻蘇卡諾行動失敗，也可望鼓動

---

[50]　Dale Scott, "The U.S.and the Overthrow of Sukarno", <u>Pacific Affairs</u>,（Summer 1985）, pp.143~144.

[51]　Thomas G. Paterson 著，李慶餘譯，<u>美國外交政策</u>，下冊，（北京：中國社會科學院，一九九三年版），頁六八九～六九○。

[52]　Joseph B. Smith, <u>Portrait of a Cold Warrior</u>(New York: G.P. Putman's Sons,1976), pp.210~211。

石油豐富的蘇門答臘（Sumatra）分裂獨立於印尼外，以保護美、荷人民在印尼的財產。[53]

　　一九五八年初，印尼蘇門答臘及東部蘇拉威西（Sulawesi）爆發反蘇卡諾總統叛變，印尼革命政府於一九五八年二月也在蘇門答臘的巴東（Badang）正式成立。印尼叛亂活動開始後，CIA 立即積極籌備支援叛軍，地緣上，當時 CIA 任務分配上：是以距印尼叛亂地區最接近的新加坡工作站運作此一秘密顛覆任務，菲律賓則提供訓練基地，美國空軍遠自沖繩運補武器、彈藥，海軍也出動潛艇在蘇門答臘掩護叛軍登陸，CIA 所秘密訓練兵員數額高達四萬二千人。[54]陣仗之大，兵員介入規模，克萊恩說「是五○年代裏，中情局內狂熱份子所罕見發動之秘密戰爭。」[55]

　　但是印尼內戰使得新加坡充斥著 CIA 所召募的傭兵、軍火商及各國間諜，儼如一冒險家樂園，讓 CIA 支持印尼叛軍的計畫成為公開的秘密，實在有違秘密行動原則；此外，新加坡站最大不利之處是缺乏空中運輸工具的支援、調度能力，這使美國國家安全會議立刻考慮台北站支援插手的可能，首先，台北站擁有一支龐大的 CAT 航空艦隊，這批由 CIA 所有，卻在中華民國登記營業的航空公司，早執行過韓戰及滇緬游擊戰的人員、武器運補任務，一九五四年奠邊府也見到 CAT 空投補給被圍困法軍並且繼續為美軍負擔越戰秘密運輸工作。克萊恩上任之際亦驚訝「台北是一個大站，我繼承了一支由各式飛機與船舶

[53]　David Wise & Thomas Ross, The Invisible Government（N.Y.: Random House, 1965）, p139.

[54]　David Isenberg , " The Pitfalls of U.S. Covert Operations", Cato Policy Analysis, No. 118, April 7, 1989, p.8.

[55]　Ray S. Cline, Secrets, Spies…, pp.181~182.

所組成的龐大艦隊，專供秘密地下行動使用。結果維護管理這群機隊成了我任內最繁重的任務之一。」，駐地台北的 CAT 也因擴大任務需要，先後成立美國航空公司（Air America）及亞洲航空公司（Air Asia），竟成為「美國在遠東最大的航空維修保養場，替 CIA 賺了不少錢，再轉供秘密任務之用。」[56]

除了空中武力有利條件外，考量「可信否認」的原則，中華民國政府的強烈反共意識，更令美國政府感到信任依賴，可免於直接曝露與事；且國府軍事情報人員愛國、專業態度，也實非向錢看齊的傭兵可比。因此，綜合政治立場、人力素質及地緣考量，台灣實在是美國CIA 在亞洲從事反共代理戰爭最理想的戰略伙伴及前進基地。

一九五八年三月十四日，杜勒斯國務卿在出席東南亞公約組織理事會議後，特地訪問台北且聲明「制止共黨在東南亞地區顛覆，除東南亞公約組織外，實需要高度的警覺與戒備，中華民國是自由世界協同防禦共產勢力擴張，最主要甚至不可缺少的分子」，在與蔣故總統談及印尼革命軍行動時，蔣故總統表示如果蘇卡諾敉平反共叛軍，蘇將有意把印尼帶進共產陣營。蔣故總統甚至公開表示「印尼之中立不過投機取巧，將來必為共產黨所顛覆和瓦解。」[57]，蔣、杜一拍即合下，克萊恩和蔣經國隨即擬出一項以台北 CAT 及復興航空公司運輸空投武器、補給予印尼叛軍，作為提供印尼叛軍戰術性空中支援的計畫。當時參與其中任務之衣復恩將軍在他「一段鮮為人知的印尼革命故事」撰述中，敘及：「約在一九五八年，我奉國家安全會議副秘書

---

[56] Ray S.Cline, Secrets, Spies,…, p.178.

[57] 瞿紹華編，中華民國史事紀要，中華民國四十七年四至六月份（台北：國史館，民國八十年），頁六四六～六四七。

長的蔣經國先生之命，秘密協助我國情報單位，支援此項工作。委請
復興航空公司出面購買 B-26 與 C-54 機各一架用以支援西里伯斯島
（現稱蘇拉威西）革命軍，他們在菲律賓最南端的一個小島上，闢有
機場可供飛機起降。」[58]

　　除了運補任務外，克萊恩也張羅取得美國空軍十五架 B-26 轟炸
機，在徹底清除去所有能代表航空器身份的標誌後，由台灣與美國軍
事情報人員駕駛轟炸並重創印尼政府軍，但也濫炸了不少平民設施如
超級市場、教堂及民船造成大量的平民傷亡。[59]雖然印尼政府未幾就
發現台灣或美國 CIA 人員的干預印尼內戰，卻一直苦於無法「人、物
俱獲」，台、美、印尼淪於自說自話。四月三十日，艾森豪公開聲明：
「美國政府政策就是中立及採取適當的舉止，決不在與美國毫不相干
的這次事件中，有任何選邊的動作。」有關台、美籍人員介入戰爭指
控，艾森豪以「可理解的是：在任何的軍事叛亂中，總有一些因它應
運而生的『淘金戰士』（soldiers of fortune）。」[60]敷衍帶過。五月九
日國務院再度重申：「有關印尼指控美國支援武器予印尼叛軍。我們
已一再表明美國政府立場是完全中立，美國無意也絕不會推翻任何一
個既定的政府。」[61]五月十日，印尼政府指控台灣以飛機及其他軍事
裝備如武器、彈藥供給蘇門答臘叛軍，至少有三架舊式美國 B-25 轟
炸機及兩架戰鬥機，已自中華民國抵達西里伯斯。[62]

---

[58]　衣復恩，<u>我的回憶</u>，頁三二五。

[59]　William Blum, <u>Killing Hope：US Military and CIA Interventions Since World War II</u>（Monroe, Maine：Common Courage Press, 1990），pp.102-103.

[60]　Wise and Ross , <u>The Invisible Government</u>, p.137.

[61]　<u>New York Times</u>, 9 May 1958, p.3.

[62]　瞿紹華編，<u>中華民國史事紀要</u>，中華民國四十七年四至六月份，頁三六六。

　　五月十八日，發生了影響整個印尼行動失敗的關鍵：一位 CAT 的美籍飛行員波普（Allen L. Pope）駕駛 B-26 轟炸任務返航時，遭擊落被俘。波普被俘時竟被搜出足資證明他是國府 CAT 飛行員的身份文件，顯然波普沒有按照飛行前必須「淨身」（sanitize）的規定，希望攜帶這些文件於被補時，免於遭印尼政府以「滔金戰士」傭兵之名處決，在二十七日的的記者會上，所陳列的各項證明波普具 CIA 身份的證據裏，波普供訴：支援印尼革命軍的行動是由美國 CIA 主導，總共有為數三、四百名的美國、菲律賓和中華民國人士參與行動。整個行動隨著波普的曝光現身，犯了秘密行動最重要的「可信否任」的原則，被戳穿自打嘴巴的艾森豪，懊惱再也無法掩飾之餘，華府方面考量叛軍勝算不大，政策丕變，旋即拋棄叛軍。六月，蘇卡諾政府軍就全面有效壓制叛軍，美國轉為以強化印尼軍隊做為反共屏障，也趕快送了一批食米給印尼，還解除對蘇卡諾政權小型武器、飛機零件的禁運，企圖「攏絡」雅加達當局或許還可以挽回蘇卡諾。[63]

　　對首度任務的鎩羽，尤其是台灣 CAT 之波普未能淨身，導致整起行動曝光，克萊恩自難辭其咎，難掩失望與怨憤。整個行動負責人就是克萊恩所暗示之「秘密作業的狂熱份子」－中情局秘密行動計畫署的副局長（DDP）威斯納（Frank Wisner）卻為此負責而調職轉任倫敦工作站長。整個任務中，克萊恩雖然自認是「間接支援」，實際是擔任相當吃重的角色，負責空中武力部分的克萊恩，顯然希望複製一九五四年中情局在瓜地馬拉政變的成功經驗－克在「瓜」案研究中之類比分析：古茲曼也是左傾，向捷克購買武器，國內進行沒收美僑所

63　William Blum, <u>Killing Hope: US Military and CIA Interventions Since World War II</u>, p.103.

有的美國水果公司（American Fruit Company），引發革命政府成立，中情局與鄰國尼加拉瓜進行合作，而最大成功關鍵就在所召募之『淘金戰士』所駕駛三架 P-47 戰機支援叛軍，成功推翻古茲曼。但這項使 CIA 日後自豪的「空中武力效果」，沒有如期發生在印尼事變裏，克萊恩認為「B-26 轟炸任務太早結束，不夠打擊動搖政府軍士氣是導致印尼任務失敗主因」[64]，克萊恩只能感慨美國政府進行秘密軍事行動，一旦「人贓俱獲」，往往只有在全盤拋棄或化暗為明的干預之中選擇，因為沒人敢冒國內政治風險，繼續堅持，這也是民主國家生態下從事間諜事業的無奈；拋棄叛軍的動作，不但對為美國賣命的反共軍不厚道，最後討好蘇卡諾的一百八十度政策轉向，反而「鞏固了蘇卡諾政權，加深蘇卡諾對美國的仇恨」，是為德不卒，得不償失。但根據衣將軍參與為期兩個月的秘密任務之說法，卻較傾向證明 William Blum 所謂「濫炸」事實：「我們的 B-26 機服行了幾次轟炸任務，可是對敵情（印尼政府軍）了解不深，或者可以說是無法掌握，因此戰果自然不會太理想。待 C-54 所攜來的炸彈用罄；再飛無益，飛機只好返航。」[65]

　　初來乍到，倉促上陣，執行平生第一次秘密軍事工作的克萊恩，在波普的失誤及空中調度的生嫩，雖然「全身而退」，卻馬上認識到理論分析與實際操作的差距，企圖心與適應力具備的克萊恩很快地在接下考驗中，站穩了腳步。

---

[64]　Ray S.Cline, <u>Secrets, Spies…</u>, p.182.
[65]　衣復恩，<u>我的回憶</u>，頁三二六。

二、第二次台海危機

　　一九五八年，五月，推翻蘇卡諾政權地下工作失敗結束後；同時接踵而來的中共大躍進運動及八月份的台海危機－八二三炮戰，才是克萊恩可否勝任站長乙職能力與信心的真正考驗。相較於克萊恩在推翻印尼蘇卡諾行動中扮演「間接支援」角色，金門八二三炮戰克萊恩則是親臨火線，獨挑大樑，擔綱杜勒斯兄弟每天戰事情報的供給人；自「紙上談兵」轉型到必須「運籌帷幄，決勝千里」的情報站長，克萊恩自喻金門炮戰是他「最好的在職訓練」；並視為個人就任台北情報站長後，真正之第一個工作考驗。[66]

　　一九五七年，赫魯雪夫的美蘇「和平共存」外交及十月第一顆人造衛星「史潑尼克」射入地球軌道，讓毛澤東大受刺激，決採取激進舉動，叫美蘇不得忽視其存在地位。在十一月七日前往莫斯科慶祝蘇聯革命四十週年，面對八十一國共產黨會議所發表「莫斯科宣言」上，毛澤東大放厥詞「十五年之內，鋼鐵生產，我們要超越英國。」「冷戰政策也好，杜勒斯的戰爭邊緣政策也好，我都雙手贊成國際上搞得緊張點，內部才會奮發團結。」這篇狂妄自大的演講使赫十分震駭，認為毛澤東對資本主義沒有概念，才會坐井觀天說出「十五年超越英國」的狂言，而在核子時代，毛表態支持戰爭邊緣政策更是愚蠢至極。[67]可見那時毛的心田早已撥下了大躍進的種子，有擺脫蘇聯，自

---

[66] 聯合報國際新聞中心譯，Ray S. Cline 著，我所知道的蔣經國，頁八六。

[67] Nikita Khrushchev, Khrushchev Remembers（Boston: Little ,Brown, 1990），pp.470~473.赫魯雪夫對毛澤東反對「和平共存」，視美國為「紙老虎」，尤其是毛澤東對現代「核子戰爭」之無知到當面向赫魯雪夫建議：「蘇聯最重要的工作就是挑起美國使用原子彈。」感到驚訝、困惑。在赫魯雪夫五八年及五九年最後一次訪問中國的會談中，兩人有激烈的爭辯，赫魯雪夫認定毛澤東企圖就是要爭取共產世界的領導權，取代蘇聯作老大哥。

立之志。[68]

　　一九五八年五月印尼事件結束同時，毛澤東在中共第八大二次會議，正式提出大躍進運動，這引起克萊恩極大注意，自一九五六年克萊恩力主中情局公開揭露赫魯雪夫在蘇聯共產黨第二十屆全國代表大會上，嚴詞批判史達林錯誤罪行的秘密演說，並經由紐約時報全文公諸於世，不但加速刺激共產國際成員不具同質性發酵，直接導致匈牙利反抗事件；對中、蘇分裂的檯面化也產生微妙效應。就日後公佈的資料中，中蘇裂隙確源於蘇共二十屆赫魯雪夫那篇徹底否定史達林的秘密報告，毛澤東不能同意赫魯雪夫的論點，堅持應對史達林「三七開」，因為把史達林說得一無是處，無異凸顯共產世界自我否定的矛盾。如今克萊恩親臨台灣，主掌大陸情勢觀測，克研判中國大躍進運動不過是中蘇分裂延伸下的病理現象，毛澤東統治下之中國是比蘇聯更偏激與極端之共產政權，在這個毛澤東個人政治實驗場裏的「史波尼克」，其目的是：「毛澤東希望激發大陸勞動者士氣，建立比蘇聯更純粹的一套馬列主義，毛澤東對蘇聯的修正主義極為輕蔑，並稱蘇聯過於重視工作的物質回饋與報酬，未能堅持純馬克思主義的作法—即每個人得其所需，也能無私為全體利益奉獻最大力量。因此，毛澤東藉大躍進，解體中國文化以家族為主體的社會結構，推動『人民公社』集體農作、進食，共享公用設施，另外用鄉村毫無技術的勞力

68　毛澤東在一九四九年六月三十日之《論人民民主專政》中大呼「中國不是倒向帝國主義就是社會主義，騎牆是不行的，沒有第三條路可走。」，大朝蘇聯一面倒。但在雙方狀似親密之時，分裂種子也在萌芽。依近日俄羅斯國家檔案解密資料有關中共出兵韓戰過程真相，發現毛澤東竟是被史達林以「洗刷是狄托第二」的恐嚇下出兵（見第二章註75），可見韓戰時，中蘇怨隙已生。毛之第三條路，直到一九五四年，總算在萬隆會議之第三世界之「不結盟」運動中找到。

資源，進行『土法煉鋼』，十五年超越英國鋼產，把大陸建設成又新又先進的共產社會，超過蘇聯，使中國成為共產世界的領導者。」[69]，毛澤東狂言「即使中國爆發核子大戰，中國只要存活一半或三分之一人口，不過幾個五年計畫就可重新站起來，相較資本主義的全面毀滅，核子大戰不是壞事。」[70]，由毛的這些發言中，克萊恩更確定中共非一般人謂蘇聯附庸，已經有搞獨立霸權的野心。

因此，當赫魯雪夫同美國和西方大搞和平共存，毛澤東是深痛惡絕，這股憤懣，毛反應在當年七月三十一日赫魯雪夫秘密到北京訪問時，毛澤東選擇在游泳池接見這位共產世界的老大哥，刻意對赫魯雪夫表示輕蔑與羞辱。赫魯雪夫更加氣憤與不解的是，在會中，毛澤東對他一再懇求的軍事同盟，計畫在中國建立蘇聯潛艇基地，竟斷然拒絕。[71]赫魯雪夫的造訪北京，只能更堅定毛澤東要在台海大打一仗的決心，以顯示在蘇聯與美國逐行緩和時，中共的獨立性及決不同帝國主義妥協的決心。志得意滿的毛澤東在大躍進全國一片大好的浮誇之下，於赫酋離京不及一個月後，再度發動第二次台海危機。

由於一九五四年【中美共同防禦條約】的主文僅以台、澎為直接防衛範圍，導致金、馬外島保衛問題成為「模糊」狀態，這頗似艾契遜於韓戰前夕發表「台灣、南韓不在美國防禦範圍內」的翻版，不斷引誘共產侵略。八月二十三日，中共在兩小時內朝金門濫射五萬發炮彈，八月二十五日的白宮會議上，艾森豪竟抱怨蔣介石在金門島上部署十萬兵員才是台海危機的導火線，並提示在一九五五年一月，美國

---

[69]　聯合報國際新聞中心譯，Ray S. Cline 著，<u>我所知道的蔣經國</u>，頁七六、七九。

[70]　Allen S. Whiting, "Reflections on Misunderstanding China", <u>The Sigur Center Asia Paper</u>, March 5, 2001, p.10. see website at http://www.gwu.edu/AsiaPapers

[71]　Nikita Khrushchev, <u>Khrushchev Remembers</u>, pp.467-468, 472~473。

雖以「福爾摩莎決議案」（Formosa Resolution）中立下「相關陣地防禦」文字，保衛了金、馬，但僅限於對台灣的保衛有所必要，現行狀況，艾森豪認為金馬對台灣安全保障沒什麼重要；國務卿杜勒斯則主張外島的淪落，對國府士氣將有災難性的後果；代表軍方之參謀聯席會議則認為保衛外島非得動用核子武器，更令艾森豪感到同頭痛。[72]炮戰六天後的八月二十九日會議上，艾森豪對蔣介石欲引美國下水相當不悅（annoyed）；雖然同意美艦護航國府補給艦艇至金馬離島三海浬，然仍嚴拒蔣介石一再要求美國能公開發表對外島的防衛承諾及協同國府對大陸本土進行報復性攻擊。[73]

　　因此，當五八年危機的爆發，美國政府初期的「外島」政策，仍處爭議狀態下，身臨第一現場，也是杜勒斯兄弟倚重親信的克萊恩所提供的情勢報告，對金、馬取捨的攤牌，將有舉足輕重的影響，克萊恩對此談到：「金門危機爆發後，我的處境有些困窘，我在這方面的鑽研只有半年，卻必須面對每天從華府及中央情報局發來的電函，中情局長艾倫杜勒斯要求我對金門守不守得住的問題，提出個人評估。在一份他私下的個人信息中，杜勒斯把我看成是『他在台北的自己人』，要求我提供每日情勢報告，用作呈報杜勒斯國務卿決策之用。」[74]

---

[72]　Drafted by Parsons, "Memorandum of Meeting: Summary of Meeting at White House on Taiwan Straits Situation", Washington, August 25,1958, FRUS, 1958~1960, Vol. XIX, China, （Washington：US Government Printing Office,1978）, p.73.

[73]　E.Drumright, "Telegram from the Embassy in the ROC to the Department of State", Washington, August 27,1958, ibid., pp.83-86. & Drafted by Parsons, "Memorandum of Meeting: Summary of Meeting at White House on Taiwan Straits Situation", Washington, August 29, 1958, ibid.,pp.96~102.

[74]　Ray S.Cline, Secrets, Spies…p.175.

　　對華府每日殷切期待的情報資訊，克萊恩原先理想地希望中情局台北站與美大使館及其他美軍駐台軍事單位，藉由聯席合議，消息交換方式取得情報共識，結果發現是完全不得要領，乃轉而向蔣經國合作及請益，克萊恩在蔣經國協助下，逐漸掌握台海戰況：「我必須承認蔣經國的態度對我影響極大，他認為金門不只對中華民國十分重要，對美國戰略也有利。我陪伴蔣經國環繞台灣全島巡視時，花了許多時間到台灣各重要軍事基地，觀看中華民國國軍軍事演習，對國軍的高昂士氣留下深刻印象；蔣介石及蔣經國在軍中推動心理建設，並建立政戰系統，成功地使軍隊改頭換面，但這種轉變外界知道的不多。」[75]

　　在呈送華府的報告中，克萊恩接受蔣經國的觀點：「必須全力阻止共黨在東亞侵略繼續得逞，支持一個自由中國社會對抗共黨獨裁的政策具有正面意義，如果中蘇集團再一次勝利，對世界的衝擊必會嚴重損害美國的戰略利益。」。最後的結論，克萊恩認定「中華民國鬥志高昂，金門的國軍雖具戰力，惟勝負終將取決於雙方軍事科技之優劣。」[76]

　　金門炮戰期間，克萊恩也見識到蔣經國不斷親冒矢石，奔赴前線鼓舞官兵士氣，所展現勇氣與意志。蔣在金門炮擊最激烈的時候，在一次視察中，還特別帶回來一片在第一天砲戰所發射還劃傷國防部長俞大維的穿甲炮彈片，送給克萊恩留念。[77]

---

[75]　聯合報國際新聞中心譯，Ray S. Cline 著，<u>我所知道的蔣經國</u>，頁八八。
[76]　同上註，頁九一。
[77]　Ray S. Cline, <u>Secrets, Spies…</u>, p.175.

九月四日，杜勒斯國務卿與艾森豪總統在羅德島新港（Newport）終於拍板定案聲明美國政府將協防保衛金、馬。九月十九日，赫魯雪夫宣稱：倘美國以原子彈攻擊中共，蘇聯將以同樣手段報復。雖然，蔣經國或一般美國人仍然相信中蘇分裂乃一欺騙世人之假象詭計，克萊恩自始一個簡單、清晰的處理「外島危機」觀念假設是：克萊恩不只將金馬危機看待是艾森豪政府對國府盟邦承諾的考驗，也同樣視同蘇聯能否對中共同盟義務貫徹的試煉，斷定美國不放手台灣外島，有加速刺激中蘇分裂效用，因為赫魯雪夫不會為了毛澤東攫取台灣，而與美國核子相向；克萊恩判斷一個謹慎理性的赫魯雪夫終究會受不了毛澤東的好戰冒進。[78]

美國情報單位分析評估只要衝突限制於台灣海峽，蘇聯就不會介入；而且也毫無跡象顯示蘇聯有任何備戰準備。[79]顯然赫魯雪夫僅係口惠而實不至。事後證明毛澤東是在完全沒有知會赫魯雪夫的情形下對台灣發動戰爭，引起有軍事同盟身份的赫魯雪夫大為不悅，認為毛壞了誠信，為預防萬一，一九六〇年，赫魯雪夫決定停止轉移更高軍事科技如核子、飛彈的技術與中共。[80]

在採納克萊恩「科技優劣決定勝負」的情報基礎上，美國首先需克服的金馬偏遠的補給困難，第一項重要決定是從地中海運來海軍擁有的浮動船塢，本質上雖與戰鬥無關，卻能使國軍補給艇在美國較安

---

[78] 聯合報國際新聞中心譯，Ray S. Cline 著，<u>我所知道的蔣經國</u>，頁九十～九一。

[79] "Special Natiional Intelligence: Probable Chinese Communist and Soviet Intention in the Taiwan Straits Area", Washington, September 16, 1958, FRUS, 1958~1960, Vol. XIX, <u>China</u> ,p.205.

[80] Allen S. Whiting, "Reflections on Misunderstanding China", <u>The Sigur Center Asia paper</u>, 15 March , 2001, p.5.

全的條件下，從美國軍艦內部駛出進行運補作業，維持金門的持續生存。賴名湯將軍也回憶道「我們的海軍陸戰隊，動用大批的 LVT 登陸艇，由敵人大砲射程所不及的外海，從大型運輸船上裝載補給品，衝過敵人封鎖線，卸下金門海灘，維持金門的運補。」[81]在美軍浮動船塢的提供下，美國參謀聯席會議報告，到九月底，對金門國軍補給支援已沒有問題。[82]第二項裝備是口徑八吋的榴彈砲以確保中共炮火不致壓倒國軍反擊，對雙方武力均衡產生影響。但金門保衛戰的真正關鍵是美國空軍提供的響尾蛇空對空飛彈，早在八月四日新任的美台協防司令部（US Taiwan Defense Command）史慕特中將（V.Adm. Ronald Smoot）報告中，蔣介石即極力要求美國急速撥援這批飛彈及 F-86 和 F-100 的戰機。[83]對這種當時最高科技研發，尚未公開的制空飛彈，克萊恩敘述到「在金門保衛戰中，前五枚用於實戰發射的響尾蛇飛彈，幾乎就結束了金門炮戰的空戰部分。」[84]；空中優勢的掌握，全面嚇阻中共海陸軍的渡海作戰，賴名湯將軍證實道「中共未採取進一步登陸作戰與其空軍遭到慘敗是一項極為重要因素。」[85]克萊恩指出「除八吋炮、浮動船塢。但美國空軍提供響尾蛇飛彈給中華民國空軍是扭

---

[81]　賴啟，<u>賴名湯先生訪問錄</u>，上冊，（台北：國史館，民國八十三年），頁一九六。

[82]　Ronald N. Smoot, " Telegram from the Commander, US Taiwan Deffense Command (Smoot) to the Commander in Chief (Felt) ", Taipei, September 20,1958, ibid., pp.240-241.

[83]　Walter Robertson, "Memorandum from the Assistant Secretary of State for Far Eastern Affairs (Robertson) to Secretary of State Dulles", Washington, August 8,1958,ibid.,p.45.

[84]　聯合報國際新聞中心譯，Ray S. Cline 著，<u>我所知道的蔣經國</u>，頁九一～九三。

[85]　賴啟，<u>賴名湯先生訪問錄</u>，上冊，頁一九六。

轉金門之役的決定因素。我相信美國當局是採納了許多人的意見，其中包括我的在內，才作成上述決定。」[86]

一九五八年的台海危機對克萊恩有著多重意義與影響，它不只建立了克萊恩個人未來工作上的自信；戰爭中，台灣軍民的反共意志也贏得克萊恩的尊敬，更證實蔣經國政治心理建設下國軍士氣的高昂；另外，大躍進運動讓克萊恩清楚看到兩岸政治、社會、經濟發展高下立判的差異，建立中共是更激進獨裁的共產政權形象。而認識中國問題的最寶貴學習則來自蔣經國，蔣之思想經驗立下日後他對兩岸事務觀察與分析的基本信念：「我從蔣經國處學到一獨特分析中國事務問題方法，專家懂得欣賞的也不多。因此我對美國政府所提出報告成了美國當時分析中國事務的主要參考，使美國情報單位內的專家至少比學術圈與政界更明瞭毛澤東那套制度的缺失。」[87]

自一九五八年台海危機之後，克萊恩某種程度也直接結束了自四九年來，美台「金馬離島」爭議困擾。由於身為美國在台情報管道的第一線人物，反對美國放棄金、馬外島，引入美國「科技性」武器，尤其是響尾蛇飛彈改變台海軍勢，使國府空軍從此掌握台海制空權，將金、馬實質性地納入防禦範圍，台海從此不見中共大規模侵犯舉動，大幅降低華府放棄外島聲勢。[88]金、馬「外島」的前置存留，台

---

[86] 同註84。

[87] 聯合報國際新聞中心譯，Ray S. Cline 著，<u>我所知道的蔣經國</u>，頁八二～八三。

[88] Drafted by Lutkins, "Memorandum of Conversation", Washington, March 19, 1959, FRUS, 1958~1960, Vol. XIX, <u>China</u> ,p.551. & D. Porter, "Memorandum of Substance of Discussions at a Department of State-Joint Chiefs of Staff Meeting", Washington, May 1, 1959, ibid., p.561.儘管杜勒斯在「新港宣言」承諾保全金、馬，但仍致力要求蔣介石進行金馬非軍事化的行動，在十月二十一～三日的台北訪問時間，促請蔣介石保證放棄武力返回大陸、停止特種部隊突襲、不

海形同護城河，保障台灣、金、馬數十年之安全，提供台灣在六○年代轉型，經濟起飛的安定基礎，而金、馬這兩塊具重要象徵性的反攻跳板，也使得兩蔣在六○年代念茲在茲的「光復大陸」使命一直保有其可行性。

三、西藏抗暴

　　一九五一年五月二十三日，北京政權與西藏精神領袖達賴簽訂「關於和平解放西藏辦法的協議」，作了三項保證後，進入西藏：（一）保障達賴喇嘛的固有地位及職權（二）尊重西藏的宗教信仰和風俗習慣（三）由中央人民政府統一處理西藏地區的一切涉外事宜。入藏初期，中共對藏採行拉攏班禪，孤立達賴，分而治之政策；同年十月，中共以其第十八軍為主力進駐拉薩，逐步全面控制西藏，達賴事實已成為中共制藏的傀儡。一九五六年四月，由達賴掛名但中共掌握之「西藏自治區籌備委員會」通過施行集體農場並大行征收土地及喇嘛寺廟，終於引發康巴族抗暴運動。

　　一九五九年三月中共『西藏軍區司令部』，藉觀賞舞蹈名義，邀請達賴參加，意圖劫持達賴喇嘛，西藏人民聞訊，湧入拉薩，群集達賴居處諾布林卡宮，以保護他們的精神領袖。十七日，中共炮轟宮外藏民，達賴喇嘛決定出亡，當晚，達賴易容率領僧侶、信眾逃離拉薩，進入山區，輾轉逃到印度，西藏抗暴運動也從此傳遍世界。[89]

使用外島進襲大陸及降低金門武裝兵員。十一月十七日的一份備忘錄中，美國提出以坦克及大砲換取金門撤兵一萬五千人，但半年後，金門竟只撤了二千兵員。

[89] 洪喜美編，<u>中華民國史事紀要</u>，中華民國四十八年一至六月份，頁四一三～四一四。

　　一九五九年三月西藏大規模的抗暴運動爆發後，按慣例，美國國務院一如往常以「此地無銀三百兩」式聲明：「美國未考慮將美國武器輸送給西藏反共游擊隊，也未考慮准許中華民國將美國所供應武器轉交那些反共部隊；將武器運送給西藏反共部隊，空運是惟一可行之途徑，但美國政府未加考慮即予拒絕；美國承認印度在此一地區的特殊利益，從未視西藏為一獨立之國家。」[90]但根據美國國務院官方資料顯示：當一九五九年三月拉薩發生暴亂時，CIA 杜勒斯局長在國家安全會議上，第一時間就向艾森豪總統報告：「西藏領袖達賴喇嘛正逃離西藏，」且樂觀自信表示：「達賴將可以安全逃離西藏；且中共即將面臨西藏人民群起反抗的游擊作戰。」四月底，「逢共必反」的杜勒斯局長所期待藏人風起雲湧之反抗，旋即被中共解放軍的優勢兵力鎮壓。四月三十日，杜在會議上向艾森豪解釋此失敗乃西藏反抗軍戰術上，不該集中兵力和共軍正面遭遇，應該分散採取小組隊型（Band）的游擊戰爭才宜。敗退的西藏抗暴軍現轉向美國乞援，希望美向印度交涉，讓反抗軍得轉進其領土休養生息。杜勒斯會上提出希望CIA 介入西藏秘密戰爭，協助這批抗暴戰士，艾森豪也同意批准。[91]

　　但依據美國「新聞週刊」（Newsweek）報告，CIA 早自一九五六年西藏反抗伊始，就與一直居住在中、印邊界小鎮喀鄰芳（Kalimpong）的達賴喇嘛之兄嘉樂頓珠（Gyalo Thondup）合作西藏的秘密反共戰爭，並以「馬戲團」（ST Circus）為行動計畫代號。嘉樂頓珠作為西藏反抗軍的最重要組織人，負責召募、吸收流亡在印度藏民，並給予

---

[90] 同上註，頁四九三～四九四。

[91] "Editorial Note", FRUS, 1958~1960, Vol. XIX, <u>China</u>, pp.755-756. 另參考 Allen Dulles, "Memorandum from Director of CIA Dulles to President Eisenhower", Washington, May 7, 1959, FRUS, 1958~1960, Vol. XIX, <u>China</u>, p.762,768.

車資及路線圖，由嚮導帶領翻山越嶺到印度大吉嶺（Darjeeling）或東巴基斯坦之達卡（Dahka），再交予 CIA 人員，分別空運到塞班、沖繩或關島，接受有關游擊戰鬥、間諜技術及通訊聯絡的訓練後，再遣返回西藏從事突擊破壞工作。CIA 在一九五七年十月，將完成第一批訓練，代號為「Tom」及「Lou」的兩位藏游，搭乘自達卡起飛之 B-17，跳傘回拉薩，他們任務是隨時傳送西藏及達賴喇嘛情況，CIA 特別為不懂英文的他們，還設計了一套專門的摩斯通訊密碼，這也解釋為什麼當五九年三月，全世界封閉於拉薩動亂時，杜勒斯卻能完全清楚達賴喇嘛的行蹤。美國為支援西藏抗暴軍，CIA 為此還成立一越山航空公司（Intermountain Airline）從事運補工作，自沖繩美軍基地，經泰國、印度接力式高難度的將補給空投到世界的屋脊，一九五八年為配合西藏高海拔及低氣壓的西藏氣候適應，CIA 特地將藏游從塞班及沖繩改送至美國本土科羅拉多州，美軍第十山地師的赫耳營（Camp Hale）接受訓練。[92]

　　克萊恩五八年來台上任，西藏抗暴是克首度大規模參與到大陸本土的秘密軍事行動，台北在一九五七到一九六一年的四年期間，成為西藏反抗軍重要策劃中心，克萊恩與蔣經國以 CAT 秘密運補武器予西藏抗暴軍，並經美國空軍協助汰換老舊的 C-118，撥給塗掉標誌的巨型 C-130 運輸機擔任此一任務。四年時間，所運補武器彈藥等物資，超過二五〇噸，而且極為順利，如入無人之境，從未遭到中共地面炮火截擊。[93]台北也成為藏游秘密訓練的基地，克萊恩透過台北站安排

[92]　Melinda Liu, "When Heaven Shed Blood", Newsweek, April 19, 1999, p.37.

[93]　傅建中，「冷戰孤兒──西藏的悲劇」，中國時報，民國八十八年五月十一日，版三。

將西藏抗暴軍分批由印度轉搭 CAT 運輸機送到台灣接受游擊訓練，根據當時負責大陸情報工作之情報局汪敬煦局長敘述「民國六○年代初，有幾十個西藏康巴族反共軍隊的官兵和三個活佛被接到台灣，他們都交由情報局負責照顧。情報局在陽明山為這三個活佛提供處所以供講學，其餘官兵則安頓在情報局附近。我接任情報局長後，有個很強的意念，希望能再訓練他們，把他們組織起來，再送回大陸活動。」[94]，來台受訓的西藏抗暴軍後來就分成三組：主要一批返回西藏與中共解放軍展開游擊戰，有的則留在訓練營作教官，一小部分則送到美國位於塞班島接受更深層游擊戰術訓練。蔣經國甚至與西藏人民黨（即彌漫黨）及抗暴軍的重要領袖勒君白及艾君塞組織「漢藏反共聯盟委員會」其宗旨乃「在中華民國政府領導下解救被中共匪幫壓迫奴隸同胞，實施藏族地方自治及發揚佛教教義。」西藏抗暴軍總部亦派嘉昌、桑派、桑昌祥等為在台代表。[95]

　　但從資料上解析，艾森豪對杜勒斯所主導當年對西藏反共抗暴的地下行動，並非全然認同：當一九六○年二月，杜勒斯局長向艾森豪簡報西藏近況時，艾便質疑美國的秘密介入是否只會導致中共對藏人更進一步的報復，而且對國務院明知美國對藏游的支持無法對中共造成任何威脅，僅望利用藏人對中共造成「嚴重的騷擾、付出代價」為目的，也不以為然。但在國務院的新上任國務卿赫特（Christian A. Herter）及杜勒斯局長極力保證所有秘密的地下行動都會經過嚴格的審核下，艾勉強同意了延長 CIA 的地下游擊活動。美國對藏游的支持

---

[94]　劉鳳翰，何智霖，陳亦榮訪問，<u>汪敬煦先生訪問錄</u>（台北，國史館，民國八十二年），頁九一～九二。

[95]　洪喜美編，<u>中華民國史事紀要</u>，中華民國四十八年一至六月份，頁五二五。

空間有限，另一原因就是艾森豪堅不支持西藏獨立，一九五九年十月間聯合國所通過的西藏人權決議案，美方立場是不支持西藏獨立，只建議達賴將西藏問題以人權問題交付聯合國解決。[96]

　　同年十月蔣介石要求美國因應西藏暴動，修改中美防禦條約限制國府進兵大陸規範，[97]允許國府對大陸展開秘密軍事反攻並且協助訓練一批三萬人的特種空降部隊，結果美國予以否決並表示任何動用軍事顧問團（Military Assistance Advisory Group, MAAG）在台訓練的三千名從事秘密軍事行動（paramilitary operations）特種部隊，必須按照一九五五年中美共同防禦條約之換文規定，取得美國同意。[98]

　　一九六〇年五月一日，發生舉世震驚的包爾斯（Francis Gary Powers）事件，CIA負責的U-2高空偵察機在穿越蘇聯領空從事間諜偵測活動四年後，終於遭到俄國飛彈擊落，飛行員包爾斯被俘，有如一年前「印尼波普事件」處理翻版，艾森豪緊急下令停止所有CIA穿越共產國家的秘密作業，克萊恩與蔣經國支援西藏抗暴的活動也得被迫逐漸收場。另外，蔣故總統與蔣經國對達賴喇嘛始終持懷疑的態

---

[96] Christian A. Herter, "Telegram from the Department of State to the Embassy in India", Washington, November 25,1959, FRUS, 1958~1960, Vol. XIX, China, pp.806-807.

[97] 八二三砲戰後，由於中美在一九五八年十月二十三日發表聯合公報，美國進一步限制蔣介石承諾「中華民國不憑藉武力恢復大陸」，引起台灣軍民疑慮，我當局對此則解釋：「如大陸人民起來反共，則國軍不受規定限制，起而協助大陸人民行動。」，因此，二十六日蔣中正總統發表告西藏同胞書，「以『民族自決』原則，號召藏民奮起抗暴，並應立即以種種有效辦法支援抗暴運動。」

[98] Drafted by Osborn, "Memorandum for Conversation", Taipei, October 21, 1959, ibid., pp.619-621.

度，一九六九年，台北方面還支持成立「葛廈」（西藏內閣）大鬧西藏流亡政府雙胞案，與在印度達賴政府形同決裂。[99]

僅管甘迺迪上任後，CIA 仍支援這群西藏反抗軍，不過，已從原先空投藏游到西藏秘密作戰，改成在尼泊爾的姆斯坦（Mustang）建立基地從事打帶跑的越界攻擊。但美國的援助、訓練卻越來越緊縮，CIA 評估西藏游擊隊在情報的貢獻成果不彰，美駐印度大使加百列（John K.Galbraith）形容資助這批「不懂衛生」藏游，從事戰爭是一「瘋狂事業」。[100]隨著印度北方的補給路線遭到中共青康藏高原公路基本設施完成的封鎖，中共進行移民漢人入藏策略，並壓迫尼泊爾政府掃蕩姆斯坦游擊隊，才真正結束美國的援助西藏抗暴軍。

在一九六〇年這場 CIA 在香格里拉的反共地下戰爭，基本是克萊恩配合杜勒斯在冷戰對立中一個直覺自然的反應，就是逢共必反，絕不示弱。依當時 CIA 的西藏專家葛立尼（John Greaney）敘述：當三月十九日拉薩發生暴動時，被杜勒斯緊急召至辦公室時，杜勒斯在世界地圖上竟不知西藏在那？[101]待包爾斯事件後，就只能認錯放棄，依然走上克萊恩稱之「民主國家進行秘密間諜行動」的無奈，如推翻蘇卡諾行動般，一樣拋棄了西藏抗暴軍。李潔明則將西藏比擬成在一九六一年古巴豬灣事件中被美國拋棄的革命軍。[102]

---

[99] 林照真，「台藏關係解讀不宜泛政治化」，中國時報，民國九十二年，一月二十一日，版三。

[100] Melinda Liu, "When Heaven Shed Blood", Newsweek, April 19, 1999, p.38.

[101] ibid.

[102] Patricia Roberts and Thomas Laird, "China's Balkan Crisis", Newsweek, April 19, 1999, p.39.

西藏地下行動，中情局台北站在克萊恩領導下與蔣經國積極提供「人員訓練與運輸」，角色上與印尼行動類似，利用龐大的飛行器進行人員、補給運輸及訓練，雖然無法在軍事上有所斬獲，但在一九六一年初，抗暴軍在伏擊一支中共陸軍車隊，由一輛卡車中搜出二十九冊「工作通訊」，這些限解放軍高階部隊指揮官閱讀，涵蓋日期為一九六一年一月至八月的的機密文件，克萊恩認為是西藏反抗軍所創造堪稱是中情局史上最重要的情報收穫作業，為鐵桶般的中國內幕打開了一道縫隙。這些文件讓美方了解到大躍進使中國正大鬧饑荒，一箱一千六百份文件，具體證明中蘇失和，中情局分析人員藉由這些文件可以檢驗北京對外公布的種種說詞之真實性。根據當時 CIA 香港站窺探中國內幕的李潔明也評論到：「在一九六○年代初期對中國之資訊如此饑渴的氣氛下，中央情報局對中國作業最為成功的地方，出現在西藏抗暴運動的游擊隊，如果說觀察中國局勢發展好比是卜茶葉卦算命，這起西藏抗暴游擊隊所擄獲『工作通訊』機密文件的成績可以說是找到一份圖表，可以按圖索驥辨認中國境內各種茶樹。」[103]

李潔明也根據這批西藏密件在不久的文化大革命運動期間，解析紅衛兵組織間種種指令的真正意涵。

四、雷國計畫（Ray-Kuo Plan）

克萊恩在台初期之秘密情報工作，除了上述印尼、西藏行動的積極性作為，自為國府所樂意配合外，惟一「預防性的消極作為」，就是克萊恩成功地說服蔣經國放棄在大陸西南的孤軍，將之撤回台灣。

---

[103] 林添貴譯，李潔明著，李潔明回憶錄-美、中、台三角關係大揭密，頁一〇八。

雖然國府忍痛割捨了這塊惟一陸上反攻大陸基地，但也終於結束一九五三年以來一直困擾中美關係的「孤軍」爭執，並免於揹上孤軍在「金三角」種植販賣毒品惡名，不僅維護中華民國對聯合國的承諾義務；同時，不致破壞與東南亞相關國家的友好關係。這次的協調也讓華府見識到克萊恩可施與台北層峰的政治影響力，開始承擔日後六〇年代連串重大的中美外交事件的折衝。

一九五三年十月，中華民國接受聯合國決議，雖撤出佔據在滇緬邊界由李彌等所領導的半獨立武裝孤軍部隊，但李彌回台之後，殘留部隊仍由其部屬柳元麟將軍帶領，下轄有李文煥的第三軍（一千人）、段希文的第五軍（二千餘人）。國府事實也沒有斷絕與滇緬游擊隊關係，一九五八年冬至一九五九年，台北設立「武漢計畫」命令國防部作戰次長室助理次長孔令晟將軍針對大陸敵後地下行動，組訓特種作戰部隊，惟實際負責人是蔣經國，秘遣夏超總隊長率領「特一總隊」計一千二百人左右，開赴滇緬用以繼續秘密維持增兵、補給及訓練西南部隊工作；又在國防部支援下，在孟八寮建設機場，發展第二反攻基地。特一總隊支援滇緬游擊隊就由 C-46 在泰國落地加油再繼續飛到孟八寮，此機場完成後，對邊區游擊隊的後勤補給確順利許多。[104]當時負責空運任務的衣復恩將軍敘述：「一九五九年三月一日，由空軍情報署負責成立空軍『三八三一』部隊，該部隊主要任務為空投，運補武器彈藥、軍需用品及人員至泰緬寮三角地區的游擊隊；為加強泰緬邊境的游擊隊戰力，我當局決定運送特種部隊至該區。」[105]

---

[104] 遲景德、林秋敏訪問，孔令晟口述，孔令晟先生訪問錄（台北：國史館，民國九十一年），頁八九。

[105] 衣復恩，我的回憶，pp.155-156.

　　國府在西南地區的軍事強化與持續介入的舉動，再度引起中共與緬甸的關切，一九六〇年春，中共遣周恩來和緬甸政府簽訂中緬邊界協定，嗣後共軍乃源源進入緬境，會同緬軍夾擊滇緬游擊隊。中共與緬甸政府動員相當大的兵力分別在一九六〇年十一月二十二日、一九六一年一月八日及二十四日發動三次攻擊，很快就攻下孟八寮，摧毀了台北苦心經營的第二反攻基地，游擊隊奉命退到寮國境內，在與寮國佛米將軍交涉後，應允在防禦寮共上為其盡力，換取在孟信、南他及回寨一線以西為防地，但與台北的補給也更行困難。[106]國府為了消除引起國際糾紛的證據，各種武器等補給品在裝運空投之前，必須除去一切中華民國的標誌，對於此項作業程序，據當時親身負責此一檢查工作之國防部副參謀總長賴名湯將軍表示，其慎重程度連蔣故總統中正亦不斷作同樣指示，務必在包裝前徹底檢查，然後再交空軍空投。不料，孟八寮基地倉促撤退時，遺留補給品裝箱上面的美援標誌未除，被緬甸政府據此向聯合國提出控訴指中華民國侵略其國土，聯合國再度決議要我國撤出緬北游擊隊。[107]

　　美國甘迺迪政府要求台北信守當年十月份對艾森豪所承諾與滇緬游擊隊「劃清界線、不予支持」的保證。新政府之國務卿魯斯克於二月，訓令駐華大使館莊萊德送交台北政府一份文件「要我國負責將滇緬邊區游擊隊儘速全部撤退，否則局勢發展可能對我不利，措辭間相當不客氣似毫無轉寰餘地。」[108]但是，國務院與莊萊德清楚，有見於一九五三年與台北政府在執行聯合國決議撤離滇緬游擊隊案時，台

北方面百般勉強及推延的經驗，要國府徹底放棄所惟一擁有之陸上及最接近大陸的反攻基地，必會使中華民國官員大加為難與抗拒，故將這份說服的任務交給了與蔣經國關係良好的克萊恩。

基於美台關係長遠利益考量，消除中華民國在世界輿論攻擊下造成的政治及心理後果，克萊恩作出以下分析，勸導蔣經國放棄滇緬游擊隊：

(一) 中華民國寄望這些在滇緬的孤軍能在反攻上發揮作用可行性已是愈加渺茫。[109]自一九五四年美國所號召之東南亞公約組織完成後，這批游擊孤軍在泰緬寮，建立國中有國的武裝勢力，已經引起了這些國家的疑慮，甚至提供中共入侵的藉口，美國在發展鞏固與東南亞國家關係上，自然不可能再支持這批孤軍。

(二) 經由滇緬游擊隊所能蒐集到的情報又極少。[110]一九五〇～五三年，美國中央情報局之西方公司在韓戰時期與國府游擊隊的合作經驗中發現，經由地面或國府人員滲透所取得大陸情報的可信度及機密價值，成果相當的有限；一九五三年十月一日，杜勒斯局長即當面向蔣經國表達此項看法。人員滲透的失敗主要歸因於中共密不透風的民防已到了「動員老百姓，上自老人下至小孩，個個都是情報員。」[111]，即使蔣經國也承認中共人員警覺之高，超乎想像，並舉例，我方情報員即使身份證、路條齊備了，但在客店只因喊聲「茶房」不

---

[109] 聯合報國際新聞中心譯，Ray S. Cline 著，<u>我所知道的蔣經國</u>，頁一一九～一二〇。

[110] 同上註。

[111] 遲景德、林秋敏訪問，孔令晟口述，<u>孔令晟先生訪問錄</u>，頁八四。

喊「同志」而就逮，[112]或假扮匪軍官兵之我方突擊隊即使服裝、口音，動作注意了，但因為年紀大了點，也遭識破。[113]

(三) 克萊恩本人認為台北必須撤出滇緬游擊隊，真正關鍵的一點是這批軍隊在所謂的「金三角」─緬甸、泰國、寮國交界處種植及販賣鴉片並把毒品一路送到香港，經香港輸送到全世界，而惡名昭彰，因此，中華民國與游擊隊保持關係，不論如何，總不利於中華民國政府國際聲譽。[114]

我方重要官員承認此一事態嚴重者，就有前情報局長汪敬煦表示：「由於情報局在滇緬邊區所設立之武裝指揮所，有個訓練中心，幹部是我國人，但召募的隊員都是當地人，很難避免一些當地毒販隨著我們的部隊進出滇緬邊境。為此流言四起，說我們的武裝部隊掩護販毒、走私，美國勸我們撤銷武裝部隊，也有人一狀告到經國先生那兒，說這些流言對我國形象不好，終於決定撤銷該武裝部隊。」[115]

一九六〇年，奉命陪同蔣經國親赴緬區，視察滇緬游擊隊實際生活情況的孔令晟將軍有以下敘述：「柳元麟部隊以擔任煙毒的保鏢為財源，我們去視察時，看到不少名牌煙酒與化妝品，一部分高級人員在曼谷，都有別墅。生活非常優裕，但是一般士兵的生活還是相當艱苦。」。[116]

---

[112] 蔣經國，「從美俄禁試簽約與赫毛鬥爭看反攻復國前途」，蔣經國全集，第六冊，頁五八三。

[113] 蔣經國，「政工幹部要做革命信徒」，蔣經國全集，第四冊，頁四五六～四五七。

[114] 聯合報國際新聞中心譯，Ray S. Cline 著，我所知道的蔣經國，頁一一九～一二〇。

[115] 劉鳳翰，何智霖，陳亦榮訪問，汪敬煦先生訪問錄，頁九〇。

[116] 遲景德、林秋敏訪問，孔令晟口述，孔令晟先生訪問錄，頁八九。

　　這對向來痛恨官員生活腐化的蔣經國勢必更加速決心劃清關係，加上這批游擊隊亦愈加逐漸不易駕馭，克萊恩的分析使蔣經國明瞭美國的插手此事及堅持，是真誠為了幫助中華民國。[117]很快蔣經國就與克萊恩達成撤出協議，這次作業就是用兩國的主事者─克萊恩及蔣經國名字的組合為作業代號─稱為「雷國」（Ray-Kuo）計畫，[118]由美國政府負擔這些部隊的遣返部分費用，遣返任務則由蔣經國任命副參謀總長賴名湯親赴泰國及緬甸，指揮中華民國空軍以空運方式執行，經過一九六一年三月五日至十七日的努力，將特一總隊及段希文部隊撤回，李文煥部則拒絕遷台，「他們立下了字據願意留在當地，今後任何事情自已負責，並宣佈與中華民國脫離關係。」[119]

　　事後檢討，固然衣將軍以為：「回憶往事，當局在泰緬邊境建立游擊隊據點，暗中予以補給，以作未來反攻大陸之用，不失為一著好棋。但政府操之過急，不但大量運送貼有美援標誌的彈藥，而且公然運送特種部隊前往該區，引起中共注意，而發動緬軍向我突擊，在我特種部隊尚未完成部署時，受到重挫而削弱殆盡，甚為失策。」[120]但當毒品到了七〇年代，開始危害美國人民身心之烈，尼克森在一九六九年向毒品宣戰，下令調查國際毒品經營源頭時，克萊恩是第一位在國會調查聽證會上，指出當一九六一年滇緬游擊隊撤出金三角後，中共就接掌了這世界最大的販毒工場，從事毒化世界的陰謀。克萊恩看法到一九七二年，因為負責調查越戰美軍日益嚴重吸食毒品問題的路

---

[117] 賴啟，<u>賴名湯先生訪問錄</u>，上冊，頁二二二。

[118] 同上註，頁二〇八。蔣經國交付負責執行撤退滇緬孤軍來台計畫的當時副參謀總長賴名湯指出在國防部的工作代號上，則謂之「春曉計畫」。

[119] 劉鳳翰，何智霖，陳亦榮訪問，<u>汪敬煦先生訪問錄</u>，頁九一。

[120] 衣復恩，<u>我的回憶</u>，頁一五六～一五七。

易斯。華特將軍（Gen.Lewis Walt），而證實中共方是事實上最大元兇，華指出：原先由泰、緬、寮邊界所形成，代表世界毒品生產及輸出中心之「金三角」，現在已經改以中國雲南為中樞，領導國際販毒事業，華特將軍建議應更名「金四角」。[121]雖然克萊恩的調處，國府放棄了西南基地，但也因為遠離「金三角」，躲過了揹負日後世所側目，毒品之害的臭名。以長遠眼光權衡國家利益，台北至少保存了國際信譽，維繫了與美國及東南亞國家的信任及友好關係。

第三節　U-2 理想家計畫-美台情報合作之高峰

　　克萊恩在一九五八年接任中情局台北站長後，初期表現，雖然在印尼秘密行動以失敗收場，但很快在金馬危機上應變得宜，之後，運用他與蔣經國的深層信賴，曉以義理，成功地說服國府撤退西南游擊隊，維繫台美關係的發展；但就最根本之中國情報偵蒐作業上言，績效卻依然不彰，由一九五九年的西藏抗暴運動中，克萊恩與李潔明將西藏抗暴軍所截獲「西藏密件」以如獲至寶形容，可見得在一九六〇年以前，美國對中共內部瞭解仍有如一張白紙。克萊恩也承認美國此時對大陸情報的獲悉是少得可憐，不斷以人力滲透，冒著生命危險取得的中國情資，不但層次既低又不甚準確。[122]鑑於台灣在語言及地緣接近中國大陸的優勢，克萊恩以為不該分散力量，捨本逐末，乃重塑台灣的情報戰略角色，從無役不與急先鋒，逐步回歸以中國大陸為

---

[121] Joseph D. Douglas ,（intro. by Ray S. Cline）, "Red Cocaine: The Drugging of America and the West"（London: Edward Harle Ltd,1990）,p.5. at http:// www. freepublic.com /forum

[122] Ray S. Cline, The CIA under Reagan, Bush…, p.201.

主要秘密工作對象，作出促進台美軍事同盟互動更具效率及成果的貢獻。

　　一九六一年，經過戰略構想的重新調整，決將美台軍事情報合作方向專事於中國大陸後，克萊恩大膽提議將當年五月因為「包爾斯」（Frances Powers）事件後，被艾森豪冷凍於機庫的折翼黑鳥—U-2 高空偵察機—引進台灣，進行對大陸的情報偵蒐，經過杜勒斯局長認同，克萊恩獨力說服甘迺迪總統，並與蔣經國達成由美國提供設備，台北負責飛行人員，雙方情報共享的協議。六〇年代，美方就依賴著由國府飛行員執行之 U-2 偵照，獲取中共內部最可靠的消息，終於揭開中國神秘的核武面紗，實證一九六〇年眾說紛紜之中蘇分裂，成就克萊恩在台工作最非凡之功蹟。就中美共同防禦條約維繫雙方的軍事同盟而言，中美合作的 U-2 偵察計畫可言是雙方結盟關係最落實、有力的象徵；也是台美近代關係史上之黃金時期，中美平等、互信、互賴的軍情合作完全克服了五〇年以來美國對中共情報的長期「乾旱」。

　　與 U-2 有著特殊緣份的克萊恩，我們發現他一生情報事業高峰，皆直接拜 U-2 之所賜，先以 U-2 在台灣立功，揭露中共核武發展；繼之在一九六二年，克萊恩再以 U-2 將蘇聯準備佈署飛彈於古巴之偵照公諸於世，揭開古巴危機序幕。[123]「每次我看到 U-2 減速後回返地

---

[123] Ray S. Cline, The CIA under Reagan, Bush..., p.179.先後撕裂蘇、中鐵幕的 U-2，純然是中情局在冷戰時期，由負責秘密作業的『計畫署』副局長畢賽爾（DPP, Dick Bissell）以代號「臭鼬計畫」（"Skunk Works"）所一手構想、設計的產物，再交由洛克希德公司（Lockheed Aircraft Company）之工程師強森（Kelly Johnson）打造。為延長高空滯留及追求速度，結構及外形上，U-2 機體以鋁合金製造，淨重只一萬二千磅（5.44 噸）。

面的情形，都讚嘆不止。U-2 之出類拔萃，光看其起降，就令人嘆為觀止。」[124]

U-2 於一九五六年橫空出世，[125]振翅鷹揚於蘇聯領空，性能是當時最先進之高空偵察機。[126]蔣經國在一九六二年十月十三日，U-2 開始執行任務十個月後對 U-2 高超的偵測性能即讚嘆「U-2 是除美國所培養飛行員外，只中國人能駕駛飛機，U-2 具有世界最好的照相設備，在六萬公尺高空所拍房屋照片，也可清楚量出其高度，大陸一千二百萬方公里，現在也幾乎只再差一次出航任務，即可全部偵察完畢。」[127]一九五五年六月的日內瓦高峰會上，艾森豪即基於對 U-2 性能的信心，才無懼向赫魯雪夫提出美蘇相互開放各自領空予對方偵察機進行雙方軍力監照。面對艾森豪「開放領空」構想，赫魯雪夫當場拒絕，美國乃由中情局秘密主持 U-2，進行蘇聯領土偵測任務。[128]

一九五六年六月 U-2 問世後，馬上就顯示出它近乎奇蹟般的革命性科技價值，七月四日首航任務在穿越蘇聯內陸的偵照上，根據 CIA 七月十七日秘密文件是對這次飛航重大成就意義，最全面的一份報告，在任務代號「Aquatone」，U-2 遨翔在莫斯科、列寧格勒及白令海峽沿線偵照上，拍下蘇聯野牛式（Bison）轟炸機在七個空軍基地的

---

[124] 聯合報國際新聞中心譯，Ray S. Cline 著，<u>我所知道的蔣經國</u>，頁一三四。
[125] Ray S. Cline, <u>Secrets, Spies…</u>, p.156. U-2 航高上達八萬英呎，不但讓當時所有蘇聯對空飛彈望塵莫及此外，U-2 所攜帶三。五公里長的膠卷，能把寬二〇〇公里，長五、〇〇〇公里景物拍攝下來，沖印成四、〇〇〇張照片，滯空任務執行可達十二小時，機上之精密偵照儀器配備有八台自動高倍照相，協助 U-2 在如此遠距之上，仍可清楚拍下地表上僅十二英吋大小物質。
[126] 賴暾，<u>賴名湯先生訪問錄</u>，上冊，頁三三〇
[127] 蔣經國，「砥礪革命氣節發揚革命精神」，<u>蔣經國全集</u>，第六冊，頁四一七。
[128] Ray S.Cline, <u>Secrets, Spies…</u>, pp.158~159.

部署情報，解開美蘇「轟炸機差距」（bomber gap）的迷思外。更具意義是連帶蘇聯雷達防衛地點、工業設施、農業灌溉系統、發電場，甚至農產運輸道路的偵照，都無所遁形的呈現在克萊恩與其他情報分析專家眼前，這些全真無誤的偵照，美國方才全面了解蘇聯真正的『生活方式』。「七月四日之後，我們才真正結束以往對蘇聯的認識，只能建立在所謂『預估』及『假設』的想像報告之上。」[129]

　　性能高超 U-2 在蘇聯領空的來去自如，使蘇聯軍事發展宛如全盤透明曝露於美國情報專家面前，空域宛如不設防，克里姆林宮顏面威信盡失，如此隱忍四年之久，才在一九六〇年五月一日擊落包爾斯所駕之 U-2。赫魯雪夫把握機會的在五月十六日巴黎美蘇高峰會上痛斥艾森豪，要求道歉及保證不再侵犯蘇聯領空；自認受到中情局誤導的艾森豪宣佈停止 U-2 在蘇聯一切活動，並再度提出由聯合國監督下的開放領空建議，但得理不饒人的赫魯雪夫憤而退席，東西陣營和解氣氛又回復緊張。[130]彷彿從自由的獵鷹疾落成代罪羔羊的 U-2，有一段時間成為極受冷落的工具，直到一九六二年十月古巴飛彈危機前，大家都不願碰觸 U-2 這個燙手山芋，U-2 有如折翼的孤鷹禁錮在陰冷的機坪內，無人聞問。

---

[129] Herbert I. Miller, "Memorandum for Project Director, Subject : Suggestion re the Intelligence Value of AQUATONE ", July 17, 1956. National Archives: Approved for released CIA-2000/08/26: RDP62b00844r000200020017-3rdp。

[130] Chester J. Pach,Jr.,& Elmo Richardson, The Presidency of Dwight D. Eisenhower （Kansas, Lawerence: University Press of Kansas,1991）, pp.218~219.& Stephen E.Ambrose, Eisenhower-Solider and President（NY: Simon & Schuster, 1990）, p.515.五月二十三日，CIA、國防部建議艾森豪恢復 U-2 偵照，艾森豪抱怨是 CIA 向他保證 U-2 不會被擊落，誤導了他；而毫不考慮決定在他未來八個月的最後任期內，絕不使用 U-2。

　　一九六〇年五月「包爾斯事件」後，七月七日一份「U-2 未來能力」報告建議「應將部署在土耳其的五架 U-2 縮減成三架，另外兩架移往部署歐洲及近東，日本保留一架，總計 CIA 只需擁有六架 U-2 即可，其餘六架 U-2 移交予戰略空軍指揮部（Strategic Air Command,SAC）作監督中國情報的重新部署。」[131]

　　基於保衛 CIA 科技資產及身為台北站長急欲突破中國情報偵蒐工作責任下，克萊恩卻打算執行 U-2 到台灣部署的構想。事實上，一九五七年在代號「Soft Touch」行動中，美國就曾有兩架次 U-2 的中國大陸偵察，[132]因此，當克萊恩得知 U-2 停止在蘇聯領空活動的後，克就表示，「雖然一九六〇年自公開聲明中，意識到中蘇失和，但具體事證卻付諸闕如，而中華民國情報機構本身取得的證據並不完整，因此，今後數年美國應利用 U-2 轉進亞洲，改以針對中國為主的情報蒐集，包括中共大躍進的命運如何？或有關中共武器的研發進度以及中蘇交惡後蘇聯仍願在何種程度內對中共提供軍援的情報，尤其是蘇聯可能提供大陸核子武器與導向飛彈技術轉移，來觀察北京與莫斯科分裂到何種程度。」[133]

---

[131] CIA, "Future of the Agency's U-2 Capability", July 7, 1960, in Jeffrey T. Richelson, Science, Technology and the CIA, A National Security Archive Electronic Briefing Book, Document 10, 2001, at http://www:gwu.edu/~nsarchive/ NSAEBB 另見 Graham Allison & Philip Zelikow, Essence of Decision: Explaining the Cuban Missile Crisis, pp.106, 108-09. 在古巴飛彈危機中，當時戰略空軍指揮部首長 Curtis LeMay 即要求將發現古巴核彈的 U-2 置於其管轄下，引起局長麥康及畢塞爾的不快。

[132] Noman Polmar , Spyplane: The U-2 History Declassified (Osceola, WI: MBI, 2001) , pp.108-111.

[133] Ray S.Cline, Secrets, Spies…, p.177.

除任務需要外，引進 U-2 到台灣也顯現克萊恩對自由中國諜報人員前仆後繼，慘烈殉國的不忍之心；克萊恩判定中共尚未發展完成蘇聯當年擊落 U-2 的 SA-2 飛彈，防空能力仍太原始，無法對付能飛入高空的 U-2。在 U-2 引入之前，一九六〇年美台的情報合作，「都是以自由中國情報人員以空投或沿海登岸的方式滲透大陸，或以電子偵察機飛入中國沿海上下內陸，截收中共各種軍事單位所發出的電子訊號，加以紀錄、分析，予以解讀或至少部分判讀出來，藉此確實了解中共在武器發展和部隊調度方面情報。」[134]。衣復恩將軍也證實道：「於一九五八年一月，時任國家安全會議副秘書長的蔣經國要我與『美國海軍通信中心』（USNACC）負責人克萊恩會談，成立了一個電子偵測單位，也就是後來的三十四中隊，接收了原西方公司的全部人員與裝備，其主要任務，偵察中共的防空電子系統，亦即對空雷達設施。」[135]

然而，這方面的電子信號的工作往往是由中國空軍駕著老舊由 B-17、B-26 轟炸機改裝的電子巡邏飛機，以超低空方式飛行，並在深夜出擊，以躲避中共雷達與密集防炮，而有「蝙蝠中隊」之名，因為穿梭共軍火網中，往往犧牲慘重，像 P2V 偵察機「一架飛機的失去就是十四位同袍手足的失蹤，就是十四個家庭的破碎，那種傷痛和不捨，以及面對哀痛逾恆的家屬，無言可慰的苦楚令人永生難忘。」[136]

---

[134] 聯合報國際新聞中心譯，Ray S. Cline 著，我所知道的蔣經國，頁一二七。

[135] 衣復恩，我的回憶，頁一五九。

[136] 衣復恩，我的回憶，頁一五四。另據周軍，「西方公司與海空突擊隊」，傳記文學，第八十四卷，第六期（台北：傳記文學，民國九十三年），頁一〇〇。蝙蝠中隊一九五三年成立至六七年止，共出勤特種任務八三八架次，有十五架飛機被擊落或意外墜毀，殉職人員達一四八人，佔全隊 2/3，為我犧牲最慘烈之部隊。據了解，由於任務機密，成員甚不許跳傘必須與機同亡。翁

對這些電子偵蒐人員的慘烈付出，克萊恩也感同身受以「痛徹心扉（heart breaking）」的心情感慨美國政府及人民對這群同樣為「美國國家安全奮鬥，而默默奉獻生命、家庭的中華民國軍事人員，永遠欠有一份恩澤謝意。」[137]

信心滿滿的克萊恩將他轉進 U-2 來台，偵照中國核武的構想，首向杜勒斯局長報告；杜勒斯同意讓克萊恩回華盛頓，但必須自己把 U-2 偵測中國的計畫，逐層向國家安全會議及甘迺迪總統報告。但當克萊恩返回華府時，發現沒有一位美國官員願幫助他向上級作正面建言，但人人又都希望克萊恩能如願以償。克萊恩這時才能體會正在風頭上的 U-2 在華府決策圈內是如何的被大家避之惟恐不及。「中情局處處讓我碰壁，用意在要我了解，如果 U-2 被擊落，那會是我的責任，不是別人的責任。」[138]最後，克找上他的好友國家安全顧問彭岱，但彭也只能「實際上，給我獲得直接向甘迺迪總統報告計畫的機會。」[139]

甘迺迪上任後，密切關注中共核子武器的發展，一九六○年十二月，CIA 即預估：中共可能於一九六三年，進行原子彈試爆。美國空軍更激進評估：一九六一年底，中共即可進行試爆。[140]這種預料使甘

台生，CIA 在台活動秘辛，（台北：聯經，民國八十年），頁一三八。由於蝙蝠中隊傷亡慘重「空軍有人開始檢討，這樣為美國人賣命是否值得，CIA當然知道這一批中國蝙蝠俠出生入死對他們的幫助，這也是為什麼當時中情局駐台北站站長克萊恩三天兩頭往新竹基地跑，盡情地陪三十四中隊員乾杯。在那個舉國上下為生存掙扎年代，這樣犧牲雖然慘痛，卻又有些莫可奈何的感傷。」

[137] Ray S.Cline, The CIA under Reagan, Bush.., p.202.
[138] 聯合報國際新聞中心譯，Ray S. Cline 著，我所知道的蔣經國，頁一三一～三。
[139] 同上註，頁一三三。
[140] 分見: National Intelligence Estimate13-2-60, "The Communist Chinese Atomic

迺迪為之驚懼，中共的核武試爆成了甘迺迪一九六〇年代最不能忍受的發展事件，但美國中情局及軍方也困擾於始終無法及時掌握中共核武發展進度的情報。由於正逢一九六〇年中蘇分裂的關鍵階段，甘迺迪及其幕僚確信一個即將擁有核子武器之中共將使蘇聯共產領導地位動搖，甘迺迪亦期待利用中蘇之分裂，尋求美蘇在『抑制』中共成為核子強國的共同憂慮下達成交集與諒解，[141]但在證實這個假設性的構想前，中共的核子發展能力或中共會不會成為核子強國的資訊取得，必然是甘迺迪最亟需解決前提。因此，甘迺迪雖然與艾森豪同樣承諾了不再使用 U-2 在共產國家領空上進行間諜活動，但在領導自由世界與維護國家安全需要下，美國領袖必須蒐集戰略情報。

　　在甘迺迪憂心中共核武製造及思考利用中蘇分裂抑制此一發展的架構下，也無怪克萊恩提出他運用 U-2 調查中共核子武器研發構想

Energy Program", Washington, December 13, 1960, FRUS, 1958-60, Vol. XIX, China, pp.744-747. & John K. Gerhart, "Memorandum from Lt. General John K. Gerhart, Deputy Chief of Staff, Plans & Programs, US Air Force to Air Force Chief of Staff Thomas White, Subject: Long-Range Threat of Communist China", February 8, 1961, p.1, See at The National Security Archive: The United States and the Chinese Nuclear Program, 1960-1964, Edited by William Burr and Jeffrey I. Richelson.

[141] 141.D. Rusk, "Telegram from the Department of State to the Embassy in the Soviet Union", Washington, July 15, 1963, FRUS, 1961~1963, Vol.VII, Arms Control and Disarmament, (Washington: US Government Printing Office,1996), p.801. 由一九六三年七月十五日哈里曼（A. Harrimman）赴莫斯科與赫魯雪夫談話中可見，甘迺迪對中共的核武發展所採取作為：一面希望經國際核子禁試規範的壓力，如一九六三年七月完成「核子禁試條約」（Nuclear Test-Ban Treaty）簽訂，此條約之簽署就是以中共為對象，中共也視此約之製作，根本是美蘇壟斷核子武器的霸權主義，目的就是阻止中共擁有核武之陰謀；另一方面，甘迺迪亦望利用中蘇不和，轉而朝向激進作法，尋求蘇聯合作以武力摧毀中共正萌芽的核子設施，但遭赫魯雪夫拒絕。

時，正中甘迺迪下懷，「出乎意料，我毫不費力，就獲得甘迺迪批准我的計畫。我在華盛頓討論結果是：「如果我能保證中華民國能以海峽兩岸處於交戰狀況為由，自行進行 U-2 偵察任務，則或可以讓中華民國取得少數 U-2 飛機，去蒐集照相情報，若取得美國感興趣的偵察結果，中華民國會供應中情局。」[142]

帶著由甘迺迪總統批准，且是一九四九年以來，中美最重大的戰略情報合作計畫回到台北，克萊恩馬上聯繫當時國防部俞大維部長尋求合作，詎料，俞以『吾愛其羊』眼光看待此一計畫而加以反對，認為美國政府所關注的大陸核武情報對台灣沒有實質的效益，而且還要以中國空軍最優秀的飛行菁英生命作代價，更不以為然。[143]

克萊恩轉而找蔣經國商議，蔣經國當然較俞大維更能以宏觀眼光衡量此一計畫，認為是千載難逢深化美台戰略合作之深層發展，有見偵測蘇聯之「Aquatone」成效，U-2 不只能偵測中共的核武軍事，也能帶來大陸內地的動態，基本上是完全符合雙方的國家戰略利益，只要台灣軍方也能共享 U-2 獵取的情報。而就人力傷亡考慮來看，如果繼續使用人員或暗夜低空的電子訊號飛航，卻放棄先進高空的 U-2 空照彌補情蒐，只會更加重傷亡。[144]

---

[142] 聯合報國際新聞中心譯，Ray S. Cline 著，我所知道的蔣經國，頁一三三。

[143] 林博文，時代的投影：近代人物品評（台北：元尊文化，一九九九），頁九一。俞大維認為我方所需是中共在大陸沿海軍事動態情報和北京的戰略意圖，不必靠 U-2 來偵測，更何況 U-2 完全是中情局一手策劃，所得情報也不會和台北分享。

[144] 根據翁台生，Chris Pocock 合著，U-2 高空偵察機的故事-黑貓中隊，（台北：聯經，民國七十九年），頁二三五。及賴敨，賴名湯先生訪問錄，上冊，頁三三○。U-2 自一九六一年到一九六五年是最具貢獻的服役期間，一九六六年 U-2 深入大陸任務中斷，一九六七年才恢復 U-2 偵測，但多為沿海照相，迄一九七四年撤退，總計作戰及訓練上損失：共犧牲十位飛行員與十二架 U-2，與

　　在美台雙方同意情報共享原則下，一九六〇年十一月，克萊恩與蔣經國在桃園空軍基地成立了一個特別「傑克森辦公室」（Jackson Office），開始在代號「理想家」計畫（Idealist）任務下運作，按衣復恩將軍描述：「當時國家安全會議副秘書長的蔣經國代表我方出面，美方則由『美海軍通信中心』（USNACC）負責人克萊恩代表，雙方達成協議後，本計劃即交由我去負責執行。據克萊恩說：『美方供給飛機及周邊設備和技術人員費用，總預算為五千萬美金。』」[145]，為掩飾身份，國府也仿照美國當初作法，以氣象偵測任務為名，成立「第三十五中隊」，最後並運進兩架名義上由中華民國出面向洛克希德購買的 U-2，及建立處理照片和分配情報的程序。根據前空軍總司令賴名湯上將敘述「這項合作計畫的執行是由美國提供 U-2 飛機，我國提供場地，並派遣飛行員駕駛這類飛機。每次飛行計畫之策訂，包括飛行日期、偵照路線、及目標等項目，經我政府高階層同意與美國政府同意後即照計畫進行。飛機完成任務返航基地後，洗出照片由中美兩國共同分享。此項工作之進行屬高度機密，中美雙方均只有主辦人員、最高當局與軍方極少人員知道。台灣之 U-2 基地特別劃出戒嚴區，除飛行駕駛及有關人員外，任何人不得進此警戒區。」[146]U-2 飛機雖然價值昂貴，但培養一位 U-2 飛行員尤屬不易，台北國府 U-2 飛行員的精選，按規定「凡駕駛 U-2 的飛行員至少應有一千五百小時的噴射機飛行經驗，同時至少飛過兩種以上不同的飛機。除了高超的飛行技術之外，忠貞、勇敢、機智等品格均必須受過嚴格的考驗。」[147]而

「蝙蝠中隊」較，減輕許多。
[145] 衣復恩，<u>我的回憶</u>，頁一六五～一六六。
[146] 賴暾，<u>賴名湯先生訪問錄</u>，上冊，頁三三〇。
[147] 同上註，頁三三〇、三三二。

體能的磨練更是嚴酷，蔣經國舉 U-2 飛行員偵測新疆為例：「需八個半小時，外加四個小時必須吸取足夠的氧氣，這一來，十二個半小時內，他要有高度忍耐，還要集中精力及注意力去執行飛行任務，就是臉上有根頭髮，他都不能去拿。」[148]，我國前空軍副總司令李子豪將軍亦說明「U-2 飛行員即使身著抗壓衣，但完成任務下機後，全身仍瘀傷累累，無法想像。」[149]獲選進入這個特殊單位的傑出青年，克萊恩都會加以面談，平時也會作社交上的接觸，確定「他們有冒險犯難的精神，對參加這個任務有義無反顧的信念，而且百分之兩百的愛國，及必要時的殉國決心。」[150]，一九六〇年十二月美國透過洛克希德公司運進兩架 U-2 予台灣使用。[151]

　　儘管美國獨立運用 U-2 在東歐、蘇聯，立下彪炳的戰績。但移殖到台北的這套合作偵查系統之價值究竟有多大，克萊恩與蔣經國的心情依舊忐忑不安。一九六二年一月十三日，由國府空軍飛行員陳懷生第一次的 U-2 出擊任務滲透到中國大西北，克、蔣才見識了 U-2 所帶來的情報價值，深刻震撼了甘迺迪政府。克萊恩回憶到：「那次任務的時間長達十四小時，飛行員承受肉體極大的痛苦，深入中國大西北的新疆，就在幾乎航程已達到極限，油料將盡時，他看到沙漠極遠處有軍事設施，其中是一個龐大的高台結構，正是豎立飛彈以待發射的

---

[148] 蔣經國，「砥礪革命氣節發揚革命精神」，蔣經國全集，第六冊，頁四二〇。

[149] 李子豪將軍於二〇〇五年十月二十五日於中國北京，接受筆者之訪談紀錄。

[150] 聯合報國際新聞中心譯，Ray S. Cline 著，我所知道的蔣經國，頁一三五。

[151] 「我 U-2 機一架最後任務失蹤」，中央日報，民國五十一年九月十日，版一。我官方正式公佈 U-2 機首度引入台灣時間見於民國五一年九月九日，當陳懷生所駕 U-2 在大陸失事，我行政院九日發表聲明：「我政府為明瞭匪情，於中華民國四十九年七月向美國洛克希淨公司購得 U-2 高空偵察機兩架，同年十二月將兩機運返台灣使用。」

基本設備，他為這個洲際彈道的飛彈試射場拍下完整的照片後，急速返航。這位飛行員所拍攝照片顯示中共的確擁有一套雄心勃勃的洲際飛彈發展計畫，而且已全盤複製了蘇聯的飛彈設施。但進一步的觀察與分析，這套設施很顯然自一九六○年中旬即未再使用，看來已呈荒廢沒有仍在運作中的活動跡象。」[152]此外，它也顯示蘇聯為中共興建的核能發電設施已呈中斷狀態，偵察並發現一處核子武器試驗場沒有活動。「這套明確顯現中共先進軍事技術的照片使我欣喜若狂，因為照片證明，北京與莫斯科不但在言詞分裂，而且實際上蘇聯已停止轉移武器技術給中共的合作。」[153]，U-2 的空中情報成了華府自一九六二年起甘迺迪及詹森政府追蹤中共核子研製及影響中蘇政策制定的關鍵依據，在一九六三年七月由武器暨裁軍署（ACDA）為哈里曼準備用於莫斯科召開之核武禁試條約談判之中共核武發展及部署詳細資料，即註明與肯定「都是由中華民國空軍所駕 U-2 偵照所得」，[154]衣復恩也回憶證實道：「那時我才領略到我方的 U-2 照像對美國竟是那麼重要，尤其在戰略上，提供了美方最有利的資訊，以作為對中共談判的籌碼，和戰略部署的規劃。」[155]自由中國一時成為美國截取中蘇關係發展戰略情報之最重要耳目，克萊恩也成了華府炙手可熱人物。

---

[152] 聯合報國際新聞中心譯，Ray S. Cline 著，我所知道的蔣經國，頁一三三。

[153] 同上註，頁一三六～七。

[154] Arms Control and Disarmament Agency, "Summary and Appraisal of Latest Evidence on Chinese Communist Advanced Weapon Capabilities," 10 July, 1963. Source: RG 59, Executive Secretariat Country Files 1963-66, box 2, Communist China, in Jeffrey T.Richelson , Science, Technology and the CIA, A National Security Archive Electronic Briefing Book, Document 10, 2001, at http://www: gwu.edu/~nsarchive /NSAEBB

[155] 衣復恩，我的回憶，頁一六七～一六八。

　　雖然一九六一年蘇聯軍事科技的中止轉移，延緩了中共核武的發展，讓甘迺迪政府稍事喘息，但中共自力更生下，「不要褲子，也要核子」的獨立研發過程，幸賴 U-2 的高空偵照持續，前後於一九六二年發現中共在玉門建造石墨型水冷式反應爐，一九六三又空照到在包頭的氣冷式核子反應爐，另外在蘭州也有 U-235 的核廢料處理場，而令其無所遁形。[156]中情局根據這二、三年由 U-2 所發現核武場和在羅布泊（Lop Nor）的觀察，使一九六四年九月的總結報告中，分析中共單憑玉門及包頭兩地就具有每年四十至四十五公斤作為原子彈原料之鑄元素（plutonium）的產能，足以製造六到七顆原子彈，並接近精準估計中共在未來三十至六十天內任何時間，有能力舉行正式的核子試爆，中共核子工業已完全達成獨立自主化。[157]一九六四年十月十六日，中共果然在羅布泊成功進行第一次的核子試爆。

　　U-2 使美國如見天日掌握了中共核子武器與洲際飛彈的發展，U-2 的逐步揭露中共研製核武完成的過程，也激起了台美兩國對中共核子威脅的共同恐慌。固然衣將軍認為：「中華民國最高當局本來可以充分利用 U-2 偵察任務與電子偵測這兩張王牌，向美國提出一些合理要求，可惜我方沒有這樣做。現在想起來相當可惜，也有點後悔。」[158]但衣也承認：「U-2 空照及我三十四中隊的電子偵測成果在冷戰中對美國政府外交之運用上，有無可限量之益處，自不待贅述。」[159]因此，中華民國政府一面與美國政府加緊合作，偵測中國大陸的核武發展；

---

[156] "Memorandum for the Record: Meeting of the National Security Council", Washington, October 17, 1964, FRUS, 1964~1968, Volume XXX, China, pp.110-111.

[157] ibid.

[158] 衣復恩，我的回憶，頁一六○、一七一。

[159] 同上註。

另一方面，一九六三年九月，甘迺迪主動與來訪之蔣經國商討以台灣
之特種部隊代勞，進行預前摧毀中共核武行動。由克萊恩建立的美台
U-2「理想家/傑克森」計畫，一直是中美重要情報合作項目中成效最
著、對世界政治影響最深的情報傑作。直到一九七四年八月二日，尼
克森與季辛吉奉行關係正常化，示好北京，乃決定將 U-2 自 CIA 移交
美國戰略空軍指揮部，才結束 U-2 美台合作關係。[160]

[160] Directorate of Science and Technology, Prelimary Report, U-2 Reconnaissance Mission C015C, Flown 8 January 1965, February 1965. National Archives : Approved for Release 2000/08/28: CIA-RDP66B00597R000100110002-1 Top Secret Dianr-IDEALIST in Jeffrey T.Richelson , Science, Technology and the CIA, A National Security Archive Electronic Briefing Book, Document 10, 2001, at http://www: gwu.edu/~nsarchive /NSAEBB

第五章　克萊恩對台美外交之理念與影響

　　克萊恩秉持堅定的反共原則，主張對中共採取強硬路線，這使他與蔣經國成為莫逆，聯手建造台灣為遠東反共的軍事橋頭堡。除對台灣的安全、軍事、情報有著深刻影響與貢獻，一九六一年開始，克萊恩在國府重大外交事件上也展現了他調和、折衝中美歧見之能耐。迥異於軍事的強硬態度，克萊恩對台美外交的處理思考，則是希望台北看待實際重於理想，彈性重於堅持，展現他靈活務實的一面，雖然不一定能使台北方面完全認同，但終能使台北與華府間有一致的步伐，達到維護中華民國國際生存空間。

　　一九五〇年韓戰爆發，打亂了杜魯門原先準備放棄台灣承認中共的計畫。在冷戰反共意識型態架構下，美國只有決定重新支持國民政府；但在現實政治需要下，美國自杜魯門政府以至尼克森也從沒放棄與中共修好，建立交往的企圖。因此，在冷戰要求下，美國固然承認台北是代表中國唯一合法政府；然而在現實需要中，又必需與北京發展關係的分裂操作下，出現美國對華「兩個中國」政策的行徑路線。影響所及，美國每年在面對聯合國大會「中國代表權問題」表決時，基本上，是以冷戰反共精神為方針，一貫阻止中共入會為目的；但同時，美國政府在兩個中國政策指導下，又試圖兩岸並存於聯合國的政策，才是真正解決中國代表權問題的方法。直到一九七二年二月二十

八日尼克森以「上海公報」建立一個中國政策，成功整合此一矛盾前，[1]美國一直維持著這一既平行又衝突的路線。

克萊恩在中美外交關係上之主要積極調處領域，自是與台北國際人格一直息息相關的聯合國『中國代表權問題』，[2]由於台北在國際現實處境的每況愈下，克萊恩夾處在美國對中國代表權問題逐步邁入「兩個中國」政策步伐及台北國府「寧為玉碎，不為瓦全」強硬態度之間，此一調處不但涉及到台美高層間觀念的交換，更牽涉到中華民國『國策』立場。有鑒於一九六一年，克萊恩以「雷國計畫」成功勸退國府放棄西南游擊基地；同年「外蒙案」的成功斡旋，經蔣介石大力推荐下，克萊恩晉身美台「首腦外交」之平台，開始介入六〇年代台灣與美國重要外交事件的協調，每每在最關鍵時刻，出面化解中美之間在聯合國代表權問題之政策分歧，如一九六四年，法國與中共建交，美國企圖製造兩岸雙重承認事實；最後在一九七一年，力勸台北最高當局忍辱負重、衡量大局，採取現實及彈性態度看待美國政府雙重代表權政策。

克萊恩「兩個中國」的變與國府「以不變應萬變」基本立場，最顯示出克萊恩與國府的落差，連費正清也認為不可思議。這是克萊恩看清了事實，希望台北把握國際尚有利之局面，一勞永逸的解決，卻

---

[1] 張亞中、孫國祥，美國的中國政策——圍堵、交往、戰略伙伴（台北：生智，民國八十八年），頁五九。

[2] 張有溢，聯合國中國代表權問題演變始末（台北，國立臺灣大會政治研究所碩士論文，民國六十四年），頁七。中國代表權問題，美國官方稱為「chi-rep」question 或 CHIREP。外文常用有 The Question of Chinese Participation in The United Nations 或 The Question of Representation of China in the United Nations 亦有簡稱 Chinese Participation in The United Nations。

不能認識到中國牢不可破的民族主義的力量。因此儘管克萊恩成功交涉了外蒙古等案，多少也是國府迫於無奈，並非真心接納。

第一節　外蒙古加入聯合國案之協調

　　一九四五年六月，聯合國成立大會在舊金山召開，中華民國代表團在團長顧維鈞領銜下，率代表王寵惠、張君勱、魏道明、李璜及中國共產黨代表董必武等與會，並簽署聯合國憲章，正式成為聯合國成員；聯合國憲章第二十三條更明定中華民國是聯合國創始會員國及安理會常任理事國，理論上，中國在聯合國代表權或會籍當毫無疑議。然問題是一九四九年十月一日中共成立，中國頓時形成分裂狀態，擁有美國重要國家承認之台北與握有大半中國領土的北京兩個政權都主張是中國惟一的合法正統，因此到底該由台海那一邊來代表行使中國在聯合國內的職權便成了爭議，這就是所謂聯合國中國代表權問題的起由。

　　策略上，面對蘇聯等共產勢力在聯合國不斷的提案『誰應代表中國出席聯合國大會？』挑戰，[3]整個五〇年代，美國為了維持國府在聯合國席位，對中國代表權問題乃採取所謂「緩議」（moratorium）對策，按發明此一策略人的魯斯克（Dean Rusk）基本認為「緩議案」設

---

[3] 朱健民，「確保我在聯合國的合法地位～十四年的苦鬥經過」，國立政治大學學報，第九期（台北：國立政治大學，民國五十三年），頁七七～七八。中國代表權問題浮上檯面，始自一九四九年十一月十五日，中共外長周恩來致電聯合國祕書長賴依（Trygve Lie）謂：「新中國政府成立，中華民國沒有資格代表中國，並要求驅逐國民政府在聯合國代表。」，十一月二十五日，蘇聯代表維辛斯基在聯合國大會政治委員會討論我國所提控蘇案時，主張「排我納匪」發言，否認以蔣廷黻為首的中華民國代表團，這是代表權第一炮。

計就是一個「拖」字訣（"We will not consider this question until next year."）。[4]一九五〇年的聯大全體會議上，由美國所主導經加拿大提案及澳洲修正之第四九〇號決議「誰應代表中國出席大會議題」，建議：「由大會設置一個經主席推薦及大會認可之七名委員，組成一特別委員會，就誰應代表中國出席問題加以審議並且向大會提出建議報告。在大會就該特別委員會之報告書有所決定前，中國國民政府代表仍應出席大會，其權利與其他代表所享有者同。」

　　隔年，十一月五日，該委員會主席向大會提出結論報告：「在目前情況下，本委員會對中國代表問題，未能作任何建議。」[5]而大會也通過決議，表示「閱悉」了該委員會報告書，就不見下文。一九五一年第五屆常會至一九六〇年第十五屆常會，蘇聯與印度所提出之「恢復中共在聯大權利」案，美國就是循此一刻意不作為的模式，只要有代表國家在聯大把中國代表問題以程序事項提出，美國即提出將中國代表問題交給該委員會審議討論寫報告，主張該屆常會不予討論中國代表權問題。由於美國在會員國掌握的優勢，「緩議」計畫成功使國府取得十年喘息時間，讓原先料想「延緩」案只能拖個四年或五年的當時美國遠東事務次卿魯斯克亦感意外。[6]

　　緩議方式行至一九六〇年，逐漸不支，「緩議」案以「多數暴力」排除「中國代表權」的討論空間，在聯合國內引起越來越多議論，畢竟國際現實中一些牽涉到國際和平及安全的事項，少了中共參與確實無法真正解決，會員國要求充分討論此問題的情緒也與日俱增。這種

4　　Dean Rusk, The Winds of Freedom（Boston：Beacon Press, 1963）, pp.217.

5　　外交部，外交部週報，第二十九期（台北:外交部,民國四十年），頁一。

6　　Dean Rusk, As I Saw It, p.283。

情緒也反映在「緩議案」會員國支持票數的逐年遞減上，以一九五二年緩議案獲勝差距最大的四十二：九計算，一九五八年是四十四：二十八，反對票成長三倍，到一九六〇年四十二：三十四，追到僅八票之差，反對票成長近四倍，而支持票依舊不變。[7]

因此在緩議案不可行，勢必改弦更張的準備下。一九六一年美國總統甘迺迪就任時，由於法國與其所領導由十一個非洲法語系會員所組成之「布拉薩」（Brazzaville）集團與蘇聯達成「茅利塔尼亞交換外蒙古」入會的包裹交易，使美國陷入兩難之困境－支持該交易案則得罪台灣，否決又得罪法國及非洲友邦－，面對蘇聯此一「兩面刃」計策，美國乃思打「外蒙牌」一面反制蘇聯，希望台北不要行使否決權於外蒙入會，另外美國著眼中國代表權票數緊逼的壓力下，為保衛我會籍，也力主放棄緩議案方式，改採「重要問題案」。[8]

根據美國務院解密資料顯示，「外蒙案」是國務卿魯斯克所倡議，在考慮如果台北行使否決權於外蒙，則茅國進入聯合國必同樣受蘇聯否決權報復，這將連帶影響到非洲「布拉薩」國家集團，投票支持美國為保衛台北在聯合國會籍新對策的向背。一九六一年五月二十三日魯向甘迺迪所提備忘錄中，建議甘迺迪給予外蒙古外交承認，並支持外蒙加入聯合國，魯所持打「外蒙牌」理由是（一）反制俄國「外蒙與茅利塔尼亞」交易案的困境。（二）基於情報蒐集觀點，與外蒙古建交，有利美國使節團（Mission）進駐外蒙，作為觀測中蘇情報基地。[9]

---

[7]　「美國在聯合國的戰略」，國際現勢，第八一五期，民國六十年十月四日，頁五。

[8]　王杏芳，中國與聯合國（北京：世界知識出版社，一九九五年），頁三十四。

[9]　D. Rusk, "Memorandum from Secretary of State Rusk to President Kennedy: Diplomatic Recognition of Outer Mongolia（The Mongolian People's Republic）", Washington, May 23, 1961,FRUS,1961-1963, Vol. XXII, Mongolia, pp.417-418.

　　至於「重要問題」之理論設計上，美國援引一九五〇年十二月聯大第三九六號「聯合國承認會員國代表權問題」決議案作為基礎：「凡遇主張有權代表某一會員國出席聯合國者『非只一方』，而該問題又形成聯合國爭執之焦點，則此問題應依憲章宗旨原則及個別情形加以審議。」美國接著再從「憲章宗旨原則」中找到憲章第十八條第二款加以運用，該條規定：「會員國權利的停止，會員國的除名都屬於重要問題」，而「大會對於重要問題之決議應以到會及投票之會員國三分之二多數決定之。」此即為一九六一年聯合國一六六八號決議文：「任何改變中國代表權之提案為一重要問題。」，開啟日後連續九屆大會，美國面對中國代表權問題之應付模式。[10]

　　但台北自始無法接受美國外交承認外蒙，更反對放棄「緩議」案，揚言不惜動用否決權外蒙古入會提案，六月九日，蔣故總統致美國副總統詹森信中，認為「美國欲予外蒙古外交承認不但是在全球反共鬥爭中的退怯，也是為未來『兩個中國』安排鋪路。」，甚以取消蔣經國原訂訪美行程，表達嚴重抗議，中美關係進入一九四九年以來最大岐見與低潮。甘迺迪為緩和緊張，乃於七月十四日，親電蔣故總統保證支持中華民國立場決心決不改變，請求恢復蔣經國訪美計畫，繼續兩國對此案的溝通與諒解。[11]國府方改派副總統陳誠親赴美國共謀對策。

　　中美談判到此瀕臨決定性階段。鑑於外蒙案在美台外交之極度敏感，國務院與台北溝通不順暢及保密原則，甘迺迪才決定嘗試改由國

10　王正華編，聯合國史料彙編：中國代表權，頁一八四。

11　John F. Kennedy, "Letter from President Kennedy to President Chiang", Washington, July 14, 1961, FRUS, 1961-1963, Vol.XXII, <u>China</u>, p.95.

家安全會議顧問彭岱和代表 CIA 之克萊恩接管國務卿魯斯克和駐華大使莊萊德手中外蒙案的談判。根據國家安全資料顯示：早於七月七日，彭岱即向甘迺迪建議仿「雷國計畫」的協調模式，大力引薦克萊恩，取代因處理外蒙案導致台美關係緊張的國務院：「克萊恩是我們派駐在台灣所有官員中，最具能力者；依照他的觀察：台北之憤懣不滿係針對國務院非總統本人，克萊恩提出倘總統能親自向蔣介石提出確切的承諾，可望舒緩因國務院執行外蒙案所導致台北對美『兩個中國』政策的恐懼。」彭岱並向甘迺迪進言魯斯克所領導國務院在外蒙案造成中美關係的混亂，比擬成當年馬歇爾（George Marshall）與艾契遜調處中國事務失敗，而建議甘迺迪嘗試：「應由中情局台北站長克萊恩作為私下溝通（private communication）的管道，克萊恩在『雷國計畫』的協調成功，深獲蔣介石激賞，而賦兩蔣父子最親密之信任（closest confidence），是我們最具效力之說服者（most effective persuader）。克萊恩也以為魯斯克要求在外蒙建立使節團（意謂美將承認外蒙）不但徒增台北疑慮，於取得情報一節，也是一廂情願，不如先在此退讓（back off），於美國不失顏面，亦有助緩和情勢。」[12]

　　果然，甘迺迪在八月接見陳誠副總統時，採納克萊恩所提美國放棄建立外蒙使節團意圖，集中焦點於「重要案」與「外蒙案」的必要配合。八月二日早上八點與國務卿魯斯克早餐會商中，魯卿—先前緩議案拖延策略的設計人—向陳誠副總統愷切加以分析美國新設計的「重要案」，告以：「估計票數結果，緩議確已無法再用。為確保我

---

[12] M.Bundy, "Memorandum form the President's Special Assistant for Nartional Security Affairs (Bundy) to President Kennedy", Washington, July 7, 1961, FRUS, 1961-1963, Vol.XXII, China, p.89.

國在聯合國代表權，美方已擬定初步計畫為設法使大會認定中國代表權案為重要問題，應依照憲章第十八條第二項規定，即需三分之二票數之贊可，始能成立決議案。」

　　十時，陳誠轉與甘迺迪會晤，甘乃迪提出希望以放棄與外蒙建交之讓步，換取我答應協助外蒙入會及接受重要問題案，聲明：「美對付外蒙所擬步驟，除增設情報地點，及示惠非洲若干國，其目的均在拉票，並無其他動機，尤不可視為承認北京之先聲。為維持我代表權而設計之重要案，希予支持；與外蒙建交事美國已決定擱置。」[13]

　　陳誠返國後，照理雙方溝通後，關係應有所改善發展，但事實卻反更見惡劣，九月十七日，美國務院竟致電駐華大使館，痛斥莊萊德工作不力，不解為何莊自陳返國後，毫無「坦白及國府決定態度及行動報告」，並說出重話，「如果國府在外蒙案，寧可選擇沉船自盡（go down with the ship）也不願妥協，此一政治自殺（political suicide）決定後果，概由國府負責。」。[14]待十月四日，白宮系統的國家安全顧問彭岱出面，親電葉公超部長才發現陳誠回台後，向蔣故總統作了「不實的陳述」認為「甘迺迪完全站在蔣介石的一邊，並大事渲染他的外交成功。」。[15]因為彭岱的直接介入溝通，雙方的談判立刻有了具體共識，十月六日，蔣故總統致函甘迺迪提出要求「倘甘能公開保證以

---

[13]　〈副總統陳誠自華盛頓致總統蔣中正未東電〉（民國五十年八月二日），《忠勤檔案》，檔號 3010.82/5044.01-55，「中美」，編號十，《蔣總統經國檔案》，國史館藏。

[14]　D. Rusk, "Telegram from the Department of State to the Embassy in the ROC", Washington, September 17,1961, FRUS,1961-1963, Vol.XXII, China , pp.137-138.

[15]　M. Bundy, "Memorandum from the President's Special Assistant for National Security Affairs (Bundy) to President Kennedy", Washington, October 4, 1961, ibid., p.145.

一切方法在聯合國維我排匪，包括必要時在安理會使用否決權，則考慮不使用否決權於外蒙入會。」[16]，同日蔣故總統亦電示駐美大使葉公超對蒙古入會案最後方針的指示：「因一般認為今年不反對外蒙入會，明年共匪即可入會，美國政府能公開保證以一切方法在聯合國維我排匪，包括必要時在安理會使用否決權，則我對外蒙案不用否決權始可進行……」[17]

十月八日蔣為表示最後的決心，再電葉大使：「如果甘迺迪總統不能公開明確保證維我拒匪，發出一言九鼎之力量，決難挽回當前不利之形勢……我所提出最後之要求，曾經再三考慮，必須如此。望其充分了解，早作決定，不宜拖延，如美方對我現在所處勢成騎虎之苦境不能體諒相助，祇有依照原定計畫，作實施否決之準備為要。」[18]

至此甘迺迪方決心捨國務院，由彭岱及克萊恩出面接手對台外蒙案的交涉協商。十月十一日，彭岱密電克萊恩文件顯示：「對台北要求美國公開聲明（public statement）不惜以否決權保衛台北聯合國會籍，甘迺迪已決定鑑於不能損害『重要案』實施的國際誠意，能否改以甘迺迪私人的保證（private reassurance）替代，甘迺迪總統在考量由誰傳遞此一秘密訊息，我建議根據近日的證據表現（克萊恩成功勸退蔣介石撤出滇緬孤軍），你是最適當之不二人選。甘迺迪總統對你

---

[16] E. Drumright, "Telegram from the Embassy in the ROC to the Department of State", Washington, October, 6, 1961, ibid., p.149.

[17] 〈總統府秘書長張群自臺北致華盛頓駐美大使葉公超酉微電〉（民國五十年十月八日），編號 50000511，《特交文電》，「領袖事功之部：柒、領導革命外交我與聯合國」，《蔣中正總統檔案》，國史館藏。

[18] 〈總統蔣中正致華盛頓駐美大使葉公超酉齊電〉（民國五十八年），編號，《特交文電》，「領袖事功之部：柒、領導革命外交—我與聯合國」，《蔣中正總統檔案》，國史館藏。

有充分的信任及授權行事，惟決不可洩露談判內容，莊萊德大使對此一安排，我們決定還是讓他不知為宜。」[19]

　　對照克萊恩回憶「一九六一年中期，一宗與滇緬行動類似任務已在醞釀中，美國認為外蒙古如能以獨立國家身份加入聯合國對相關各造都有益。這次我從彭岱手中接獲白宮機密指令謂甘迺迪衷心希望我能妥為安排，不要讓中華民國對外蒙進入聯合國行使否決權，雖然這麼作已明顯違背台北當局國策，這是我在台工作最難推銷任務之一。」[20]

　　經彭岱的推薦，克萊恩正式成為中美外蒙案兩邊高層的傳話調人，彭岱遂與克萊恩以『Smilax』密電代號，處理最後階段蔣、甘「外蒙案」的秘密談判。克萊恩在受命甘迺迪的談判底限後，即刻與蔣經國進行秘密的協商，焦點其實還是如何在國府所要求之甘迺迪「不顧一切，拒匪入會的公開保證」與美國所希望之「個人承諾」間，達成妥協，經過三天的努力溝通，克萊恩在十月十四日電函彭岱，呈報他和蔣故總統所達成的談判折衷草案：

　　一、聯合國大會對外蒙入會表決，美國不投贊成票（得棄權表示）。

　　二、甘迺迪總統在快速且適當的時間內，發表以下的公開聲明：

　　　　『美國一秉認同中華民國是代表中國惟一合法政府並支持
　　　　　其在聯合國的一切合法權益。美國堅決反對中共進入聯合國
　　　　　及其下轄一切組織。』

---

[19]　M.Bundy, "Message from the President's Special Assistant for National Security Affairs (Bundy) to the Chief of the CIA Station in Taipei (Cline) ", Washington, October 11, 1961, FRUS, 1961-1963, Vol. XXII , China, pp.154-155.

[20]　聯合報國際新聞中心，Ray S. Cline，我所知道的蔣經國，頁一三九～一四〇。

三、甘迺迪總統當經由外交管道給予蔣中正總統以下的私人保
　　證：『我希望向閣下保證：美國將行使否決權，俾必要及有
　　效的阻止中共進入聯合國。』
四、中華民國承諾不行使否決權於外蒙入會。[21]

　　就內容而言，克萊恩權衡輕重，巧妙折衷以「公開聲明」表達美
國政府對台北聯合國地位的支持，因為「按中國人習慣，重大事件，
私人的保證亦不足昭炯信，而究其實，這些公開的保證或聲明，不過
是美國先前既定政策及立場的一再重複。」至於台北要求甘迺迪「美
國不惜行使否決權以保中華民國在聯合國席位」承諾，則以「個人方
式」而非美政府地位公開發言，但加以外交管道保證，滿足華府與台
北雙方需要。克萊恩為蔣緩頰，希望甘迺迪體諒蔣介石：「蔣介石受
國內保守人士的壓力，他必須說服政府內要員同情他不阻止外蒙入會
的決定，蔣甚至考慮犧牲他最重要的行政院長以辭職向國人謝罪。」，
最後克向彭岱表示「如果十二個小時內接受此一協商草案，蔣介石會
在十五日承諾不反對外蒙入會案，我建議立刻命令莊萊德，作為甘迺
迪私人保證傳遞使者。」[22]

　　十五日，甘迺迪與彭岱僅稍事修改克萊恩之外蒙協商草案，即電
克萊恩完全接受。十六日，克回電傳達「蔣介石感謝甘迺迪阻止中共
入會的努力，欣慰兩國在此一雙方共同利益的政策觀點的一致。蔣也

21　Ray S.Cline, "Message from the Chief of the CIA Station in Taipei(Cline) to the
　　President's Special Assistant for National Security Affairs(Bundy), Taipei, October
　　14, 1961, FRUS,1961-1963,Vol. XXII, China,p.156.
22　ibid., p.157.

表達對這次經由私人（克萊恩）管道的運用得宜及與甘迺迪總統的坦誠溝通，表示高度肯定。」[23]

同日，莊萊德依照魯斯克電文將克萊恩所擬之私人保證，在十七日，照本宣科當面向蔣故總統呈報，並表示甘迺迪將在十月十八日作出公開聲明。[24]蔣亦「保證中華民國在外蒙案將以棄權表示，亦望美國同樣示之。」至此，中美外蒙談判方大勢底定。「外蒙案」的妥協，連帶「重要案」亦迎刃而解，我外長沈昌煥於十一月二十一日表明：「外蒙入會，將不作否決權之準備，確保聯合國席位乃為我最大目的。對於著有成效之緩議案，美國既已決心放棄，我方只得勉強同意，支持重要案。」[25]

經由克萊恩的穿梭協調，甘迺迪承諾不惜以否決權保障我聯合國會籍，換取台北同意不否決外蒙入會，也接受放棄緩議案改採重要問題案安排；等於宣佈五〇年代以來拖延戰略的結束，中國代表權問題將由 2/3 多數會員同意的「重要案」為主打策略，我國聯合國會籍保衛戰也開始進入第二階段。經過「雷國計畫」及外蒙案的協調，克萊恩取得了甘迺迪和蔣介石的肯定，雙方都推崇以中情局管道作雙方協調重要政策有其效果及必要，十月二十五日，最後編號之『smilax』

---

[23] Ray S.Cline, "Message from the Chief of the CIA Station in Taipei(Cline) to the President's Special Assistant for National Security Affairs(Bundy), Taipei, October 16, 1961, FRUS, 1961-1963,Vol.XXII, China,p.157.

[24] D. Rusk , "Telegram from the Department of State to the Embassy in the ROC", Washington , October 16 ,1961, ibid., p.160.

[25] 外交部情報司編，沈部長昌煥言論選集（臺北：外交部情報司，民國五十五年），頁三六～五九。

電文中，信心滿滿的克萊恩告訴彭岱「蔣介石態度相當肯定經由中情局的管道作雙方協商方式，尤其是在重大需要之時。」[26]

第二節　中法建交之雙重承認協調

儘管美國從未承認，但事實上，美國在一九七二年二月二十八日正式簽署尼、周「上海公報」接受「一個中國」原則以前，美國對華係完全「隱性」執行兩個中國政策，反映在聯合國問題上，「雙重代表」案就是此一政策的延伸性產物，直到一九七一年，我聯合國會籍最危急之時，方才圖窮匕現。

主掌五、六〇年代美國外交大計之兩大國務卿之一杜勒斯，表面上看，對台海問題看法是一直堅信中共乃蘇聯附庸，絕不可對共黨示弱，為保衛台灣沿海島嶼，美國應不惜一戰。但依近期資料研究則漸有不同看法，如知名學者唐耐心（Nancy B.Tucker）指出：「杜勒斯十分謹慎，根本無意捲入台海內戰，而且他認為是蔣介石有意擴大戰爭，目的是把美國拉下水，正是一九五四及五八年兩次台海危機改變了杜勒斯全力支持台北政府的想法，轉而支持『兩個中國』政策。」[27]，古辛（Michael Guhin）則定位杜勒斯是基督教現實主義者，「從本質上看，杜勒斯非但不是什麼法理道德主義者，他根本就反對以這

---

[26] Ray S.Cline, "Message from the Chief of the CIA Station in Taipei (Cline) to the President's Special Assistant for National Security Affairs (Bundy), Taipei, October 25, 1961, FRUS,1961-1963,Vol.XXII, ibid. , p.159.

[27] Nancy B. Tucker, "John Foster Dulles and the Taiwan Roots of the Two Chinas Policy" in John Foster Dulles and the Diplomacy of the Cold War , Richard H.Immerman, Ed.（N. J. : Princeton University Press, 1990）, pp. 235-262.

種態度來對待外交問題。」[28]柯恩（Warren I.Cohen）也指出：「一九五八年九月杜勒斯就表示，他根本不信蔣介石收復大陸的能力，美國也不會承諾幫助蔣完成此一可能。」[29]杜勒斯相信遠東問題的解決方程式就是兩個中國的實現。而貫徹其理念作法之一就是中美共同防禦條約的簽定，除排除金馬外島於台灣的防禦範圍之外，又可節制國府對大陸軍事活動，用以作為栓住蔣介石機制（mechanism to control Chiang），如此一來兩岸劃開，杜勒斯撒下兩個中國（de facto two-china）種子。[30]

從魯斯克在其回憶錄【如是我見】（As I Saw It）一書中，更明白道出杜勒斯兩中構思的淵源：「在一九五三年，就任國務卿前，杜勒斯即投書生活雜誌，支持兩中政策。五五年末，杜要我請益眾議院外交委員會主席華特喬治（Walter George）是否支持一個新的兩中對華政策。」，依魯斯克所說杜勒斯一個新的兩中政策具體計畫，內容上就是有關聯合國「中國雙重代表權」安排：

（1）贊成中共進入聯合國；

（2）取消對中國大陸的禁運；

（3）設置台灣共和國；

（4）中共、日本、印度為安理會常任理事國，台灣為一般會員國；

---

[28] Michael Guhin, "Dulles's Thought on the International Politics", ORBIS, vol. XIII , (Fall 1969), pp.865-889. & Michael Guhin, John Foster Dulles: A Stateman and His Times (N.Y. : Colombia University Press, 1972), pp. 3-4.

[29] Warren I. Cohen, American Response to China (N.Y. : Colombia University Press, 1990），p.186.

[30] Nancy B. Tucker, "A House Divided: The United States, the Department of State, and China" in The Great Powers of East Asia, 1953-1960, Warren I. Cohen and Akira Iriye, eds. (N.Y. : Colombia University Press, 1990), p.45.

（5）美國保衛台灣承諾不變；

（6）國軍撤出金、馬外島；

（7）台灣國成立後，應尊重在台大陸籍人士，返鄉意願；「儘管艾森豪反對中共進入聯合國，但杜勒斯卻不顧所有政治上困難，深深為兩個中國或雙重代表政策所吸引。」[31]

　　一九六〇年代初，中蘇邊境衝突及路線爭議，更鼓勵美國一切政策施為，應避免刺激中共，以防中共與蘇聯修好。依魯斯克回憶錄中所述一九六一年甘迺迪甫上任，即在一私下會談中對魯表示：美國應立即進行一個全新對華政策的檢討；魯斯克也承認長期浸淫中國事務生涯裏，自身一直是兩個中國政策信仰者，甘迺迪與魯斯克對華政策上完全同意美國應予台北與北京雙重承認。但終甘迺迪時代，並沒有大膽的兩個中國政策發展，[32]甚至經「外蒙案」後，甘還承諾國民政府美將不惜以否決權使用來保護台灣在聯合國席次。雖然如此，但在甘迺迪政府，由魯斯克領導國務院時代開始，有一群極力主張「兩個中國」、「雙重代表」政策的官員勢力集結，如：國務次卿包爾（Chester Bowles）、遠東助理國務卿哈里曼（Averell Harriman）、駐聯合國大使史蒂文生（Adlai Stevenson），積極進行聯合國雙重代表權的實現。[33]

31　D. Rusk, As I Saw It, p.285.

32　D. Rusk, As I Saw It, p.283. 魯斯克將甘乃迪的謹慎作為，歸因於（一）六〇年大選的險勝，甘迺迪深以自己來自人民選舉委任（mandate）的不足為戒（二）國內保守勢力強大加上麥卡錫主義殷鑑不遠，使甘乃迪不願和中國遊說團（China Lobby）及國會友華議員產生政治衝突（三）華沙談判一直沒有進展，流於各說各話，中共在東南亞依然好戰成性（四）台北與北京都堅決反對兩個中國。

33　Jean S.Kang, Evolution Towards Change in U.S.-China Policy, 1961~1963

　　一九六四年，值詹森政府在位，國際主客觀情勢變化，促使聯合國中國代表權問題日益傾向台北與北京能同時並存聯合國。一月十五日，美國務院得自駐法使館報告：「法國總統戴高樂與其內閣決定承認中共，據信將在一月二十七日正式宣佈。惟值得注意是，戴高樂不接受與北京建交則必須與台北斷交條件，除非台灣主動之。」[34]經當日魯斯克報告後，詹森相當氣憤，咆哮戴高樂不顧美國利益的『特立獨行』外交，因為法國的承認中共，無異對詹森正在越南所進行的「熱戰」大澆冷水，正考慮要採取強烈抗議時，國家安全助理彭岱卻提出不同的思考方向予詹森「法國政府與中共建交，雖然條件上無欲與台北斷交，但這是戴高樂預計台北會主動斷交，而使其免於國際道義理虧之責，今使蔣介石同意不主動與法斷交，由中法接手此一燙手山芋，讓中共傷腦筋，也許可以阻撓中法建交。」[35]詹森聞之大表同意，遂交予魯斯克辦理。也許彭岱的意向只是替憤怒的詹森出一口氣，但國務院的執行卻望法國創造中國問題之「雙重承認」實例出現，為一直設想的兩中政策鋪路。

　　時間緊迫下，國務院立刻於隔（十六）日，為詹森草擬致蔣介石信函，其中：將法國預定於二十七日承認中共情報，告訴正蒙在鼓裡的蔣，並謂經努力阻止無效後，詹森正式要求蔣不要主動與法斷交，製造中共困窘。十八日，魯斯克緊急召見我駐美大使蔣廷黻，再度表達「法中宣佈建交後，台北當局切忌躁進與法國斷交，希台北克制反法的言辭與活動，應利用法、台仍無斷交狀態下，考驗中共決定是否

　　（Cambridge: Harvard University Press,2001），p.13.

[34]　D. Rusk, "Telegram from the Department of State to the Embassy in France" ,Washington, January15, 1964, FRUS,1964-1968, Vol.XXX, China,pp.1-2.

[35]　"Editorial Note", ibid., p.3.

進行互換大使的行動。」[36]魯斯克並向蔣大使保證「美國政府執行此一策略，決無心存『兩個中國』之企圖。」蔣大使在壓力下，僅以個人看法認為在法國現今仍不接受台北駐法大使情形下，倘中共亦無大使派駐巴黎，則美國計畫也許有其可能性。

對國府的遲疑態度，二十四日，魯斯克在召見蔣大使時，軟硬兼施，先以極度不滿言詞表示「對國府高層處理法中建交方式，感到非常失望與困擾。」[37]再改以「著眼聯合國的情勢，中共已有四十二個聯合國會員國承認，法國之承認中共不但將影響到非洲法語系國家動向，對加拿大、日本及比利時等也有不良影響，台北若悍然主動與法斷交，是中共在國際外交的突破。」。[38]然而在蔣故總統眼裏，美國的作為根本就是兩個中國的實踐，三年前的「外蒙」案中，台北已退讓立場，如今要違背「漢賊不兩立」國策，更是難以接受。

中美談判又陷僵局的情況下，距（二十七日）法國承認中共，僅剩最後協商的三天裏，國務院轉向已升任中情局副局長的克萊恩求助，克萊恩回憶「一九六四年某日，我正赴歐洲公務時，突然接獲遠東助理國務卿哈里曼拍電，指示我迅速趕赴台灣，勸告蔣介石在戴高樂宣佈與中共建交時，不要與法斷交。否則，戴高樂等於獲得方便之門，且不會受到背棄舊盟友的譴責。我與蔣介石父子的交情，顯然是

---

[36]　D.Rusk, "Telegram from the Department of State to the Embassy in the ROC", Washington, January 18, 1964, FRUS, 1964-1968, Vol.XXX, <u>China</u> , pp.8-9.

[37]　D.Rusk, "Memorandum of Conversation: Japanese Political Questions; French Recognition of Communist China", Washington, January 24, 1964, ibid., p.10.

[38]　ibid., p.12.

被選派負擔這個棘手任務的原因。這件工作與情報活動全然無關，純粹借重我在台灣積聚的經驗。」[39]

根據一月二十五日由國家安全會議幕僚柯默（Robert Komer）呈報詹森的備忘錄上資料顯示，克萊恩是在一月二十四日接到指示，開始出發前往台北，柯默報告詹森「已派遣克萊恩赴台北作後門（backdoor）任務，說服蔣介石，並指示克萊恩依照魯斯克與蔣廷黻大使談話，採取更強硬路線，可恐嚇性暗示：如果中華民國政府不配合，日後聯合國事務上，我們也許不再與其緊密合作。克萊恩此次的任務定位僅限於傳話，不授權他作任何談判或交涉。」[40]

與一九六一年外蒙案相較，克萊恩此番出使不論授權及裁量權限，皆相去甚多，代表國務院體系的哈里曼與包爾在一月二十六日的電話紀錄顯示：「中情局長麥康（John McCone）認為國務院要克萊恩傳達予蔣介石的信息太過蠻悍，有違外蒙案甘迺迪的對台承諾。更加不滿魯斯克與柯默決定克萊恩任務定位僅限傳話，不得擅自談判作主，亦不以為然駐華大使莊萊德必須全程參與。」[41]從這次任務的執行全由國務院之魯斯克、包爾、柯默及哈里曼「兩個中國」政策支持者所把持，可見國務院極不願見甘迺迪時代由中情局管道（*CIA channel*）協調中美重大外交事例，再度重演，在最後一刻，借用克萊恩不過是情非得已之計。

---

[39]　聯合報國際新聞中心，Ray S. Cline，<u>我所知道的蔣經國</u>，頁一六○～一六一。

[40]　R.W.Komer, "Memorandum from Robert W.Komer of the National Security Council Staff to President Johnson", Washington, January 25, 1964, FRUS, 1964-1968, Vol.XXX, <u>China</u>, pp.12-13.

[41]　J. Wright, "Telegram from the Embassy in the ROC to the Department of State", Taipei, January 27, 1964, ibid., p.13.

　　為使克萊恩趕赴台北，美國空軍竟先後派出三架 C-130，在日本途中還險生空難，才將克萊恩送到台北，蔣經國親赴接機這位一九六二年四月離台返美的老友，二十七日早上八點，克、蔣開始三次的協調溝通，蔣介石提出：「法國宣佈承認中共後，國府在壓抑對法國抗議及容忍美國「兩中政策」的曖昧期間，美國將作何努力？」克萊恩回以：「台北容忍期間，華府當盡可能製造道德及政治壓力，使法中無法建立全面的外交關係－意指維持中、台在巴黎皆無派駐大使的狀態－，降低其他國家的跟進，不致因此予中共擴大外交勢力機會。」[42]克萊恩委婉向蔣介石分析中華民國如果能在法中建交過程中，讓戴高樂負完全背信責任，才能取得美國未來更大的支持。克萊恩也照本宣科的安撫蔣介石美國非欲執行兩個中國政策，只是希望蔣介石留在戰場與戴高樂週旋到底。

　　就在法中宣佈建交前之最後一刻，蔣介石向克答覆：「中華民國政府原則上，願意在法國宣佈與匪建交時，不立即表示中止外交關係舉動；但是一旦法匪互換大使，則中華民國將立刻宣佈斷絕與法外交關係。」[43]蔣經國對克萊恩形容此一決定，心境是「強顏歡笑，心中沉重」（We may smile on the face but our hearts are heavy。），克萊恩報告中也帶著極大同情反映蔣介石心情，對這位已屆垂暮之年，痛心美國一再拒絕其光復大陸使命，認為中美核心問題還是在美國應支持國府反攻大陸，則一切亞洲問題都可迎刃而解。

---

[42]　J. Wright, "Telegram from the Embassy in the ROC to the Department of State", Taipei, January 27, 1964, FRUS, 1964-1968, Vol.XXX, China ,p.14.

[43]　ibid.

　　當日傍晚，法國正式宣佈稱承認中共，公報中，戴高樂的確省略今後法台政府關係部分，雙方建交公報僅言「中共與法國經共同協議建立外交關係，雙方已協定三個月內互派大使。」。同時，蔣經國也將台北預備回應的聲明草稿，交予克萊恩過目，台北迴避了過往慣例的「漢賊不兩立」態度，對斷交採取了不明確的彈性態度。[44]隔（二十八）日，僅抗議「法國在與中華民國維持正常關係時候，遽然宣佈與匪偽政權建交，嚴重損害中華民國權益且違反聯合國憲章基本精神。」。國府之被動配合，使戴高樂進退維谷於美國設計，眼見「雙重承認」可能成立下，二月十日，戴高樂釜底抽薪遣特使面見蔣介石，告知巴黎決定接受中共駐法大使之決心，蔣介石認定此舉足以昭世，法國承擔台法斷交的責任，並向美表示已盡最大努力配合美國的安排，遂正式宣佈與法斷交。[45]這段維持了兩週的雙重承認也宣告結束。

　　克萊恩在「外蒙案」及法中建交，兩次勸退國府在「國策」上的堅持，無疑鼓舞了魯斯克為首的兩中集團加快實驗聯合國「中國雙重代表權」之可行性。打鐵趁熱，十一月十八日，美國駐聯合國大使史蒂文生向詹森提出只有「兩個中國或雙重代表是最好解決辦法」，[46]國家安全事務特別助理彭岱也提醒詹森：「如果要貫徹甘迺迪不惜保護臺灣在聯合國席位承諾，恐怕美國得每年都使用否決權。」[47]一九六五年，排我納匪之「阿爾巴尼亞」案在該屆聯合國大會上雖未達 2/3

---

[44]　ibid.,p.15.

[45]　J. Wright, "Telegram from the Embassy in the ROC to the Department of State", Taipei, February 10,1964. FRUS, 1964-1968, Vol.XXX, China , p.22.

[46]　S. Belk, "Memorandum for the Record: Meeting with the President on United Nations Matters", Washington, November 18, 1964, FRUS, 1964-1968, Vol.XXX, China, p.126.

[47]　ibid.

門檻，卻首度打成 47：47 平手，國際支持中共入會聲浪大漲，美國決心測試雙重代表之可能性；一九六六年四月底，美國接任史蒂文生駐聯合國代表高德柏（Arthur J. Goldburg）建議詹森，採取迂迴方式，鼓勵加拿大於本屆大會提出「繼承國家」（Successor State）決議案：「同時承認北京與台北都有在聯合國代表權」[48]

同年四月初，克萊恩在結束包含台北的亞洲之旅後，提出有關他與中華民國官員包括國府駐澳大利亞大使陳之邁的「中國代表權問題」的觀察報告，克萊恩分析了：

一、美國只要全力支援，預計台灣今年聯大表決，仍可以三或四票之差，阻止中共入會。

二、美國應體認如果中共成功入會，不只是對中華民國的羞辱，更是美國威信的失敗。

三、預計台北為保衛席位，最終還是會在「維持最低且必需的姿態（the minimum necessary gesture）下，接受中共取得聯合國會籍的策略（tactic）」，但美國必須真誠說服蔣介石這樣的安排是為了維護中華民國的利益，而非因美國要避免難堪。[49]

---

[48] Arthur J. Goldburg, "Letter from the Representative to the United Nations (Goldburg) to President Johnson", New York, April 28, 1966, ibid., pp.293-294. 參考芮正皋，「參與聯合國及其週邊組織的研析」，問題與研究，第三十二卷第十期，民國八十二年十月日。頁二二～二三。其論調架構為：中華民國自一九二一年即為一獨立主權國，一九四五年依據開羅宣言及波次坦宣言收回台灣澎湖，一九四九年遷至台灣繼續行使政權。中華人民共和國建立的事實並不等同中華民國被併吞、消滅或取代事實。故兩國是對等並無隸屬關係的政治實體。芮謂之為中共之「虛擬主權」或「階段性兩個中國」。

[49] Ray S. Cline, "Memorandum for the Files:Ray Cline's Observation on Taiwan", Wahington, April 25, 1966, FRUS, 1964-1968, Vol.XXX, China, p.287.

克萊恩的報告第三點，道出美國接下來的「雙重代表」協商路線，只要把握耐心、誠懇，找出維持蔣介石尊嚴的戰術原則，國府最後還是會接受美國的安排。七月五日魯斯克訪問台北與蔣會談時，蔣答以：「國府將決不接受兩個中國與雙重代表安排，否則中華民國只有退出聯合國，此一立場毫無妥協餘地。」[50]魯斯克返回華府後，的確採納了「維持國府最低且必需的姿態」，乃從加拿大案改而支持義大利及比利時所提設立「研究委員會」來研究大會有關中國代表問題。儘管義大利以表面中立的「委員會設立」討論聯合國中國代表問題案，最後一定是同樣作出「雙重代表」的建議，但魯斯克認為這樣總比加拿大之「一中一台」提案那麼「激進」（radical）來得好，且較能為亞洲盟邦「理解」（palpable）。[51]為保持蔣介石尊嚴，十一月二十七日，美總統詹森親函蔣剴切陳明：「我人此時無法預言，該項提案是否能通過，但即令通過，余認為貴國退會之舉，將為貴我兩國之悲劇，其後果對於中國及自由世界在亞洲之形勢，將極為深遠而充滿危險。」[52]

台北在無奈之下，十一月二十九日駐華大使馬康衛獲國府告知：「如果義大利案通過，台北不會退出聯合國，惟將退席（walk-out）以示不滿。」，馬解釋「蔣介石無法不作任何表示，否則不足以向其

[50] W. McConaughy, "Telegram from the Embassy in the ROC to the Ddepartment of State", Taipei, July 5, 1966, ibid., 350.

[51] D. Rusk, "Memorandem from Secretary of State Rusk to President Johnson", Washington , Novemebr 5, 1966, ibid., p.419.

[52] 〈美國駐華大使馬康衛上總統蔣中正書譯文〉（民國五十五年十一月二十七日），《忠勤檔案》，檔號 3010.82/5044.01-67，「中美」，編號六二，《蔣經國總統檔案》，國史館藏。

人民交待。」[53]，魯斯克終於成功壓迫國府「默許」由美國支持但由義大利發起之「研究委員會」案，首度提出「雙重代表」案於當年聯合國大會表決。[54]較一九七一年所接受的「雙重代表權案」，台北事實上在五年之前已默許之。

　　由克萊恩在一九六四年及六六年分別在「法中建交」及「研究委員會」案上所作觀察分析，協調、暗助雙重代表權的安排，克萊恩自不昧於情勢，知曉此時中共國際地位已今非昔比，加以第三世界亞非新興國家的不斷獨立出現，我消彼長，中華民國勢必需要重新解釋其「國策」或調整國際空間的因應之道，務實的接受雙重代表權。

第三節　台北接受雙重代表權之解套

　　國際姑息逆流，共產勢力猖獗，充分呈現在一九七〇年十一月二十日第二十五屆聯合國大會「中國代表權問題」表決中，「阿爾巴尼亞」（排我納匪）案雖然在「重要問題案」限制下，未能取得 2/3 絕對多數支持，卻首度突破 1/2 多數支持。這意謂美國在明年聯合國大

---

[53]　W. McConaughy, "Telegram from the Embassy in the ROC to the Department of State", Taipei, November 29, 1966, FRUS,1964-1968, Vol. XXX ,China ,p.468.

[54]　一九六六年十一月二十九日聯合國大會有關中國代表權案將三決議草案交付表決，「重要案」先以六十比四十八票通過，「排我納匪」案只有四十六比五十七否決，而義大利等六國設立研究委員會案也以三十四比六十二票否決。重要問題案策略仍然有效維持我國聯合國席位，暫時渡過六六年危機。義大利研究委員會案失敗主要因素是（一）中共開始文化大革命，國際對中共仇外及情勢混亂情形下，未便驟予支持。（二）由於美國介入越戰日益升高，美國急需加強與台灣軍事合作，如：情報分享及建立台中空軍基地（三）雙重代表案，中共堅決反對，台北也是「漢賊不兩立」，雙方毫無妥協的空間。

會的「中國代表權問題」應屬程序或實質問題表決上，亦將失去過半數會員國票數用以支持是「重要問題」的成立，中共入會已是勢在必得。

面對未來的變局與挑戰，十一月二十五日，蔣故總統即電示外交部長魏道明，我今後聯合國代表權基本政策—「漢賊不兩立」—為我交涉之最高指導原則，並明示對雙重代表案之排斥，未來仍將堅持用「重要問題案」對決「阿爾巴尼亞案」，絲毫無妥協的態度：魏部長：密。如美方與我商討明年代表權之處理問題我對漢賊不兩立政策決難改變。無論兩個中國或一中一台之謀略皆是枉費不成。答之。如美國欲保持我政府之權位只有繼提重要問題案之一法……請轉告劉團長，周大使為要。中正。敬。[55]

相較國府以不變應萬變的態度，一九七一年一月十八日，美國國家安全會議完成【美中聯合國會籍問題全面研究報告】[56]敲定「雙重代表案」是美國政府解決中國代表權問題之最後方案。三月九日，美官方遣特使布朗（L.Dean Brown）來台與我次長楊西昆會晤，首度傳達雙重代表構想，席間布朗表示明年重要問題案策略過關可能性不大，並試探性提出雙重代表構想，內容主要有三點：1.支持中共入會。2.確保我代表權。3.安理會席次則讓予中共。楊次長則當場對布朗表示兩點：一、對布朗提案我方保留答覆。二、重要案仍應使用。同時，我方也並不認為布朗所提，代表美政府之正式立場。[57]

---

[55]　〈總統蔣中正致外交部長魏道明敬電〉，《籌筆》（戡亂時期），第三十六冊，三二目，編號17759，《蔣中正總統檔案》，國史館藏。

[56]　詳細原文可見：涂成吉，<u>一九七一年美國設計聯合國中國雙重代表權之研究</u>（台北：淡江大學美國研究所碩士論文，民國九十三年），附錄一。

[57]　〈關於聯合國中國代表權問題中日東京會談錄〉，《忠勤檔案》，檔號3010.82/5044.01-045，「聯合國」，編號二，《蔣經國總統檔案》，國史館藏。

　　為迅速取得台北正視美國嚴肅態度及接受雙重代表案，四月二十三日，尼克森再遣私人特使墨菲（Robert Murphy）來台與我蔣故總統中正正式會商今秋聯合國中國代表權問題因應方案，按美國國家檔案局近期解密關鍵資料【蔣墨會談紀錄】（Summary Record of A Conversation Between President Chiang Kai-shek and Mr. Robert D. Murphy）中，[58]墨菲傳達美方意見如下：

(一) 今秋聯大，依目前阿爾巴尼亞案（美國估票為五十六：四十八）的優勢，倘一如以往專憑重要案以保全我代表權案，恐有不足之處，故美方構想改提雙重代表權案。

(二) 該雙重案一方面依會籍普遍化原則准許中共入會，另一方面基於我國為聯合國創始會員，對我在聯合國之席位加以保障。

(三) 該項提案將不涉及我在聯合國安理會席位問題，萬一大會有對此修正案提出，美方將設法加以阻止。

　　墨菲大使再三保證，美國沒有得到蔣故總統同意前，美國不會也無法對雙重代表案驟下決定，並希望蔣故總統能對此一計畫給予明確看法，俾及早因應未來挑戰，蔣則回應國府立場為：

(一) 美國對今秋聯大中國問題表決，認為重要案無以為繼，而思有以新方案應付，我方自能深刻體諒。

(二) 此一新方案絕不能涉及我在安理會之席位，否則我「寧為玉碎，不為瓦全」，不惜退出聯合國。

(三) 不論成敗與否，重要問題案仍需提出。

---

[58] 詳細原文可見：凃成吉，一九七一年美國設計聯合國中國雙重代表權之研究（台北：淡江大學美國研究所碩士論文，民國九十三年），附錄二。

　　按當時在場擔任翻譯之沈劍虹大使回憶：蔣故總統對這項計畫「雖然不滿意但表示他可以勉強同意，但如果此案真的提出，中華民國將投票反對，但我們可以不要求所有友邦都投票反對。」，蔣說「這是我們在會籍上與美國合作的極限。」[59]

　　從「漢賊不兩立」的國策指示到墨菲會談後，「雙重代表案」原則上已為台北默許。歷經外蒙案及法中建交案協調，最受國府兩蔣總統信任的克萊恩，眼見美國多年醞釀的兩中政策亦將付諸實施，雙重案將為美國政府公開的政策，至此，也奉勸蔣經國：「依我看美國人不可能無止境宣稱只有一個中國，以及中國政府只有一個，那就是在台灣的中華民國。從中華人民共和國控制整個中國大陸，在一九四九年成立事實政府的角度來看，這種作法違反國際現實的理念。職是之故，我從一九七〇年代便開始公開表示，中國文明與文化只有一個，但就事實存在的政府來看，卻有『兩個中國』。不幸的是，為了政治顏面，台北和北京雙方都拒絕這種看法，因為他們各自主張自己是代表整個中國的合法政府。蔣經國從未因我提出這個經過謹慎定義的『兩個中國』而責怪過我。」[60]

　　由此一談話內容可見克萊恩是支持「雙重代表權」方案，克萊恩也企圖在蔣故總統法統的堅持及國際現實壓力下，找出政治上接受「兩個中國」，但文化思想上則仍維持「一個中國」的論述出路，以突破國府在國際生存日益狹窄的困境。

　　蔣、墨會談中，敲定才新任命之沈劍虹大使，作美台「雙重代表權」案持續協商的代表。根據當時我外交部長周書楷透露，我駐美大

---

[59]　沈劍虹，使美八年紀要-沈劍虹回憶錄（台北：聯經，民國七十一年），頁五二。
[60]　聯合報國際新聞中心譯，Ray S. Cline 著，我所知道的蔣經國，頁一七六～七。

使習慣在菹行華府到任後，第一個拜訪、請益駐美工作意見者就是克萊恩，周也自承「一九六五年他接任蔣廷黻駐華大使之職，首先即就教於克萊恩，克所贈予『軟性推銷』（soft sell tactics）是他駐美工作奉行不渝法門」。[61]五月中，沈履新華府，十九日，沈也不例外，立刻向這位周書楷口中處理美台複雜事務「最具技巧與敏銳」者（super skill and subtlety）克萊恩（此時已調任國務院情報研究處主任），請益聯大「雙重代表權」問題。深曉中國國情，兩岸皆奉「一中民族」正朔思想的克萊恩希望國府從「意識型態」（Ideology）立場，改以「策略」（Strategy）性看待雙重代表案，建議「賊來我不走」，交由中共堅持本身「國策」立場而拒絕進入聯合國。沈將此番談話內容傳達如下：台北外交部次長鈞鑒：前美國中情局駐台代表，昨應邀來談，對如何維護我合法地位之策略，克氏深明我政府立場，因國策關係自未便更改。克氏續稱：今秋阿爾巴尼亞案勢必重提，最好由美國商請比利時提一以過半數即可通過之准匪入會案，另由日本提一確保我席位案，至於此案通過，共匪亦必因我席次獲日本案之確保而拒絕入會，此項策略如執行順利，或可延用若干年云。[62]

　　克萊恩點破中台雙方皆主惟一中國法統代表下「誓不兩立」的立場，只要台北默許「雙重代表案」過關，中共就不接受入會，連帶安理會席位表決也不會發生，使結果仍符合我「漢賊不兩立」之結果。從未來演變分析顯示，克萊恩此一構想確實大加國府願意採用「雙重代表案」一博的決心，在日後，當尼克森與季辛吉一再背信、壓迫台

---

[61] S. K. Chow, "Letter from S.K. Chow to Ray Cline", October 5, 1980,Folder 3, Box 19:General Correspondence C-D, The Papers of Ray S. Cline, Library of Congress.

[62] 〈沈劍虹致外交部部次長電一一八號〉（民國六十年五月二十日），《忠勤檔案》，檔號 3010.82/5044.01-045，「聯合國」，編號二，國史館藏。

北在條件退讓的會商關鍵時刻中，克萊恩的提議，為美方屢屢提及，勸誘國府接受雙重代表案。

五月二十七日，沈大使與國務卿羅吉斯（William Rogers）首度晤面，詢及安理會席次問題時，羅表示美國將以程序理由反對，認為此乃安理會本身權責內事，與大會無關，且巧妙回以只要雙重代表案有效通過，中華民國繼續留在聯合國，預料中共勢必拒絕入會，如此安理會問題可說形同沒有發生。[63]

經四月底蔣墨會談及克萊恩及羅吉斯兩位國府友人的「雙重案」說明，國府深切期待與美合作下，但自此三個月內，卻遲遲不見華府後續行動。七月十五日，尼克森爆炸性宣佈美國國家安全顧問季辛吉已秘密訪問北京，遂行與中共「關係正常化」，立即衝擊聯合國中國代表權問題情勢。

七月十九日，沈大使聽取羅吉斯有關美國聯合國政策調整談話，羅表「如採雙重代表案卻不與中共安理會席次，亦難獲通過，如貴國願放棄安理會席次，而只為聯大之會員國，則尚有辦法可想。」[64]

七月二十三日美駐華大使馬康衛晉見行政院副院長蔣經國，重覆沈羅會談話要點並希望我方僅快接受放棄安理會席位決定：「吾人深知貴國作此決定非常痛苦，但若首肯，可不必公開聲明，目前時間無多，一俟同意，請儘早通知，以便展開活動。……如果中華民國不退

---

[63]　〈沈劍虹致外交部電八三四號〉（民國六十年五月二十八日），《忠勤檔案》，檔號 3010.82/5044.01-045，「聯合國」，編號二，《蔣經國總統檔案》，國史館藏。

[64]　〈駐美大使沈劍虹報告美匪關係發展所作因應措施影本〉，《忠勤檔案》檔號 3010.82/5044.01-38「匪偽外交」，編號三《蔣經國總統檔案》，國史館藏。

出聯合國，中共可能因其先前所揭示之條件，而拒絕進入聯合國，則一切均照舊。」[65]

在尼克森催促下，八月二日，美國務院正式發佈美國對聯合國中國代表權政策：「美國將於今秋在聯合國大會中支持給中華人民共和國席次的行動。同時美國亦將反對任何排斥中華民國，或用不同的方法剝奪它在聯合國代表權的行動。」[66]

中共自美國八月二日聲明後，開始一系列激烈反應，八月四日，中共新華社強烈抨擊「對羅吉斯所說的『兩個中國』、『現實情況』完全是幻想。世界上只有一個中國，就是中華人民共和國。」緊接著，八月九日，周恩來代表北京政府堅決表示：「如果兩個中國的局勢在聯合國內出現的話，中共將斷然不會接受聯合國之席位，縱使聯大屆時通過的提案，暗示臺灣地位仍然懸而為決，中共亦不會進入聯合國」。[67]

八月二十日中共外交部正式聲明：「中國政府鄭重聲明，只要在聯合國裡出現『兩個中國』、『一中一臺』、『臺灣地位未定』，中華人民共和國政府就堅決不同聯合國發生任何關係；中華人民共和國在聯合國的合法權利之被剝奪，是美國政府一手造成的。恢復中華人民共和國在聯合國的合法權利和把蔣介石集團驅逐出聯合國，這是一個問題不可分割的兩個方面。」[68]

---

[65] 〈蔣副院長與馬康衛大使談話紀錄〉，《忠勤檔案》，檔號 3010.82/5044.01-067，「中美」，編號六四，《蔣經國總統檔案》，國史館藏。

[66] 「美國對『中國代表權』聲明全文」，國際現勢，第八〇六期，民國六十年八月十六日，頁六～九。

[67] 「周恩來聲明與美國反應」，國際現勢，第八〇七期（民國六十年八月二十三日），頁六～七。

[68] 王正華編，中華民國與聯合國史料彙編：中國代表權，頁五七二。

在季辛吉秘訪大陸後，對尼克森已信心全失卻也無可耐何的台北政府而言，中共堅定的「誓不兩立」、「一中原則」態度，對台北政府反是一種「鼓舞」，因為這意謂著「克萊恩提議」有其可行性，這也成了國府最後願意孤注一試的憑藉。中共外交部發布聲明隔（二十一）日，我外交部北美司長錢復與美國大使館副館長來天惠洽談聯合國中國代表權案，談話中顯示：「我政府外交部已於昨（二十）日通電駐全球各地我國使館向駐在國政府進洽說明我盼各該政府投票支持雙重代表案。」[69]

至此，中美全面底定聯合國中國代表問題政策，展開最後之會籍保衛戰。[70]

按我沈大使所言，一九四九年以後，中華民國政府外交基本的兩大目標就是：維持中美關係及保衛聯合國席位。[71]克萊恩憑藉他對中華民國的熱愛，為維護中華民國在聯合國會籍的努力，使蔣介石和蔣經國在僵持猶豫時刻，採納了克萊恩對美國政策的解釋及警示，作出與其國策不同的改變決定。綜觀美台聯合國政策談判歷程，克萊恩在

---

[69]　〈外交部北美司長錢復上部長周書楷簽呈〉（民國六十年八月二十二日），檔號D2229「聯合國」，第一冊，《蔣經國總統檔案》，國史館藏。

[70]　中國代表權問題之一般辯論自十月十八日上午第一九六六次全體會議起至十月二十五日下午第一九七六次全體會議始行結束，主席繼將重要問題案付唱名表決，經以五十九票反對、五十五票贊成及十五國棄權而不能成立。易言之，中共入會案只要簡單多數就可通過，情勢已成了一面倒。中華民國代表團於是以程序問題要求發言，周書楷步上講台，以沈重心情宣布我國退出聯合國。中華民國代表團離會後，主席即以阿案全文付唱名表決，阿爾巴尼亞案以七十六票贊成，三十五票反對，大幅勝利，成為聯合國第2758號決議案：「恢復中華人民共和國的一切權利，並承認是代表中國在聯合國組織的唯一合法代表，並立即把蔣介石的代表從它在聯合國及其所屬一切機構中所非法佔據的席位上驅逐出去。」

[71]　沈劍虹，使美八年紀要─沈劍虹回憶錄，頁八。

六○至七○年代，當中華民國面對聯合國中國代表權問題需要新的方向與應變思維的關鍵時刻，都發揮了相當深遠的力量，經「外蒙案」，使甘迺迪承諾不惜以否決權保障我聯合國會籍，促成放棄緩議案改採重要問題案，保護了台北十年的會籍，到七一年四月二十三日蔣墨會談裏，當台美達成雙重代表案共識後，七月十五日，美中秘密正常化交往浮現檯面，尼克森在九月十六日國際記者會會上，正式要求國府連安理會席位也一併奉上，[72]台北願意策略性讓步，有很大一部分因為相信克萊恩所評估中共不會依此模式入會，面對尼克森與季辛吉準備不顧一切，全面發展與中共關係，中華民國這時惟一倚靠就是「克萊恩提議」發酵，寄望於接受雙重代表案，逼迫中共實踐其聲明承諾，憤不入會。

　　非洲農耕隊：面對每年的台北會籍危機，台美必須說服友邦支持不論是「緩議案」、「重要案」或最後「雙重代表案」，尤其六○年代以後，新興第三世界國家獨立如雨後春筍般出現，因此非洲及中南美友邦的投票背向益具決定性。為維繫這群雖然弱小卻為數相當的友邦投票支持，克萊恩利用他情報上力量作了另類發揮，「因為中情局頻繁的秘密軍事行動，常惹來第三世界國家製造不安的譴責，我考慮採經濟方式的秘密活動，鼓勵、協助其他盟邦，是不是比較高明。」[73]，克萊恩有見中華民國在土地改革及農業科學的卓越表現，希望善用這一成功經驗，而有了成立「非洲農耕隊」的啟發，「一九六○年代初，我曾和蔣經國，也和當時外交部長葉公超，討論過派遣中華民國技術

---

[72] 「尼克森總統談我在安理會席位」，國際現勢，第八一二期，民國六十年九月十七日，頁五。
[73] 聯合報國際新聞中心譯，Ray S. Cline 著，我所知道的蔣經國，頁一七二～一七三。

團到非洲和中美洲的一些小國或低度開發國家，協助他們學習農業方面的經濟技術。」[74]，計畫作法上，克萊恩認為大可由中情局提供基金，由中華民國出面協助美國想援助的第三世界國家，而中華民國可收鞏固與這些國家的政治與外交關係外，更可凸顯大陸毛匪政權民生經濟凋敝的政治效果。蔣經國立刻接受了克萊恩的構想，隨即在一九六一年成立「先鋒執行小組」，進行「先鋒計畫（Vanguard）」派遣農耕隊對非洲國家糧食需求，提供農業技術援助，一九六二年再擴大組織為「中非技術合作委員會」，[75]這項成功行之十年，由中華民國組成的這批外交先鋒部隊，只在美國極少資助下，靠著農業技術服務，成功鞏固了非洲友邦在六〇年代阻擋中共在聯合國排我納匪計畫。最明顯的效果呈現在一九六四年法國最終決定不顧一切與中共建交，並沒有發生預計非洲法語系國家跟進投共的現象，這大部得歸功於克萊恩所設議的農漁業技術團的長期友誼深耕。一九六六年三月，國務院遠東助理國務卿威廉彭岱進言魯斯克有關聯合國「中國代表權」問題時，彭岱批評「加拿大版的「一中一台」案，徒然刺激蔣介石，為一不智倡導（unwise initiative）時，即舉例美台合作之「先鋒計畫」在非洲改良農業，爭取友邦票源的功效，最足真正表達出美國為保衛台北席次的用心。」[76]在一九七三年邱池委員會調查中情局六〇年代失職行動（misdeeds）列舉報告中，克萊恩之「經濟秘密活動：

---

[74] Ray S. Cline, The CIA under Reagan,Bush..., p.204.

[75] 參見：財團法人國際合作發展基金網站，沿革篇：成立背景。at http://www.icdf.org.tw

[76] William Bundy, "Information Memorandum from the Assistant Secretary of State for Far Eastern Affairs (Bundy) to Secretary of State Rusk",Washington, March 14, 1966, FRUS, 1964-1968, Vol.XXX, China, pp.271-272.

台灣篇」，農耕隊計畫是惟一被肯定成功且具創意的 CIA 秘密作業。[77]
一九七二年，我國退出聯合國後，外交部合併「中非技術合作委員會」
改組成「海外技術合作委員會」（海合會）專責農漁業技術團之派遣
協助友好開發國家。經過長期經濟發展，中華民國累積大量外匯，開
始回饋國際社會，鑑於援外業務日益專業，為整合運用整體援外資
源，乃於一九九六年七月一日，正式成立今日之「國際合作發展基金
會」（國合會），繼續克萊恩當初構想運用駐外技術團幫助第三世界
友好國家農、漁業、醫療與經貿技術發展的理想，「農耕隊」計畫也
成了克萊恩在台北任內沿續最久，歷今仍然健在的外交遺緒貢獻。

　　我們發現克萊恩在台灣與大陸外交策略上，堅持「兩個中國」的
認真態度是最具一致性的，認為台北當局「寧為玉碎不為瓦全」的國
策立場乃徒勞無濟之舉，因為要將一個愈來愈強大的中國之存在事
實，完全以視若無睹的態度忽視，這不但是於長遠處有害且不符理性
的，這在美中建交後，卡特（Jimmy Carter）政府要完全忽視台灣的事
實存在，同樣也激起克萊恩的義憤，進而鼓吹「德國模式」的兩岸解
決方案。

　　固然基於美國國家利益與現實的處境，克萊恩一再勸退了蔣故總
統於中緬孤軍的撤離、外蒙古進入聯大等事件，維持了美台雙方關
係，不致過早決裂，但這些趨吉避凶之道，也正是兩蔣總統痛腳之處，
退讓並非心之所願，乃形勢比人強的不得已之作，誠如蔣經國對克所
言「不過強顏歡笑，心在淌血」。而一個認清事實，力圖及早因應，
採取漢賊並存之克萊恩與誓不兩立，皆主惟一正朔之兩岸，到底誰才

---

[77] See <u>Results of the 1973 Church Committee Hearings, on CIA misdeeds, and the 1984 Iran-Contra Hearings</u>, pp.11-12

是真正看清實情底相者？或許答案就在費正清所批評：克萊恩只就國際表象上看到兩岸分立的存在，卻忽略了中國歷史背後的「一個中國」民族大一統上的力道。

第六章　克萊恩在台灣反攻大陸之角色與衝突

　　雖然自五〇年代韓戰起，蔣故總統無時不望「反攻復國」，但不論杜魯門或艾森豪政府自始對國府光復大陸此一渴望，一直是採取「迴避、閃躲」應付；[1]非不得已，一九五四年則以中美共同防禦條約與換文，用以「栓住」蔣介石的反攻復國大業；[2]一九五八年台海危機中，杜勒斯與蔣介石聯合公報中，更進一步限制國府承諾不以武力光復大陸。

　　外蒙案協調時，克萊恩就建議甘迺迪改變以往美國政府對反攻大陸一直「迴避、不理」之消極性態度，改採「模糊策略」，同意台灣進行「偵察突擊隊」的大陸敵後工作，不但可安撫蔣介石，降低他萬一「自我行事」（go it alone）的風險；且美國運用模糊之意圖，相較與國務院「清晰政策」－美國應坦白拒絕蔣介石－，益可收中共因疑懼而採節制激進作為之效，而獲得甘迺迪採納。可見克萊恩支持蔣介石所採對大陸的強硬反共路線，但卻反對冒進，而以「模糊」下「小股部隊」的偵察行動折衷，隨勢而動。但主觀情勢的發展卻是「模糊策略」下，國府「漸進式」地擴大軍事規模，克萊恩只有繼續妥協以美國最急迫利益之越戰或中共核武問題配合國府用兵出路上的合作，直到一九六五年，詹森連任，國務院戰略清晰的主張漸佔上風，詹森方不耐、反對容忍此一議題作無限期的纏擾，先後替換彭岱，麥

---

[1] M. Forrestal, "Memorandum for the Record", Gettysburg , June 21, 1962, FRUS, 1961-1963, Vol.XXII, China, pp. 255-257.

[2] Nancy B. Tucker, "A House Divided: The United States, the Department of State, and China" in The Great Powers of East Asia, 1953-1960, Warren I. Cohen and Akira Iriye, Eds. (New York: Colombia University Press, 1990), p.45.

康求去，外放克萊恩，終一九六七年，才迫使國府相信美國態度之堅定，正式擺脫此一議題。

　　眾人皆以軍事角度，論斷「反攻大陸」成、敗，甚譏以「自殺」行為，但在六〇年代，美國在「兩個中國」政策指導下與中共在華沙會談下的密切發展，國府在國際生存空間孤立下，國府愈益利用「反攻大陸」掌握美國對華政策方向，牽制國務院「親中」勢力，使六〇年代美中台三邊關係，美國不致大幅轉向，仍維持傾向中華民國的戰略方向，這一大部分需歸功於克萊恩「戰略模糊」的運作。

　　「反攻大陸」是克萊恩支持台北的變與務實認同到美國國家利益的不變，而有了「模糊政策」的折衷妥協，滿足雙方需求－台北有動兵的可行性，美國也能進行戰事規模的控制。反映出他決機於理想與現實衝突，組織利益（國務院主採坦白拒絕蔣介石的「戰略清晰」）及國家利害競爭，和個人與蔣介石父子感情的交纏，宛如鋼索之上者，但台北「漸進式」的擴張行動，卻使克萊恩失去了路線的平衡，只有繼續加碼，企圖轉移國府軍隊到週邊地帶，解決越南戰事，但仍不脫「蔣介石擴大戰事捲美國下水」步曲，終不見容已在越戰焦頭爛額的詹森政府，為此付出了政治代價。

第一節　運作模糊政策於台美反攻大陸行動

　　一九五〇年代，國府連自保都有顧慮的情形下，反攻大陸尚侷以口號，凝聚國內軍民士氣之用，在戰略順序考量下，當下首務乃恢復中美關係，建立緊密軍事互動，取得美國防衛台灣安全承諾；其次，待主客觀情勢有變，再求徐圖進取光復大計。因此，國府為換取與美國簽定一九五四～五五年「中美共同防禦條約」安全計，願意接受金、

馬外島不在防衛範圍內及軍事主導權被節制條件，亦即國府任何軍事調動，必事先取得美國協商同意，而美國卻無需如此。待一九五八年八月二次台海危機，中美在同年十月二十三日所發表聯合公報，國府再進一步接受美國限制，聲明「中華民國不憑藉武力光復大陸」。但中美在條約義務的「各自表述」下，蔣故總統心態並不接受反攻大陸有被約束的解釋，一九五九年十月，西藏抗暴方酣，蔣即提議修改中美條約中，限制國府出兵大陸政策，要求美國協助訓練一批三萬人的特種空降部隊，結果美國予以否決，並正告蔣「國府動用任何美國軍事顧問團在台訓練所從事秘密軍事行動（paramilitary operations）之三千名特種部隊，必須按照一九五五年中美共同防禦條約之換文規定，事前與美協商，取得同意。」

因此，一九六〇年乍到，當蔣介石轉而按條約規定，要求美國以盟邦義務，共同討論「光復大陸」的軍事行動，中美關係史上，此一爭執最厲且最難以相互妥協的政策攤牌時刻，終於來臨。為表示反攻態度的認真及壓迫性，蔣經國開班講習戰時如何組織與控制佔領區之「戰地政務」工作。同年，二月八日，對政工幹校第一期戰地政務班演講，蔣透露了對光復大陸成熟條件的樂觀期許：「我們反攻大陸未來有三種形勢：[3]

一、大陸同胞發動革命抗暴，我們支援而展開登陸作戰。

二、配合國際情勢，我們與盟軍（當然指美國）聯合反攻登陸機會。

---

[3]　蔣經國，「戰地政務任重道遠」，蔣總統經國先生言論著述彙編，第五集，頁六〇。

　　三、我們自己派部隊大規模空降到大陸，發動、策劃各個區域的
　　　　反共抗匪運動。

　　蔣介石顯然自信當下有取得美國接受時機成熟的條件：國際環境
的中蘇分裂，蔣深信這是毛、赫私人領導權力之爭，赫魯雪夫決不會
介入他的復國戰爭；大陸情勢在人民公社的大饑荒下已是天怒民怨；
結果只要台灣展開第三項的軍事行動，美國空、海後勤協助，大陸人
民將揭竿而起，一切則可水到渠成。

　　一九六〇年二月十三日，中情局主管秘密行動的副局長畢塞爾得
到來自「台灣的一份《秘密軍事行動計畫》，訂於當年五、六月，打
算空降 200~300 人特種部隊至國府所選定在四川、貴州、雲南及新疆
的九個特定地點，突擊隊空降後，擴張地方性武裝組織發展。」鑑於
去年西藏抗暴，美國拒絕國府發動突擊作戰，計劃藉結合當地的游擊
反抗武力，逐步進行召募、訓練，期望有如星火燎原。蔣介石此番卻
同意不動用美國軍事顧問團在台訓練之第二、第三特種部隊，只動用
國府訓練之第一特種部隊，而美國只需在空運、通訊器材、傘具及彈
藥的提供。[4]三月七日，國府繼 200 人大型空降部隊後，再提出空降
20 人突擊小組於六個大陸地點計畫。[5]

　　CIA 對國府首度主動、具體的大陸攻擊計畫，雖初步反應認為不
論是 200 人或 20 人小組突擊方案「都是自殺式地不切實際，在政治
及技術方面，也是無法接受與無可咨商（unacceptable and

---

[4]　"Memorandum from the Deputy Director for Plans, CIA（Bissel）to Colonel E. Lansdale, of the Office of Special Operations, Department of Defense: Government of Republic of China Plans for Paramilitary Action ", Washington , February, 13, 1960, FRUS, 1958~1960, Vol. XIX, China , pp. 660-662.

[5]　ibid.

inadvisable）」，但又忌於蔣經國強硬不合作的態度「中華民國一定要執行此一戰略計畫，即使是片面行動也在所不惜。」。正當 CIA 掉入兩難處境，一位姓名至今保密的 CIA 在台官員，卻自告奮勇請纓出面協商下，得到疏緩與轉寰，根據畢塞爾所說：「他自信如果給予六個禮拜的時間，可以說服蔣介石改採 20 人小組以取代 200 人突擊方案，因為他與蔣經國可時相長談。而且據他所知，中華民國政府將順延這項空降計畫到一九六一年中。該人士並要求有關此一勸退任務由 CIA 主導，國務院及駐華大使莊萊德的外交管道，可暫靜觀其變（withheld）。」[6]畢塞爾（CIA 海外站長之負責人）乃允其所請，顯然當時這位既非國務院人士又具自信與蔣經國有深厚關係的 CIA 在台官員，自動請命向中華民國政府進行說服工作者，是克萊恩當無疑義；以克蔣公私關係之密切，蔣經國的地下秘密行動斷不可能不事先知會克萊恩，何況，克萊恩亦認同如能作戰規模減至特戰部隊層次，較能吸引美國接受實驗之意願。四月十四日，克萊恩報告已成功說服「國府延後大型突擊行動一年，至於小型任務則力求發動前，告知美國。」，為顯示對中國官場人物性情之嫻熟，克萊恩說明他的成功說服過程中，取決乎「開導蔣介石，避免當面羞辱（affront）以保存他的面子（save face）。」克萊恩敘述：「美國考慮現行國際形勢及大陸反抗組織不足情況下，請蔣介石暫緩半秘密（semi covert）空降計畫。」[7]四月十八日，蔣經國回信同意延緩 200 人軍事任務，20 人小

[6]　Desmond FitzGerald, "Memorandum from the Deputy Dirctor for Plans, CIA（Bissel）to Cololnel Edward G. Lansdale, of the Office of Special Operations, Department of Defense Government of Republic of China Plans for Paramilitary Action", Washington, March 7, 1960, ibid., p.659.

[7]　"Memorandum from the Deputy Director for Plans, CIA（Bissel）to Colonel

型軍事任務,也會取得美國同意而後動,但蔣經國也表明會繼續這項20~300人之特種部隊訓練與預備。[8]

自一九五八年台海危機,蔣承諾不以武力光復大陸後,改採「三分軍事,七分政治」的敵後作戰指導戰略下,克萊恩與蔣經國實驗以空降特種部隊而非國府主觀期盼之大規模正規部隊遭遇,作為光復大陸的破冰計畫,一開始雖不被中情局當時大膽接受。但不久「外蒙案」所致兩國關係的惡化,卻使克萊恩以「偵、刺部隊」突破僵局的反攻計畫得以復活。

一九六一年六月二十日,由美國中情局領導國務院情報室(INR)及陸、海、空三軍情報局所作「中華民國政府遠景」(Prospects of Government of Republic of China)的 NIE 報告,廣泛及深入預測及列出中華民國政府未來兩至三年間,將受到相當的挫折,譬如:聯合國會籍「緩議」案的挫敗、國際對「兩個中國」的歡迎趨勢,島內則有省籍情節催化、經濟失業率及投資衰退,因此美國更需注意蔣介石將採更「自行其是」(go it alone)的光復大陸軍事行動,「蔣介石益將積極鼓動,甚至在不咨商美國情形下,直接進行空降突襲大陸的可能性」,該 NIE 並列舉出「美國若進行兩個中國政策、強制國府放棄外島及正式外交承認中共,將是刺激蔣逕行對中國發動戰爭的最直接因素。」[9]

Edward G. Lansdale, of the Office of Special Operations, Department of Defense : Government of Republic of China Plans for Paramilitary Action ", Washington , April 14, 1960, FRUS 1958~1960, Vol. XIX,China, pp.657-658.

[8] "Memorandum from the Deputy Director for Plans, CIA(Bissel)to Colonel Edward G. Lansdale, of the Office of Special Operations, Department of Defense : Government of Republic of China Plans for Paramilitary Action", Washington, April 18, 1960, ibid., p.656.

[9] National Intelligence Estimate: "Prospects for the Government of the ROC",

　　而與此 CIA 報告同時，國務院正進行的「外蒙入會案」及魯斯克敦促美與外蒙建交動作，著實刺激蔣介石視「外蒙案」乃是美與中共建交之先聲，懷疑新任甘迺迪政府將正式把「兩中政策」付諸行動，乃愈益訴諸「反攻大陸」激化局勢。

　　克萊恩趁勢在七月七日與彭岱報告，為新政府分析了此一「外蒙案」可能連鎖發展的情勢牽動，乃「過去五年來，最困擾中美雙邊關係者」：「台灣人民倚賴美國是他們惟一可以寄託拯救他們免於災難的朋友。因此，他們也極度敏感，即使最細微美國態度之改變，都會視為生死的大事。何況，他們已習慣共和黨執政，對民主黨總有疑懼。由於蔣政府深度不安，現正準備激進的冒險行動，據信包括對大陸自殺式的登陸。」[10]

　　克萊恩不但鼓動由 CIA 接手國務院於外蒙案的協調，對反攻大陸問題，克萊恩建議解決方式：「我們應與蔣介石合作，方法上可以採取針對大陸的『偵察及刺探行動（reconnaissance probes）』，程度上，這不需美國部隊的捲入，我們應對蔣介石反攻大陸展現出較以往更具同情（sympathy）的態度，至於詳細計畫之可行性研究，稍後將提出。」[11]

　　在克萊恩所謂『偵察及刺探性行動』規模下，兩週後，甘迺迪首度批准了空降六組由 20 人組成的特種部隊到華南，雖然國府在最後，以規模太小非所望之 200 人規模，無法發生實際效果而作罷。[12]但在

Washington, June 20, 1961, FRUS 1961-1963, Vol. XXII, ibid., p.74.

[10] McGeorge Bundy, "Memorandum from the President's Special Assistant for National Security Affairs (Bundy) to President Kennedy", Washington, July 7, 1961, FRUS, 1961-63, Vol. XXII, China, pp.89-90.

[11] ibid.

[12] "Draft Message from President Kennedy to the Assistant Secretary of State for Far Eastern Affairs (Harriman) ", Washington, March 9 ,1962,ibid., Footnote 1, p.193.

發展上，國府終於取得談判著力點，突破「神話」障礙，使反攻大陸成為日後台美決策議程可商討的項目；從此，美、台對反攻大陸軍事行動爭論焦點，也就在國府不斷希望擴大克萊恩所構想『偵察及刺探性行動』部隊規模的大小基礎上，與美方進行拉拒。

　　進入一九六二年，蔣故總統似乎認定這年是他反攻大陸稍縱即逝的良機，在當年元旦告全國軍民同胞書中，「當前革命環境之優越，乃是革命任何時期所從未有的形勢，我全體軍民今年應以矢志光復大陸，為我們惟一共同目標。」。蔣經國也對戰地政務班演講「今日大陸情況，無論以那一方面分析，反攻的局勢已經形成了，反攻的準備已近完成，只要國軍登陸，反共的全面戰爭就要爆發，而且很快就會擴張起來。」[13]

　　一月二十四日，蔣召見克萊恩詢問「台北與甘迺迪討論反攻大陸時機情勢是否成熟？」，蔣且向克萊恩表達「希望雙方就時局交換意見，探討在什麼情況下，反攻大陸是可行或可期望的。」[14]蔣期待克萊恩明白反攻大陸即將是他所要面臨的協調任務，並促成甘迺迪支持他到大陸的心願。國家安全會議官員柯默予彭岱備忘錄中針對此舉分析「這是年邁的蔣介石感到中華民國地位不斷流失及擔心美國政策改變，使他考慮做最後一博（final gamble）。」[15]，柯默也警告「中華民國的確有再度準備發動偵察行動（probing operation）的跡象，這

---

[13]　蔣經國，「犧牲與奉獻」，蔣總統經國先生言論著述彙編，第五集，頁一三三～一三四。

[14]　R.W. Komer, "Memorandum from Robert W. Komer of the National Security Council Staff to the President's Special Assistant for National Security Affairs (Bundy), Washington, January 29,1962, FRUS, 1961-1963, Vol.XXII, China, p.181.

[15]　ibid.

項漸進地升高層度（gradually increasing scale）的偵察作戰如果真的導致中共內亂，中共必轉向蘇聯乞援，如此，美國則需冒與蘇一戰的危機，我們等於把好不容易分裂的北京和莫斯科又搓合一起了；反之，如果國府反攻行動失敗，則進一步損害中華民國的國際地位，增加我們在國際維持中華民國正統性的困擾。」柯默亦嗤之「克萊恩及莊萊德相信雙方可以在短期內找到重要出路」的看法，建議「為美國國家利益計，美國應採『坦率及誠實』方式，勸退蔣介石，打銷此一念頭。」柯尤其對駐華大使莊萊德不能阻止蔣介石在元旦文告宣佈反攻大陸一事不滿，柯因而建議派遣哈里曼傳達此一明白訊息，因為「莊萊德無法有效執行。」[16] 對柯主張，莊萊德則不贊成直話直說的作法，在二月二十八日莊向國務院力諫「反攻大陸一事，我們最佳行動的選擇就是保持不斷的諮商（continued discussion），在無需給予任何承諾負擔下，我們應開放蔣介石提出計畫及傳達他的觀點予高層考慮，顯示我們的同情態度。即使我們不接受蔣的提議，但也不要斷然拒絕（flat negative），以免蔣在惱怒下鋌而走險（risky adventure）。」[17]

　　顯然，柯默的看法獲得青睞，美國決策階層此時並不接受莊萊德軟弱的作法，乃藉莊四年任期已滿，召回撤換，決定於三月中，遣派哈里曼來華解決此一政策衝突。三月六日，莊與蔣辭行謁見中，莊萊德除向蔣傳達哈里曼的來訪，婉轉解釋他的離任乃新政府交替之例行性大使調動安排安撫蔣介石外，莊仍點出美、中現行對反攻大陸看法癥結在「美國無法相信蔣介石以大規模軍事行動反攻有任何的成功機

---

[16]　ibid., pp.181~184.

[17]　E. Drumright, "Telegram from the Embassy in the ROC to the Department of State", Taipei, February 28, 1962, FRUS, 1961-1963, Vol.XXII, China , pp.186~187.

會，而美國願意忍受的小規模刺探、情報搜集行動，蔣卻不以為然有任何撼動的效果。」。根據國務院希斯曼報告「蔣確信莊的離職代表美國對華政策的基本改變。」。[18]三月七日，克萊恩呈報彭岱報告也提到「雖然兩蔣歡迎哈里曼的來訪，但對莊萊德「突兀及奇怪的離職」（abruptly strange resignation），確讓蔣介石有些莫名地害怕（somewhat apprehensive）」。[19]

　　美國似乎也相當感受到蔣介石的憂慮，莊萊德為安撫蔣介石設想，乃向國務院推薦由克萊恩擔任他離華後美國與兩蔣繼續協商任務，哈里曼也支持這一安排構想，在三月一日回復「美國務院與 CIA 已經同意由克萊恩代表與蔣經國繼續討論反攻大陸一事」，但原則上，他要求克萊恩在與國府討論時立場應保持：「（一）、有談判意願，卻不予承諾，（二）、現行情況下，對軍事行動的成功抱持懷疑性，（三）、當有所明瞭若軍事失敗，則其災難性後果（四）、國府採取任何軍事行動，有義務取得美國的同意。」[20]，因此，在莊萊德三月八日離華，直到新任駐華大使柯克七月初到任的這段期間，克萊恩正式接手了中美協商反攻大陸的重任。

　　同（六）日，彭岱也電克萊恩對他「榮膺」聯絡協商的重任，指示兩點「一、美國仍堅持一九五四年十二月十日之換文，規定任何用

---

[18] E. Drumright, "Telegram from the Embassy in the ROC to the Department of State", Taipei, March 6, 1962, ibid., pp.189-190.

[19] M. Bundy, "Message from the President's Special Assistant for National Security Affairs (Bundy) to the Chief of the Central Intelligence Agency Station in Taipei (Ray Cline)", Washington, March 7, 1962, ibid., p.191.

[20] E. Drumright, "Telegram from the Embassy in the ROC to the Department of State", Taipei, March 6, 1962, FRUS 1961-1963, Vol. XXII, China, Footnote 2, p.190.

武行動必須取得共同同意，這是一切的基礎。二、務必向蔣介石強調不可以官銜高低而輕乎看待哈里曼，哈不只是位具長期外交經驗的政治家，更深得甘迺迪之親信，具有可為總統本人政策代言之實力。」[21]

十四日，遠東次卿哈里曼來台與蔣介石會商，為慎重計，蔣夫人在場陪同，哈里曼按甘迺迪三月九日親電授權，祭出中美一九五五年的『換文』緊箍咒後，更舉一九六一年甘迺迪『古巴豬灣』新敗經驗，就是基於沒有充分情報，僅賴希望而非現實，貿然行動的前車之鑑。對國府現行反攻大陸的特種偵察部隊手段，哈里曼表示美國底限仍設定 20 人規模的空降行動，因為「美國先前批准 20 人單位的空降行動，是因為美國不致捲入，但 200 人則是完全不同之事，必須有充分可信的情報及美國基本政策的改變方才准許。」[22]聽取完哈里曼冷淡意見，蔣介石對克萊恩所轉彭岱的「婉轉因應」哈里曼的忠告，顯然沒有聽取。對中美條約的「換文」一題上，蔣表示國府只有義務與美「協商」並沒有必須取得美國「同意」的義務，對反攻大陸，則應該以「戰略」而非「技術問題」看待之。蔣堅信「大陸人民正孕育起義，非有大規模的空投兵力，不足以點燃大規模的反抗運動，此一階段必須要有美國空中運輸協助，待大陸群起響應，就不需美國再加介入；目前正是天賜良機，再不把握，時機不再。」但哈里曼不為所動，堅持反攻一事必須依約行事，取得美國同意，對蔣大陸情報認知，不可全信；兩人意見可說毫無交集，淪於爭辯，悻然結束談話。

---

[21] M.Bundy, "Message from the President's Special Assistant for National Security Affairs (Bundy) to the Chief of the Central Intelligence Agency Station in Taipei (Ray Cline) ", Washington, March 6, 1962, ibid., pp.191~192.

[22] "Draft Message from President Kennedy to the Assistant Secretary of State for Far Eastern Affairs (Harriman), Washington, March 9, ibid., pp.192~193.

　　與哈里曼會談之後，蔣故總統與經國冀望與甘迺迪直接溝通，希望甘迺迪如「不惜使用否決權維護我聯合國席位」般，再立下支持國府反攻大陸之秘密承諾。二十一、二日與克萊恩商討，蔣希望經由克萊恩傳達甘迺迪三項對台秘密保證：

(一) 美國繼續支持中華民國政府。

(二) 美國繼續秘密支持國府突擊大陸活動，及與大陸反抗組織的聯絡與援助任務。

(三) 當雙方一致同意時機成熟，計畫可行時，美國秘密支持國府反攻大陸行動。

　　蔣經國且認為中美共同防禦條約違反台灣主權及行動自由，建議重新審查修正。[23]

　　克萊恩與蔣會談後即專程返回華府，由於蔣、哈會談的不快，為修補關係及爭取哈里曼傾向認同「模糊」處理反攻大陸，三月二十八日求見哈里曼，克萊恩認為面對蔣介石的要求，美國只有在「斷然拒絕國府一次 200~300 人到大陸突擊作戰的要求或擬以一次 50~100 人的空降行動並提供適當飛機與設備中，作一選擇。如果全加拒絕，將為中美關係造成嚴重後果，刺激台灣向大陸發動孤注一擲的進攻（desperation attack），硬把美國捲進」克警告「美國拒絕中華民國政府反攻大陸，蔣介石可能被迫下野，一旦蔣下台，台灣必然陷入不安

---

[23] Rice, "Memorandum from the Deputy Assistant Secretary of State for Far Eastern Affairs (Rice) to the Assistant Secretary of State for Far Eastern Affairs (Harriman), Subject : Recommendation for Meeting between You and Ray Cline of CIA", Washington, March 28, 1962, FRUS, 1961- 1963 ,Vol. XXII, China , Footnote 2, p.200.

的亂局,各種針對北京的情報合作就會生變。」[24]為解決此一僵局,克主張:「美國應妥協同意台灣 50~100 人的大陸攻擊行動,且配合提供 C-130 或 C-123 飛機。由於裝備及交予這些飛機及突擊人員的訓練和計畫,可以為我們爭取六個月至一年的時間,這段時間雙方可藉由不斷的協商,進行計畫可行性的修正,如果必要,我們可以轉向蔣介石繼承人—蔣經國努力。總之,我們如果中止與蔣溝通,則後果難測;而力求避免與蔣攤牌(showdown),我們也許可以找到出路契機。」[25]

同時間,美國中央情報局也作出預測「雖然中共政權在現行國內條件下仍可維持其存在,並具足夠實力鎮壓有限的反叛;台灣在登陸作戰中,如果沒有美國大規模的支援,將迅速被殲滅;但美國直接回絕蔣介石的空降特種部隊行動,將嚴重傷害中美關係」,並結論「蔣介石極可能在有限的軍事實力下,在一九六二年,不顧美國支持與否,自行採取反攻大陸的軍事行動。」[26]

三月三十日,駐華代辦高立夫(Ralph N. Clough)向哈里曼報告「中華民國政府軍事反攻大陸準備已達於高峰,可能在今年秋天發動攻勢,美國如果直接拒絕蔣介石的反攻計畫,將冒其獨立片面行動的風險。」高立夫認為「蔣介石不可能不知道他必須依賴美國的支持才有可行的機會,美國政府只要表示對蔣介石目的上同情,沒有改變對華政策的打算及願意討論他所提計畫,認真與台北討論有關 200~300

---

[24] ibid., p.199.

[25] ibid.

[26] "Special National Intelligence Estimate: Probable Consequences of Chinese Nationalist Military Operations on the China Mainland", Washington, March 28, 1962, FRUS 1961-1963, Vol. XXII, China, pp.200-201.

人或更小規模空投的突擊大陸方案，相信蔣介石會節制片面的攻擊行動。」[27]

甘迺迪終於在三月三十一日於白宮召集國務卿魯斯克、哈里曼及希斯曼與國家安全顧問彭岱、中情局長麥康因公缺席由克萊恩代表及國防部長麥納瑪拉，討論有關蔣介石依條約規定，要求美國同意所採取反攻大陸的軍事行動，美國政策。按負責會議紀錄之希斯曼描述「國務卿魯斯克於會議開場白後，就把球交給（tossing the ball）克萊恩，克成為會中討論的中心。」[28]，克萊恩接棒後，建議將討論中心定焦（focus attention on）在「探討國府特種行動的成功性」後，馬上受到國務院的「圍勦」，魯斯克直斥「蔣介石的反攻計畫根本是痴人說夢（nonsense），毫無成功機會。」希斯曼更修正克萊恩「會議主題不是蔣介石能否光復大陸，因為他根本作不到。我以為議題是在美國到底是要斷然拒決或繼續模糊的作法？我怕清楚拒絕，國府又要發動中國遊說團。但妥協，美國有越陷越深的風險，遲早捲進戰爭漩渦。」[29]希斯曼以為不論是 20 人或 200 人的空襲行動，只要擦槍走火或導致大陸誤判，北京先發制人主動對外島再度發動戰爭，美國就必須在中美條約義務上支持國府的反擊而捲入蔣介石復國戰爭。在國務院與CIA 兩方不同看法下，最受甘迺迪信賴的哈里曼也許受到二十八日時

---

[27] R. Clough, "Telegram from the Embassy in the ROC to the Department of State", March 30, 1962, ibid., pp.202-203.

[28] R. Hilsman, "Memorandum for the Record:White House Meeting on GRC Plans", Washington, March 31,1962, FRUS 1961-1963, Vol. XXII, China,p.204.

[29] ibid. and Roger Hilsman, To Move a Nation: The Politics of Foreign Policy in the Administration of John F. Kennedy, (New York: Doubleday & Company Inc.,1967), pp.314-315.

克萊恩說明的影響，則表示應與蔣介石模糊以對，繼續周旋。在哈里曼的關鍵一票下，妥協（temporizing）意見取得了優勢。

克萊恩打鐵趁熱，認同蔣經國看法：「20人突擊規模實在太小，如果要保持成功希望，空降突擊隊規模至少要200人，但支持200人這般規模的前提，則必需在運輸問題上解決。」，甘迺迪終於首度批准台灣兩架C-123運輸機，但條件是先停存於美國，必要時方提供台灣使用。但克萊恩認為如此，仍不足安撫蔣介石，要求更多的退讓籌碼，以利返台協商，甘迺迪乃再加碼提供美國願在國內訓練國府機員駕用 C-123。然甘迺迪亦非無知於提供運輸機予國府所代表之軍事意義，乃告訴克萊恩美國雖然準備提供兩架運輸機，但前提是必需根據十月份情報檢討後，再考慮是否合宜交機供台灣使用，除此之外，美國沒有任何針對反攻大陸的軍事承諾。甘迺迪也要克萊恩取得台北不再公開討論反攻大陸的保證。[30]

會後，彭岱交給克萊恩的一份甘迺迪親筆修正的備忘錄，列出美國政府針對台北反攻大陸問題的七點原則，要求克萊恩依此文件向台北口頭傳達美國立場，不留白紙黑字。

一、美國支持任何可能使大陸人民重獲自由的發展。

二、台北最近與哈里曼商議之對大陸發動大規模軍事行動可行性，美國目前尚無可能性具體證據呈現。

三、雙方當共同進一步調查大陸情勢並加強雙方未來計畫磋商。

四、美國贊成試探行動，特別是「刺探部隊」的聯合訓練、裝備和檢討先前已批准的組成方式。

---

[30] Roger Hilsman, "Memorandum for the Record:White House Meeting on GRC Plans", Washington, March 31, 1962, FRUS 1961-1963, Vol. XXII, China,p.205.

五、授權克萊恩負責籌劃較大規模秘密作戰之備用方案，此種規
模作戰計畫，一次空降最多 200 人，相關執行與準備全由中
方負責。美國準備兩架運輸機並在美國代訓機組員，此一準
備及訓練要六個月時間，屆時如雙方同意方案可行，則交由
國軍使用，但台灣必須了解這只是行動能力的準備，並非作
戰的決定。

六、台北對此計畫保密，美國於公開場合將否認它與台北在此項
反攻問題上有任何商討。

七、對蔣故總統予哈里曼在此問題上慎重不輕舉妄動保證，甘迺
迪表示欣慰。[31]

但值得注意是，會後，彭岱要克萊恩告訴蔣介石在美國派出新大
使之後，原來由中情局做雙方秘密溝通管道的特別角色，要交回美國
大使負責。[32]這意謂自「外蒙案」，中情局取代美國國務院以克萊恩
作台北、華府雙方領導人政策協調管道，將回歸國務院，反攻大陸將
是克萊恩個人最後的協商任務。事實三月稍早，新任之中情局長麥康
即已告知克萊恩將提名他升任主管情報分析的副局長乙職。但新任駐
華大使人選柯克（Alan Kirk）因健康因素遲延上任，造成克萊恩雖然
在四月二十日卸任離華後，未來十一週中，仍穿梭往來台北與華府共
達七次，直到七月柯克到任，才真正交卸此一溝通任務。[33]

---

[31] McGeorge Bundy, "Memorandum to the Chief of the Central Intelligence Agency Station in Taipei (Ray Cline)", Washington, March 31,1962,ibid.,pp.206-207.

[32] Roger Hilsman, "Memorandum for the Record:White House Meeting on GRC Plans", Washington, March 31, 1962, FRUS, 1961-1963, Vol. XXII, China,p.205.

[33] Ray S Cline, Secrets, Spies,… ,p.194.

　　經過這次會議，向來遭國務院嘲諷，視之「不可能任務」之反攻大陸，取得空前的突破。克萊恩之模糊策略成為美國主要對策，白宮態度開始軟化，擔心這位意志堅定的盟友會不顧一切的發動復國戰爭，逼美國下水，而進步表示願意與蔣討論反攻的可能性。就最重要的第四、五點空降「偵剌」突擊隊人數內容言，甘迺迪在運輸機上作出首度讓步，並正式支持偵剌行動，考慮空投人數提高到 200 人，並授權克萊恩作與國府考量大規模秘密行動的組織及策劃，使反攻大陸的可能性不再流於象徵，進入實質的意義，克萊恩也在會後的《七點原則》上運作一連串積極的後續行動。

　　模糊政策危險之處，希斯曼會上點出：就在它有「漸進式」的發展，具備擴大化解釋之便利，使美國逐步掉入蔣介石反攻大陸之陷阱。果然，克返回台北，傳遞美國《七點原則》予蔣介石，四月十四日，蔣除了表示延後半年行動，毫無退讓跡象，克萊恩致彭岱的一份電文中，竟提出是否「機制化」落實美國《七點原則》問題，也就是建立一個中美聯合常態性組織，專事「反攻大陸」研究。克萊恩電文中傳達：「蔣介石接受延後反攻大陸行動六個月，改訂十月一日作為空降攻擊發起日，然蔣介石要求中美應該在這七點原則及根據雙方同意基礎之上，建立兩國有關空降、後續軍事發動的支援、時間和執行細節商討的聯合運作計畫……。目前為止情況已取得控制，但這是非常敏感而私密地，我以為這種合作關係的維持，如果沒有美國更同情的注意（sympathetic attention）與具體積極興趣的表示（signs of active interest），則易於立刻解體（unstuck）。」[34]

---

[34]　McGeorge Bundy, "Message from the President's Special Assistant for National Security Affairs (Bundy) to the Chief of the Central Intelligence Agency Station in

　　顯然蔣介石視《七點原則》是美國同意反攻大陸的初步，所有行動必須兩國共同同意，既然如此，建立同盟機制自有其合理必要。克萊恩的問題使彭岱在四月十七日的回電中，確實顯得措手不及，左支右絀，也承認「雖然我們要儘量避免陷入與台北協商反攻大陸的地步，但《七點原則》文字上，不論「研究」（study）、「共同決定」（jointly decide）、「執行及時機」（timing and execution）字眼，都難掩美國同意及默許支持的意味，七點原則中的第四及五點確實隱涵了後續行動（subsequent actions）的需要。」[35]克萊恩利用這種模糊彈性下，協助蔣經國和美軍成立一個以反攻大陸為工作目標之秘密作戰規劃單位稱之為「四二〇小組」（420 Committee）評估中華民國空降至少 200 人一隊的計畫，並同意蔣經國再空投九支 20 人一組的空降突擊隊，試圖與地下反共組織建立聯繫。

　　五月，中國南方饑荒，難民湧入香港的逃亡潮，蔣介石看到所謂時機適宜的曙光，十五日蔣介石與已升任中情局副局長的克萊恩會談後，克萊恩隨即於十七日白宮會上向甘迺迪轉告「蔣相信五月難民潮，足以構成反攻大陸的成熟條件，準備對南中國進行攻勢」克萊恩在會中傳達了八點有關蔣介石的重要觀念，主要分成三個部分：

　　(一) 對美國軍事協助緩慢的無奈：「蔣介石深切期待與甘迺迪商討亞洲政策及行動路線的戰略協定」但也理解「美國不願直接介入及支助中美秘密軍事行動的聯合計畫。但中華民國仍須採取一切必要的準備及計畫以備時機的來臨。」

Taipei (Cline), Washington, April 17, 1962, FRUS, 1961-1963, Vol. XXII, China, p.218.

[35] ibid.

(二) 爭取美援：「蔣介石受到國內軍民的壓力，除非美國增加軍事援助否則難以說服軍方將領延期反攻大陸。蔣同意十月一日前不採取攻擊行動，但條件美國援助 5 架 C-123 飛機，16 架 B-57 轟炸機及 20-25 艘登陸艇，這些軍事裝備的提供可以幫助蔣向其人民證實反攻的準備仍在進行，使延期反攻更具說服性。」

(三) 抱怨美國的高壓政策：「蔣批評美國許多官員，尤其是國務院，根本不同情他的國家利益，他希望甘迺迪警覺以限制美援來向國府施壓，只能適得其反。」[36]

五月二十三日，台北在克萊恩的支持下，逕行提交一份二階段的反攻計畫，擬議在福建、廣東地區，擴大空降 200 人特種部隊，以誘發大陸民間的反抗運動，再將台灣的部隊推進福、廣內地。[37]

反應上，甘迺迪自三月底的美國七點原則商定後，對克、蔣一再軟硬兼施，底線推進，感到不耐，清晰態度開始抬頭。五月二十九日甘迺迪召開白宮會議討論克萊恩為蔣傳達的軍援要求。顯然蔣介石一味偏用克萊恩傳話，激起美國內部的不悅，在二十八日國務院、國防部、CIA 及白宮代表的準備會議上，即決議「新任駐華大使柯克上將是日後中美政府間所有重大政策問題的全權代表。」對國府進步要求的運輸裝備，柯克對蔣介石態度不像莊萊德那樣同情，策略上與克萊恩更是全然對立。柯克會中單刀直入，主張「不論 20 或 200 人到大

[36] Ray S. Cline, "Memorandum for the Record: White House Briefing on China", Washington, May 17, 1962, FRUS, 1961-1963, Vol. XXII, China, pp.227-229.

[37] Michael V. Forrestal, "Memorandum from Michael V. Forrestal of the White House Staff to the President's Special Assistant for National Security Affairs (Bundy) ", Washington, August 3, 1962, ibid., pp.299-301.

陸突擊，毫無存活的機會；美國終將被蔣介石拖下水。」柯克還建議「要求 CIA 準備一份清單，明白列舉蔣介石必須證明他的情報真實性，如果蔣無法舉證，所有裝備應留置不發。」[38]

同日，負責國務院情報分析之希斯曼，在哈里曼重新檢討國府反攻大陸政策要求下，提出情報顯示「一、大陸即使有內亂，也不出一省之範圍，難成大局。二、大陸人民並不期待蔣之重返領導中國。三、反攻行動有助中蘇復合。判定蔣毫無勝算，美國且易招致戰爭風險。」並進一步分析「蔣介石採取反攻大陸的雙重目的，在政治上，可以牽制美國兩個中國政策的導向；軍事上，則要求美國不停的物質支持下，最終將拉美國下水。」結論美國對反攻大陸策略之選項利害分析，計有：

一、默許、模糊應付：但兩者有陷美國戰爭之險。

二、禮貌拖延：藉口中南半島戰事，不宜另啟戰端。

三、直率拒絕：去除模糊，避免誤判。[39]

甘迺迪乃於六月五日遣中情局長麥康與蔣介石商談，由高立夫的會談紀錄中，麥康提醒 200~300 人的空降是正式的軍事行動，必須按照中美換文約束取得美方同意，麥康重申美國沒有充分具體的情報之前，無意採取任何行動。蔣則回以「國府已等待十三年，全台灣軍民都相信現在是光復大陸的時候，原定五、六月登陸已經延後，十月非

---

[38] Michael V. Forrestal, "Memorandum for the Record: Presidential Conference on Taiwan", Washington, May 29,1962,ibid.,pp.239-240.

[39] Roger Hilsman, "Memorandum from the Director of the Bureau of Intelligence and Research（Hilsman）to Secretary of State Rusk: GRC Operations Against the Mainland",Washington, May 29,1962, FRUS ,1961-1963, Vol. XXII, China, pp.234-236.

得行動不可。」高立夫認為「看來，蔣介石的堅持，尚待柯克來台作後續的努力。」[40]

六月十八日，當麥康向甘迺迪作完訪華報告後，甘乃迪是「很想對蔣打開天窗說亮話，但甘迺迪還是退怯下來，原因是美國仍乏如果強行阻撓，蔣介石就會放棄「硬幹」（go it alone）的把握。」[41]甘迺迪只能避免直接拒絕國府反攻大陸的要求，寄望以拖待變，將美台關係維持在「可容忍的緊張限度內」。[42]

就在甘迺迪且戰且走，內部猶豫不決下，中共的外力行動協助甘迺迪加速了「清晰」決策步伐。中共眼見一九六二年初以來，美國重要官員不停的來往於途及國府五月二十三日的反攻復國計畫洩露，六月中，開始在大陸福建沿海集結大量兵力。

國務院情報主任希斯曼分析中共的軍事動員因素，除達到嚇阻台灣侵犯的防禦目的外，尚有「一、挑動台灣『外島危機』的敏感神經，二、轉移國內經濟困境，合理化其錯誤施政，三、激化華府與台北爭議，四、展示中共在國際不可忽視的實力及利益。」希斯曼警告「美國無法斷定中共此舉是在嚇阻以求自保？或製造另一次台海危機？但無論如何，模糊態度已不足以保護美國避免捲入戰爭的危機。希斯曼認為，台灣有相當多激化美台關係的選擇，蔣介石最優先目標就是挑起中共的主動攻擊，以達到他捲美國下水目的。美國要確保自己的

---

[40] Ralph Clough, "Telegram from the CIA Station in Saigon to Director of Central Intelligence McCone", Saigon, June 7, 1962, ibid., pp.241-242.

[41] Richard Helms, "Memorandum for the Record:The Director's Meeting with the President", Washington , June 18, 1962,ibid., pp.246-247.

[42] Roger Hilsman, "Mem orandum from the Director of the Bureau of the Intelligence and Research (Hilsman) to Secretary of State Rusk ", Washington, May 29, 1962, FRUS, 1961-1963, Vol. XXII, China, p.234.

利益，必須立刻採取行動，預防情勢擴大發展。」[43]，因此，十九日，國務院訓示駐華大使館要求陳誠副總統（蔣稱病不出）保證「國府不得以任何言詞、行動予中共動武藉口。」[44]，二十日，甘迺迪召集了軍、情及國務院代表，中情局報告「中共已調動七個師，另正增援五個師，向福建集結，規模之大是中共自韓戰以來，最大軍事規模的調動。」，克萊恩建議派遣 F-101 及高空偵察機進駐台灣，並協同國防部與參謀聯合會議建議甘迺迪增援部署四艘航空母艦，臨泊台灣海峽，確保台、澎安全。[45]

　　為避免模糊誤判，甘迺迪接受國務院「坦白」（get straight）作法，美國立刻在外交上透過蘇俄及英國大使管道傳遞中共「根據一九五四、五五年中美共同防禦條約及換文規定，美國不同意蔣之反攻大陸。」[46]六月二十三日，美國駐華沙大使卡伯特（John M.Cabot）終於應邀到王炳南大使官邸茶敘，王炳南表示「沒有美國的支持幫助，蔣介石不可能攻擊大陸，美國應負一切玩火行為責任。」卡伯特再度重申「美國政府在現形情勢下，無意支持國府對大陸的任何攻擊。如果國府採取攻擊大陸行動，不但對美國是違背承諾，也決不會得到美國

---

[43]　Roger Hilsman, "Memorandum from the Director of the Bureau of the Intelligence and Research (Hilsman) to Secretary of State Rusk: GRC Operations Against the Mainland", Washington, June 18, 1962, ibid., p.248.

[44]　George Ball, "Telegram from the Department of State to the Embassy in the ROC", Washington, June 19, 1962, ibid., p.251.

[45]　Roger Hilsman, "Record of Meeting with the President", Washington, June 20, 1962, ibid., pp.252 -253.

[46]　George Ball, "Telegram from the Department of State to the Embassy in the United Kingdom", Washington, June 22, 1962, FRUS, 1961-1963, Vol. XXII, China, p.270.

的支持，美國將在言論及行動上脫離（disassociate）這項行動。」[47]卡、王會談，立刻迅速在紐約時報大肆報導，引起國內外矚目，甘迺迪「懷疑政府決策圈內有人洩露消息」且強烈不悅蔣介石塑造「中、美合謀侵略大陸形象，反而落中共在國際宣傳話柄。」在六月二十七日，召開記者會聲明「我們的基本立場是一貫反對武力使用在台海地區，對金馬的侵略行動，美國政策一秉七年前之福爾摩莎決議。」，二十八日甘解釋上述聲明重點是「美國對台的條約承諾是屬防禦性質。」。[48]

　　甘迺迪為掌握台灣行動溝通管道，七月四日，催促柯克走馬到任，國書呈遞前，柯克即向蔣介石傳達甘迺迪極度關切「蔣不要採取任何可服務中共向世界作為控訴中美是戰爭侵略者之藉口，侵略行動務必啟之於中共。」，對蔣所關切之台北要求提供之轟炸機及登陸艇，柯克以美國正在考慮，僅允以「十月，兩架 C-123 可準備好，另外三架則必須至明年一或二月。」[49]七月五日，蔣、柯二度會晤，蔣介石訴以「卡伯特與王炳南會談重創了島內軍、民士氣，希望柯克大使恢復華府明確的支持承諾，振奮台灣軍民信心及強化國軍海、空裝備。」[50]

　　柯重申「中美兩國政府的關係受一九五四年條約的規範，而這份條約並沒有規定我們要支持中華民國反攻大陸，或在人民心目中製造美國有此義務的印象。」兩次的會談，由於柯克心態的堅持，蔣希望與柯克建立良好互動的企求落空，蔣介石大受失望，更加懷念克萊恩

---

[47]　John Cabot, "Telegram from the Embassy in Poland to the Department of State", Washington, June 23, 1962, ibid., pp.273-275.

[48]　"Editorial Note", ibid., p.284.

[49]　Alan Kirk, "Telegram from the Embassy in the ROC to the Department of State", Taipei, July 5, 1962, ibid., p.288.

[50]　ibid.

調合中美大計的老練圓熟，決心另闢蹊徑。哈里曼對柯蔣兩次的會談，告誡柯克「蔣運用台灣人民士氣作為藉口，企圖逐步拖美國下水，甘迺迪總統六月記者會上的聲明必需堅持。」[51]

八月初，蔣向柯克催促有關轟炸機、登陸艇與運輸機裝備及五月二十三日空投 200 人作戰計畫的美國態度決定。二日，白宮資深幕僚佛雷斯特（Michael V. Forrestal）與彭岱報告中表示「他與柯克都認為克萊恩企圖誤導美國贊成（go along with）五月份台北欲進行的反攻計畫，克萊恩難道不知道 200 人與 20 人空降行動意義之不同！」柯克以為「應該在年底以前，一次坦白的對蔣介石明說美國不會支持他反攻大陸的行動。」[52]八日，哈里曼電函柯克「華府底限僅同意先將兩架 C-123 交付台北作 20 人的空降行動，不可予台北聯想美國對 200人空降計畫的同意，至於轟炸機及登陸艇因具攻擊性不在考慮提供之列。」。[53]

九月六日，柯、蔣第三度會談，發生激烈的交鋒，柯克在這次談話中，顯然不顧美國希望委婉的立場，挑明了甘迺迪對國府反攻大陸的立場原則，意在使蔣介石體會到美國不支持反攻大陸強硬立場。柯克開場即「驗明正身」氣勢凌人指出他的地位是依甘迺迪一九六一年

---

[51] Alan Kirk, "Telegram from the Embassy in the ROC to the Department of State", Taipei, July 5, 1962, FRUS, 1961-1963, Vol. XXII, China ,p.289

[52] Michael V. Forrestal, "Memorandum from Michael V. Forrestal of the White House Staff to the President's Special Assistant for National Security Affairs (Bundy) ", Washington, August, 1962, ibid., p.300.

[53] Avrell Harriman, "Message from the Assistant Secretary of State for Far Eastern Affairs (Harriman) to the Ambassador to the ROC (Kirk) ", Washington, August 8, 1962, ibid., p.301.

五月二十九日指令：他是美國在台灣所有機構最高負責人，一切協商均由他統籌指揮，隨即解說美國對反攻大陸看法如下：

一、美國認為一九五四年條約是屬防禦性質，不是一張無限延伸的空白支票，任何軍事行動，必需取得美國同意。

二、美國在裝備及訓練完成後，儘速把兩架 C-123 交給台灣，進行小規模的空投計畫，但美國將不軍援轟炸機及登陸艇，因這些裝備具攻擊性。

三、國府小規模的空降行動，限制於試探大陸軍事弱點及情報搜集。只有在情報充分證明可行後，美國才能再考慮進一步行動。

蔣早已不耐美方情報決定一切的論調，反譏「沒有大型行動，那來美方所謂之『硬情報』（hard evidence）？國府就算有，美國會相信嗎？」蔣解釋他的戰術是「只有在小股空降部隊先偵蒐到大陸防衛空虛地點後，繼之以大型部隊，攻下一、二個城市後，中共人民解放軍方敢勇於起義響應。」蔣介石再挑起條約的適用問題，「中美可以達成一個共識，美國可以將大型的國府反攻軍事視之中國內政，無需一味在國際上，公開聲明以該條約限制台灣行動，如此，不但羞辱國府，更無異是保障中共安全，簡直是敵友不分、親痛仇快；如此這般，國府懷疑一九五四年的條約是否有存在之必要？」，豈料柯竟不甘示弱，問蔣「這是否代表國府欲片面廢約，停止美援？」，蔣氣憤以「悉聽尊變。」應達，雙方談話已至意氣之爭，關係形同決裂。為緩和氣氛，柯克只有提議美台應透過以下兩個合作單位繼續研議反攻軍事計畫：一個是專門處理大陸情報偵測分析的「聯合情報研究委員會」（Joint Intelligence Committee, JIC）。另一個則是交付先前由克萊恩

所創建，負責中美反攻大陸秘密作戰之「四二〇委員會」（420 Committee），現已改名為「藍獅委員會」（Blue Lion Committee）研究一旦大陸生變，台灣實施兩棲作戰能力。[54]也就在這次會談，雙方不歡而散，蔣從此拒絕再見柯克。一九六三年一月十六日，柯克遞交美國反對蔣的反攻計畫，並坦白正告蔣「國府缺乏海、空的運輸與掩護能力，不足以侵犯大陸」，當蔣提出近來突擊隊的成功，不料柯克不留情面，直言「這九組小股行動不過維持七～十天就全部被補。」及「如任國府空降 250~300 人至大陸，美國能作的就是派出部隊把他們救回來，只會捲美國下水。」[55]，但蔣、柯水火不容，除柯克貫徹美國愈加清晰的立場外，蔣不理會柯克自許在台美國最高代表身份，利用其他美國軍方將領：如太平洋艦隊司令費爾特（Adm. Harry Felt）越級傳遞訊息予華府及趁柯克返美就醫時，直接會見「藍獅委員會」，提出反攻大陸是一國主權獨立行為，他國無權插手，是使蔣與柯克關係更加惡化主因。

　　二月四日，柯克在與甘迺迪會面時，終於將七個月任期的怨氣，在極度充滿情緒化字眼報告中，一吐為快，柯向甘乃迪告狀「蔣介石的個性難處，我早已見不著他，蔣嫌我不懂中國人情事故，因為我動輒言及條約換文規定，因此，蔣開始利用迂迴的手段，常藉美國訪客託帶訊息給甘迺迪總統，僭越應是我駐華大使的權力。」柯並向甘迺迪表示「不喜台灣生活環境，希望能在今春以前離職，且越快越好。」[56]

---

[54] Alan Kirk, "Memorandum of Conversation", Washington, September 6,1962, FRUS, 1961-1963, Vol. XXII, China, pp.306-312.

[55] A. Kirk, "Memorandum of Conversation", Washington , February 4,1963, FRUS, 1961-1963, Vol. XXII, China, p.345.

[56] ibid.,pp. 342-346.

　　二月十五日，甘迺迪致電蔣介石，針對柯克的抱怨，委婉告誡蔣切勿繞道美國大使，另尋其他人士對美傳話，「中美雙方的溝通管道應保持明確，避免不必要之複雜。為求統一美政府之發言口徑，柯克大使是我個人代表，負兩國溝通之責。」。[57]

　　三月二十九，蔣介石再度透過私人管道傳達「不管磋商與否，都將採取反攻大陸措施」柯克批評這是「蔣介石所喜好玩弄的中國人技倆，最不足取。」，柯克進言甘迺迪重新考慮一些基本問題，譬如：「台灣是否對美國利益真的不可或缺？美國應立即向蔣介石表明與中共開戰的反攻計畫，結果只會拉美國下水，美國無意與之合作。」柯克語重心長以他曾任駐蘇聯大使的經驗，告訴甘迺迪「蘇聯決不會允許中國共產政權的垮台，國際也不會原諒美國違棄條約限制，縱容蔣介石與美國聯手侵略大陸。」[58]

　　中共的武力反應加上國務院的極力主張及柯克大使語重心長，「清晰」政策的主張開始取得優勢。國府當局經過兩年多，對美國的反復試探，雖取得美國默許國府繼續對大陸進行小型的軍事、情報行動，但對蔣故總統一再認定大陸情勢成熟，人民期待王師再臨的情報，卻始終不予認同。甘迺迪終於四月十一日向蔣介石明白表示「為中國人民重獲自由固然是美國所急於樂見，但也不能為此，讓我們陷進一場沒有成功希望戰爭。按照我們所掌握大陸民心起義情報來

[57]　John Kennedy, "Letter from President Kennedy to President Chiang", Washington, February 15, 1963, ibid., p.347.

[58]　A. Kirk, "Memorandum from the Ambassador to the ROC (Kirk) to President Kennedy", Washington, March 29, 1963, FRUS 1961-1963, Vol. XXII, China, pp.354-358.

看，實不足形成反攻大陸的條件，我們不會默許任何攻擊大陸的軍事行動。」[59]

　　但也由於柯克無法與蔣有效溝通，甘迺迪為緩和與蔣介石關係，信中以柯克個人健康為由，重新任命對華態度親善的萊特（Jerauld Wright）為駐華大使，期待促進中美咨商的密切。

　　自一九六一年七月底，台美關係因「外蒙案」緊張，蔣採取反攻大陸政策反制，甘迺迪採納克萊恩建議「支持國府的中小型空降突擊計畫」，克、蔣開始從「偵察部隊」的規模，逐步加碼反攻大陸行動，並在六二年三月底，說服甘迺迪擴大到200人的行動規模及兩架運輸機的提供，成立「藍獅委員會」，五月底，克萊恩更背書大型部隊的國府反攻計畫，使蔣介石回師中國的心願達到最高點；也由於國府與克萊恩的積極操作，六月，引發了中共的危機感，在中共軍事的反彈下，加上七月克萊恩交卸對蔣溝通任務，剛愎自負之柯克，力行國務院「蔣介石只想拖美國下水，與中共一戰，以助其重返中國；美國應該坦白回應蔣介石無意支持其反攻復國」信念；柯克在華十個月的時間，有如一帖「重藥」，造成兩國高層共識的脫離，使克萊恩漸進式的努力成果不斷被平衡檢討；加上國府推進太過急躁，引起過大的國際壓力與矚目，甘迺迪更要堅守底限，拒絕再予讓步。而蔣一再僭越美國大使權責傳話，不只為美國官僚組織不容，這樣體制外傳話，也造成甘迺迪不論是不理會或回應都不適當的尷尬局面。一九六二年以來有其形勢的反攻大陸機會，反被壓制下來。

---

[59]　John Kennedy, "Letter from President Kennedy to President Chiang", Washington, April 11, 1963, ibid., pp. 359-360.

　　六二年台海危機，至六三年九月初，按照美國駐華大使館副館長高立夫的報告「除少量的小股攻擊行動外，國府對大陸的反攻軍事作戰的計畫或準備，幾乎完全停頓。與一九六二年春以來之戰雲密佈比，民心氣氛也舒緩許多。」在屢為美國以情報及國際環境（中蘇分裂）的顧慮打回票下，蔣經國認識到以目前情勢，美國不會同意對大陸的軍事行動，除非有其他議題性的發生或將之與反攻大陸掛鉤與配套到美國國際戰略的目標，反攻大陸才益有實驗說服的合理性。

　　就在蔣經國在九月六日開始他二度訪美為反攻大陸另闢出路同時，高立夫也注意到「目前，中華民國政府對大陸軍事行動的計畫與氣氛，已較六月份的高峰大肆緩和，蔣經國開始轉移注意力到強化對大陸政治及心理戰的攻勢，尤其高度關切中蘇分裂及美蘇核武禁試條約對國府反攻復國政策因應的啟示。」[60]

第二節　支持台灣預前性摧毀中共核武設施

　　雖然一九六一年以來，克萊恩運用「模糊策略」，使國府之反攻大陸不再是美台政策議程上的「鐵板一塊」，但最後仍被甘迺迪以情報不足顯示有用兵之成熟條件，而堅持不可造次。但一九六二年初，當克萊恩在台主持之 U-2「理想家」計畫逐步揭露中共核武發展的事實後，甘迺迪的恐懼及蔣介石的復國使命感，終於得到了一個可對大陸動武的交集－即在中共核武完成前，由美國主導設計，但國府「操刀」之預前軍事行動（preemptive action）摧毀。雖然國務院堅持合作對象應是蘇聯，不然寧可讓中共試爆，惟領導中情局情報分析之克萊

[60] Ralph Clough, "Telegram from the Embassy in the ROC to the Department of State", Taipei, September 6,1963, FRUS, 1961-1963, Vol. XXII, China, pp.382-383.

恩務實以為台灣才是理想與可行的合作夥伴。一九六三年九月蔣經國訪美，經由克萊恩引見彭岱及與甘迺迪的會晤協商上，甘迺迪有見當時蘇聯的意願冷淡及情報上顯示中共核子試爆已近實現的壓力下，確實主動表達有請國府代勞之意；無耐甘迺迪的迅即遇刺，保守謹慎的詹森繼位，國務院坐大，當斷不斷下，中共試爆成功，正式躋身核武國家行列，使克萊恩支持由國府動武的構想終於幻滅。

　　美國官方首度暗示以武力摧毀中共核武設施之議是在一九六一年六月二十六日，參謀聯合會議主席雷米茲（L.L.Lemnitzer）領銜提出一份「中共核武能力取得之影響分析」報告中的兩點結論建議：

　　一、中共一旦完成核武發展，對美國及自由世界，尤其在亞洲之
　　　　安全，將有極大之衝擊。

　　二、美國應利用中共尚未完成核武發展的緩衝時間，籌謀政治、
　　　　心理、經濟及軍事行動，加以反制。[61]

　　但這時美國情報單位對大陸核武情報蒐證之不足與分析之混淆，可見諸一九六〇年十二月，CIA 編號 NIE13-2-60 的報告中：CIA預測一九六三年中共將進行核爆；空軍卻更悚動地預測一九六一年底，即可提前完成。[62]最真實之中共核武發展進度的首份報告還是直

---

[61]　L.L.Lemnitzer, "A Strategic Analysis of the Impact of the Acquisition by Communist China of a Nuclear Capability", Washington, June 26, 1961. FRUS, 1961-1963, Vol.XXII, China, p.84.

[62]　National Intelligence Estimate, "The Communist Chinese Atomic Energy Program", Washington, December 13, 1960, FRUS, 1958-60,Vol. XIX, China, pp.744-747.另參考 John K. Gerhart, "Memorandum from Lt. General John K. Gerhart, Deputy Chief of Staff, Plans & Programs, U.S. Air Force to Air Force Chief of Staff Thomas White, Subject: Long-Range Threat of Communist China", February 8, 1961, p.1, See at The National Security Archive: The United States and the Chinese Nuclear Program, 1960-1964, Edited by William Burr and Jeffrey I. Richelson.

待克萊恩與蔣經國合作之『理想家計畫』，於一九六二年一月，由台灣空軍陳懷生所駕 U-2，深入中國西北的首航任務，揭露中共核武製造的事實，才得以真正震驚甘迺迪；年底，玉門核子反應爐的 U-2 偵照，更顯示中共已擺脫蘇聯，呈獨立自主發展核武狀態。

一九六三年伊始，甘迺迪絲毫不掩中共核武發展是其最大心頭之患，美國政府必須除之而後快。一月十日甘在白宮約見麥康及彭岱的談話表示「現今世界面臨最嚴厲之事莫過中共核武發展，我們必須擬定政策，中共核武任何進一步的努力將是不可接受的，同時，如果中共不停止核武的發展，我們也要準備好採取某種型式的行動（take some form of actions）。」彭岱也同意「中共擁有核武將翻轉（upset）整個世界秩序，對美國及西方是無法容忍（intolerable）。」麥康承認美國對中共核設施方面的情報還不充分，需要「加緊追蹤中共核子反應爐、核燃料鑄的量產及武器化的進度。」麥康注意到「古巴與中共核武已是甘迺迪最關切的事項，CIA 應以此為優先工作重點。」[63]。因此，CIA 協同台灣加緊 U-2 之偵蒐下，果然同年三月又在蘭州、七月在包頭發現中共核子反應爐，更加深甘迺迪的緊迫感。

一月十四日，克萊恩提出「中蘇關係」備忘錄中，預測在核武助威及中蘇分裂之下，「一個由中共強權所獨立領導之亞洲共產集團將出現。由於中共好戰及強烈反美路線，這項發展嚴重危害美國國家安全利益。」[64]這正中甘迺迪所憂懼者，乃核武將使中共成為亞洲霸權，鬆動美國在亞洲，尤其日本及中南半島戰事的掌握。

---

[63] "Editorial Note", FRUS, 1961-1963, Vol.XXII, China, p.339.

[64] Ray S.Cline, "Memorandum by the Deputy Director for Intelligence (Cline)" Washington, January 14, 1963, ibid., p.340.

　　為阻斷中共核武發展，甘迺迪乃採雙管齊下作法：一月二十三日，甘迺迪在國家安全會議上「對中共日益接近擁有核武的事實，更加憂慮，決定倡導核武禁試條約，製造國際規範的壓力。」會中哈里曼也感受到「阻止中共取得核武，已成了甘迺迪心中最重要事物。」但甘迺迪也預料勢在必得之中共不可能遵守此一協定，因此預前應性摧毀之強制手段，也一直在決策範圍內。只不過，如需動武，美國所尋求之合作對象，以誰為佳？

　　哈里曼一月二十三日予甘迺迪報告「他與蘇聯代表都贊同美蘇可以利用核武禁試協定下的世界輿論壓力，阻撓中共研究核武，必要時，甚至可以恐嚇將其核子設施以武力摘除。」哈里曼以同理心揣測「蘇聯不望中共擁有核武，一如不願西德的重新武裝取得獨立的核子能力。」[65]

　　CIA 官員肯特（Sherman Kent）分析：「蘇聯當不願中共擁有核武，萬一冒進偏激之毛澤東與美國的東亞盟邦交火，蘇聯是袖手坐觀？或為保衛中共而與美核武相見？都是蘇聯難以接受的抉擇。」[66]魯斯克也坦言美蘇在防止核武擴散上是絕對有一致立場的，不論如何，「美蘇如果在核子武器能壟斷所有的話，是再好不過。」[67]

　　基於減少政治效應及降低軍事風險的考量，加上美蘇才剛經歷「古巴飛彈危機」不久，對核子毀滅性的感同身受與中蘇分裂的有利

---

[65] "Editorial Note", FRUS 1961-1963, Vol. XXII, China , p.341.

[66] S. Kent, "Memorandum from the Assistant Director of Central Intelligence for National Estimates (Kent) to the Under Secretary of State for Political Affairs (Harriman) ", Washington, July 8, 1963, FRUS,1961-1963, Vol.VII, Arms Control and Disarmament, p.772.

[67] D.Rusk, "Memorandum of Conversation", Washington, August 8,1962, ibid., p.542.

情勢發展，甘迺迪顯然傾向取得蘇聯在這方面的合作。四月，赫魯雪夫終於同意在七月十五至二十五日於莫斯科召開美英蘇三邊核武禁試條約會議，大為鼓舞甘迺迪與赫酋商討對中共核子設施動武的構想，五月十七日，彭岱乘俄駐美大使杜布萊寧（Anatoliy F. Dobrynin）返國前夕，邀杜午宴，搶先與杜在一個「私下與嚴肅的意見交換」（private and serious exchange of views）中，彭岱希望杜能諒解「他在中蘇不和敏感之際，想知道蘇聯對中共核武發展立場時」，機警的杜表示：「蘇聯更關切是美國在歐洲建立多國核子部隊。」加以相應。[68]言下之意，蘇聯認為中共發展核武與美國武裝盟國，應一視同仁，不然前者發展核武有何不可！

　　待七月中莫斯科會議召開，甘迺迪令時已轉任國際事務次卿的美國代表哈里曼，繼續探詢聯手武力毀滅中共核子設施的可能？七月十五日甘迺迪急電哈里曼：「即使是少量的核子武器，我們亦不容許中共得以保有。你應極力找到與赫魯雪夫私下會面機會，努力誘得他對防止中共核武擴大所能採取的手段與看法或接受美國採取行動上的意願。」[69]

　　七月二十七日，哈里曼終於與赫魯雪夫在其辦公室內作了最直接面對面的溝通，當哈里曼意在言表地問到赫魯雪夫「中共核武有一天轉向到蘇聯本身時」赫明白表示「他們仍堅持經由多國遵守禁試條約或裁軍方法，防止核子擴散，」並坦率向哈里曼指出「蘇聯與中共有共通的共產黨基本觀念，就是當沒有核武時會大聲叫囂壯膽，但一旦

---

[68] McGeorge Bundy, "Memorandum of conversation with Ambassador Dobrynin", Washington , May 17, 1963, FRUS, 1961-1963, Vol.V, Soviet Union , pp.673-677.

[69] "Editorial Note", FRUS, 1961-1963, Vol.XXII, China,p.370.

擁有核武之後，反而會理性節制。」[70]為避免進一步提供中共指責他屈服美國帝國主義的「軟弱」事證，危及它共產世界的領導地位，赫魯雪夫對與美合作向中共動武，仍不願多所著墨，盡力保持距離。

在美國高層一片期待與蘇聯合作抑制中共核武聲中，台灣之進入美國合作對象決策，始於長期主導 U-2 監控中共核武發展的克萊恩，早於一九六二年十月一日，回復國防部限武與裁軍署（ACDA）所要求 CIA 對一個國際核武擴散管制協定（nuclear non-diffusion agreement）之可行評估時，克萊恩所下結論：

一、中共遵守此一規定的可能性非常遙遠。

二、中共擁有核武決心相當堅定，蘇聯在中共核武發展中，不可能有產生任何變化的力量。

三、因此，對去除中共擁有核子武器的可行性，我們應作更謹慎的假設評估。[71]

儘管美國政府的一廂情願，但克萊恩知道最終只有中華民國才是美國真正可行的選擇，何況國府也有強烈的意願。兩週後緊接的「古巴飛彈危機」經驗中，克萊恩更加認識到蘇聯決不可能任美國武力侵犯他社會主義陣營成員，遑論成為合作對象之可能性。[72]而揭幕「古

---

[70] Kohler, "Telegram from Embassy in Soviet Union to State Department", July 27, 1963, FRUS, 1961-1963, Vol.VII, <u>Arms Control and Disarmament</u>,p.860.

[71] Ray S. Cline, "Letter from the Deputy Director for Central Intelligence Agency (Cline) to the Director of the Arms Control and Disarmament Agency (Forster) ", FRUS, 1961-1963, Vol.VII,<u>Arms Control and Disarmament</u>, p.582.

[72] Ray S. Cline, "The Cuban Missile Crisis", <u>Foreign Affairs</u>, No.4（1989 Fall）, pp.190~196.克萊恩分析：蘇聯在古巴飛彈的部署除了保護古巴，也是赫魯雪夫在柏林危機挫折後的出路，希望藉此製造美國民心美蘇在軍事已達平衡的政治及心理衝擊。在 Walt Rostow, <u>The Diffusion Power: An Essay in Recent History</u>（New York:Macmillan, 1972），p.259.羅斯陶盛讚克萊恩是最有先見者

巴飛彈危機」事件，正是克萊恩在十月十五日首先根據 U-2 空中偵察照片，判斷蘇聯已在古巴進行飛彈部署，當克萊恩與彭岱將古巴飛彈部署在聖克里斯巴脫（San Crisbatol）照片置於甘迺迪桌上時，[73]在接下來「驚爆十三天」（The Thirteen Days）危機處理，麥康與克萊恩成為甘迺迪最親信的分析幕僚之一，彭岱甚至將赫、甘所有通聯資料與聞克萊恩，連美國駐聯合國大使史蒂文生在聯大安理會上，質問蘇聯是否在古巴已部署飛彈，導致蘇聯代表猶豫慌張時，史蒂文生回應之「美國可等至地獄結冰」（We can wait till hell freezes）叫好名句，即出於克萊恩之手。[74]克萊恩這時維繫 CIA 與白宮管道的通暢，成了甘迺迪最倚重之幕僚，克、甘關係更見親信，對甘迺迪決策影響力，「麥康自比與我已成為甘迺迪在白宮第一隊（the first team）。」[75]

由於時間的緊鄰，「古巴核子飛彈」的危機處理經驗成了「中共核武發展威脅」的暖身與借鏡，「主戰」傾向的中情局麥康與美國軍方參謀聯席會議主席泰勒（M. Taylor）於決策過程中，自始是力主以武力摘除古巴核子設施，再續以部隊入侵古巴，而國務院魯斯克則自始反對軍事行為；[76]結果，雙方組織政策競爭的典型模式，又原封復

（most perceptive among us），早在八月二十一日幕僚會議，克萊恩就對羅斯陶提及蘇聯為尖銳化在柏林問題對立，將在古巴製造壓力行動。

[73] Ray S. Cline, Secrets,Spies,…, p.197。古巴危機不但一雪中情局「豬灣之敗」，再度贏得美國人民對中情局其信心。如同五八年八二三炮戰克珍藏蔣經國贈其一砲彈片，克萊恩也將這一張為甘迺迪形容成價值足以回報「美國在過往為中情局一切投資付出。」之 U-2 在古巴聖克里斯巴脫（San Crisbatol）飛彈的高空拍攝首照，裱褙在其辦公室牆上，紀念他情報生涯的得意之作。

[74] Ray S. Cline, Secrets,Spies,…, p.207.

[75] ibid., 198.

[76] Graham Allison & Philip Zelikow, Essence of Decision :Explaining the Cuban Missile Crisis, 2nd edition, pp.341-342, p.128. 雖然甘迺迪最後壓抑了動武念

現於接踵之中共核武預前摧毀的決策對立。六三年四月二十九日，代表美國軍方之參謀聯席會議針對「迫使中共未來遵守核武禁試條約的手段」研究報告中，認為台灣是最優之選擇：

一、即使美國利用間接手段：如外交、貿易或談判的方式，迫使中共同意遵守未來之核武禁試條約，也不能保證中共會持續且真誠的奉行。

二、雖然，蘇聯也不樂見中共核子發展趨向，但得到蘇聯的積極支持或行動合作也是不可能。

三、中共核子設施廠防衛脆弱，可以進行間諜破壞或秘密空降突擊。

四、中共應在一九六三～六四年間甚至更快，進行試爆。

因此，「美國有其考慮必要找尋蘇聯以外盟國合作，訴諸直接行動，摧毀中共核子設施。」參謀聯席會議務實的挑選了台灣及南韓作為「操刀」的對象，尤其台灣具備同文、同種，不但便於滲透又易得大陸人民支持，而更加優先。方法上可以：

(一) 派遣國府部隊對大陸核武進行滲透、顛覆、破壞。

(二) 同意台灣的反攻大陸。[77]

頭，但也自承美國在古巴事件的成功，其中關鍵仍在：最終如果蘇聯不撤古巴飛彈，美國將進行武力摘除的決定，迫使蘇聯低頭。可見甘迺迪在地緣及急迫性皆不及古巴危機的中共問題上進行動武的慾望更加強烈。甘迺迪十月二十七日（危機結束前一日）已決定，如果蘇聯堅持不撤除飛彈，三十日將逕行空中武力摘除古巴核武設施。

[77] "Memorandum from General Curtis E. LeMay, Acting Chairman, Joint Chiefs of Staff, to Secretary of Defense: Study of Chinese Communist Vulnerability", 29 April 1963,p.3. See at The National Security Archive : The United States and the Chinese Nuclear Program,1960-1964, Edited by William Burr & Jeffrey I. Richelson.

　　蘇聯在一九六三年七月的拒絕加入合作，加上克萊恩領導之中情局於六月底的情報評估分析報告中預計「一九六四年初，中共即可進行核武試爆，這將增長中共的自信與威權，並加強中共藉由政治的壓力與當地的解放戰爭，完成他成為亞洲霸權的地位。」[78]之雙重壓力下，美國假手國府進行消除或延阻中共核子計畫的軍事可能又大幅增加。

　　一九六二年七月柯克取代克萊恩接手中美協商管道後，中美溝通齟齬時起，待一九六三年六月二十九日萊特呈遞到任國書，在彭岱眼中「這位遲早會被蔣介石掌握」的駐華大使，[79]為彌合柯克任上中美領導人間的互信阻礙，萊特開始安排蔣經國的二度訪美計畫，八月二十日，萊特建議美國「蔣經國勢必是未來蔣介石逝世後，中華民國的權力繼承人，藉蔣經國的邀訪，美國應及早培養蔣經國對美國政府所具備之全球戰略觀的了解與認識。」，[80]為尋求支持他反攻復國大計，蔣故總統也望派遣蔣經國赴美與甘迺迪作最直接的接觸、溝通，獲取甘迺迪的真正態度。

　　九月六日，抵達華府後，八日，蔣首晤克萊恩，按克萊恩報告，蔣向他談論他這次訪美計畫內容是「中華民國政府同意未來十八個月內，停止對大陸進行任何軍事入侵計畫，但希望美國回報以擴大國府

---

[78] National Intelligence Estimate 4-36, "Likelihood and Consequences of a Proliferation of Nuclear Weapons Systems", Washington, June 28, 1963, FRUS, 1961-1963, Vol.VII, Arms Control and Disarmament, p.748.

[79] "Memorandum from the President's Special Assistant for National Security Affairs（Bundy）to President Kennedy", Washington, May 27, 1963, FRUS, 1961-1963, Vol.XXII, China, p.369.

[80] R. Clough, "Telegram from the Embassy in the ROC to State Department", Taipei , September 6, 1963, ibid., Footnote 1, p.382.

大股地下滲透行動的支援。」[81]克萊恩與蔣經國預告台北暫停大規模軍事行動，轉以國府特種作戰運用，意即爭取雙方摧毀中共核武的合作。十日，蔣經國在克萊恩陪同下會見彭岱，蔣經國似乎不願再浪費時間於中美反攻大陸軍事爭辯上，或許他知道談話結果，終不脫美國一貫推拖的答覆，蔣將主題反圍繞在中共核武發展問題，蔣同意「甘迺迪七月份的核武禁試條約有緩和全球緊張及維護世界和平功效，但仍不足一勞永逸解決中共的核子威脅。中華民國受到甘迺迪憂慮中共潛在核武威脅的鼓舞，願意空降 300~500 人的特種部隊到中共核子設施附近，加以武力摧毀，阻止中共核武的擴大發展。」，彭岱則回以「對削弱中共實力之任何行動美國皆感興趣，」但也向蔣經國表示「需注意中蘇分裂的維持及戰事擴大後果的顧及。」蔣經國向彭岱務實的建議日後中美雙方關係「應該在解決大陸問題又不致引發大型戰爭兩全下，找出一方程式（formula）。」[82]

　　蔣經國出乎美方意表，承諾放棄反攻大陸十八個月，軍事規模由公開正規縮減為秘密特戰，顯然希望以退為進，配合甘迺迪對中共核武恐懼，並在維持中蘇繼續分裂的考量下，將中共核武的摧毀作此行會商的焦點。蔣經國在會見甘迺迪之前與克萊恩的先晤，以克蔣交情之深及克對反攻大陸之同情，蔣計畫不可能不先向克討論，甚且受到克萊恩的指點與鼓勵。

---

[81]　William Colby, "Meeting Between Mr. McGeorge Bundy and General Chiang Ching-kuo", Washington, September 10, 1963, ibid., Footnote 1, p.383.

[82]　William Colby, "Meeting Between Mr. McGeorge Bundy and General Chiang Ching-kuo", Washington,September 10, 1963, FRUS, 1961-1963,Vol.XXII, China , Footnote 1, pp.383-385.

　　十一日，甘迺迪接見蔣經國時，會談中，不同於他父親固執，蔣
經國展現出理性、務實及對美國國際觀了解一面，蔣經國除行禮如儀
代表蔣故總統陳述他百折不撓的反攻大計「希望美國交付五架 C-130
及登陸艇助國府進行 500 人規模大陸海上突擊及空投作戰計畫。」並
解釋「蔣總統的構想是時機成熟時，佔領華南一個或更多的省，建立
據點，取得當地人民支持。」甘迺迪也一如以往耐心指出美國覺得來
自中國大陸的確實情報仍不充分，並再舉古巴行動的親身經歷，作情
報誤判而失敗的例證。除了表示將仔細研究台灣增加運輸機及登陸艇
要求外，甘惟一允諾的事，就是繼續與國府密切協同搜集大陸情報，
集中精力改善情報搜集工作，只有更多的事實我們才能確知行動是否
合乎實際情況。之後，蔣經國開始將話題導入今後他對國軍針對大陸
行動將以中小攻擊為訴求，範圍也從光復大陸改以削弱中共力量，打
擊其穩定發展為目標，「現今不是展開大型攻擊的適當時機，中華民
國政府已經設計非大規模的海、空突擊行動計畫。」蔣經國建議甘迺
迪「建立一個中美聯合協商，依據目標、情勢不同，機動派遣 50-300
人不等的特種部隊之攻擊建議。」對蔣經國理性節制的態度，甘迺迪
表示興趣與滿意，竟主動向蔣經國詢問「派遣 300~500 人突擊隊，摧
毀中國大陸在包頭之核設施是否可行？如果飛行到那麼遠的地方是
否安全？飛機會不會遭到擊？」蔣答道：「此一打擊計畫，我們以為
是可行的。」[83]，十四日，蔣經國與中情局麥康作後續會商，達成三
點合作計畫：[84]

[83]　"Memorandum for Conversation:United States Relations with the Republic of China",
　　　Washington, September 11, 1963, FRUS, 1961-1963, Vol.XXII, China, pp.386-391.
[84]　W. Colby, "Memorandum for the Record", Washington, September 14, 1963, ibid.,
　　　p.396.

一、加強大陸反抗運動：發展策反大陸人士及諜報人員滲透工作。

二、滲透、顛覆：對中共政府、政黨、軍隊內進行破壞顛覆。

三、戰略標的：以秘密軍事行動直接對中共「關鍵軍事及工業設施」進行攻擊。

第三點有關針對性「關鍵軍事及工業設施」的規定，基本就是以中共的核子設施為對象。十一月五日美國防次卿也是國家安全顧問彭岱兄弟威廉彭岱與參謀聯席會議（JCS）建議應該成立一「跨局處（interagency）組織，負責提出阻止中共核武發展計畫的方法與手段」俾在「中共核武成長之前先予扼殺（strangle the baby in the cradle）」，而彭岱與軍方之 JCS 在十二月十三日建議是「仍以專門運用 CIA 執行秘密作業的五四一二小組決策負責最為適合。」[85]

綜合研判，蔣經國的九月訪美，配合美國在（1）一直無法突破蘇聯參與的意願，（2）中情局及軍方的支持台灣選擇，及（3）中共核武試爆的時間表逼迫下。適時地提出國府出兵摘除中共西北核子設備；確實使甘迺迪表示出以台灣代勞之高度興趣。就在甘迺迪陷入以 CIA 協同台北特種部隊動武方向思考時，十一月二十二日，甘迺迪迅即遇刺，使這項行動的熱度冷卻。

希望又受挫的國府，在甘迺迪遇刺後兩天，顯然要加壓繼任總統詹森決心。蔣故總統在國民黨【建黨七十週年告全黨同志書中】首度發表摧毀中共核武的優先急迫與反攻大陸之必要性關聯，「今日我們全心一志所要急起直追，乃是要迅速的趕在共匪核子武器尚未完成以

85　Robert Komer, "Memorandum from Robert W. Komer of the National Security Council Staff to the President's Special Assistant for National Security Affairs (Bundy) ", Washington, November 5, 1963, ibid., p.401.

前，大舉反攻。一以解救大陸同胞苦難，一以拔除世界核子戰爭的災禍根源。」[86]隔年，一九六四年【元旦告全國軍民同胞書】中更號召「全體人類需要我們及時在共匪原子彈武器尚未製造完成以前，先摧毀其原子彈基地。」[87]

與大膽及積極的甘迺迪相較下，一九六四年初，新任的詹森卻顯得保守與謹慎，對迫在眉睫的中共核武，乃交予國務院政策規劃局（Office of Policy and Planning）官員強生（Robert Johnson）負責評估，在甘迺迪時代一直不受重用的強生，終於在詹森政府成為主流意見，早在一九六三年十月十五日，強生即分析「中共核武對美國在亞洲的軍事實力不具影響，中共僅具嚇阻功用，除非美國協助國府反攻大陸。」強生建議解決之道「繼續與中共進行裁軍協定的談判及溝通，對台灣資源分配則應從側重軍事轉移至經濟發展。」[88]

在直接軍事行動上，一九六四年四月十四日，一份「針對中共核子設施直接行動基礎」（The Bases for Direct Action against Chinese Communist Nuclear Facilities）研究中，基本上，就是以中華民國為合作對象的評估報告，強生提出四道選項：

一、由潛伏在中國境內的特務（agents）突襲。

二、由中華民國的空降特種部隊發動突襲。

---

[86] 張其昀主編，先總統　蔣公全集（台北：中國文化大學，民國七十三年），頁三五六六。

[87] 同上註，頁三五七三。

[88] Robert H. Johnson, State Department Policy Planning Council, "A Chinese Communist Nuclear Detonation and Nuclear Capability: Major Conclusions and Key Issues," Washington, 15, October, 1963, p.1. See at The National Security Archive : The United States and the Chinese Nuclear Program, 1960-1964, Edited by William Burr and Jeffrey I. Richelson.

三、由美國獨自片面發動非核子的空中攻擊。

四、由中華民國發動空中攻擊。

報告中分析如果空降國府 100 人的部隊，選定蘭州、包頭生產核燃料工場以及名為四〇四的核能電廠為攻擊目標，可以造成中共重大損害。但強生也指出美國沒有足夠的條件支持這項攻擊行動：

一、美國情報不足以明確鎖定目前中共所有核子設施地點。

二、沒有蘇聯的支持或默許。

三、根據中共核子能力，這類攻擊只能拖延中共四～五年的發展。

四、美國必須承擔的政治後果。

最後結論：「中共核武能力的意義，實不足以讓我們冒如此浩大之政治成本與軍事風險任務，以中、短程而論，中共核子打擊力實為渺小，對亞洲及美國尚不足以構成直接威脅。」[89]

這份報告取得魯斯克大力支持，五月一日向詹森報告中認為「中共對核武使用具謹慎的態度；充其量只有政治及心理的作用。美國實無行動之必要。」[90]強生於六月一日之分析報告中，指向支持以台灣為合作對象之 CIA，再度質疑「在情報不足提供所有中共核子設施地點及明確數量下進行摧毀行動，如果繼續發現中共其他核子場所或摧毀後之重建動作，美國是否當不斷發動攻擊行為嗎？」強生認為固然

---

[89]　全文可見 George G. Rathjens, Arms Control and Disarmament Agency, "Destruction of Chinese Nuclear Weapons Capabilities", Washington, December 14, 1964, FRUS, 1964-1968, Vol. XXX, China, pp.1-2.

[90]　Dean Rusk, "Memorandum from Secretary of State Rusk to President Johnson: Items for Evening Reading," Washington, May 1, 1964, FRUS, 1964-1968, Vol.XXX, China, pp.57-58.

「台灣的代勞可使美國不必直接介入，台灣也具備完成任務之能力，但中共最後進行之軍事報復，美國一定會被拉下水。」[91]

九月二日，強生三度報告分析「先發制人代價太高，合作應以蘇聯較為理想，但蘇聯沒有合作跡象，美國應繼續保持接觸。」[92]但使蔣經國計畫落空，則是九月十五日，由魯斯克召集代表白宮、軍、情及外交彭岱、麥納瑪拉、麥康等四大首長至白宮與會，避免政策競爭的拖延時間，會中終於決定對中共核武發展的共識：

一、首先，排除且否決了美國進行單獨、片面的摧毀中共核武設施行動。就目前情況，寧可成全中共試爆，也決不採用此一選項。

二、決議以蘇聯作聯合軍事行動之對象，共推魯斯克在最快的時間內與蘇聯杜布萊寧大使私下會商此一行動可行性。

三、台灣角色分配，決議繼續委由台灣的飛行員進行偵測中共核武設施的發展進度。

上述決議經內閣會議報告後，取得了詹森總統的許可。[93]

支持台灣之中情局敗下陣來，但魯斯克還來不及與俄國商量，一九六四年十月十六日，中共在美國無預警下，在羅布泊成功完成核子

---

[91] Robert H. Johnson, Department of State Policy Council, Memorandum : "The Chinese Communist Nuclear Capability and Some " Unorthodox " Approaches to the Problem of Nuclear Proliferation," 1 June 1964. p.2,5. See at The National Security Archive : The United States and the Chinese Nuclear Program, 1960-1964, Edited by William Burr and Jeffrey I. Richelson.

[92] "Memorandum, Robert H. Johnson, Department of State Policy Council ,to Henry Owen, Thursday Planning Group Discussion of Communist China and Nuclear Proliferation, ", September 2,1964, FRUS, 1964-1968, Vol.XXX, China, pp.1-3.

[93] McGeroge Bundy, "Memorandum for the Record ",Washington, September 15, 1964 , ibid., pp.94 - 95.

試爆。按負責紀錄當日詹森主持之國家安全會議者克萊恩描述，當早上十時三十分，詹森正與魯斯克、彭岱、麥納瑪拉與麥康討論十五日蘇聯赫魯雪夫下台，由柯錫金（Alexei N.Kosygin）取代的發展狀況時，中共試爆消息這時呈報會上，詹森雖早有心理準備，仍強自鎮靜，決議由魯斯克在九月二十九已事先擬妥之聲明稿發佈以先安撫國內外恐慌。[94]但隔（十七）日會議，畢竟中共晉升核武國家，茲事體大，詹森決定停止近期所有政治行程，以準備對人民演說，並安排與國會領袖說明及專心與內閣討論後續政策。

十九日，詹森與重要內閣人員會商中共核武的威脅，原能會主席希伯格（Glenn Seaborg）指出：中共將在四至五年完成核子「武器化」，但中共如有決心製造政治及心理恐嚇效果的話，時間可以更加縮短達成。國防部長麥納瑪拉則著眼核子擴散蔓延的危險，估計至少有六國已具製造能力，且核武製成代價愈來愈便宜只要一億二千萬美元，強烈主張美國必須要有方法與手段（ways and means）阻止核子的擴散。只有魯斯克認為中共核爆心理衝擊大於實質的軍事威脅，且指出經由他向各國大使說明，已降低中共核武試爆的恐慌。[95]

但顯然中華民國不在魯斯克安撫成功範圍內，當日，由萊特傳達他與蔣介石會談紀錄，蔣介石強烈表達「中共核子發展成功對亞洲人心之震撼非美國所可想像。中共的核子武器已使亞洲完全不同以往，蔣呼籲中美政府應對此一情勢，尋求一個新的解決方式（a new

---

[94]　Ray S.Cline, "Memorandum for the Record", Washington,October 16, 1964, FRUS, 1964-1968, Vol.XXX, <u>China</u>, p.109.

[95]　McGeorge Bundy, "Memorandm for the Record", Washington, October 19,1964, ibid., pp.113-114.

solution）。」在內閣的警告與蔣介石的催促下，詹森重新思考動武的念頭。[96]

　　詹森政府立刻從蘇聯與台北展開兵分兩路接觸，首先，催促魯斯克依據九月十五日的白宮決議，與蘇聯私下接觸對中共動手的可能性，十月二十日魯斯克在他辦公室內與蘇聯大使杜布萊寧，試探美蘇對中共核子試爆成功的看法時，杜不願再陷入此一敏感討論，更何況赫魯雪夫下場殷鑑不遠，僅認為「中共短期當不致成為一核子強權，仍主張擴大核子禁試條約的適用範圍，作為阻止中共核武壯大手段。」[97]

　　至於台北，十月二十三與二十四日，中情局長麥康特別派遣與兩蔣父子有特殊「背景與關係」克萊恩到台北會晤兩蔣，掌握台北對中共核武試爆的態度。克萊恩回報在這兩次與蔣介石、蔣經國、國防部長俞大維及外長沈昌煥等國府官員相當「激動」的談話中，總結有：

　　一、蔣介石相信中共擁有超過美國所估之核子原料的產能，這造成亞洲人民無以言語的恐懼。

　　二、蔣批評中共可以安心研製成原子彈，就是美國一味採取孤立中共政策後果，蔣要美國採取更積極政策，否則無異要台灣人民等待滅亡。

　　三、中共發展核武就是以台灣為目標，台灣百姓相信中共只要三顆原子彈就可摧毀基隆、台北、高雄，只要他們毀滅台灣後，

---

[96] Jerauld Wright, "Telegram from the Embassy in the ROC to the Department of State", Taipei, October 19, 1964, ibid., p.113.

[97] Drafted by Polansky, "Memorandum of a Conversation: Chinese Communist Nuclear Detonation" Washington, October 20,1964, ibid., p.115.

中蘇即能重修舊好。這與美國害怕國府攻擊大陸會導致中共重回蘇聯懷抱，既而引發世界大戰構想完全不同。[98]

對美國派遣克萊恩來台，國府顯然抱著極大的期待與興奮，國府高層人人一吐為快，希望藉著克萊恩傳達台北要求美國與中華民國應該在中共能真正成為核武國家前，重新研議一個應付未來亞洲局勢，將反攻大陸與中共核武威脅一併解決的全面政策。

由莫斯科與台北兩方態度來看，由於赫魯雪夫一味採親西方態度，以致共產世界懷疑其領導可靠而遭下台，莫斯科新任政權殷鑑不遠，自然難有對中共核武採取激烈動作意願。相對地，克萊恩卻傳達了台北積極意願及作了美台戰略上的「情勢變遷」分析，批判甘迺迪時代以來，國務院堅信支持台灣對中共採取戰事，將不利中蘇分裂的維持，但美國一味縱容，卻使中共從非核國家成為核子國家，由於中共非理性因素，克萊恩相信支持台灣對大陸的顛覆行動，尤其具有核武後的中國，反能刺激中蘇不同調性，加速失和，現在美國再不採積極性作為，待中共進一步完成核子武器化之投射裝備研製，成為真正核子強權，則一切悔之晚矣！

為推動這一所謂新的中美戰略計畫，蔣故總統在十一月七日和十日，甚至致電駐華大使萊特轉達，願意利用參加詹森總統就任慶典之名，史無前例，親自出馬赴華府向詹森總統說明及協商，但在國務院預料蔣介石將提出對大陸攻擊行動要求，避免無法同意的尷尬下，予以婉拒。[99]十一月二十三日，蔣無奈之下，才將這一個「政策」，以

---

[98] "Report of Meeting between Chinese Nationalist Officials and Dr. Ray S. Cline", Taipei, October 23-24 ,1964 , FRUS,1964-1968,Vol.XXX, China , pp.115-116.

[99] George Ball, "Telegram from the Department of State to the Embassy in the ROC", Washington, November 20, 1964, FRUS 1964-1968, Vol. XXX, China, p.129.

書面向詹森說明：中共核子試爆成功，已取代蘇聯成為世界的最大威脅，亞洲正面臨一個生死存亡的關頭。蔣故總統認為美國在中共核子壯大之前，有三項出路，並要求詹森急速回應：

一、迅速在越南戰爭中取得勝利。

二、倡導一個全面的計畫（overall plan）結合亞洲自由人民力量推翻中共政權。

三、但在前兩者緩不濟急的情形下，蔣要求詹森先給予中華民國政府權限，摧毀其西北核子設施。[100]

美國再度面臨蔣介石積極挾帶摧毀中共核武的反攻大陸提議，十月二十八日起，進行具體政策的分析回應，國務院內的重要幕僚一致性的建議美國應將中共帶入聯合國，接受國際社會的規範，核武問題也應透過談判而非武力方式解決。一向主張「清晰」回應的國家安會議幕僚湯普森（James Thompson Jr.）繼強生之後，成為政策評估的主流，認為其實自一九五四年的日那瓦與華沙會談起，美國就事實承認中共，建議：

一、美國應採取一個主動、務實、自信的政策，而非過往被動視中共「自我調整」而定的消極態度。

二、美國應清晰坦率提出在國際上主張「一中一台」的政策，並藉開放的交流如解除旅遊等限制，改變中共行為。

三、至於核武問題，應以論壇（forum）方式，將中共納入核子問題的協商國，而非不斷排斥。[101]

---

[100] Robert Komer and Mcgeorge Bundy, "Memorandum from R.H. Komer of the NSA staff and the President's Special Assistant for National Security Affairs（Bundy）to President Johnson", Washington, November 25, 1964,ibid., p.133.

[101] James Thompson Jr., "The US and Communist China in the Months Ahead",

十一月五日，國務院的助理國務卿克里夫蘭（Harlan Cleveland）也作出美國在聯合國中國代表問題，應贊成「研究委員會」案，改採兩個中國政策，中共之入會乃歷史之必然。至於中共核武應以「核子禁試條約」作處理根據，亦不主軍事摧毀。[102]二十三日，柯默更明白指出「中共核武發展成功讓蔣介石反攻大陸乃國共內戰理論已經結束」，而主張以對話（dialogue）方式解決，並分析「蔣介石於這時刻，仍不停提出明知我們不可能接受的政策，其目的不過是預防性阻撓（forestall）我們在聯合國問題立場的改變。」[103]

十二月二十一日，在柯默建議以籠統的安全保證，迴避美國根本無法同意蔣所提議的摧毀中共核武計畫。詹森終於向蔣答覆：對於中共核子試爆成功，所造成的台灣安全威脅，美國仍將依照中美共同防禦條約，履行對台安全的承諾。有關反攻大陸問題上，詹森搬出一九五八年杜勒斯公報中：中華民國所承諾將以政治手段，而非武力，光復大陸。詹森也指出美國不見具體證據，感受到大陸有可觀的民怨動亂及現行環境有任何對中共進行軍事行動之條件。雖然詹森明確拒絕了蔣的計畫，為安撫、彌補蔣的失望，將考慮以額外的戰機佈署台灣。[104]

Washington, October 28, 1964, FRUS, 1964-1968, Vol. XXX, China, pp.118-119.

[102] Harlan Cleveland, "Memorandum from the Assistant Secretary of State for International Organization Affairs (Cleveland) to Secretary of State Rusk", Washington, November 5, 1964, ibid., p.123.

[103] Robert Komer, "Memorandum from R.H. Komer of the NSA staff to the President's Special Assistant for National Security Affairs（Bundy）", Washington, November 23, 1964, ibid., p.131, 133.

[104] Dean Rusk, "Telegram from the Department of State to the Embassy in the ROC", Washington, December 21, 1964, ibid., pp.142-143.

　　總之，不能在中共核爆前，掌握先機的事前摧毀，待試爆完成後則更見難行，因為中共核爆後的摧毀行動，其所導致政治及軍事報復效應將更難預料。但不論是果敢的甘迺迪或保留的詹森之所以無法下定決心接受台灣為合作伙伴，從文件分析上來看，其中關鍵點還是中情局一直無法精準掌握中共核子進度及設施地點，資料上整理顯示，關鍵的重大情報差距，可見：

一、一九六四年四月及八月底之兩份文件中綜合來看，中情局仍繼續堅信，中共只依賴包頭核場所產出之鑄（plutonium）元素，仍不足以提供足夠的核子原料製作原子彈，而預測中共將到一九六四年底或一九六五年中，才能試爆核彈。[105]

二、十月十七日檢討會上麥康承認無法掌握中共核爆時間，歸因於錯估以為只有包頭場出產核燃料，卻忽略玉門的核場，補足了所需核料。[106]

三、直到一九六四年十月十五日（中共核爆前一日）的報告上，還預估離中共試爆還有六到八個月的時間。[107]

---

[105] W. Rostow, "The Implication of a Chinese Communist Nuclear Capability", Washington, April 30, 1964, FRUS, 1964-1968, Vol. XXX, China, p.57.& Special National Intelligence Estimate13-4-64: " The Chance of An Imminent Communist Nuclear Explosion", Washington, August 26, 1964, ibid., China ,p.39.

[106] John McCone, "Memorandum for the Record ",Washington,October 17,1964, ibid., p.110.

[107] Ernest J. Zellmer, "Memorandum from the assistant Director for Scientific Intelligence of the Central Intelligence Agency (Chamberlin) to the Deputy Director of Central Intelligence (Carter) " Washington, October15, 1964, ibid., p.108.

四、十月十九日美國原子能委員會希伯格根據爆炸殘餘，質疑中
　　共核彈不是鑄製而是由 U-235 所製，[108]隔年，二月十日，希
　　伯格不但證實這一疑問，更發現提供 U-235 者，竟是一直忽
　　略的蘭州核場。[109]

在古巴飛彈危機經驗中，甘迺迪即使在中情局麥康及泰勒將軍保
證「可以摧毀百分之九十的古巴核武」，但甘迺迪遲遲無法以空中武
力摘除為政策優先，就是無法取得空軍全部摧毀的保證。[110]這也莫怪
領導國務院反對意見的主要人物強生屢屢在其報告中以 CIA 及軍方
情報對中共核子設施無法全盤清楚之下，質疑美國能發現一個核廠，
就讓台灣發動一次攻擊嗎？

一九六五年一月十六日，代表軍方的參謀首長聯席會議所呈國防
部之「中共核子威脅可行因應」的備忘錄認為「現行中共的核子實力
不足以改變美國與中共的軍事差距」，僅建議美國加強「對亞洲重要
盟邦核子傘的保護承諾，考慮與美重大國家利益之相關國家分享核子
的技術。」[111]資料上顯示，以武力摧毀中共核武配套在反攻大陸設計
至此已至強弩之末，台北最後為摧毀中共核武設施的重大努力，是在
一九六五年九月二十日，蔣宋美齡以「回聘一九六一年詹森訪華之名」

---

[108]　McGeorge Bundy, "Memorandm for the Record",Washington, October 19, 1964, ibid., pp.113-114.

[109]　National Intelligence Estimate 13-2-65, "Communist China's Advanced Weapons Program Conclusions", Washington, February 10, 1965, ibid., p.147.

[110]　Graham Allison & Philip Zelikow, <u>Essence of Decision :Explaining the Cuban Missile Crisis,</u> 2nd edition, pp.229-230.

[111]　Earle G. Wheeler, "Memorandum from the Joint Chiefs of Staff to Secretary of Defense McNamara:Possible Response to the ChiCom Nuclear Threat", Washington, January 16, 1965. FRUS, 1964-1968, Vol.XXX, <u>China</u>, p.145.

專程赴美為此一「她與蔣介石心中最迫切且與亞洲至世界安危有密切關係之中共核武」與國務卿魯斯克及國防部長麥納瑪拉，有一段坦率的精彩激辯，魯斯克「以法國為例，指出法國窮七年之力，其核武力量仍極為有限，何況中共！」，蔣夫人以「法國乃一理性國家，中共則瘋狂好戰。」，對摧毀中共核武，蔣夫人譬喻「只擁有兩發子彈的人，面對有五十發子彈的對手，最好方法就是讓他沒有使用到武器機會。」，因此「在中共核子武器發展到危險程度前，惟一選擇就是以傳統武器，加以事前摧毀。」但麥納瑪拉對蔣夫人則回以：「如此，擁有兩顆子彈的人更應戒慎戒懼，因為這意味一旦動武，會是他生命之結束。」，魯問「如果台灣對大陸核子動手，大陸將有何反應？」蔣夫人答：「將會鼓舞大陸全面起義行動。」魯則認為：「中共的反應將是巨烈且全面性的報復，其傾巢而出的武力所釋放的破壞力，更將超越其國界之外，屆時，美國除訴諸核武，不足穩定情勢。」蔣夫人雖不以為然，魯坦白以告：「美國只有一億九千萬人口，與中共有六億較，希望蔣夫人能理解美國實無與大陸有軍事衝突的可能性。」[112]

　　也就在蔣夫人與魯、麥會談兩天後，蔣經國三度赴美，一如兩年前將摧毀核武作為國府反攻大陸的迂迴配套措施，此番準備在反攻大陸議題上另闢出路，在克萊恩媒介及主導下，蔣提出第三階段反攻大陸的配套計畫－國府出兵越戰。

---

[112] "Memorandum of Conversation: China", Washington, September 20,1965, FRUS, 1964-1968, Vol. XXX, China, pp.207-208.

第三節　美國政策之從戰略模糊到戰略清晰

在甘迺迪時代，以彭岱為首的國家安全會議聯合麥康及克萊恩的中情局與魯斯克、希斯曼及哈里曼等所領導之國務院，在競逐主導美國對華政策一連串事件之交手上如：雷國計畫、外蒙案、反攻大陸問題上，憑藉克萊恩與蔣經國的深厚關係，確實代庖國務院，大佔上風。但自一九六五年初，詹森連任後，克萊恩的情報生涯與國府反攻大陸氣勢，在國務院逐步掌握白宮決策階層信任下，這種優勢開始逐漸不支。國務院在對華政策上，不但加強論述白宮應捨棄對台北反攻大陸上的『模糊』態度，代以坦白之『清晰』政策回應，以免夜長夢多，否則美國遲早將被拖下水；未來聯合國中國代表權問題處理態度，國務院力主「一中一台」或「兩個中國」規劃作為解決方向。

一九六五年四月，一向對台主張清晰政策之湯普森所作一份『台灣情勢』報告，可謂是批評「自六〇年以來，美國對反攻大陸所採之模糊策略，是導致中美關係一直擾攘不安根源。」最直接與精闢的一份檢討報告。文中第三部分「模糊的代價（The High Cost of Ambiguity）」，湯普森警告「美國明知蔣介石光復大陸是一神話（myth），蔣介石也知道美國不會支持，但奇怪是中美關係卻要刻意打轉於此一曖昧之中，且無人願意點破。美國既不真心相信反攻大陸有其可行，又何必陷自身於不義，承受台灣人民反美、背信的指控。更糟是，美國為了維持模糊政策，必需一點一滴的退讓（concession），導致美國官員竟也錯誤相信了這一神話。」[113]湯並痛批此一「模糊弊

---

[113] James C.Thompson, "Memorandum from James C. Thompson, Jr.,of the National Security Council Staff to the President's Special Assistant for National Security Affairs (Bundy): The Taiwan Situation", Washington, April 15,1965, FRUS

病（malaise）歸諸美國在台大使館官員對台政策因循苟且之心態，這般視而不見、聽而不聞作風，將帶來不可測災難。」，湯普森結論建議：立即撤換萊特大使，真正任命一位具有總統委命者擔任大使，湯推荐了馬康衛、彭岱（William Bundy），執行以下三點的新對台政策：

一、壓迫台灣轉向追求經濟的成長。

二、運用一切的方法降低中華民國政府軍事預算的擴大。

三、結束美國對台反攻大陸的「模糊政策」，美國應明白表示反對任何反攻大陸計畫，但也清楚承諾保衛自由中國存在。湯指出：「美國其實也如此坦白對待諸多我們無法苟同其國家目的者之友邦，台灣也實無例外之必要。」[114]

就在湯普森提出「台灣情勢」報告成為代表國務院對華政策主流意見同時，一九六五年四月，麥康終於求去，臨走前向詹森推薦分別主管「情報分析」及「秘密行動」的兩位副局長--克萊恩與霍姆斯（Dick Helms），作中情局長繼任人選。基本上，克萊恩評比艾森豪與甘迺迪兩任政府是最能尊重 CIA 的專業運作判斷作決策的基礎，稱許是 CIA 運作最成熟及巔峰時候，[115]但到詹森政府，與中情局關係則是愈行愈遠；詹森並不看重國家安全會議，中情局被定位是其私人幕僚（private staff）對中情局的情報資料是聊備一格。結果，詹森違反文職傳統，提名既無杜勒斯才華，更無麥康方法、效率且無任何情報背景的退休海軍上將雷朋繼任，註定 CIA 將退出白宮決策核心。果然，在麥康及雷朋交接日，詹森竟沒有向克萊恩要求任何情報協助下，逕

1964-1968, Vol. XXX, <u>China</u>, p.163.

[114] ibid.,p.164.

[115] Ray S. Cline, "Policy without Intelligence", <u>Foreign Policy</u>, (Winter 1974-75), p.121.

自決定直接出兵多明尼加，直讓克萊恩難堪、失望及深不以為然，[116]
企望維持中情局在詹森政府決策圈之地位，克萊恩要求彭岱以其「個
人建議」希望「在多明尼加軍事的情報管道上，CIA 能向詹森總統作
最直接的呈報與分析傳遞，克萊恩提出方式：一、改以電報機（ticker）
在更快速的情資傳送下，直接呈報立即資訊予詹森，二、CIA 每天早
晨七點半及傍晚能有兩次的總統情資簡報，使詹森能隨時保持最新資
訊的狀態。」[117]；事後，顯然詹森沒理會克萊恩的建議，依舊倚重私
人密友（cronies）意見的決策模式，這使首當其衝，負責中情局情資
分析的克萊恩沮喪至指出「中情局此時對我而言，簡直是工作的痛苦
之地（painful place）。」[118]

　　在詹森政府改變對華的不利態度發展下，克萊恩繼「偵、刺部隊」
倡導、「預前摧毀中共核武」配套，希望促成台北反攻大陸軍事行動
受阻之後；在美國對台灣政策的扭轉工作上，克萊恩開始導入（一）
支持國府出兵越戰（二）重建中美高層之溝通管道。企圖維持台北仍
是美國對華政策的主軸，阻撓國務院的北京轉向。

　　國府出兵越戰之議，啟於克萊恩利用一九六四年一月二十七日，
奉命出使台北說服蔣介石：希望當巴黎與北京建立外交關係時，中華
民國應不主動與法國斷交任務。在這次難得的與蔣介石聚首機會，
克、蔣完成了一份將「國府出兵越戰與反攻大陸行動結合的中美『亞
洲戰略計畫』共識。」，二月八日，克萊恩向詹森所正式傳達的這一

---

[116] Ray S. Cline, Secrets, Spies…, p.212.

[117] McGeorge Bundy, "Memorandum for the President: Intelligence on the Dominican Republic", May 12, 1965, Folder 4, Box 20: General Correspondence E-Z, The Papers of Ray S. Cline, Library of Congress.

[118] Ray S. Cline, Secrets, Spies,…, pp.211.

項亞洲戰略合作計畫內容，包括三部分（一）建立中華民國、越南及韓國三國安全公約(GRC-ROK-South Vietnam Security Pact)組織，（二）允許國府出兵越戰（三）加速台北反攻大陸行動。[119]三月二日，克萊恩提出「中美關係報告」中，進一步向詹森建言「在這次出使任務中，蔣介石以極為痛心疾首的失望語調表達－美國現行在亞洲的反共政策，將使中華民國無法生存。」克萊恩建言「美國不應忽視中華民國軍民的感受，為提升低弱的台灣軍方士氣，美國應該在越戰戰略上有強烈性的創舉（strong initiative），並給予蔣介石善意溫暖的溝通。」克萊恩並以當年一月二十一日之『湖口兵變』大膽預測「反攻大陸的延宕及美國冷淡支持，所致台灣人民挫折感累積下，兩年內，難保島內不發生軍事政變，推翻蔣介石政權。」[120]

克萊恩亦嚴厲指責國務院之哈里曼、希斯曼及駐越南大使洛奇（Henry C. Lodge）所一手策劃（並非 CIA 所主導）之推翻吳廷琰政變，作為解決越南困境的出路，根本是使越南失去他們當時所能擁有最強力的領導人。國務院及國防部一片樂觀及形勢大好的勸進聲，克萊恩分析「美國面對北越的游擊戰，企圖以傳統武裝作戰方式，將不易取得勝利；美國需要認清這將是一段長期的戰爭」，詹森轟炸北越的成果分析報告，克萊恩也作保留的評論。[121]

---

[119] R. W. Komer, "Memorandum from Robert W. Komer of the National Security Council Staff to President Jonnson", Washington, March 3, 1964, FRUS, 1964-1968, Vol.XXX, China, pp.26-27.

[120] Ray Cline, "Memorandum from the Central Intelligence Agency's Deputy Director for Intelligence (Cline) to Director of Central Intelligence McCone: U.S. Relations with Republic of China", Washington, March 2, 1964, FRUS 1964-68, Vol.XXX, China, pp.25-26

[121] Ray S.Cline, Secrets, Spies..., p.199.

　　克萊恩希望拉國府介入越戰的構想，立刻又受到柯默阻撓，隔日，柯默向詹森報告即表示克萊恩對台灣情勢的分析實在是「反應過度了！」（take it quite seriously），且說明不論台越同盟或國府出兵，只會更增中共介入越戰的正當性，對蔣出兵越戰之議，只需如往虛與委蛇，敷衍即可。[122]

　　同時，反攻大業一再受挫的蔣故總統，抱怨自柯克以來，中美協商的視聽不明乃雙方領導人欠缺「持續與深入的溝通」。代理大使的恆安石（Arthur Hummel Jr.）十月的報告評論說「蔣介石與蔣經國似乎了解到與美國磋商之必要，但卻因為中華民國方面想談，而美國方面不想談的反攻大陸及摧毀中共核武設施這些問題，而使磋商受到損害。」蔣介石構想是希望「中美能回到已往如朋友般自然交換意見，他認為外交管道太拘束，他要求比較非正式管道，以討論彼此的想法。」[123]。蔣顯然益加懷念克萊恩在台擔任中情局台北站長時，所維繫他與甘迺迪私人咨商程序的貢獻。因此，當湯普森在一九六五年四月更換萊特大使的建議，蔣介石趁勢要求詹森仿傚過往台美非正式管道的決策處理模式，尤望回復克萊恩重作雙方傳話特使。

　　果然一九六五年七月七日，蔣介石透過萊特希望美國以克萊恩為使來台，繼續中美高層有關國府參加越戰與大陸行動的意見溝通，此一要求自然引起萊特的大加不悅，認為蔣要另外以克萊恩作為「替代的管道（alternate channel）而加以反對」，甘迺迪時代建立克萊恩作甘迺迪與蔣介石秘密管道的彭岱，也向詹森分析「蔣介石的目的是要

[122] R. W. Komer, "Memorandum from Robert W. Komer of the National Security Council Staff to President Jonnson",Washington, March 3, 1964, ibid., p.26.

[123] Arthur Hummel, "Telegram from the Embassy in the ROC to the Department of State", Washington, October 28, 1965, ibid., p.222.

恢復過往他最信任的克萊恩，重作中美協商之人，蔣以為近年來太過正式的『外交管道』（意指國務院）完全曲解、忽視了他的觀點。」，魯斯克也認為可以接受蔣的建議，但避免尷尬，條件上，只要萊特當時不在台北，且克萊恩出使層次只限於陳述，而非政策介入。[124]萊特果然七月以返國述職為名，之後就拒絕返台，美駐台北大使從此竟然懸缺達近一年之久。

詹森任蔣所請，八月初，克萊恩來到台北，分別於一日、三日兩度與蔣介石長談，這次蔣、克相會，克萊恩與蔣就出兵越戰細節作進一步討論，並呈報詹森以下分析：「國府願意提供軍隊參加越戰，協助美國解決在越南所進行的長期消耗戰。蔣計畫是希望美國把國軍護送登陸華南及廣東沿海，國軍切斷北京對北越的補給線，並開始反攻大陸之戰，蔣一貫的以中蘇爭執保證蘇聯不會介入，而中共核子武器化進展，尚不足以嚇阻國府的入侵。」[125]

蔣介石並經由克萊恩轉達「九月，蔣經國訪問華府時，再將細節報告予詹森總統。」克萊恩報告中也重覆他一貫以蔣介石的激烈性格及島內情勢之不可測，美國必需對蔣妥協、讓步的語氣，評論到「蔣介石較以往更加焦慮，為鞏固對台灣的掌控，蔣似乎不得不對大陸發動積極性軍事攻擊。」，彭岱在備忘錄尾，解釋道「克萊恩成功疏導

---

[124] McGeorge Bundy, "Memorandum from James C. Thompson,Jr., of the National Security Council Staff and the President's Special Assistant for National Security Affairs (Bundy) to President Johnson", Washington, August 5, 1965, FRUS 1964-1968, Vol. XXX, China, pp.190~191.

[125] M.Bundy, "Memorandum from James C. Thompson, Jr.,of the National Security Council Staff and the President's Special Assistant for National Security Affairs (Bundy) to President Johnson", Washington, August 5, 1965, FRUS 1964-1968, Vol. XXX, China, Footnote 1 & Footnote 2, p.191.

了蔣的獨斷自我（ego）與害怕美國將放棄台灣憂慮（pent-up），穩定了蔣介石的情緒。」

　　儘管美國堅決反對國府的任何軍事攻擊大陸計畫，但五月以來，台北媒體盛傳國軍將攻擊海南島作為配合加入越戰計畫，使國務院部分人也相信國府出兵越戰的論調，也許可使中共陷入對美國動機的疑惑，而產生有所節制的效益。[126]克萊恩認為強化中共這種「不安的疑惑」，最有效方法莫過於重新啟動藍獅委員會的運作，此一舉動不只有台美對大陸開展聯合軍事行動的象徵意義，也是實質合作上的必然性需要。九月中，克萊恩與美軍太平洋艦隊司令夏普上將（Ulysses S. Grant Sharp）商討，認為當初由他議設為中美聯合研究反攻大陸的藍獅委員會近年來運作不夠充分，有空洞化傾向；克萊恩傳達蔣介石希望美國能派高階將領參與藍獅委員會的計畫研擬，尤其是即將交付藍獅委員會討論的由廣東沿海登陸切斷中共連繫北越之兩棲作戰計畫。[127]

　　九月二十二日，蔣經國以國防部長銜拜會麥納瑪拉，提出國府出兵越南與反攻大陸西南五省的聯合計畫，徹底解決亞洲共黨擴張危機。蔣提出共黨在亞洲擴張，先後在韓國及台灣海峽受阻後，現今力求在東南亞尋求出路，台灣願意派遣部隊赴越參戰，方式是先奪取西南五省-廣東、廣西、雲南、貴州及四川，阻斷中共進入越南戰場，建立反共勢力屏障。就歷史及地理遙遠角度觀之，西南五省的戰事，應

---

[126] J. Wright, "Telegram from the Embassy in the ROC to the Department of State", Washington, May 18, 1965, ibid., China,p.170.

[127] Ulysses S. G. Sharp, "Telegram from the Commander in Chief, Pacific (Sharp) to the Chairman of the Joint Chiefs of Staff (Wheeler) ", Honolulu, September 15, 1965, ibid., pp.202-203.

在蘇聯容忍範圍內，且西南五省也是支持國府，反共決心最強烈地區，成功可能性也最高。蔣經國提出美國應繼續以台灣作為維護亞洲民主自由，打擊共產侵略的快速反應部隊。麥納瑪拉對蔣經國所提之積極構想，樂觀的報告美國在越南戰事已經將越共壓抑至小規模的游擊戰，婉謝國府願意出兵越戰助拳之議，技巧以美國希望台灣提供的援助限於「經濟、技術，尤其在農業生產、醫療及運輸方面。」至於西南五省攫取上，麥納瑪拉則喻以「是另一個『豬灣事件』的翻版，且沒有足夠證據顯示大陸人民有揭竿奮起的意向。」但麥仍表示願意「在新的駐華大使任命後，重新啟動藍獅委員會，加強美國高級軍事官員與台北軍方的咨商交流。」[128]

二十三日，蔣經國先後會見彭岱及詹森，詹森以「美國決心留在越南直到侵略勢力撤退，但美國也反對擴大戰事，追求無限戰爭。」[129]等於間接回絕了蔣經國國府出兵越戰之請。蔣經國則重覆與彭岱談話，希望「不論中美解釋看法如何不同，重要是中美需要多作聯合研究與『持續及深入』的溝通。」[130]

十一月十六日，參謀聯席會議向國防部長麥納瑪拉提出有關『蔣經國所提國軍登陸華南』意見中表示：

一、該行動的成功，不可能沒有美軍海空武力對中共人員設施目
　　標的攻擊。

---

[128] Drafted by Barry, "Memorandum of Conversation: Call on the Secretary of Defense by the Chinese Minister of Defense ", Washington, September 22, 1965, FRUS 1964-1968, Vol. XXX, China, pp.210-213.

[129] Drafted by Cooper, "Memorandum of Conversation", Washington, September 3, 1965,ibid., p.217.

[130] ibid., p.215.

二、至今尚無大陸軍民大規模武裝起義的情報。

並建議：

一、顯然該計畫沒有成功實施的可能性。美國應避免介入、鼓勵
　　及支持有關該行動任何規劃，造成蔣介石會錯意。

二、利用藍獅委員會作為滿足蔣介石受咨商尊重之論壇，另外用
　　以監督、預防國府有所片面行動。[131]

　　十一月二十四日，美國遠東事務副次卿柏格（Samuel Berger）針
對藍獅委員會的重新運作儘管限於被動諮商及檢討台北所提的軍事
計畫的範圍內；但以一九六二年台海危機為師，認為啟動藍獅委員
會，讓中共陷入猜疑而會有所約制的作法是「極為危險與質疑的試
驗，也許有人以為這可以使中共因為陷入美國與中華民國聯手侵犯的
可能猜疑而產生嚇阻作用，但也有使中共誤判而進行先發制人的戰爭
風險」。[132]

　　對軍方與國務院的負面意見，十二月六日，克萊恩為中華民國部
隊參加越戰作出強烈辯護，文首就坦率且直接批評「惟一不解美國在
東南亞戰事決策之處，就是為什麼美國不願動用蔣介石這一批不論訓
練、戰力及意志俱佳的國府五十萬大軍參加越戰，切斷越共來自中共
的補給？如果不願動用這批自由世界的軍事資產，只因為懼怕挑釁或

---

[131] A. H. Manhart, "Memorandum from the Joint Chiefs of Staff to Secretary of Defense McNamara", Washington, November 16, 1965, ibid , pp.224-226.

[132] Samuel Berger, "Letter from the Deputy Assistant Secretary of State for Far Eastern Affairs (Berger) to the Consulate General in Hong Kong (Rice) ", Washington, November 24, 1965, FRUS 1964-1968, Vol. XXX, China , pp.227-228.

提供中共介入的藉口，也是不合時宜的錯誤。」克萊恩建請詹森慎重考慮借重中華民國的兵力，並分析陳列以下漸進選擇的運用方式：

一、美國至少可仿傚一九六二年經驗，利用藍獅委員會的運作，釋放中美已有聯合登陸華南的特遣部隊計畫的訊息，這一招是除了美國使用核子武器之外，嚇阻中共不要介入越南最有效的辦法。

二、克萊恩更建議如果要使中國益信反攻華南方案的真實性，可以接受中華民國的一萬名特種部隊參加越戰，在南越高原地帶對共軍進行「搜索與殲滅（search and destroy）」戰。

三、現實上，克萊恩主張美國政府還是應與中華民國共同研擬登陸華南方案，設定如果中共介入越戰人數超過五萬人，或中共戰鬥部隊在南越與美軍接戰，或與友軍在寮國及泰國交火時，就隨時以海、空掩護蔣介石部隊登陸華南。

四、情報證明顯示中共部隊早已介入越戰，美國應放手運用國府部隊加以反制。[133]

十二月二十九日，緊接著克萊恩強力建言之後，美國參謀聯席會議主席惠勒（Earle G.Wheeler）與蔣介石會商國軍參戰中南半島問題，蔣抱怨「自蔣經國於九月底提出國軍奪取西南五省與出兵越戰聯合戰略構想，迄今仍不見美國下文」，蔣希望「美國信任中華民國反共的經驗與認識，接受反攻大陸與出兵越戰是解決亞洲問題一勞永逸之路。」惠勒向詹森提出會後感想是「從年紀及局勢來看，蔣介石的急

[133] Ray S. Cline, " Memorandum for the Deputy Director for Intelligence of the CIA (Cline) to the Director of CIA : Chinese Nationalist Military Forces vis-a'-vis Vietnam", Washington, December 6, 1965, FRUS, 1964-1968, Vol. XXX, China , pp.231-232.

迫是因為他知道出兵越戰，是台北最後反攻大陸的機會。」代表軍方意見的惠勒認為解決這一越來越擴大卻又不決的議題「我支持向蔣介石坦白以告美國不可能支持他反攻大陸的任何提議。」[134]

詹森政府經軍方與國防部聯合評估後，由恆安石於一九六六年一月二十五日正式回絕蔣經國：「美國無法接受蔣經國去年九月所提出之代號『火炬五號計畫』作為解決越戰的方案，惟美國願意繼續以藍獅委員會作為擴大咨商的場合。」[135]

由於藍獅委員會已被壓縮僅限於「情報及分析的交換」（a mere exchange of informatrion and analysis），[136]湯普森再度重複「國府用兵力至越戰，乃決不可行，這是蔣介石要捲美國下水之謀略，雙方都心知肚明，但我們就是要既裝聾又扮傻（mute and disguise）奉承（soft soap）蔣介石一番即可。」[137]

一九六六年，克萊恩對華府環境已是徹底失望。同年二月，彭岱又為羅斯陶取代，此一人事更換，克萊恩說是「對他，僅次於麥康去位之最大的打擊」[138]也意謂他在中情局處境更加孤立。四月份，克萊恩在訪問台北的亞洲之旅後，向羅斯陶提出一份十點建言，文中主要

[134] E. Wheeler, "Memorandum of Conversation", Taipei, December 29, 1965, ibid., pp.235-237.

[135] A. Hummel, "Telegram from the Embassy in the ROC to the Department of State", Taiepi, January 25, 1966,ibid., p.243.

[136] Rice, "Telegram form the Consulate General at Hong Kong to the Department of State", Hong Kong, February 19, 1966, ibid., p.258.

[137] J. Thompson, "Memorandum from J.C.Thompson of the NSC Staff to the President's Special Assistant for National Security Affairs (Bundy) : Moment of truth with GRC regarding Mainland counter-attack? ", Washington, February 3,1966,ibid., p.248.

[138] Ray S. Cline, Secrets, Spies…, p.215.

內容；除支持兩蔣反共大業及替國府空軍請命外，更著眼國府未來權力接班及他個人職位出路三部分：

一、由於美國一再對國府軍事行動的拒絕，克萊恩發現「兩蔣已不似以往積極與活力，幾乎完全喪失反共的鬥志；在越南參戰上，蔣經國無奈表示，如果不將戰爭帶到北越及大陸本土，光在越戰進行人力的消耗戰上，美國恐永難有勝利之日。」

二、至於對台灣安全攸關的制空掌握，克萊恩對「國府空軍 F-86 機齡老舊，飛行員及飛機的折損，建議美國應加以更新，以維護國府空軍戰力及士氣。」

三、國府權力接班上，克萊恩報告「現齡五十五歲的蔣經國健康狀態至少可維持八年，蔣介石提名嚴家淦擔任副總統，不過是為蔣經國未來權力接班，減少阻力之安排。」克萊恩認為要改善未來台美關係，美國最緊要考慮：

　一、重新任命駐華大使。

　二、立即改善國府空軍裝備。

從克萊恩這份對中美關係的建言報告上分析，可見克萊恩對越戰掛鉤國府反攻大陸已不抱期待，而寄希望於改善國府空軍的防衛力量，同時，克萊恩鑑於在中情局不受重用，六月，如克萊恩所料，雷朋在無以為繼下而求去，中情局還是回到圈內人-由霍姆斯接替，克萊恩兩度與局長乙職失之交臂，對駐華大使工作，表達了興趣，如能取得駐華大使一職，憑他與蔣經國的友好關係，也許可為台美戰略關係重新出發。文末克萊恩直接也表達了對懸空已九個月的駐華大使一職

的企圖「新任大使的任命後，我第一關切的事務就是重建美國與蔣介石一個新的戰略與政策對話。」[139]

　　無奈詹森，六月，雖正式撤換了萊特，但對懸宕長達年餘之久的駐華大使一職，卻以馬康衛入替，這也意謂國務院意志將充分貫徹到對台政策。期望全面落空的克萊恩自動向霍姆斯請命外放，擔任美國駐德國大使館特別聯絡顧問（Special Coordinator and Adviser），克萊恩從此遠離華府，不再與聞重要決策。克萊恩將華府的失意釋放在「優遊於德國『放逐』的日子裏。」[140]

　　麥康、彭岱及克萊恩在六五、六六年的先後失勢於華府或遠走德國，國務院不但重握外交大權，也終於控制自韓戰以來與國務院意志向來不同步調的駐華大使館人事；這也等於說明華府決策圈內支持台北採行強硬大陸路線的勢力結束，從此國府光復大陸在中美關係的議程上，不再享有深入討論的地位。在國務院一面倒主張不再受此一議題的困擾下，當一九六七年蔣介石再以利用中共文化大革命的「黃金機會（Gold Opportunity）」，要求美國支持國府「摧毀中共核武設施、越戰及光復大陸」[141]畢其功於一役。詹森終於下定決心是結束六○年代以來「模糊政策」的時刻，乃於三月明白正告蔣介石「沒有美國在運輸及海、空軍事掩護的介入，國軍不可能達成登陸大陸及佔領任務，但美國空中轟炸大陸基地，勢必冒與中共接火的衝突。目前還是

---

[139] Drafted by Bennett, "Memorandum for the Files: Ray Cline's Observations on Taiwan", Washington, April 25, 1966, FRUS 1964-1968, Vol. XXX, China, pp. 286-288.

[140] Ray S.Cline, Secrets, Spies…, p.215.

[141] Arthur Goldberg, "Memorandum from the Representative to the United Nations (Goldberg)to President Johnson: Report on First Leg of Asian Trip", Washington, March 9, 1967, ibid., p.531.

沒有可靠情資，足證大陸有大規模起義的可能；對國府參與越戰的要求，僅限於經濟方式，軍事不在考慮之內。」，詹森結論也首度坦白、清晰針對：「蔣所追求的光復大陸使命與美國限制任何擴大越南戰事的政策相違背；對中國的戰爭行動將召致亞洲乃至世界人民無法『估計的後果』（incaculable consequences），美國政府與人民不但不允許，更會加以反對（opposed）。」[142]

　　根據當時奉命統率國軍出兵越戰的孔令晟將軍在接受筆者訪問時表示，國府出兵越南計畫，也到此隨之完全結束：「一九六七年，蔣　故總統命令我率領陸戰隊第一師，共計一萬七千人部隊，集中在澎湖訓練，祕密整軍待發，隨時赴越南作戰。」但孔將軍預定登陸作戰地點是越南之峴港，而非蔣故總統所期望之大陸西南五省，這也是孔將軍所言：「蔣公所以猶豫，幾經折衝，才勉為其難，原因是蔣公不想這般犧牲我與這支精銳部隊。但即使委曲求全，」孔將軍言：「最後，還是因為美國國務院反對而作罷。」[143]

　　詹森的明白表態，加上國府在華府人勢的凋零，美國窮七年之力，終於完全擺脫了中美關係史上最大的政策岐見與困擾。至此，蔣介石只能企求以反攻大陸最後剩餘價值換取美國能提供國府空軍一中隊的 F-4C，完成克萊恩改善國府的空中戰力，作最優先的選擇。一九六八年七月十七日，蔣向馬康衛表示「既然國軍無法馳援於越南戰場，希望美國改以國軍『制衡』南中國地區兵力下，提供國府一個中

---

[142] Drafted by Bennet and Berger, "Telegram from the Department of State to the Embassy in the ROC", Washington, March 16,1967, FRUS, 1964-1968, Vol. XXX, China, p.540.

[143] 孔令晟將軍於二〇〇六年三月二十五日於台北縣永和宅中，接受筆者之訪談紀錄。

隊的 F-4C。」[144]由於具長程作戰的 F-4C，美國害怕一旦提供台灣，無異增加未來不測的爭端，十一月二日，詹森「基於考量 F-4C 高成本的維持費用將製造排擠壓力於國府已經緊縮的預算，美國決定繼續提供既有之 F-5 及 F-100。且美方也決定在國府既有三個中隊 F-104 外，再供應七架，且在一九六九年新任政府上台前，允諾每個月派遣 F-4C 不定期駐紮在台幾天。」[145]

一九六九年一月，被國府寄予厚望之共和黨尼克森上任，詹森終於離開白宮，克萊恩滿懷希望，自德國返美，但 CIA 已不得復返，同年十一月，轉而效力於國務院的情報研究處（Bureau of Intelligence and Research, State Department）主任。在國務院及各駐外大使館的官僚文化傳統下，此番由過往最力之「政敵」克萊恩入主國務院情報處，情報處既不為國務院官員倚重，甚至被刻意的忽視，雖然情報室主任一職與院內助理國國務卿比照同級，然克萊恩往往被視作是敵對而非請益對象，使情報處動輒因不同分析的結果而得咎於院內。失望的是，克萊恩發現尼克森與季辛吉「鷹犬化」中情局及情報單位與詹森相比，可說是有過之而不及；克萊恩形容詹森的入主美國政府是 CIA「衰退（decline）」的開始，到了尼、季則是進入一個「黑暗及偏執（dark and paranoid）」年代，一九七三年二月，尼、季在免職霍姆斯以史勒辛格（James Schelsinger）入主中情局，終於大事開革、遣散多是與克萊恩同期的一千名人員；不久，再換柯比（William Colby）為局長，連克萊恩一手建立之「國家情報評估處」（NIE）也遭裁撤，情報中

---

[144] W. McConaughy, "Telegram from the Embassy in the ROC to Department of State", Taipei, July 17, 1968, ibid., p.693.

[145] D. Rusk , "Telegram from the Department of State to the Embassy in the ROC", Washington, November 2, 1968, ibid., p.719.

立傳統破壞殆盡後，十月，尼克森因水門事件，又大肆干預司法，「週六大屠殺」中，連續免職司法部長理察森（Elliot Richardson）及特別檢察官考克斯（Archibald Cox），而最讓克萊恩無法苟同者，則是尼、季在「低盪」政策下，追求與中共關係正常化，出賣友邦，完全違背美國傳統，終於在十一月，極度失望的情緒下，掛冠求去，結束了三十年的情報公職生涯。

在艱辛困頓之五〇年代末以迄七〇年代初，台美關係在克萊恩運用情報力量與反共意識的結合下，不論是在五〇年代反共高峰的意興風發以迄七〇年代初的獨木難支，堅決反共的克萊恩期望以不斷的中美戰略情報合作倡導，並技巧以「模糊政策」論述，使僵持的反攻大陸得以解凍，將五〇年代以來，美國政府一致認定無可討論的立場，變成雙邊可協商之議題，還使台灣取得「放大操作」的利基，自小規模突擊隊再漸進式到核子摧毀、介入越戰，升高對中國本土的軍事行動。

而克萊恩出於特殊台灣感情及組織利益競爭下，扮演與美國對華主流觀點衝突抗衡之角色，當然遭遇國務院的強大批判：「模糊與退讓，勢將迷惑美國決策方向，陷入與中國的戰爭，應坦率、清晰地執行兩個中國之國際路線安排，作為美國的對華政策主軸。」這也是最終美國對克萊恩一再擴大大陸軍事之傾向，期期以為不可的關鍵原因。湯普森認為如此簡易的理由美國竟必須耗時七年的時間才表明，而以「驚悚（errie）」形容。但重點是，也就在這般清晰與模糊的政策拉距中，克萊恩與國府不斷利用國際與中共內部的新形勢，延長模糊路線，使華府窮於「栓緊」國府行動，使台灣能在當時岌岌可危的中美關係中，始終處於主動、主導地位，約制及阻斷美國國務院與中

共關係突破，從戰略上達到使美國繼續維持對台灣的支持及同盟承
諾，安然渡過六〇年代。

第七章　七十年代後克萊恩之理念與策略

　　一九七三年之後，克萊恩雖然失去了公職權力的光環，開始擔任喬治城大學國際戰略研究中心（Georgetown University Center for Strategic and International Studies, CSIS）執行長，著書立說，克萊恩終於一圓最初學者之夢，痛加針砭自尼克森、卡特相繼以「低盪」政策與雙重標準的「人權外交」擔綱國家戰略目標，致使一向對美國國家安全具有重要性的盟國離心離德，戰略因應上之混淆及反共信心之動搖，美國陷入舉國的徬徨不決和自我懷疑。美國政治領導階層的軟弱與國家目標的錯誤認知，不但使人民、友邦對美國的信心，降至二次大戰前的最低點，更誘使侵略成性的共產政權不斷採取冒險行動。

　　內外焦慮下，尼克森、卡特竟選擇與中共關係正常化解套，這使克萊恩慨嘆美國有太多兩面思考的人，卻極缺乏目標、立場的明確，而世上目前面臨的就是自由與奴役；民主與極權，中間沒有模糊地帶，疾呼美國當重新訂定一個國家戰略計畫，並制定執行一個值得美國盟邦信賴的外交政策，回復美國之前強大穩定的國力，俾在國際關係中取得有利的平衡。

　　隨著華府與北京關係正常化的加速，與保守主義在七〇年代的不得其道，重返民間的克萊恩，依舊精神抖擻，蓄勢待發，活力無人能及，益發顯現他靈活務實的特質，尤其在華府與台北斷交後的關鍵時段，為維護台美關係，充分發揮智庫學者優勢，藉學理上的論述提醒美國不要忽視台灣在美國全球戰略利益佈局中之重要角色，引導台美

關係的轉進以國會為中心及倡導「兩德模式」之雙重承認，以求根本解決美台及兩岸問題。

　　克萊恩以 CSIS 為中心，所提供台灣一個新的國際策略，並為日後影響深遠者，主要歸納成三大部分：

　　一、突破台灣外交孤立處境：主張「兩德模式」理論及運用經濟貿易體協助台灣在國際社會的人格參與發展。

　　二、台灣對美關係：朝向體制外智庫遊說國會的新方向。

　　三、克萊恩之國際反共戰略：建構了一個較「圍堵政策」廣泛的「海洋同盟」構想。同時，為整合海洋同盟中「東亞區」反共陣營，克萊恩發起「亞洲和平與安全聯合」（CAPS），作為台、日、韓三國的集體安全組織，是太平洋經濟體計畫外，再以安全體保障台灣抵抗共產軍事威脅的倡導設計。

第一節　德國模式的兩中理論

　　迥異於反共政略與戰略思想的堅持，克萊恩在台灣外交的策略上，是贊成兩個中國政策徹底解決台灣在國際社會的人格問題，這種構想可溯源克萊恩一九六一年介入外蒙古加入聯合國的調處及六四年法國與中共建交時，運作兩岸雙重承認的親身經驗，但根本還是克萊恩對中國事實分立於海峽兩岸之現實政治體認，當中共在國際事務及地位愈益重要時，克萊恩認為「阻擋美國承認中共乃徒勞無濟，保護中華民國在台灣的人民、政府及國家的生存，兩個中國的安排是我所能設想到保衛中華民國存在，最好的策略選擇。」[1]當一九七〇年我

---

[1]　Ray S. Cline, "Letter to Rev. John T. S. Mao（毛鳳翔神父）, Pastor, St. John's Catholic Church , Panchiao（板橋）, ROC, November 1, 1979, Folder 11, Box 12:

聯合國會籍已至非改弦更張不足治的時候，克萊恩就明白奉勸蔣經國，希望接受兩岸雙重代表權的安排：「依我看美國人不可能無止境宣稱只有一個中國，以及中國政府只有一個，那就是在台灣的中華民國。從中華人民共和國控制整個中國大陸，在一九四九年成立事實政府的角度來看，這種作法違反國際現實的理念。職是之故，我從一九七〇年代便開始公開表示，中國文明與文化只有一個，但就事實存在的政府來看，卻有『兩個中國』。不幸的是，為了政治顏面，台北和北京雙方都拒絕這種看法，因為他們各自主張自己是代表整個中國的合法政府。蔣經國從未因我提出這個經過謹慎定義的『兩個中國』而責怪過我。」[2]

結果台北在現實與「國策」的進退猶豫間，無法向國際發聲中國分裂分治的存在事實，全面接受國際組織「兩個中國」的處理安排，終於一九七一年十月退出聯合國。一九七六年，克萊恩更形急切於推動台北政府當接受兩中理論以突破國際外交的孤立處境，在予美國共和黨之著名極右派政論家魯斯夫人（Clare B. Luce）信道：「六月中自台返美後，台灣人民對美國打算斷交與廢約的恐慌，讓我印象深刻。我將開始推動『德國模式』的『一個民族，兩個國家』政策（German Model-One Nation, Two States）。」[3]一九七六年正逢美國大選年政權

Inter-Chinese Problems since 1976-81, The Papers of Ray S. Cline, Library of Congress.

[2] 見第五章註60.

[3] Ray S. Cline, "Letter to Clare B. Luce ", June 30, 1976, Folder 11,Box 12: Inter-Chinese Problems since 1976-81, The Papers of Ray S. Cline, Library of Congress. 1. 魯斯女士是美國「時代」雜誌發行人 Henry Luce 之第二任妻子，言詞辛辣是美國當代極富盛名之右翼政治評論人，曾任記者、眾議員及駐義大利大使。

交替時機，由於負責共和黨初選競選人雷根對華政策之撰述，克萊恩趁勢倡導美國應效法「德國模式」於中國分裂分治的事實，同時與兩岸維持正式外交關係，六月二十五日，初選大勢底定由現任福特總統（Gerald Ford）出線，克萊恩致函共和黨大老康納利（John B. Connaly）希望將他為雷根策劃之政見「美國即使與中共建交，也不必與不會與台灣斷交及廢除雙方共同防禦條約。」能列入未來共和黨大選黨綱中，並說明他的「雙重承認」論述方向是：「我們不應該一再強調與北京建交的正面利益，也要思考與台灣斷交的負面影響。美國與台北斷交，不但承受離棄盟友責難，且揹負陷台灣於另一個越南之不義。與台灣斷交，如造成台灣的恐慌與出走（defection），將變成中國的內政事務，美國毫無插手的名義，只便宜了中共可輕易攫取美國在台灣長年廣大的投資建設。戰略上著想，東北亞與西太平洋的安定及保障日本、韓國自北太平洋通向東南亞原料與市場之航道安全，也端賴台灣這艘不沉的航空母艦。承認北京就必須與台灣斷交是無理且不符合美國利益，參議員裴西（Charles Percy, R-Ill）就同意『雙重承認』是個好主意。」[4]

　　同時，克萊恩亦寄望兩德模式於民主黨之可能執政，這是因為共和黨保守反共的雷根初選失利，共和黨仍以福特為總統競選人，而福特繼續倚重克萊恩最不能接受者－季辛吉為日後美國外交政策主持人下，克萊恩轉而遊說民主黨總統候選人卡特，殷切寄望於這位政治新鮮人接受他德國模式作為當選後美國對華外交政策的主軸，而在七

---

[4]　Ray S. Cline, "Letter to John Conally", June,25, 1976, Folder 11, Box 12: Inter-Chinese Problems since 1976-81, The Papers of Ray S. Cline, Library of Congress.

月八日分別致函卡特的兩大外交與國防政策的智囊（brain trust）：一位是老牌政治家及舊識哈里曼（A. Harriman）；另一位則是日後的政壇新貴布里辛斯基（Zbigniew Brzezinski）。克萊恩函中「獻策」道：「對卡特近日接受外交政策學會（Foreign Policy Association）專訪問至：如何處理美國與中國建立全面外交關係的同時，也能兼顧維持台灣的防衛承諾時？卡特呼應季辛吉所支持的「日本模式」（Japan Formula），乃誠屬不智與軟弱。以我在遠東多年服務經驗，我建議卡特應該在這個問題上採取更高明的戰略與道德的立場，俾區隔與尼克森至福特的不同；就是支持一個中間路線的中國政策（middle-of-the-road China policy），即一個民族中國，但同時與兩個事實存在的政治實體都維持外交關係之德國模式，可較日本模式爭取更可觀的信賴。」[5]

在美中建交之大勢所趨下，就美台未來雙方關係定奪，季辛吉引用之「日本模式」可預見是克萊恩「德國模式」最大的政策競爭對手，其處心積慮所設計者就是與台灣斷交，決不與台維持官方政府關係。為反制此一論調，克萊恩向當時有華府「第一遊說士」（the first super-lobbist）的柯克蘭（Thomas G. Corcoran）提出「為什麼日本模式不適用於中華民國？」備忘錄，克萊恩首先根據戰略角度，提出十二點說明台灣在維護西太平洋及東北亞安定的關鍵地位，美國豈能以非官方關係來維持這種戰略的關係；因此日本自一九七二年與台灣斷交後，雙邊採取設立民間組織－日本交流協會與台灣亞東關係協會，

5　Ray S. Cline, " Letter to Averell Harriman & Zbigniew Brzezinski", July 8, 1976 , Folder 11, Box 12: Inter-Chinese Problems since 1976-81, The Papers of Ray S. Cline, Library of Congress.

維持日台交流的方式，實不足借鏡與適用美台關係之上。其次，就歷史經驗上，克萊恩提醒美國自韓戰後與日、韓、台、菲律賓及紐澳的安全條約所形成島鍊，向來是美國維護西太平洋安定屏障與反共的傳統決心展現，而其中最關鍵的就是日、韓、台戰略三角安全是一體的，放棄台灣對整個東北亞及西太平洋無異開門揖盜。就過去四分之一世紀經驗證明，美國只要能維持與日韓及台灣的承諾與團結就可以保障此一地區的和平、穩定及繁榮。[6]

　　一九七七年九月二十九日，克萊恩以 CSIS 專業學者身份，受邀出席眾議院亞太事務小組（Subcommittee on Asian and Pacific Affairs）聽證會就主題「美中關係正常化」（Normalization of US-China Relations）作證時，在長達三十七頁的聲明中，克萊恩擬喻「政治上，一個中國原則，根本是神話，當人們說只有一個中國時，意指中國只有一個文化或文明，但政治組織上，事實上是有兩個中國」，「在海峽兩岸，誰也不能否定有兩個政治實體，各自統治不在對方管轄下的一定領土與人口，並在台北及北京，設有各自的首都。中華民國自一九一一年就一直延續她主權獨立存在的事實，且擁有其土地、人民與政府，是具乎法理（de jure）與事實（de facto）的合法政權，假裝過去二十五年來與美國有著密切關係的中華民國不存在於國際社會或

6　Ray S. Cline, "Memorandum for Thomas G, Corcoran form Ray S. Cline , Subject: Why the Japanes Formula for the Republic of China Will Not Work? ", August 2 , 1978, Folder 11, Box 12: Inter-Chinese Problems since 1976-81, The Papers of Ray S. Cline, Library of Congress. 柯克蘭畢業哈佛大學法學院，先後服務於大法官何姆斯（Oliver Wendell Helms）及國會議長雷朋（Sam Rayburn），之後進入小羅斯福政府，是「新政」立法的智囊，一九四一年離開公職，以其美國政府行政、立法、司法的豐富歷鍊，對美國政府的權力競爭有最深刻的熟悉，成為美國企業公司最有名的保守遊說人士。

視若無睹一千八百萬台灣人民的自由命運，簡直是荒謬。國際社會當認清及接受的現狀是：中國有兩個不同的社會與分立的政府，強制將一個事實存在的獨立主權國家－中華民國，歸屬於另一國家－中華人民共和國，是完全忽視事實的行為。」克萊恩因此結論，美國對華外交政策原則，應是：

一、基於事實而非神話，公正而非政治操縱與美國的戰略利益而非一味退讓。

二、我們應坦白正告敵對勢力：美國決不以出賣盟友作討好的代價。

「我們最好的選擇不是北京模式、日本模式，而是德國模式，美國可以承認一個共產的德國及民主自由的德國，也應基於事實的根據，同時承認中共與中華民國。美國應根據自己的道德與政治的原則並根據『兩個中國』現實，雙重承認台北及北京，而不是一面倒的向北京傾斜，如果北京要堅持政治意識型態的食古不化，拒絕德國模式的公平解決辦法，如此是他們的損失，美國無需如此卑微乞求與北京的親近。」[7]

克萊恩在美台關係急轉直下的一九七六、七七年，延續七一年聯合國作法，務實地捨阻止中國入會之徒勞，而就雙重代表權，據守席位；此番則望以德國模式取得美國雙重承認，開創國際社會帶頭作

---

[7] Lester L. Wolff, "Letter form L.L. Wolff, Chairman , Subcommittee on Asian and Pacific Affairs , toRay S. Cline,Executive Director, CSIS, enclosed transcript of 《Statement before Subcommittee on Asian and Pacific Affairs , House Committee on International Relations, September 29, 1977 , Normalization of US-China Relations, by Ray S. Cline, Execuitve Director, CSIS》", October 3, 1977 Folder 2, Box 5: Congressional Testimony, 1974-1980, The Papers of Ray S. Cline, Library of Congress.

用，從根本解決台灣國際參與人格問題。姑且不論美國政治態度，以當時海峽兩岸境內充滿反共國策的精神號召及民族大義之不容動搖，情感仍對兩個中國難以接受的情勢下，克萊恩推動「德國模式」的雙重承認，是否予人有一廂情願，徒然無意義之感？為此，當年熟悉中國事務之費正清（John Fairbank）還與克萊恩在大西洋月刊（Atlantic Monthly）大打了番筆戰，克萊恩評論到「既然費正清也發現台灣已經成為世界的一部分，事實獨立於大陸存在的事實，卻主張中共主權及於台灣豈不奇怪。一個中國本身就是個虛構的神話（myth），季辛吉「一中」原則根本就是偽善（hypocrispy），如果相信這是我們健全的外交政策，那就太天真了（naive）！兩個中國不只是事實，也是我們處理未來對華政策的根據，否則最後我們只有面對北京夢碎或出賣台灣的後果，我們實無必要繼續裝聾作啞堅持一中的法律虛幻（legal fiction）。」[8]，費則反譏克不懂中國事務，認為「克萊恩輕忽中國政治文化下『統一』之根深柢固，歷史意義上，祂代表的是民族團結、和平及強大的力量以治蠻夷外患；當今這政治大一統的思想在現代民族主義助瀾下，愈形強烈，美國更無必要挑戰「一個中國主義」（One-China Doctrine）的力道。何況連蔣介石都堅持一中原則，克萊恩博士所努力推銷的兩個中國，完全是忽略這一個民族的基本信仰。」[9]

---

[8]　Ray S. Cline, "Letter to John K. Fairbank, Chairman, Executive Committee, Harvard University Council on East Asian Studies", October 1, 1976, Folder 8, Box 34: General Correspondence, 1976-81 The Papers of Ray S. Cline, Library of Congress.

[9]　John K. Fairbank, "Letter to Ray S. Cline,CSIS", October 15, 1976, Folder 8, Box 34: General Correspondence, 1976-81, The Papers of Ray S. Cline, Library of Congress.

克萊恩倡導雙重承認的動作也確實引起部分台灣人士的不解，[10]
但剖析克萊恩所謂「避免台灣國際孤立，這是他所能想到最好的方法」
的兩中的論述基礎，不過是面對中華民國在國際地位日益侵蝕下，「教
育美國人民必須警醒有兩個中國存在的現象，用以支持一個事實存在
的台灣是很重要的觀念闡述，就中國人民言，我所強調的是：*這兩個
中國的現象是暫時的，只是作為兩岸朝和平統一進程的階段基
礎。*」。[11]一九七六年七月三十日克萊恩回信賓州州立大學政治系教
授張旭成也澄清：「*我兩國論（two state position）的立場是不包括台
灣獨立的。*」[12]

　　至於在對美關係益處緊繃，承認中共已是時勢所趨下，中華民國
政府是否存乎孤且一試或委曲求全，以求逼退立場更加不容妥協的北
京方面？克萊恩在一九七九年二月克萊恩的國會作證中卻隱約透
露：「傳統上言，兩個中國當然是不會被台北所接受，但一九七八年，
台北政府官員已表現出彈性的態度，譬如：一九七八年台灣國民大會
不尋常的表示中華民國是一『主權獨立的國家』；這暗示只要美國不
要強迫中華民國放棄對大陸領土的主張，他們可以接受兩個中國的國
際安排，而事實上美國政府一直也是以中華民國在台灣、澎湖實際有

---

[10]　Ray S. Cline, "Letter to Paul H. S. Wang, Professor of National Chengchi University, ROC", September 20, 1978, Folder 11, Box 12: Inter-Chinese Problems since 1976-81, The Papers of Ray S. Cline, Library of Congress.

[11]　Box 12: Inter-Chinese Problems since 1976-81, The Papers of Ray S. Cline, Library of Congress.

[12]　Ray S. Cline, "Letter to Parris H. Chang（張旭成）, Professsor of Dept. of Poitical Science, Pennsylvania State University", July 30, 1976, Folder 2, Box 19: General Correspondence C-D, 1976-83, The Papers of Ray S. Cline, Library of Congress.

效的管轄權為範圍，訂定法律，進行交往，台北政府也同意接受這種方式迄今。」[13]

　　我們相信以克萊恩與蔣經國深厚的友誼與多年合作協商聯合國中國代表權問題的經驗，克萊恩採取這般突破的策略，如果沒有事先「知會」他的老友蔣經國誠不屬合理，而克萊恩在美國主張兩德模式的努力—蔣經國的態度又是如何？

　　根據美台關係關鍵時刻的一九七七年十二月十五日，也是克萊恩大肆推銷德國模式的時期，蔣親函克萊恩信中道：「歲末祝賀一九七八年的即將到來，除以中國馬年激勵馬到成功，一九七八年預期將是兩國艱辛發展的一年。感嘆隨著年華已逝，益感與閣下（克萊恩）友誼之珍貴。」信尾蔣經國感謝克萊恩「對台灣處境的興趣」並暗喻「你的想法企圖與我完全一樣，一九七八年繼續加把勁了！(*"Your intention is the same as mine, I think: to try to do better in 1978."*）」[14]

　　正當克萊恩以「德國模式」作未來美中台三邊關係架構努力時，美中建交談判也取得突破發展，按美國駐北京聯絡處談判代表伍考克（Leonard Woodcock）於國會作證：美中建交進入密集談判是在一九七八年十二月，當美國陷入伊朗人質事件，卡特聲望跌入谷底，中共則在蘇聯與越南簽定蘇越友誼條約（USSR-Vietnam Treaty of Friendship）陷入南北夾擊威脅下，四日，伍考克與中共外長黃華當下

[13]　Ray S. Cline, "Statement of Dr. Ray S. Cline, Center for Strategic and Intrernational Studies Georgetown University", February 9, 1979, Box 8: Center for Strategic and Intrernational Studies, Georgetown University, Washingtown D.C. , The Papers of Ray S. Cline, Library of Congress.

[14]　Chiang Ching-kuo, "Letter from Chiang Ching-kuo（蔣經國）, Premier of ROC to Ray S. Cline, Executive Director,CSIS ", December 15, 1977, Folder 11, Box 30: North Asia Project,1977-78, The Papers of Ray S. Cline, Library of Congress.

完成建交談判，[15]卡特在布里辛斯基聯中制蘇的戰略指導與外交一個中國的秉持下，全面接受北京三條件與台北「斷交、廢約、撤軍」，並接受「中華人民共和國是中國惟一合法政府，台灣是中國的一部分。」的主權主張；十二月十六日上午十時，華府及北京同時宣佈一九七九年元旦正式建立外交關係。克萊恩不論是「德國模式」或「兩中模式」創造雙重承認的努力，暫時受挫，對美工作勢必轉進國會另闢蹊徑，繼續與未來建立在非官方「日本模式」之下的美台關係，再作搏鬥。

第二節　美台關係轉進智庫與國會發展

　　一九七三年底，克萊恩自國務院轉任華府知名智庫喬治城大學國際戰略研究中心（CSIS）執行長，克萊恩固然一秉支持中華民國立場與國際反共戰略的宣揚，但 CSIS 與台北官方進入密切合作，要到一九七九年美台斷交，克萊恩努力奔走於國會，促進台灣關係法之完善，方啟發台北借重 CSIS 智庫力量，維護台灣利益，合作拓展日後對美關係。

　　從資料上顯示：當一九七四年美國副總統福特繼任水門醜聞下台的尼克森，克萊恩滿懷希望尼克森與季辛吉的低盪外交可政隨人去，親中的風潮應有所消退，克萊恩這般樂觀的期望，顯現在一九七六年二月與周書楷部長信函「今年美台關係預計將是相對上穩定的一年，主要原因是季辛吉羽翼人馬的部分剷除（partial clipping of Kissinger's

---

15　Roert L.Downen , The Taiwan Pawn in the China Game:Congress to the Rescue (Washington D.C.: CSIS , 1979), pp.11-12, 34, 37.

wings），這也是過去兩年，我所努力希望者。」[16]同樣的期盼也表示
在同年四月予行政院長蔣經國函「尼克森因水門醜聞去職後，華府政
治氣氛已稍見改善，雖然我無法預測一九七七年大勢，但至少美國外
交政策不致再像先前般地不定與混淆（erratic and confused）。」[17]

同年九月九日毛澤東死訊傳來之時，克萊恩恰巧正在台北與政大
國際關係研究中心蔡維屏主任及魏鏞副主任商討第六屆「中國大陸問
題」研討會籌備事宜，克益信「毛死，中國大陸將有一段動盪不安的
權力鬥爭時期，美國當不智地驟然支持某一派系，美國最好的作法是
靜觀其變。在這期間，美國與北京是不會有任何外交的進展，這對台
灣是有利的。」[18]

一九七八年七月，美國會通過李察史東（Richard Stone, D-Fla）
與羅伯杜爾（Robert Dole, R-Ks）提出修正案「要求美國總統在任何
涉及中美共同防禦條約的協議時，必須先與國會咨商」，台北據此研
判卡特近期內不致貿然與中共建交。同時期，克萊恩個人事業的重心
正忙碌於結合與他同期受到季辛吉打壓的 CIA 老同事（old boys）如
李曼寇克派屈瑞克（Lyman B. Kirkpatrick）、凱西（William Casey）、
保羅尼茲（Paul Nitz）等，一起將他們豐富多彩的情報經歷轉化公益，
而於一九七七年，成立國家情報研究中心（Natioanl Intelligence Study

---

[16] Ray S. Cline, " Letter to S.K.Chow（周書楷）, Minister, Executive Yuan of ROC ", February 27, 1976, Folder ,Box 19：General Correspondence C-D, 1976-83, The Papers of Ray S. Cline, Library of Congress.

[17] Ray S. Cline, "Letter to Chiang, Ching-kuo（蔣經國）,Premier of ROC ", April 23, 1976, Folder 2, Box19：General Correspondence C-D, 1976-83, The Papers of Ray S. Cline, Library of Congress.

[18] Ray S. Cline, "US to Be More Prudent Toward Normalization after Mao's Death", China News, September 10, 1976。

Center, NISC）。滿懷興奮與理想的克萊恩，對這個他個人自任會長，第一個成立的民間組織，難免有著很大的抱負與期待，予友人信中洋洋灑灑寫下他今後最想要做的事：希望藉 NISC 舉辦有關美國情報之研討會、與媒體合作拍攝節目、訪問情報名人、出版、獎勵情報學術作品發表，甚至成立一個國家情報博物館，「平反近年來對我們情報的批判與傷害及教育美國人民認識美國情報的歷史與未來。」為了完成這些計畫，一九七八年的克萊恩情急於「籌募種子基金（seed money），尋求能捐贈幾千美元的贊助人。我現在最迫切的事，就是儘快完成NISC剛與波士頓WGHB電視公司所簽約合作拍攝的一部情報電視連續劇。」[19]一九七八年十二月十二日，克萊恩尋求福特基金會（The Ford Foundaton）董事長的老友彭岱贊助該拍攝計畫，竟以不符補助標準被拒。[20]

在表面看似平靜的美台政治發展下，事實是一九七六年毛澤東的死亡，華府與北京的政治環境產生了微妙的改變，中國國內方面，務實派的華國鋒及鄧小平掌權，強調放棄意識型態，投入經濟改革與現代化，急需引進西方世界的科技與資本援助，國外上，蘇聯在古巴代理下，大肆擴張于亞、非洲及中國邊界的增兵，引起中共恐懼；而美國方面，由於蘇聯及古巴不斷的赤化亞非第三世界，而原本希望作為一九八〇大選年可為人道之外交政績，如：巴拿馬運河談判、中東和

---

[19] Ray S. Cline, "Letter to Colonel Vincent M. Lockhart", November 6, 1978, Folder 3, Box 34: General Correspondence, 1976-81, The Papers of Ray S. Cline, Library of Congress.

[20] David M. Davis, "Letter from David Davis, Officer in Charge, The Ford Foundation to Ray S. Cline, Chairman of NISC", December 12, 1978, Folder 3, Box 34: General Correspondence, 1976-81, The Papers of Ray S. Cline, Library of Congress.

平及第二階段的戰略武器限制談判（SALT II）不是發展不如預期，就是陷入僵局，也是卡特政府加快進行美中關係常化的腳步的最後促因。

　　一九七八年十二月十六日，卡特政府驟然宣佈與中共完成建交談判後，立刻引起美國政界與民間的震懾，雖然美國民間足以體諒尼克森所謂「美國任何的亞洲政策必須迫切掌握中國的現實，在這個小小星球上，不容十億中國人群活在憤怒的孤立狀態。」[21]而與北京發展正常關係。但卡特在接納北京的同時，卻不求中共放棄武力威脅台灣的保證，實不符美國人民道義傳統及一貫談判的立場與原則。

　　當一九七九年一月十五日美國國會第九十六屆議會開幕，十七日，卡特為貫徹日本模式，片面宣佈將在台北設立「美國在台協會」並要求台灣也在美國設立對等非官方機構，並將所擬之「綜合法草案」委由眾議院國際關係委員會主席塞布洛斯基（Clement J. Zablocki, D-Wisc）與參議院外交委員會主席法蘭克邱池於兩院提出（在眾議院編號 R-1614 草案，參議院為 S-245），並形似要脅的希望在三月一日前通過；卡特對外軟弱，不顧道義，對內又秘密僭略國會外交權力的作法，引起國會不分黨派的義憤。二十二日，民主黨籍國會議員如麻州愛德華甘迺迪（Edward Kennedy, D-Mass）及加州亞蘭克蘭斯頓（Alan Clanston, D-Ca），揭竿而起放言：「國會將主動彌補此一台灣安全的缺口。」參議院外交委員會主席法蘭克邱池及參議員約翰葛倫（John Glenn, D-Oh）及李斯特伍爾夫（Lester Wolff, D-NY）也警告「國會已蓄勢待發。」葛倫更表示「台灣安全的維護將是我主要的關切焦點。」[22]

21　Richard M. Nixon, "Asia after Vietnam", <u>Foreign Affairs</u>, (October 1, 1967).
22　Roert L. Downen, <u>The Taiwan Pawn in the China Game: Congress to the Rescue</u>, p.43.

　　自尼克森政府與中共秘密關係正常化始，沈劍虹大使即坦言「見不著季辛吉」，[23]周書楷於一九八〇年十月予克萊恩信中亦透露以「可憐的 James Shen」形容沈大使任內「被季辛吉不平的（shabbily）對待」，[24]季辛吉也自承任職期間最痛苦之事，就是必需對沈大使不斷的說謊而感到愧疚。[25]可見美台關係的維護與提升早已不得其門而入，美台有外交關係尚如此，無邦交後豈不更加窒礙難行。已回復到民間智庫學者的克萊恩基於自身公職與學術上對美國政府政治運作的了解，在【中國棋局下的台灣卒：向國會求救】（The Taiwan Pawn in the China Game: Congress to the Rescue）乙書中，意料台灣未來的對美外交勢將轉進國會，建議運用國會在美國憲法外交權領域上清楚明定的權限：如條約、人員任命的「意見及同意權」（advice and consent）、預算、撥款及立法等加以監督制衡美國總統，克萊恩分析到「外交權已非美國總統的獨家特權（exclusive prerogative），在經濟事務複雜、民意高度參與政策的公民社會時代，美國國會有義務在總統違背人民想法時，本其憲法授權挺身糾正行政部門決策。」[26]

　　由於早期依賴美國保守國會議員與蔣介石夫婦關係為聯繫力量之「中國遊說團」的日益凋零且印象又向來為美國行政部門觀感不佳。自一九七九年，台北政府與克萊恩 CSIS 所發展的這種尋求體制

[23]　沈劍虹，<u>使美八年紀要－沈劍虹回憶錄</u>，頁一四五～一四六。沈大使自述：季辛吉自一九七三年十一月十九日，第六次訪問中國後，即不再約見沈。

[24]　S. K. Chow（周書楷），"Letter from S.K. Chow to Ray Cline", October 5, 1980, Folder 3, Box 19: General Correspondence C-D, <u>The Papers of Ray S. Cline</u>, Library of Congress.

[25]　Henry Kissinger, <u>White House Years</u>, (Boston :Little Brown, 1979), p.733.

[26]　See Ray S. Cline in *Preface* in Roert L.Downen, <u>The Taiwan Pawn in the China Game:Congress to the Rescue</u>.

外，不論形象與能力較佳的智庫合作關係，不但手法上較精緻，他們的建言對國家發展反而有更具實質理性的長遠規劃與方向。為與這全美最知名智庫之一 CSIS 建立緊密關係，我政府作法是經由民間管道：先期以辜振甫先生之「台灣經濟研究院」，後則以邵玉銘先生時任主任之「政大國關中心」為合作計畫單位，每年提供二十萬美元贊助 CSIS 研究計畫。這種積極經由美國智庫精英人士之專業輿論力量，影響美國國會議員，確實相當程度地維護了台灣利益，彌補了台灣在斷交後行政接觸機會之不足，開啟了在美台斷交後，我對美外交工作另一扇窗，而為後來政府所師法。[27]

　　克萊恩運用美國 CSIS 民間智庫的在地力量為中華民國利益奔走的最著之例，就是美台一九七九年元月斷交後，克萊恩把握民氣可用，遊說國會應當主動承擔起未來台美關係的發展命運；鼓勵國會議員修正卡特政府刻意忽略在台灣關係法中對台灣安全的保障部分；並採行他未竟之德國模式─同時與兩岸建立政府關係，作解決兩岸問題主張。一月五日與十九日分別致函兩院外交委員會主席塞布洛斯基與法蘭克邱池：「卡特採取日本模式，準備以非官方的民間組織，取代

---

[27]　劉永祥，「體制外遊說起於李登輝時代」，聯合報，民國九十四年四月一日，A1。張宗智，「對美游說邱義仁與公關公司簽約」，聯合報，民國九十四年四月一日，A4。此一方式到一九九四年起，演變成公關公司的外交遊說，且於今尤烈，台北政府先後以「台灣綜合研究院」及「台灣政經研究所」為白手套，以每年一百五十萬美元與美國卡西迪公關公司（Cassidy & Associates）簽約，一九九五年成功策動美國國會參、眾兩院議員提案通過李登輝訪美；迄二〇〇五年，根據美國司法部「外國代理人登記法案」（FARA）公佈的文件，台灣捨民間單位出面慣例，首度以官方國安會邱義仁秘書長於三月初與總部位於華府的美國 Barbour, Griffith & Rogers, BGR 公關公司簽約，為期三年，總經金額高達四五〇萬美元，其中目的即「協助台灣落實與美國政府的溝通」。

中美共同防禦條約與延續台灣安全承諾及五九項的其他商業協定，是沒有法律保障基礎的。卡特既承認『中華人民共和國是中國惟一合法政府，台灣是中國的一部分。』如果日後中共發動類似『柏林封鎖』的台海危機，美國有何合法名義介入？卡特提案完全違反台灣一千八百萬人民自由意志，強迫驅使他們接受極權國家統治，無異十八世紀強權國家條約。國會應該承擔憲法所賦予外交領域的責任，認清中華民國在台灣是一事實的主權政治實體，美國應該繼續與台灣保持政府對政府的官方關係，這也是台灣總統蔣經國向去年十二月訪台之美方談判代表克里斯多福（Warren Christopher）討論時，所傳達的意願。』[28]

　　而克萊恩多年在華的專業認識與堅定的反共立場，也不分黨派為其他國會議員所諮議借重，譬如參議員史東、荷姆斯（Jesse A. Helms,R-N.C.）杜爾、早川雪（S.I.Hayakawa, R-Ca）及霍林斯（Ernest Hollings, D-S.C.）等都同意克萊恩對台灣關係法最後的定案有多重的貢獻。[29]一月二十四日，杜爾參議員向邱池推薦克萊恩出席二月五至七日的參議院外交委員會公聽會，[30]直接向國會發表他擲地有聲的鏗鏘論述：「我們現在要討論通過的不論是眾議院的 HR-1614 草案或參議院的 S-245 案，都是由北京政府烘焙的中國幸運餅（fortune cookie），

[28] Ray S. Cline, "Letter to Clement J. Zablocki,Chairman, House Committee on International Rela -tions", January, 5, 1979, Folder 13, Box 12: Inter-Chinese Problems since 1976-81, The Papers of Ray S. Cline, Library of Congress.

[29] Ray S. Cline, "Statements before Congressional Committees during past 18 months,November 5, 1979, Folder 13, Box 8: Annual Reports, The Papers of Ray S. Cline, Library of Congress.

[30] Bob Dole, "Letter to Frank Church, Chairman, Senate Foreign Relations Committee, January 24, 1979, Folder 12, Box 13: Inter-Chinese Problems since 1976-81, The Papers of Ray S. Cline, Library of Congress.

再由卡特政府及國務院販售，其中隱藏的文意條款也是按照中華人民共和國政府的旨意：就是要美國出賣我們的盟友－中華民國的財產、土地、人民予北京的共產政權。美國不只傷害台灣人民的感情與選擇之自由，也破壞了美國的榮譽與信用。

美國與中共建交，就必需要與中華民國斷絕外交關係，是沒有任何法律道理，美國難道是中共的附庸？卡特視而不見自由中國台灣存在的事實，軟弱地屈服中共及不願承諾美國對台灣安全義務，喪權屈辱的製造了這個糟糕談判，現在竟要美國人民及國會為他背書。卡特新中國政策不外是玩弄季辛吉危險的地緣政治，聯合一個共產巨人去對抗另一個更恐懼的共產巨魔。

因此，不論 HR-1614 草案或參議院的 S-245 案，根本是對國會的公然輕蔑（direct snub），確保國會貫徹憲法授予的外交參與權利，我在此懇請修正 HR-1614 草案，保障台灣安全承諾並繼續與台灣維持官方政府關係，繼續與台灣人民及政府的友誼與商務。」[31]

美國國會的義憤及專業友人如克萊恩的遊說，使這塊傳統史上，美國總統獨享特權的外交領域，少見地由國會凌駕其上，藉修正案將卡特之綜合法案脫胎換骨，充滿了國會對台灣安全承諾的積極主張，譬如：雖然中共拒絕放棄對台用武，但參議員邱池-賈維次修正案（Church-Javits Amendment）聲明「美國政策是任何以非和平方式解決台灣爭議是對西太平洋的和平與安全的威脅，將為美國所嚴重關切。」，二月二十八日，眾議院外交關係委員會，則更具體以修正條

---

[31]　Daniel Soner, "Letter to Ray S. Cline, Executive Director, CSIS, enclosed a copy of Statement: CSIS on S-245, by Dr. Ray S. Cline," , February 9, 1979, Folder 2, Box 5: Congressional Testimony, 1974-1980, The Papers of Ray S. Cline, Library of Congress.

款「任何針對台灣以武力、杯葛、禁運的手段,是對西太平洋穩定的威脅,將為美國所嚴重關切。」,所謂「杯葛、禁運的手段」明顯是將克萊恩所擔憂之「柏林封鎖」情況,也列入非和平方式;更重要是當台灣在受到武裝攻擊時必須由「國會與總統共同決定適當的行動」;武器的提供,也是由「國會與總統共同決定台灣防衛需要的物件及服務」。國會修正卡特對台灣人民(People on Taiwan)定義中,還是包括台灣政府當局(governing authorities),駐美人員享有外交人員豁免權及財產自主並不得反對支持台灣加入國際組織,顯現台灣政治實體主權獨立之事實。[32]

至於關鍵之美台未來關係定位,由於眾議院堅持美台政府關係之層級,與參院意見無法一致─就維持美台官方關係的努力,分別有參議員奎爾(Dan Quayle, R-In.)修正案提出美國政府設立「聯絡辦事處」維持官方關係,索羅門(Gerald Solomon, R-NY)議員提案要求與台灣維持領事關係,拉歌馬西諾(Robert Lagomarsino, R-Calif.)主張如果中共威脅台灣安全,則撤銷美國對中共之外交承認─依憲法乃召開兩院聯席會議,三月二十日,正式定名該法為「台灣關係法」;二十八、九兩日,參、眾兩院正式通過,未來美台仍定位於非政府關係。眾議院外交小組主席查布洛斯基聲稱願意放手原因是台北示意接受退讓。原來就在國會,尤其是眾議院及克萊恩為我官方關係努力而謀時,台北與國務院經過十一次的協商後,最後在卡特表示如台北不接受美國非官方機構安排,美將撤回所有駐台人員,並終止所有對台關係通牒下,只好在美國提供一連串台北在美單位的辭彙中,選擇使用

---

[32] 參見美國在台協會之官網「台灣關係法」全文,第二條 B 款,第三條 B、C款、第四條 D 款、第十條 B、C 款。At http://www.ait.org.tw

了「北美事務協調委員會」，並達成「對雙方（機構）彼此（官方或非官方）說明，各說各話，彼此容忍，互不批駁的默契。」。對台北分別進行於國會及國務院談判的兩面手法，使「克萊恩教授認為我們沒有堅持下去，不然美國國會可能通過兩國是官方關係的條款。」[33]克萊恩在 CSIS 執行長時最密切的工作伙伴，也全程參與並協助克萊恩於國會遊說台灣關係法的杜南（R. Downen）先生在二〇〇五年二月初，於華府接受筆者提問「七〇年代離開公職之後，克萊恩對台灣最重要貢獻與關切之事為何？」杜毫不思索即舉莫過於克萊恩對台灣關係法的奔走於國會，灌輸國會議員他們決不能放棄對台灣安全的責任與他們在美國憲法上所賦予外交權之固有權利，尤其希望美國能與台灣繼續保持官方關係，當時這是可以積極妥協與爭取的，一旦放手，再待回復的契機，將是相當遙遠了！[34]

　　卡特自然不滿國會支持台灣的強勢，為表示此一不悅，迄四月十日，憲法規定的最後第十日限期，才簽署台灣關係法生效。台灣關係法的確是美國國會在憲法外交權上少見強勢與凌駕行政部門的實例，也因為國會不放棄它的固有權力，使台灣關係法仍能保障台灣一定的安全與經貿利益迄今。

　　同年四月二十一日，蔣經國總統致函感謝克萊恩「在美國民間的宣導與國會作證，為台灣關係法中美國對台灣安全承諾的仗義執言。雖然台灣關係法不完全盡如人意，誠如閣下所言美國人民與國會對卡特偏頗立法的極度反感，它仍是一安慰與保證的來源，可讓中華民國

---

[33]　錢復，錢復回憶錄：卷一，外交風雲動（台北：天下遠見，二〇〇五年），頁四二四～四二七。

[34]　杜南博士於二〇〇五年二月十日於華府接受學生訪談紀錄。

人民理解到仍然擁有美國人民廣大的善意。」信末蔣與夫人方良也以老友懷舊之情邀請克氏伉儷來台小聚。[35]

也是在台灣關係法通過後，克萊恩才連結 CSIS 智庫與蔣經國政府（這時已貴為總統）發展出密切的合作關係。六月，克萊恩回函蔣樂意接受與蔣經國兩家在台相聚敘舊的邀請，信中其餘部分則是克萊恩提出他目前在 CSIS，構想之台灣計畫（Taiwan project），其中：（一）克萊恩打算將這美國史無前例可循的台灣關係法的來由及總統與國會的立法過程，加以撰述，留下記錄供今後政治學子研究，書名：【中國棋局下的台灣卒：向國會求救】，克萊恩將為該書作序，內容則指定他 CSIS 最得力助手杜南負責撰稿、出版。（二）克萊恩所成立 NISC 與 WGHB 電視公司合作拍攝的電視連續劇，由於劇情內容涉及美台情報人員合作抵抗蘇聯與中共在沙烏地阿拉伯的滲透、顛覆的情節設計，克萊恩希望當年他喬治城大學的博士生，現已是新聞局長的宋楚瑜給予製片的協助，克認為「如果能於一九八〇年完成，同時在美國及遠東放映，這種暗示美台兩國情報關係之非政治傳播，克相信對台灣的正面宣傳，大有加分作用（a big plus）」。（三）最後，克萊恩提出「日後希望組織一群專業於外交與中國政策人士，用以隨時向國會進行監督與評論（monitor and comment to Congress）有關台灣關係法切實執行面上。這個團體我稱之亞洲和平與安全聯合（Coalition for Asian Peace and Security），它研究範圍是以東亞問題為主，但最重要的工作將聚焦在美台關係，尤其是威脅台灣安全與經濟戰（economic

35 Chiang Ching-kuo, "Letter from Chiang Ching-kuo（蔣經國）, President of Republic of China to Ray S. Cline, Executive Director, CSIS ", April 21, 1979, Folder 9, Box 35: Center for Strategic and International Studies Georgetown University, CSIS, The Papers of Ray S. Cline, Library of Congress.

warfare）的研究。早川雪與史東參議員對此構想大表同意，胡旭光（我駐美代表處副代表）也認為這是一個增進美國民間關切美台關係的有利作法。」[36]

台北對克萊恩前述提議雖非全面接納，譬如：有關克萊恩合作構想之電影劇情，時任新聞局長宋楚瑜就回函解釋由於牽涉到中華民國空軍當時正在執行蔣經國為維繫台灣與沙烏地邦交，而應沙國之請防衛北葉門之敏感軍事行動「大漠計畫」，而不便參與；[37]但借重 CSIS 智庫運作國會議員守望與台灣命運息息相關之台灣關係法，朝有利台灣的解釋與適用，尤其是有關未來台灣安全與經濟活力的維持與拓展，則引起台北高層的興趣。

台灣關係法簽字生效，意謂克萊恩以兩德模式政治體努力亦隨之落幕。預料世界政經中心正由大西洋轉向太平洋，克乃借 CSIS 之力研究台灣以經濟體參與國際，突破孤立之替代計畫。台北政府負責與克萊恩維繫密切工作關係的則是辜振甫先生。

---

[36] Ray S. Cline, "Letter to Chiang, Ching-kuo（蔣經國）, President of ROC ", June 12, 1979, Folder 9, Box 35: Center for Strategic and International Studies Georgetown University, CSIS , The Papers of Ray S. Cline, Library of Congress.

[37] Ray S. Cline, "Letter to James C. Y. Soong（宋楚瑜）, Director General, Government Information Office, ROC", July 2o, 1979, Folder 3, Box 34: General Correspondence, 1976-81, The Papers of Ray S. Cline, Library of Congress. 根據我國前參謀總長陳燊齡上將透露：一九七九年由於南北葉門發生戰爭，由於南葉門親共而北葉門與沙烏地阿拉伯為界，沙國乃要求台灣空軍直接參與防衛北葉門，三月由當時空軍作戰署長的陳燊齡陪同空軍副總司令陳鴻銓將軍進行連繫，四月，蔣經國在考量維繫沙邦交，加以批准，取名「大漠計畫」，直到一九九〇年五月南北葉門統一結束。參見 劉忠武，大漠揭密：中華民國兵援外交秘史（台北：智庫文化，二〇〇五年）。另外參與其事之外交部代表錢復在其：錢復回憶錄：卷一，外交風雲動，第二十四章 軍援北葉門，也有完整敘述。

　　一九七七年辜振甫因應國際多變局勢，組織「中美經濟合作促進會」，使辜成為台美經貿政策的重要人物；這時擔任「中華民國工商協進會」理事長的辜振甫先生早已是台灣開拓經貿外交的代表人物，「當時國際間舉凡經貿有關之組織會議屬民間性質者，非辜振甫先生莫屬」。為拓展亞太經濟整合，辜振甫早於一九六六年五月與菲律賓結合亞太地區國家，在台北改組成立「亞太工商總會」，「這應該算是亞太區域經濟合作組織的先聲」。[38]

　　由文件顯示：克萊恩此時與蔣經國的連繫，是以我駐美代表處副代表的胡旭光先生及新聞局長宋楚瑜為連絡人。[39]因此克萊恩與辜振甫的兩人合作相識，根據辜、克信函，是在一九七八年八月七日經由胡旭光的介紹，向辜振甫提出「東北亞戰略三角（Northeast Asia Strategic Triangle）研究計畫，尋求十萬美元支持。」但顯然身為工商企業家的辜振甫對戰略計畫不感興趣「認為要這些東亞國家認清他們彼此的問題而結合在一起，恐還有一段路程。」。[40]尤其一年後，中美共同防禦條約依規定終止時，台灣其實更焦慮、關切的是未來台灣關係法下，台灣將益加依賴經貿的動向，尤其是美國在台灣的投資與外貿能否持續暢旺發展？為回應台灣的需要，克萊恩因此以 CSIS 智庫在一九七九年七月一日向辜濂松提出他所策劃的「美國與北太平洋

[38] 黃天才、黃肇珩，勁寒梅香——辜振甫人生紀實（台北：聯經，2005 年），頁五四〇～五四八。

[39] Ray S. Cline, "Letter to Chiang, Ching-kuo, President of ROC", March 17, 1980, Folder 2, Box19: General Correspondence C-D, 1976-83, The Papers of Ray S. Cline, Library of Congress.

[40] C.F. Koo（辜振甫）, "Letter to Ray S. Cline , Executive Director, CSIS", September 5,1978, Folder 3, Box 34: General Correspondence, 1976-81, The Papers of Ray S. Cline, Library of Congress.

海盆：台灣商務的未來（Taiwan: The Future of Business, A Project Outline for Jeffrey L. S. Koo）」研討會，基本上這是一份克萊恩自台灣關係法後，規劃台灣未來政治、外交及經貿發展方向及以經濟體在「太平洋海盆共同體」（Pacific Basin Community）中，重新塑立新國家實體身份的「國家政策白皮書」。[41]，這計畫草案包含三大部分：

一、檢討美國與北太平洋海盆國家包括日、韓、中、台的政治、軍事與經濟的互動關係，批判美國現行以中共為核心的東亞政策，將為該區帶來扭曲的影響發展。

二、評估台灣未來二十年，影響國、內外經濟貿易的因素，尤其專注於台灣私人商業團體可能遭遇之機會與挑戰。

三、行將接受現實考驗之台灣關係法能否提供台灣足夠的保障與維護西太平洋海盆國家的穩定與繁榮，勢必是美國國會與本區國家關切之事。

克萊恩監督的這份智庫研究，立刻取得台灣商工領導人辜振甫與辜濂松叔姪與外交部長蔣彥士的大加賞識，根據當時在場代表克萊恩來台與辜氏叔姪討論該會議籌備的杜南敘述：「台灣的政府急需知道台灣在未來國際經濟體系中所能扮演的角色？有無『模式』適用於台灣參與國際經濟組織？他們希望這場會議能提供他們領導人這類的資訊與建議。」，殷切之情也反應在辜振甫要求「美國與會人員的代表性一定要夠，務必有政府官員，期待季辛吉能參加則更好。」為了讓該計畫順利實行，杜南對「辜振甫要他轉達克萊恩如何與蔣經國的

---

[41] Ray S. Cline, "The United States and the North Paciifc Basin-Taiwan : The Future of Business, A Project Outline for Jeffrey L. S. Koo（辜濂松）, July 1, 1979, Folder 11, Box 30: Northwest Pacific Basin Project, 1979-83 , <u>The Papers of Ray S. Cline</u>, Library of Congress.

應對方式」有非常清楚生動的描述：辜言「蔣經國非常關心及投注台
灣經濟活動，所有經濟計畫與動向，只有蔣同意才能過關（clear），
蔣經國極度痛惡政商掛鉤、糾纏不清，商人介入政治是台灣官場大
忌，這是台灣的特別國情。」，因此「我必須低調及非正式的參與，
但保證負擔所有的雙方合作費用，然而一切程序得由我國政府，最好
是外交部出面接觸，且所有計畫細節、內容都必須有蔣經國的許可。」
辜振甫要求克萊恩最快時間來台，「切勿經過中間人，只需直接與蔣
經國這般報告：『這就是我們的計畫，我們（CSIS）需要台灣的全力
支持，也許台灣的商業團體可以提供財力支持』。」[42]顯然克萊恩心
領神會的照辦了，辜振甫自一九八一年起，以私人企業團體每年補助
二十萬美元予 CSIS 進行太平洋海盆共同體的推廣計畫配合中華民國
當時希望運用經濟體凸顯主權避免國際邊緣化的經貿外交，努力參與
當時正熱烈進行的太平洋週邊國家的經濟整合組織，而這個由克萊恩
所倡議及台北資助的「太平洋海盆合作觀念」研究，一九八〇年在澳
洲首都坎培拉會議後，也借日本之力成立「太平洋合作特別委員會議」
（Special Committee on Pacific Cooperation, SCPC）的非政府論壇，[43]
期望與當時主流組織：一九六七年成立，由日、澳企業人士發起的「太
平洋海盆經濟理事會」（PEEC）及八〇年的「太平洋經濟合作理事會」
（PBEC）鼎足而立。

---

[42] Robert L. Downen , "Memorandum to Ray S. Cline , Re: Meetings with C.F. Koo
& Jeffrey Koo in Taipei, July 5 and 6, and Foreign Minister Tsiang on July 7,
re:FOB Conference ", July 9, 1979, Folder 3, Box 34: General Correspondence,
1976-81, The Papers of Ray S. Cline, Library of Congress.

[43] "A View on the Paciifc Basin Cooperation Concept-SCPC", Pacific Cooperation
Newsletter, Vol. 1, No. 1, Spring 1982.

　　克萊恩進一步於一九八一年成立 CSIS「國會研究組」
（Congressional Studies Group, CSG），促使 CSIS 的智庫力量與美國
國會就台灣相關議題結合，作為「提供國會議員與其幕僚一個開放論
壇，就重大浮現的國際政策進行討論與預測。」，並將太平洋海盆共
同體的概念（Pacific Basin Community Concept）列於 CSG 研究議程。
且由兩黨參議員：早川雪、葛倫、博德（Harry Byrd, D-VA）及眾議
員：有索拉茲（Stephen Solarz, D-NY）、芬里（Paul Findly, R-IL）及
崔博（Paul Trible, D-VA）作研討會召集人，就未來亞、太政治、經濟
及軍事的蓬勃發展與區域整合，尋求美國與亞太週邊國家間的互動瞭
解及最利的角色扮演。[44]

　　就浮現的太平洋海盆共同體趨勢，克萊恩「列出亞太十國：日、
台、韓及菲、印尼、新、馬來西亞、泰加上紐、澳，作太平洋共同體
的三大中心集團，其中台灣日本及韓國是美國在亞太勢力重新部署核
心。這十國集團佔有據亞、太版圖 4.5 百萬方公里，4.5 億人口，國內
生產總值（GNP）高達 1.8 兆美元，八一年與美貿易總額達 1,200 億
美元，超越美國與歐洲共同市場貿易額，佔美國對外貿易總數 1/4。
就戰略言，這十國非共集團與美國都有雙邊的安全條約或是盟友，控
制太平、印度兩大洋，與這十國擴大經濟、科技與貿易繁榮及維持海、
空軍事平衡，是美國阻止共產擴張最有力的前線。」[45]

---

[44]　Robert L. Downen , "Memorandum to Ray Cline , Re: New CSIS Congressional
　　 Project Proposal ", January 16, 1981, Folder 1, Box 8: Center for Strategic and
　　 International Studies Georgetown University, CSIS , The Papers of Ray S. Cline,
　　 Library of Congress.

[45]　Ray S. Cline, "Pacific Connection", Houston Chronicle, November 25, 1982.

　　八〇年代中期，當經貿成為國際社會主流議題時，台灣仰強盛的經濟實力，克服政治現實，確實讓國際不能再視若無睹，經濟體的運用於台灣參與國際組織的運作，有了不錯的成果：一九八四年，中華民國成為「太平洋海盆經濟理事會」（PEEC）正式會員；一九八六年，兩岸再以「同時入會」方式共同加入「太平洋經濟合作理事會」（PBEC）；五年後，台灣與兩岸三地以同樣的方式終於加入亞、太週邊國家政府間官方國際合作組織「亞太經濟合作會議」（APEC）；克萊恩以 CSIS 在太平洋經濟的研究及宣導美國的支持台灣入會上絕對是功不可沒。

第三節　從海洋同盟到大戰略

　　台灣是克萊恩戰略思想與反共信仰的貫徹之地。而克萊恩以台灣為核心論述，凸顯台灣在全球的戰略價值的反共實驗計畫，自克萊恩五八年來台起，就開始配合國際情勢的發展，不斷的實踐與修正，其志願就是要打造台灣作他所建構美國全球反共戰略藍圖中的亞洲自由堡壘。這個思想清楚表達在「台灣—自由的堡壘美國絕不可背棄」一文中：「當全球沉溺於貧窮、混亂與政治衝突的汪洋中，台灣是寧靜與繁榮之島。在共產中國極欲吞噬壓力下，台灣更是成功克服威脅與生存壯大的典範，提供了其他國家最好的發展模式。連鎖及守護西太平洋、印度洋與波斯灣航道的暢通，台灣對東亞的繁榮與世界安全的貢獻是無可比擬的。台灣有如地緣政治與經濟的堡壘，捍衛美國在東亞及全球安全。」[46]

---

[46] Ray S. Cline, "Taiwan-The Freedom Fortress The U.S. Must Never Abandon", <u>The China News</u>, August 17, 1983.

　　到了尼、季主政的七〇年代，美國儘管有著無限實力，卻投下一個軟弱的形象，美國國家意志的懦弱無力；對來自共黨國家侵略冒進的敵對態度，不見任何高明理性的戰略在當代應運而生，也沒有任何一個新的目標可藉以動員舉國的活力。克萊恩認為美國雖然在越南受到挫敗，但仍然擁有巨大的經濟與軍事的力量，祇是需要集中意志，追尋一種明確堅定、貫徹到底的國家目標及戰略思想，重建美國自信：

　　「目前美國權力正趨於衰微，并非因為它已經變成一個弱國，而是因為它在戰略上混沌不清，以及與盟國互信的日減有關。美國擁有說不盡的實力，它也有巨大的經濟財富，所需要的僅為一種公平正直的領導；無論在國內和國外，尋求一種值得追隨的合理戰略。」[47]

　　因此，克萊恩在結合美國國家目標、台灣戰略價值與反共思想下，基本上，他的戰略思想是建立在以下五項理論順序之架構支柱上：【一】、政治結構學（Politectonics），【二】、國力評量，【三】、海洋同盟（Ocean Allies）【四】大戰略（Megastrategy）【五】國際恐怖主義：美國安全、經濟及社會利益的未來之患。

　　一、『政治結構學』：克萊恩獨樹一格的『政治結構學』理論模式是結合地緣政治及地質學觀念的國際關係研究途徑，與當時尼克森與季辛吉所倡議世局彷彿是十九世紀梅特涅時代歐洲平衡的再現，而大為風行之幾何學上的三邊或多邊的「權力平衡」（balance of power）政治主流理論是呈現對立。克萊恩批評十九世紀由政治結構相類似的國家之間所產生之「歐洲協調」，其經濟及意識型態對解釋二次大戰之後，民主陣營與與共產極權政體內之間的多元與變化關係，實無多

---

[47]　紐先鐘譯，Ray S. Cline 著，世界各國國力評估（台北：黎明，民國六十五年），
　　　頁二一五。

少助益，為了提供這種戰略性分析基礎，克萊恩認為國際體系中，國家間的結合或衝突是基於政治型態與地理戰略，而非幾何協商所能解決。[48]

克萊恩之『政治結構學』構想基礎，來自一九〇四年英國地理學家麥金德爵士（Sir Halford Mackinder）在英國皇家地理學會（Royal Geographical Society）所講演之《歷史之地理樞紐》（The Geographical Pivot of History）一文，麥清晰道出一項在國際地緣戰略上的「心臟地帶理論」（Heartland Theory），強調在掌握國際權力的競爭局勢中，對歐亞大陸心臟地區的人口及物力資源政治控制，具有關鍵性的必要，麥金德指稱苟能控制東歐及中俄的中心地帶，就能控制由歐、非兩大洲構成「世界島」（World Island），而掌握世界島終將控制整個世界的人口及資源，而最具控制心臟地帶企圖與優勢則是德、俄兩大國家。拿破崙、希特勒及史達林幾乎皆控制了那一處的中心地帶。[49]因此在重新探討當前國際環境及重新尋求美國的戰略意義時，克萊恩更憂心著眼蘇、中為首的共產集團已經控制此地區的大部分。

克萊恩之『政治結構學』除使用了麥金德所創的「地緣政治」（Geopolitics）理論思想，解釋國際政治內容外，克另結合新地質學的學術用語、觀念，這是因為在七〇年代，海床的熱門研究及發現所致。克發現目前的政治及戰略趨勢與地質學存在著一種極顯然的類似，國際體系好比地球的表層，係由一些分佈的「結構板塊」（tectonic plate）所構成，包含了整個的大陸版塊以及廣大無際的周邊海床；計

---

[48] Ray S. Cline, World Power Trends and US Foreign Policy for the 1980s , (Colorado: Westview Press, 1990), p.10.

[49] Halford J. Mackinder, "The Geographical Pivot of History", Geographical Journal, Vol. 23, 1904, pp.421-444.

有北美板塊、南美板塊、太平洋板塊、中國板塊、歐亞板塊、非洲板塊、印度洋板塊及紐、澳板塊，以及地球的偏遠地殼處若干較小的區域性版塊，這些大陸地塊在一個仍然呈流動狀態的地殼之上浮動；千萬年來，極緩慢的分裂又復合，有如本世紀內國際體系之國家或國家集團力量的轉移消長或合縱聯合，產生了成長與穩定或衝突、侵蝕或毀滅的戰略游動（strategic drift）。[50]

依照政治結構學研究方法，克萊恩認為吾人要透視國際結構的實力分配與佈局，最好的方式不是以平面的麥克托投影圖（Mercator Projection）而是要把眼光直接看在北極上對它加以研究。在此一放眼鳥瞰的投視之下，我們得到的一個世界是由一群分散或連續的政治陸塊所構成，克萊恩依麥金德強調之歐亞中心地帶為軸心，配合冷戰時代，美蘇兩極對峙的現勢，按各區塊重要的程度，將世界權力分布分成十一個地區，而其中主要國家的國際組合是未來極關重要的，這十一區分別如下：

(I) 北美區，其中心地帶便是美國，包括戰略安全延伸之加拿大。除古巴外包括中美洲及加勒比地區，全部土地面積約九百三十萬方公里，佔世界總面積百分之十六，人口約有三億三千三百萬。這是個由美國所支配的地區。從嚴格地理意義上言，北美洲與歐亞大陸的蘇俄中心地帶隔著北極的兩極對抗早已有目共睹，尤其核子飛彈時代的到來更突顯此一兩極對抗，只消三十分即可達到相互毀滅的效果。因此 I 區和 II 區的國家集團實力乃是國際關係均衡的中心。

---

[50] 王洪鈞譯，Ray S. Cline 著，一九七七年世界國力評估（台北：台灣商務，民國六十七年），頁六。

(II) 蘇俄區，歐亞大陸的中心地帶。土地面積超過九百六十萬方公里，其中最大一部分面積（八百六十萬方公里）在蘇聯境內，另計入外蒙古東歐六國加上古巴合起來不至五十萬方公里，人口約有三億七千五百萬人。就戰略言，本區中央陸地與歐亞大陸大部分半島和島嶼相接，有暢通的支配便利，惟其戰略最大弱點則是地理與氣候限制下溫暖出海通路的遏抑。

(III) 中共、北韓及中南半島之亞洲共黨政權，共佔有東亞大陸的大部分。全部土地面積約四百萬方公里，人口約有十億，該區是另外一個戰略上由一個單一國家，即中共，所控制的大陸幅員地區，北韓及北越由於文化與地理上的接近仍使整個地區向中共靠攏；此外，中共在邊臨東南亞國家中，如泰國、緬甸和菲律賓等也都援助當地的革命運動和武裝游擊叛亂。

在歐亞地帶的三大戰略陸塊之周邊，則是五個巨大的半島或離島之邊緣地帶，基本上它們是前三大地塊的戰略延伸或加以聯合或控制，這五大區分別是：

(IV) 西歐區，是自希臘延長到英國地區。自俄國核心帶觀點看，乃是延伸的歐亞半島。主要國家是英、法、德、義及西班牙的歐洲共同市場（EC）為主力。IV 區面積有一百五十萬方公里，人口超過三億六千六百萬，由於種族、文化背景相似，西歐區與北美區聯成一氣，而形成大西洋共同體（Atlantic Community）結合，除政治上的象徵觀念，並以北大西洋公約組織（NATO）將兩區軍事融合，作具體的防禦安排。

(V) 中東區，自伊朗越過小亞細亞及阿拉伯半島直迄北非海岸，雖然土耳其、以色列及伊朗在地理位於中東，文化、種族背景相

殊，但宗教（伊斯蘭）及泛阿拉伯主義（Pan-Arabism）意識將阿拉伯半島，包括阿拉伯大公國共十二國，主要為石油輸出國家組織（OPEC），結合起來。本區位於歐、亞、非三洲交會點上，含有蘇伊士運河連鎖地中海和印度洋，但最關鍵莫過於其龐大的石油蘊藏量使其成為國際不可忽視的力量。全部土地面積約七百萬方公里，人口約有二億二千六百萬。

(VI) 南亞區，以印度、巴基斯坦為主的一個次大陸及其周圍印度洋，北延的喜馬拉雅山與中亞分隔，使 VI 區是最名符其實的一政治結構區。全部土地面積約二百方公里，人口卻高達八億二千四百萬。

(VII) 東南亞地區：中南半島之非共產國家。是一片廣大漫延的群島國家區域，包括菲律賓、印尼、馬來西亞、泰國、新加坡及緬甸六國。面積約一百五十萬方公里，人口約有兩億六千八百萬。一九七五年結束的越戰，使越南、高棉（柬埔寨）及寮國斷絕了與此一國家集團區關係，並使中共及北越對三千多萬人口和二十二萬五千方公里的熱帶沃土建立有效控制，鑑於利害與意識型態差異，一個共產的中南半島針對非共的東南亞列島兩大國家集團的滲透、革命輸出毋寧是不穩定。印尼與新加坡對太平洋和印度洋的狹窄通道控制使這些國家結構區具有特別的戰略意義。

(VIII) 東北亞區，在歐亞大陸的邊緣地帶，是一個由日本韓國和中華民國形成的樞紐式的戰略三角地區。面積十九萬五千方公里，人口一億六千四百萬。這個小三角又位於一個由中國大陸、蘇俄遠東區和美國太平洋地區構成之大三角的中央。這

個弧形的島鏈構成的蜿蜒陣勢,成為分隔太平洋盆地與亞洲大陸之間的戰略屏障,也是太平洋通印度洋海上交通安全上門戶要衝。克萊恩強調本區內任何一個國家發生政治或戰略的改變,可能使這個區域瓦解。

在這五大區,即歐亞的邊緣地塊,又被一個由若干陸地及人民構成的外環地區包圍著。這個外環層主要包含了南半球大陸,類分成三個地區:

(IX) 南美區。

(X) 中非及南非區。

(XI) 紐西蘭、澳大利亞為主之南太平洋區。

它們的戰略命運終將和北美區和歐亞大陸權力的演變連繫在一起,三區面積超過一千六百萬方公里,人口約五億,從它們在世界事務上所扮演有限的角色適足戲劇性證明地理、政治和經濟發展的意義。[51]

克萊恩以地理上的北極為視野中心,所區分的十一地區,俯射全球權力構造上的綜觀,也為克萊恩個人接續下來的戰略思想觀,提供後續申論基礎。因為動態上,在這些區塊內有許多因素以緩慢幾不可察的力量移轉及游動;國家集團間的動力,無論是高壓武力或共識志願的結合、重組,就如同地表地層的移動般。克萊恩藉著政治結構學的途徑,探討美國在七〇年代初,在國際戰略上的困境,提供了一個適切瞭解、澄清的論述基礎。即使到了後冷戰的今日,克萊恩將多變的國際政治建立在地理恆常性的『政治結構學』,仍不只是國際關係研究學生有效的分析入門,更是政府決策對國際現勢最客觀的基本認識。

---

[51] 王洪鈞譯,Ray S. Cline 著,一九七七年世界國力評估,頁二三〜四四。

　　二、『國力的量化評估』：由於國際行為模式的五光十色與變化無常，克萊恩在以『政治結構學』對複雜的國際構造作了上述宏觀式的剖析觀察後，最後目的還是要為美國構築明智的國家安全戰略並追尋與其他國家交往中，遂行一種明確的決策；換句話說，如果美國欲以其國力承諾其外交政策的奉行，與海外國家的同盟至為重要；因此，全球性政治結構中的關鍵國家必需受到維護，否則其中若干國家的崩潰將使其他賴以存在的基礎也遭毀滅。誠如李普曼（Walter Lippmann）所說：「美國的承諾、利益和理想一定要用我們的軍備、我們的戰略疆界和我們的盟邦加以維護」而真正的政治家除了必需確使「向國外主張的理想、利益和企圖在國內取得足夠的支持掩護外，必需再加上國外具有相同理想、利益和企圖的支持。」[52]

　　克萊恩除以傳統地緣政治作一國家戰略地位的基本評估，更進一步對國際單位的國家作更具體量化的計算，也是當時國際關係學科與自然科學，一項進步、嶄新的整合與嘗試。

　　一國國力的研究即是對其從事戰爭能力的研究，通常情形下，在傳統國際政治研究中，國力一直被主觀性評量，認知的力量是一決定性的因素，在交戰雙方心理存在著潛在對抗的力量，一個國家可被敵方潛在的力量所迷惑，決定這盤世勢棋局的走向。克萊恩以為過份關心敵國政府、或者對於他們所呈現的威脅表示過份的畏懼，或是對於安撫他們表示過份的熱心，都可以導致錯誤；因此，對於敵人或假想敵人的能力和意圖真實估計至為重要，如果有量化數據則更客觀，這有賴我們認清國家的各種目標並計算這些目標是否可以達成。

---

[52]　Walter Lippmann, U. S. Policy（London: Hamish Mamilton, 1943）, pp. 4-5.

為彌補已被尼克森、季辛吉企圖以長袖善舞，不顧原則的「低盪」多邊政治所敗壞殆盡的美國反共同盟；一個新的圍堵陣線或結盟，是美國阻隔未來蘇聯不斷擴張一個重大的觀念課題。因此在替美國思考一項適當的策略以及就世界謀求策略性的均衡之際，必需重拾起若干過往積極原則，即世界上有那些國家是同情美國目的者，其中又有那些國家足夠強大有助於美國；美國自身力量再加上那些可靠的盟國力量構成自由世界反共之強固陣容，在上述的同盟條件之下，顯然，一個明確的美國國家策略，首先需要對國際舞台上的集團成員設定計算標準，如何建構客觀合理的假設架構，學者的克萊恩先描述國力是戰略的、軍事的、經濟的和政治的力量與其一切弱點的混合。國力一部分決定於國家的軍事力量和軍事設施，但更多部分卻決定於領土的面積、疆域性質、天然資源、經濟結構、科技發展、財政力量、種族結構、社會團結、政治體制和決策的穩定性，除實質力量外，克萊恩也一併注意到無形的精神力量－國家意志。綜合這些在不同組合中之國際權力因素，克萊恩樹立一個為國力評量客觀的測量標準，且頗具備包容性的公式，內容如下：

認知的國力＝（基本面積＋經濟能力＋軍事實力）×（國家戰略標的＋貫徹此一目標的意志）

Perceived Power＝（Critical Mass＋Economic Capability＋Military Capability）×（Strategic Purpose＋Will to Pursue National Strategy）

$$Pp＝（C＋E＋M）×（S＋W）$$

1、基本面積：是以一國控制下的領土總面積和那個領土上所養育的人口數目為基礎，克萊恩以中共、印度雖然其他各方面

條件薄弱但廣土眾民實在很難忽視其強國地位作最顯然例子。而美國、蘇聯更是以此條件為國際首強之基本條件,可見土地、人口是一國最初步表徵與實質力量的認知。

2、基本面積+經濟能力:顯然僅根據領土及人口所作計算,易滋誤解,並不足解釋小國如以色列、新加坡及中華民國或寡民如沙烏地阿拉伯等在國際影響力,除非加以調整,顯示出人民在處理其國土面積內資源所發展出來的經濟力量。換言之,國力以 Pp=C 作基本結構的計算方式過於粗淺;如果改成加上經濟資源:如(一)國民生產毛額(GNP)(二)礦產:區分石油及非燃料礦物質鐵、鈾、鋁、銅等(三)科技(四)糧食農業(五)外貿,作為具體量化之指標單位,Pp=C+E 的計算方式則完整得多。

3、軍事實力:國際衝突中最後的制裁力量乃是動用軍事力量。克勞塞維茲(Karl von Clausewitz)曾謂:「戰爭祇係藉其他方式的政策延續,旨在使敵人實現我們的意志。」[53],因此在國力實估之中,我們必須擴大公式在基本面積、經濟能力外,再加上軍事能量:Pp=C+E+M。對一國軍事力量評比的制度基於兩大要素,(一)對核子戰爭的嚇阻力量,即有能力承受核子戰爭中持續戰鬥實力。除美蘇能通過此項考驗,英法德不及全面的核戰威脅。(二)維持可觀之傳統海陸空武力,傳統武力的換算標準是以人力及武器的統計為

---

53 Karl von Clausewitz, On War (London and Boston: Routledge and Kegan Paul, 1968), Vol. 1, p.2 , 23.

主，採取人力數字、戰鬥單位及後勤存量及軍事支出佔國民生產毛額之比例，加以計算。

4、國家戰略標的＋貫徹此一目標的意志：相對的，軍事力量的無形戰力如：軍隊技能、士氣，戰術運用，領導素質則是最難計算表列。為了評估實際的國家能量，如果將無形因素納入，無可避免的要有主觀的判斷。重要者在於此項公式需要一個係數，一個乘號，來表現兩個因素，即國家策略（Ｓ）和國家意志（Ｗ）。前述各項國力因素皆用簡略加法處理，可是在眼前的公式用了乘法，表示這個等式的價值可能被組成係數的因子而大幅變動。計算上，有些國家具有旨在國際擴張的明確策略計畫，其策略目標一項最高值定於一分，相似地，如果一些國家能在社會、心理、政治各方面團結一致為策略目標之後盾，其貫徹目標之意志力最高也是一分。這樣一來國家戰略標的＋貫徹此一目標的意志兩項合起來可以產生乘數為二的最高分數，而國家力量的其他因素必也相乘的擴大；但如果一國在策略上是混淆的，而貫徹意志是薄弱的，則上述兩個無形的國力因素可能得到低於 0.5 分數，使國力其他構建因素總值降低。[54]

克萊恩顯然設計這一公式有相當大動機是矯正尼克森領導下，誤導美國實力認知，如果一個國家沒有一貫的國策或是缺少實現這種國策的堅強國家意志，則構成國力的重要具體因素也會減少到形同虛設的程度。國家意志的若干構成要素歸納成三類（一）人民對國家的歸

---

[54] 紐先鐘譯，Ray S. Cline 著，世界各國國力評估，頁十七～十九、五三、八五

屬感（二）國家領導中心的有效力量（三）國民對國家決策與國家利益的信任及認同。[55]

　　至於卡特政府倡導之將「人權」作為美國與盟邦交往之判準，亦顯得不切實際。在克萊恩提出區分一國政治與經濟的廣泛光譜中，克萊恩發現在自由民主、多元化社會的國家，近年來努力採用英美政治模式生活數目上已見其縮減至百分之二十，而非增加；至於分怖歐亞大陸中心及亞洲之一黨極權獨裁政體、經濟封閉社會的共產主義國家，構成百分二十五的地表面積並擁有百分之三十五的世界人口，賸下的世界人口中的百分之四十五，生活在不算自由也不算嚴格的威權統治，型態從非共或通常無效率的專制政府到接近自由而非健全的代議政府，面對如此意識型態混淆的模糊地帶，美國對國家結盟的條件，經常引起爭議的一個問題是：美國外交政策研究應基於對國際現實及力量的考量，抑基於政治潔癖與道德的法則？克萊恩以其在亞洲豐富的工作經驗，提供他一貫理性務實原則，「對一個國家而言，去追求一項不切實際的原則，作為在國際競賽場合中應付現實的指針，其實是不道德的。在國際事務中，完全的非現實主義或自我中心無論理想如何崇高，還是不道德的；它毋寧是招引災難的政策。」[56]光有民主的理想願景卻無務實手法，也難於成事；反共因此成了克萊恩務實下結盟之最高原則。

　　三、『海洋同盟』：克萊恩在經過政治結構與國力量化的評估後，衡量國際舞台上的真實國力時；克發現祇有蘇聯、中共和美國在參與國際事務的行動中具有整體配合且是全球性的策略概念，並在當時世

---

[55]　王洪鈞譯，Ray S. Cline 著，<u>一九七七年世界國力評估</u>，頁二二七。

[56]　同上註，頁二一～二二。

界上一百五十八個國家的嚴格策略評估中，認為僅有五十六個國家於任何時間內，可以決定世界國力的均衡狀態。為了有足夠之力量以抗衡來自第二及第三政治結構區政權威脅，美國不能獨任其事，甚至亦非北美區所能為，最後提出的結論就是「海洋同盟」的構想。雖然海洋同盟戰略，本質上是脫胎於圍堵的主題構想，卻是個新且經過檢討及有效率的現實策略；克萊恩認為此乃美國新的大戰略：「美國為了保護其人民及社會之安全，應維持一群由非極權社會之國家組成的聯盟體系；阻止任一極權國家佔據歐亞中央大陸，並在歐亞大陸主要周邊地帶進行政治、軍事之控制。海洋同盟成員彼此間互相有義務阻止他們的自由疆域被第二政治結構區和第三政治結構區的極權國家所冒進。如有效履行義務，第四政治結構區到第七結構區之歐亞大陸邊緣地區所有重要國家，都必需能保障於民主陣營之中。」[57]

　　海洋同盟的鞏固存乎美國提供並維護每一政治結構區內參與「同盟」的重要成員國堅定之戰略承諾及安全保護，不會以犧牲盟邦或自己的利益作讓步。克萊恩最先選擇之核心集團成員國，必然要包括具有相似之政治社會以及對國際局勢具有共同目標及信念，克萊恩經國力分析評比，列舉：美國、加拿大、西德、英國、法國、意大利、以色列、日本、中華民國及澳大利亞十國核心集團自可在第一、四、八、十一政治結構區內建立戰略基地。這十國佔據國際最重要五十六國總合面積的三分之一，共有九億人口，一千四百萬方公里，以及擁有當時世界最先進之科技及資本。

　　為了讓美國人民簡單認識台灣在全球戰略佈局中的真實價值，克萊恩不光一味警告美國媚中勢力之過度氾濫，同時，也能提出一個客

---

[57]　王洪鈞譯，Ray S. Cline 著，<u>一九七七年世界國力評估</u>，頁二七七。

觀，且全非意識型態下的有力數據－克萊恩國力評估標準中，對中華民國可認知國力（基本面積＋經濟能力＋軍事實力）共計二十三分，加上克萊恩長年在台工作，深入瞭解台灣軍民人心，在無形國力因素：國家戰略標明確，評估為 0.7 分，而貫徹此一目標的意志評比達 0.9 分，計算總得達三十七分，使我國力在最早評比之五十六國中，排名達二十一與以色列相等，一九七八年更以四十九分，排名至十二，[58]台灣與日本，克萊恩評以「同盟」在亞洲最重要據點：「控制台灣、澎湖之中華民國與美國訂有雙邊防禦條約的軍事同盟關係，面對中共的嚴重軍事威脅，中華民國以出口取向之經濟建設，和朝向民主自由決心，使其有足夠之條件與日本成為海洋同盟之亞洲據點。」[59]

一九七九年美台斷交，眼見防禦條約隔年隨將終止，克萊恩推動「亞洲和平與安全聯合」（CAPS）希望讓失去美國具體防衛承諾之台灣安全保障，置入海洋同盟的東亞集體安全組織戰略框架中。雖然一九七八年八月克萊恩向辜振甫提出「東北亞戰略三角」計畫沒有受到矚目，到一九七九年六月，克轉而向蔣經國具體提出由台、日、韓組成之「亞洲和平與安全聯合」組織構想，蔣當熟悉此一計畫其實就是克萊恩在一九六四年二月與蔣介石商討後，向詹森提出備忘錄之「中、韓、越南三國安全公約」的再版，而受到注意。克萊恩八月與台北之亞洲與世界社發行人杭立武討論該組織、籌劃與概念時，即說明「CAPS 之發起乃彌補卡特與台斷交，所刻意忽略對台安全的配套措施；錯誤把台灣和日、韓採取個別的戰略衡量，而非整體性的全盤考慮。」杭向克點出「由於美台已無正式官方關係，建議先以台、日、

---

[58]　Ray S. Cline, <u>World Power Trends and US Foreign Policy for the 1980s</u>, p.173.

[59]　王洪鈞譯，Ray S. Cline 著，<u>一九七七年世界國力評估</u>，頁二八二。

韓民間的學者、退役將領及政治人物力量發動串連。」討論中，海洋同盟理論之核心主旨「海上聯絡線道」（Sea Lanes of Communication, SLOC）想法，也受自杭立武的建議，杭提出「日本退休之海軍中將 Kenichi Kitamura 提出之『海上聯絡線道』可作為海洋同盟的主軸思考。」[60]也因為「杭立武先生的先見（foresight）」，克萊恩的海洋同盟的源頭構想從以麥金德的地緣政治陸權觀，到一九八〇年三版的「世界國力評估」，開始融入馬漢（Alfred Thayer Mahan）的【海權論】（The Influence of Seapower Upon History），[61]「就全球性策略論，自由世界的安定務必能確保其成員國能經由太平洋、印度洋、大西洋等環繞地球之海道，維持與控制運輸與通商之暢通。」，克萊恩讚揚「『海上聯絡線道』與我海洋同盟是不謀而合，有異曲同工之妙。為保障西太平洋海路通暢，由東北亞之台、日、韓構成之集體安全體系，其目的乃建立一支『海上糾察隊』（constabulary of the sea）。」[62]而台灣在海洋同盟的重要地位：「有如不沉的航空母艦，身處太平洋島鏈的中心，保衛日、韓與東南亞國家航道與印度洋及波斯灣物料接駁

---

[60] Han Lih-wu, "Letter from Han Lih-wu（杭立武）, publisher of Asia & the World Forum to Ray S. Cline , Executive Director, CSIS ", August, 24,1979, Folder 8, Box 34: Taiwan (Republic of China) , Correspondence, The Papers of Ray S. Cline, Library of Congress.

[61] Ray S. Cline, World Power Trends and US Foreign Policy for the 1980s, p.9.地理上，馬漢視美國甚至整個西半球為一海島，歐亞（Eurasia）周邊國家的繁榮與影響力，都有賴海上道路的暢行無阻。Alfred Thayer Mahan , The Influence of Seapower Upon History (New York: Hill & Wang, 1957).

[62] Ray S. Cline, "Letter to Han Lih-wu（杭立武）, publisher of Asia & the World Forum", September 7,1979, Folder 8, Box 34: Taiwan (Republic of China) , Correspondence ,The Papers of Ray S. Cline, Library of Congress.

之通行，南握巴士海峽；如果美國在菲律賓的海、空基地，沒有台灣的屏障，也無法有效存在，阻止中蘇的侵入西太平洋。」[63]

「亞洲和平與安全聯合」終於在十月一日宣佈成立，十一月，克萊恩興致高昂的來台並安排在「光復大陸設計委員會」演講海洋同盟的概念，克萊恩在予朋友信中頗得意「海洋同盟的適時且實用，被台北朋友所重視。」。[64]蔣經國雖選擇「自由基金會」（Freedom Council）並由該會當時之執行長張京育教授致函祝賀，作為聯繫單位，[65]隨後並致贈三千美金作「象徵性的支持。」，[66]與太平洋經濟體計畫較，享有辜振甫所有之台泥公司的補助，CAPS 的研究計畫，不見台北的固定財務協助。且 CAPS 發展亦不如太平洋海盆經濟體般預期，主要原因台灣與美、日已無邦交，而以民間組織推動如此國際戰略層次計畫，自力有未逮，何況克萊恩在日、韓所受重視也不如在台一般與禮遇。

[63] Ray S. Cline, "Taiwan-The Freedom Fortress The U.S. Must Never Abandon", The China News, August 17, 1983.

[64] Frank R. Barnett, "Letter from F.R. Barenett, President of National Strategy Information Center, to Ray S. Cline", December 3, 1979, Folder 8, Box 34: Taiwan (Republic of China), Correspondence, The Papers of Ray S. Cline, Library of Congress.

[65] King-yuh Chang, "Letter from King-yuh Chang（張京育）, Executive Director, Freedom Council to Ray S. Cline, Executive Director, CSIS", October ,1,1979, Folder 8, Box 34: Taiwan (Republic of China), Correspondence ,The Papers of Ray S. Cline, Library of Congress.

[66] George Huang, "Letter from George Huang, , Secretary General, Freedom Council to Ray S. Cline, Executive Director, CSIS", October ,9,1979, Folder 8, Box 34: Taiwan (Republic of China), Correspondence ,The Papers of Ray S. Cline, Library of Congress.

　　一九八一年元旦，中美防禦條約正式終止，接下而來的美台軍售問題成為台灣關係法生效後的第一個嚴厲的考驗。由於台灣關係法中美國明確承諾必須提供「足夠的防衛性武器」維持台灣安全。在整個七〇年代，克萊恩堅決的戰略構想雖不得其道；但同年，舊識雷根當選美國總統，給予克萊恩這些傳統的反共老將帶來希望，台北對雷根總統批准 FX 先進戰機售出有也有很深的期待，克萊恩乃與參議員史東，前參謀聯席會議主席雷米茲及海軍上將摩爾（Thomas Moore）等，於一九八一年一月二十六日成立「全球戰略學會」（Global Strategy Council），擔任計畫小組主任委員（chairman of planning group）之克萊恩宣稱該會之宗旨乃「敦促美國行政及國會，釐清混亂、認定方向，研究設計一貫明確的美國全球戰略，告訴世人美國目標與要走的道路。」[67]。一九八二年二月克發揮言論力量，呼籲「基於保障台灣人民安全及防衛實力，在兩岸和平統一談判中不致陷於劣勢，雷根應維持台北及北京雙邊軍事平衡，汰換台灣老舊的 F-100、F-104，美國應依台灣關係法，提供台灣空軍新型的 F-5G 及 F-16 戰機，況且該戰機不致構成對北京安全威脅，中共沒有反對理由。」。[68]

　　但在被戲稱是中共在美國最大的遊說團－國務院[69]主張：美國需要中共制蘇，應避免一切刺激中共的舉動。國務卿海格（Alexander

[67] "New Group Calls On Reagan Administration and Congress to Develope a Comprehensive U.S. Global Strategy", United States Global Strategy Council News, January, 1981, Folder 14, Box 34: United States Global Strategy Council 1982-83, The Papers of Ray S. Cline, Library of Congress.

[68] Ray S. Cline, "Crises will Bloom if Reagan Yields", Free China Review, February 1982.

[69] "Red China Lobby Still Strong at State", US News & World Report, May 22, 1982.

Haig）秘密準備以美中二次公報為美台軍售設下「武器質量逐年下降」
的決定，對此發展，我方首度有所聞悉也是由克萊恩女婿秘密轉告，
按錢復透露「一九八二年六月二十二日晚與沈錡代表在西德波昂美國
俱樂部餐敘，巧遇當時國務院政治軍事局局長海普勒（Steve Hapler），
海是老友克萊恩的女婿，他認出我後，要我外出見面好方便提供一些
機密資訊，海云：「『美國務院所擬的上海二號公報稿已上呈雷根，
雖經修改仍有『美對台軍售將在質量逐漸減少』語句。這是我方初次
接觸到公報內容，我當晚草擬電報，次日就請密電報部。』」[70]

　　一九八二年八月十七日，華府還是與中共簽署公報，除重申「一
個中國」原則，並設下軍售「質量逐年下降」限制。克萊恩乃發表評
論「美國放棄最傳統可靠的日本、台灣至澳洲的西太平洋島鏈防線，轉
向聯中制蘇戰略，更加獨厚鼓舞中共對美採取不是兩面逢源或說變就
變，反正基於獨裁體制，中共是可完全不顧民意的，美國最後終將得
不償失。限制台灣軍售作兩岸統一條件，無異強迫台灣人民進入共產
奴役。」[71]

　　克萊恩再度尋求國會保守派議員，發揮制衡力量，九月十八日的
參議院司法三權分立小組公聽會，共有伊士特（John East, R-N.C.）、
席姆斯（Steven D. Symms, R-Id）、韓福瑞（Gordon J. Humphrey,
R-N.H.）、史東及高華德（Barry Goldwater, R-Ariz）一致糾正美國行
政單位，再度侵犯立法權，違反台灣關係法，席姆斯、韓福瑞聯合要
求決議案，廢除該公報，克萊恩也在邀請下作證指出「這是無比糟糕

---

[70]　錢復，錢復回憶錄：卷二，華府路崎嶇，頁二一三。

[71]　Ray S. Cline, "One China Approach Bad Diplomacy Bad Policy", <u>Washington
Times</u>, December 20 , 1982.

的公開文件,完全違反台灣關係法,除非國會採取行動釐清,否則美國的法律竟是由北京政府來決定有效與否。」[72]

一九八三年一月,克萊恩提出「主流美國之全球戰略」(Global Strategy for Mainstream America),將七〇年中後所創之「十一個政治結構區」之陸權海洋同盟,及七九年後,由杭立武先生提要改良以海權為主觀之同盟體系,重新擘劃成「五大洋二十一國是美國主要盟國體系:大西洋(北:英、加、德、法;南:巴西、奈及利亞)、太平洋(南:菲、印尼、澳大利亞;北:台、韓、日)、印度洋(印度、巴基斯坦、南非)、地中海(義、西、土、以、埃)及加勒比海(墨西哥)。」[73]克萊恩所要華盛頓當局一貫念茲在茲者乃台灣在美國全球戰略中,永遠具有不可或缺的獨特地位。

四、『*大戰略*』(Metastrategy):二次大戰結束後,美蘇開始國際兩極對抗體系,克萊恩認為「美國政府第一個全球性的反共戰略計畫是一九五〇年四月韓戰前夕,才由保羅尼茲所擬定的 NSC-68 文件,強調「就戰略、政治上言,蘇聯不論以軍事、政治或滲透手段,達成對歐亞心臟的潛在控制,對美國是無法接受的。」[74]可見該份文件也是以麥金德地緣觀為戰略思考出發;其後美國政府所力行的圍堵政策,至八〇年代克萊恩以海權版的圍堵政策—海洋同盟,基本上,

[72] UPI, "Senators criticize U.S.-Sino accord on Taiwan's arms ", The Arizona Republic, September, 18, 1982.

[73] Ray S. Cline, "Global Strategy for Mainstream America", January 1, 1983, Folder 11, Box 34: United States Global Strategy Council 1982-83 ,The Papers of Ray S. Cline, Library of Congress.

[74] Ray S.Cline & William M. Caprenter , Secure Passage at Sea(Washington D.C.: United States Global Strategy Council, 1990),p.124, 126.

都是一體師承麥金德地緣政治為本，依賴軍事、政治手段抗衡共產勢力的擴張。

　　七〇年代美國短暫的戰略迷失，直到八〇年，雷根重振了美國在軍事、經濟及地緣等各方面的力量，恢復了美國的強大核武、傳統軍力，更重要是願意堅定執行與蘇聯對抗的意志，雷根毫不猶豫在地緣戰略衝突的優先地區內，對蘇聯的侵略，實施嚇阻，諸如在加勒比海的格瑞納達，中美洲的尼加拉瓜及西亞的阿富汗，使蘇俄十年來來肆無忌憚的擴張勢力受到挫折與失利。

　　雖然雷根時期結束了美國自越戰以來的戰略膚淺的權宜政策，但是克萊恩也注意到這種民主與共產意識型態下的國際權力的競爭並未結束；當一九八八年蘇聯持續推銷和解，不過此番改以「改革」、「開放」面貌，使很多歐美重要人士再度聆聽這誘人的音符，大敲邊鼓，期待美國軟化對抗共產意識，保守勢力的克萊恩將此視為「低盪」策略的翻版，不過是蘇聯共產另一種包裹糖衣的轉進擴張，為了積極維護雷根時代好不容易所恢復的堅決反共政策；繼續堅持美國與蘇聯進行國力對耗戰爭意志，乃於一九八八年提出美國全球戰略新方案－『大戰略』，作為今後十年的致勝之道。

　　肯定一九八〇年代雷根的反共策略與鬥志的貫徹，面對一九九〇年代的來臨，克萊恩在『大戰略』中預測「一九九〇年代將是歷史上最後一個轉捩點。在這十年，情勢將發生快速變化，傳統智慧將發生動搖。」美國無論在國家安全、經濟繁榮及民主政治等各方面均將面臨嚴厲的挑戰；「只要美國與其盟邦繼續堅持此一積極性的『大戰略』，再十年的美蘇對峙，蘇聯將無法繼續撐持，到了二〇〇一年時，

當可力挽狂瀾並獲致成功。」[75]克萊恩在延續「海洋同盟」架構，更明確指出美國在世界上面臨八大敵人，它們是「蘇俄、東德、保加利亞、北韓、越南、古巴、尼加拉瓜及中共。」他們不僅是美國的敵人，亦是全自由世界的敵人。

因此，克萊恩指出美國大戰略的核心思考除了「聯合所有掌握國際重要水道戰略據點的國家建立一種聯盟，俾共同保護國際海上航路的安全。這個政策與五、六〇年代，承襲而來的圍堵政策不盡相同，這一問題不僅涉及如何確保國家安全，同時亦涉及如何發展健全的經濟，及維持穩定的政治運作。此一『大戰略』是一積極、嶄新的思想計畫，它超越軍事戰略，涵括政治與經濟價值在內，強調國家有機之經濟建設與跨洋合作（economic nation-building and transoceanic cooperation）的努力及重要性。」[76]克萊恩的修正加入國家經濟因素比重，準確預料美蘇長期對峙中，經濟將是最後決定雙方勝負因素。同時也不忘讚揚「在世界重要戰略地位的十六個密切伙伴中，中華民國以本身的努力加上少許的美國經濟援助是大戰略中最佳的國家經濟建設與壯大的典範。」[77]

最後事實的證明，美國在雷根主政八年因採行恢復國力自信，堅守反共陣營，決不妥協的強勢態度，終於使蘇聯在對峙的消耗中，使蘇聯為首，以華沙集團為主之歐亞大陸 II 區乃至整個共產世界，比克

---

[75] 國防部史政編譯局，Ray S. Cline 著，美國大戰略，（台北：國防部史政編譯局，民國八十年），頁一七五。

[76] Ray S. Cline, Metastrategy-National Security Memoradum for the President (New York: Crane Russak , 1988), pp.49-50.

[77] Ray S. Cline & William M. Caprenter , Secure Passage at Sea, pp128-29.

萊恩所預期提早了十年，於一九八九年開始土崩瓦解，將共產主義全面棄之於歷史的灰燼之中。

　　五、未來之患－國際恐怖主義：克萊恩從「海洋同盟」之核心思想「確保美國及盟邦平時在海上及天空中活動自如；阻止蘇聯控制歐亞大陸的邊緣地區」，繼之「大戰略」中並預言持續對耗十年，民主終將戰勝極權，得到最後的印證外；克萊恩之另外一項的精確預料就是：共產意識型態的冷戰競爭外，國際恐怖主義將成為美國安全、經濟及社會利益的一項新威脅。

　　克萊恩定義這種衝突的新時代始於一九六八年，是低盪政策下，美、蘇為避免全面戰爭下，由蘇聯發起，滋源於中東的巴勒斯坦游擊隊（PLO），經由所謂解放戰爭擴張勢力的工具，當一個國家發起的暴力恐怖行動越過邊界之後，它就變成恐怖主義。且「自史達林開始的列寧學院（Lenin Institute）到現今的 Patrice Lumumba 友誼大學，就是蘇聯專門收容落後國家人員，進行恐怖破壞的訓練場所。」[78]

　　克萊恩已及早注意到美國國家情報機關對恐怖主義的反應怠慢與掉以輕心，恐怖主義已經成為威脅美國國家安全的另類鬥爭。此一預測發展，克萊恩是受到一九八三年十月貝魯特恐怖自殺爆炸案造成美軍二百四十一名死亡的刺激。一九八四年一月，克萊恩與參議員丹頓（Jeremiah Denton, R-Ala）在國會山莊召開記者會中，警告「美國人民對恐怖主義缺乏經驗且態度天真，除非我們趕緊認識這項未來大患，否則美國人民遲早要付出代價。」[79]

---

[78] Ray S. Cline, "Terrorists Trained in Moscow", Washington Inquirier, February 3, 1984. 另參見 Ray S. Cline & Yonah Alexander, Terrorism : Soviet Connection (New York: Crane Russak, 1984).

[79] Edmond Jacob, "Sen. Denton Warns of Terrorist Threat", The Washington Times,

八八年的大戰略中，克萊恩更覺嚴重指出「國際恐怖主義是一種最狡猾的戰爭，其對美國造福人類的希望構成挑戰。這種秘密作戰對於目標的安全、政治局面穩定與國防等造成很大的危害。其嚴重程度不亞於一場公開的戰爭。」[80]，而建議美國必須摒除近年來傳統限制，即早著手反恐怖主義的研究策略「美國必須進一步更有效地蒐集並分析以下各項情報：威脅世界情勢的要素；每一衝突地區內的暴力集團；區域性恐怖活動的歷史；及恐怖主義發起國家的歷史等。」[81]

克萊恩並點名北韓、葉門、敘利亞、古巴等為國際恐怖主義國家在全球各地蓄意利用各反共國家內人民對政治、經濟、文化等各方面的不滿，破壞這些國家秩序，或建立起恐怖主義輸出網，恐怖攻擊美國與自由友好國家，成為一場未經宣戰的秘密作戰。

克萊恩所採取之反恐怖政策與方案，共有以下認識：

一、現代之國際恐怖主義始作俑者乃蘇聯。

二、國際恐怖主義乃未來美國安全與利益之新型態的戰爭。

三、反制措施，高素質的情報與研究工作極為重要。首重與盟邦建立有效的反恐怖主義工作網，同時必須對友好國家提供情報與其他直接的援助。利用積極的外交工作與正當的戰略情報交換，直接公佈那些國家是恐怖主義的始作俑者，並加以孤立。

四、為了維護政治自由，美國必須以秘密方式參與長期的無聲作戰，必須以武力反擊消滅恐怖份子行為。[82]

January 25, 1984.

[80] 國防部史政編譯局，Ray S. Cline 著，<u>美國大戰略</u>，頁五四。

[81] 同上註，頁七二。

[82] 國防部史政編譯局，Ray S. Cline 著，<u>美國大戰略</u>，頁七二～七四、七七。

　　大戰略是克萊恩在二十一世紀的到來前，為美國設計戰勝共產極權的勝利戰略，它是延續 NSC-68 號文件、圍堵政策及海洋同盟一貫精神，決不拋棄傳統盟友，堅守反共陣營，保護全球地緣戰略的海陸暢通，與共產集團堅持到底，克萊恩謂「公元二〇〇一年是歷史上的最關鍵轉捩點，一九九〇年代這十年中，情勢將發生快速變化，傳統智慧將發生動搖。」，雖然二十一世紀未至，共產集團終於不支全面崩潰。然不幸而言中者，則是二〇〇一年之九一一事件後，美國乃至世界進入了反恐戰爭的時代，我們仍不得不佩服克萊恩對美國及世界局勢走向的專業與眼光之準確

第八章　結論

　　活力十足，積極旺盛的克萊恩一九七九年應周以德之邀，加入自由中國協會，[1]並在八二年接下主席一職，扛起支持台灣的反共大旗，為維護自由中國事業繼續奮鬥。此時，克萊恩除 CSIS 執行長外，集民間組織身分有：國家情報中心主席、亞洲和平安全聯合、全球戰略學會主席。正當克萊恩活躍於民間，作更見寬廣發揮的當下，克萊恩與蔣經國之關係卻急轉直下，最後形同陌路，引人訝異與好奇。

　　一九八〇年代初，中共逐漸調整對台方針，由以往強調武力解放台灣之威嚇，轉為懷柔攻勢之「和平統一、一國兩制」，鼓勵兩岸人民加強往來，通過政治談判實現國家統一，對台北僵化的大陸政策形成強大的衝擊，兩岸接觸大為世人期待。

　　一九八二年七月蔣經國在悼念蔣故總統過逝七週年的文章中，寫道「切望父靈能回到家園與先人同在」並「要把孝順的心，擴大為民族情感，去敬愛民族，奉獻于國家。」，很快，中共方面把握時機，作出了反應。二十四日，由中共中央對台領導廖承志于《人民日報》以「渡盡劫波兄弟在，相逢一笑泯恩仇」公開信方式致蔣經國，動之以情，企求「國共三次合作，同捐前嫌，共圖振興中華之大業。」[2]，積極營造國共和談氣氛。

---

[1]　Ray S. Cline, "Letter to Walter H. Judd, President , the Committee for a Free China", June 1, 1979, Folder 3, Box 21: General Correspondence, H-L, 1973-83, The Papers of Ray S. Cline, Library of Congress.

[2]　全文參見：「廖承志致信：開啟兩岸和平接觸之門」，中國新聞網，http://www.southcn.com.

　　就在兩岸氣候緩和之春江水暖下，克萊恩結識了香港鉅商何鴻章（Eric Hotung C. B. E.），何氏是位中英混血的國際商人，生於香港，童年在中國上海渡過，及長赴美，一九五一年畢業於華盛頓喬治城大學，一九七五年受聘擔任 CSIS 中國事務與財務顧問，與同時期擔任 CSIS 執行長的克萊恩自有往來，克萊恩承認其「太平洋海盆計畫」，也有來自香港的財務援助。[3]但何先生政治態度上傾向與中共關係密切，為增進美中關係，創立「何東國際問題學會」，一九八三年鄧小平即在該組織所辦之國際會議上，首次宣佈了「一國兩制」的構想，[4]何鴻章為呼應中共的統戰活動及出於貢獻兩岸統一大業之動機，「何氏深知克萊恩與蔣經國的不尋常關係，遂利用克萊恩向蔣經國傳遞中共和談的誠意，克萊恩也天真到果然在台北會見蔣經國時，如實轉述了何氏的傳話。」[5]對這位在國際上主張「德國模式」解決兩岸問題的老友，此番為對岸傳話，是否欲重作馮婦，恢復其駕輕就熟之「調人」身手於兩岸？著實令蔣生了警惕之心，竟成了壓垮克蔣關係之最後一根稻草，經在現場親睹的前美國在台協會代表李潔明透露予中國時報資深記者傅建中，有以下生動描述：「據那時在台北擔任美國代表的李潔明回憶，蔣經國聞言臉色大變，極度不悅，幾乎立即端茶送客。自此以後，克萊恩再也見不到蔣經國了。」[6]

[3]　Ray S. Cline, "Memorandum for David Abshire, President of CSIS, Subject : Misrepresentation in The Washington Post Article", July 1, 1980, Folder 1, Box 33: CSIS , The Papers of Ray S. Cline, Library of Congress.

[4]　取自 Eric Hotung .com.專門網之《前言》、《簡介》、《簡歷》。See website at: http://www.erichotung.com/chinese/intro.htm.

[5]　傅建中，「政治分合難料、人生際遇無常」，中國時報，民國九十年八月十五日，版三。

[6]　同上註。

　　克萊恩到底是單純無心？抑或如哈佛大學費正清中心研究員陶涵（Jay Taylor）所言欲任兩岸調人：「當蔣經國認為時機已經成熟，台北和北京可以進行非正式對話之時，中間人可不少。陳納德遺孀陳香梅，已經由中央情報局退休的克萊恩，一度都想當兩岸密使，蔣經國都沒理他們，把這個敏感的角色只託給新加坡總理李光耀。」[7]

　　但二〇〇六年二月學生在華府訪談杜南先生時，提出此一問題時，杜即訝異表示：「絕無可能。」認為：「克萊恩先生是不太可能勝任此一重任，原因是他在中國大陸上，幾乎毫無重要的人脈關係與信任。」何況克萊恩兩個中國的主張，事實上是無法為北京與台北所接受。

　　相較上，李光耀談到台海兩岸關係，李在其回憶錄中明確表示「一個中國立場不變」，則傳達反映出新加坡處理與兩岸關係的原則，自較克萊恩兩德模式，更符合台北與北京的立場。李主張「美、日等主要國家應維持『一個中國』政策，唯有如此台海才能和平，提供星國一個穩定發展的環境。」[8]而李光耀在其回憶錄中也坦承成為蔣經國當時認定之傳話調人：「蔣不方便自由訪問各國，我於是成了讓他掌握美國與世界整體發展動向的消息提供人……。海峽兩岸以我為通話渠道，也因此很自然的選擇了新加坡為兩岸歷史性（一九九三年）首次的會談地點。」[9]

　　克萊恩之最後失意於台灣層峰，除克萊恩之兩中思想不見容於台灣當時反共之「三不」原則，克靠著與蔣的特殊友誼關係與何鴻章傳

[7]　林添貴譯，陶涵（Jay Taylor）著，<u>蔣經國傳—台灣現代化的推手</u>（台北：時報，民國八十九年），頁四二四。

[8]　李光耀，<u>李光耀回憶錄：1965~2000</u>（台北：世界，民國八十九年），頁六五〇～六五一。

[9]　同上註，頁六五二、六五九。

話，過早介入敏感的兩岸互動，更犯了蔣「天威難測」的忌諱。加以一九八〇年六月二十九日被華盛頓郵報（Washington Post）記者 David Leigh 撰文揭露克萊恩與中華民國的財務往來與個人操守的質疑，更迫使國府欲與其劃清界限。該文直指克萊恩以太平洋海盆計畫，接受台灣政府的辜振甫九萬七千美元財務支助，諷喻克萊恩為學者遊說士（scholar lobbyist），暗示克將 CSIS 化作一新中國遊說團，有損智庫學術中立之「清譽」，甚且「公器私用」了 CSIS 屋舍充為自由中國協會、亞洲和平安全聯合及國家情報研究中心，作圖書檔案及書信聯絡辦公之用。克在與衣復恩將軍有關一段答問，顯露出此一問題之敏感：「我曾問克萊恩是否拿我國政府錢？他說：『沒有。』並說他們的經費來自『洛克菲勒基金會』我說『這樣很好，如此才可保持超然獨立的立場。但後來聽說他接受台灣官方及私人的經濟支持。『兜攬』替台灣遊說的廣告，我希望那是傳聞。他在一九九六年去世前的地位與事業，已不大為人所重視。』[10]

台北官方為轉移辜振甫與克萊恩 CSIS 之金援關係，一九八四年，辜振甫與 CSIS 的資助就轉由與 CSIS 智庫性質相同的研究機構「政大國關中心」接手，以平撫爭議，克萊恩致當時主任邵玉銘先生信中表示「也滿意此一更迭，因為國關中心除本身智庫的研究計畫外，也可以與 CSIS 針對中國與太平洋事務作平行研究合作。」[11]

一九八六年，台北與 CSIS 的資助計畫進入尾聲，該年克萊恩坦白透露「CSIS 對中國問題的研究愈來愈謹慎，學者參加中美研討會的

---

[10]　衣復恩，<u>我的回憶</u>（台北：立青文教基金會，民國八十九年），頁二二六。

[11]　Ray S. Cline, "Letter to Mr. Yu-ming, Shaw（邵玉銘）, Director, Institute of International Relations", January 11,1985, Folder 9, Box 34: Research Funding , <u>The Papers of Ray S. Cline</u>, Library of Congress.

意願也不見過去般熱絡，CSIS 今年的研究計畫將集中美國與東南亞公約成員國關係，技術言，我作了很多偏離 CSIS 主要研究的工作」，克萊恩也說道「CSIS 雖然不會禁止我繼續發表我對自由中國眾所周知的觀點立場，我打算下半年度對共產中國的論文發表，也要作現實路線（in a realistic fashion）的調整。」[12]，可見 CSIS 對克萊恩與台灣過份接近已生不滿，未久克萊恩於該年也離開了 CSIS，加上蔣經國健康日益惡化，台北與 CSIS 的合作也順勢自然結束。

　　一九八八年，蔣過逝，克萊恩與台北政府關係更是完全疏遠。時序九〇年代的到臨，國際冷戰氣候冰消瓦解，世界新思維湧現，反共意識已成歷史。最後日子中，也許是失望與落寞，克也病體纏身，竟罹染阿茲海默症，一切人事，形同陌路。一九九六年三月十五日，正當全世界聚焦於中共對台試射飛彈，為一九五八年之後水波不興的台海再起波瀾，一生心繫台灣安危的克萊恩，就在台海風雨不止聲中，靜默悄然，幾乎無人聞問下，溘然長逝。

　　綜觀克萊恩三十餘年在美台政治舞台上，升降浮沉之軌跡，「意外」常是決定他人生際遇的關鍵因素，原先以哈佛大學教書為志，結果因戰爭爆發，投效軍旅，而與情報結緣；一度失望之餘，準備解甲，折返校園，艾森豪將軍一份「修纂軍史」任務，讓他專心沉潛書案，遠離人事紛爭的沉澱，進而決定接受情報作一生事業；最後，無預料下，被派到台灣，與台灣結下終生不解之緣。雖說情報是克萊恩人生的意外，並非原始心所嚮往工作，但就克萊恩性格言：熱血、愛國、

---

[12]　Ray S. Cline, "Letter to Mr. Yu-ming, Shaw（邵玉銘）, Director, Institute of International Relations", March 25, 1986, Folder 9, Box 34: Research Funding , The Papers of Ray S. Cline, Library of Congress.

冒險（由他一九三九年英國海上之旅來看）及對異國民風的好奇，情報未嘗不是他天賦上最佳人事至宜之選擇。

　　就克萊恩生活的冷戰年代，政治處境上－不是敵人就是朋友，不是反共就是赤化的黑白分明與極端裏－，難免對政治人物之思想定位，也以粗略兩分法的方式判斷而生扭曲。事實是生長於中西部－全美保守主義氣息最濃烈之地；人物冶遊上，早期受教反共大師杜勒斯兄弟與蔣經國，及與周以德、雷根與老布希等結交，克萊恩大可恭逢其盛，因勢冷戰反共的主流，彰顯保守反共之特質，不失相得益彰，甚至政治正確地操作，博取盛名。這也是本書首要目的：就事實與理論，發現直覺上極右保守反共形象的克萊恩，其實更具理想與改革傾向的特質；不斷來回於理想與理性，自現狀中追求改變，同時，又在改變中力求務實妥協。雖然，克萊恩的根本思想是代表美國政治價值中最傳統保守主義者；但是在思考解決問題之手法上，克卻不同與他一般之極右保守人士，更傾向創新與改革的理想典型，如青年階段挑戰傳統居地價值的孤立主義，及對美國情報事業一連串的制度改革，乃至最後在美台政策上主張的「反攻大陸」、「兩個中國」與「德國模式」都具有「改變中國現狀」激進與理想的濃厚成份。

　　其次，外部顯現上則是發現克萊恩充滿濃厚務實與實事求是的風格，所帶來的影響及鮮為人知的貢獻。克萊恩的事業可說崛起於台灣，也為台灣事務而終，其一生行誼及命運也重疊於台美兩國近代關係由盛衰起伏的走勢。在重建美台關係上，克萊恩「洗刷」了美國對蔣經國的負面情節。從自由反共的保守價值觀點來看，克萊恩幾乎完全站在台北立場，面對台灣艱難的處境，克萊恩雖寄予了最深的同情及支持；但也不意味是毫無保留，只問意識立場，不論理性現實的；

或在美國國家利益打上折扣，而是克萊恩採取大膽卻理性的嘗試，並非狂熱的意識框架下，去尋求台美雙方關係最大的共同利益。他支持蔣介石所採對大陸的強硬反共路線，但卻反對冒進，而以「模糊」折衷，隨勢而動，並以美國最急迫利益之越戰或中共核武問題，妥協國府的積極用兵，希望為美台找到一個動武交集，尤其，他心裏有數美國外交利益的錯綜複雜，固然美國不願見到一個強大的共產中國崛起，但也無法全然排除中共於國際事務之外，因此，克認同國際上兩個中國的及早安排，但又能使兩蔣在符合最基本尊嚴與國情條件下接受，這般「鋼索平衡上」手腕之靈活，機鋒與巧思，在近代美國人物中也無出其右，促成美台關係史上罕見之密切時期。這也是本研究發現近代美台歷史上，這一「務實性理想主義者」，方真正是更具影響雙邊互動之人物典型。他們性格思想上不但勇於任事，求新求變，益能正視問題癥結，提供切實良方。克以出色的政治才幹和敏銳的洞察力贏得了兩國領導人的信賴，成為最具影響之溝通管道；而且多次提出事關全局的重要建議，對國府的正確決策產生了很大的影響。

克萊恩自五〇年代末迄八〇年代，對台灣的安全、戰略、外交的倡導、貢獻，總結如下：

一、美台戰略合作倡導

在五〇～六〇年代之冷戰高峰中，堅決反共的克萊恩不斷尋求美台雙方之共同利益—中美戰略情報合作—然後在此基礎上發展深化、結合蔣介石選擇特種部隊「七分敵後秘密作戰」之基本戰略方針，規劃台灣成為美國在遠東最密切的戰略伙伴，打造台灣成為美國在亞洲的反共快速反應打擊部隊，並行之於推翻印尼蘇卡諾及西藏秘密行

動。直到一九六一年後，方回歸中國大陸為工作目標，將台灣對美戰略價值作最大利益之經營，繼而誘導美國支持台灣對大陸採取強硬政策：

　(一) U-2「理想家」計畫：揭露中共秘密核武發展與實證中蘇分裂。

　(二) 面對國務院一面倒反對國府「反攻大陸」，克萊恩建採同情態度，技巧以「模糊」論述，扭轉美國政府一致認定無可討論的立場，使反攻大陸議題得以解凍，成為可接受性的協商、討論，甚至使台灣取得「放大操作」的利基，擴大兩國對大陸的秘密打擊工作，並具體建議執行於：

　　(1) 同意國府進行小規模之大陸「偵、刺行動」，卻默許漸進式地升高對中國本土的軍事行動規模，使美國政府首度政治象徵支持反攻大陸。

　　(2) 支持以台灣軍隊「預前性摧毀」中共核子設施。

　　(3) 運用國府軍隊於大陸越南，嚇阻中共介入越戰。

二、維護中華民國在聯合國會籍

　　因為撤出滇緬孤軍「雷國計畫」與「外蒙案」的成功幹旋，取得甘、蔣肯定，成為台美「首腦外交」平台。外交理念上，克萊恩是以實際利益出發，基於長遠考慮，認為國府在國際現實的限制下，應接受中共取得聯合國席位之務實路線，先後協調中法建交「雙重承認」與一九七一年「雙重代表權」，客觀的講，他這些見解完全符合當時的形勢；同時，為積極爭取非洲票援，創立「先鋒計畫」之農耕隊，也是當今國合會之前身。

　　國府在克萊恩「反攻大陸」的積極操作與聯合國彈性路線的軟硬兼施下，的確牽制美國對華政策不致疾邊轉向「親中」，安然渡過六〇年代。

三、戰略思想與中美斷交後的貢獻

　　國務院「親中」政策得勢，克爭取駐華大使未果，被詹森貶放德國，不滿尼、季反共立場之動搖，七三年回到民間，以 CSIS 智庫為據點，針對一九七〇年代，華府加速與北京關係正常化，克萊恩顯現出他靈活務實的特質，倡導：

(一)「海洋同盟」戰略思想：因為尼克森的「低盪」越戰及水門事件使美國反共信心已蕩然無存，而重新設計一個新海洋版的「圍堵」計畫，強調中華民國國力與戰略地位之重要。

(二) 協助台北對美工作轉進體制外的國會遊說，提供智庫與國會作未來維護台美關係之新方向構想。

(三) 為突破台灣國際孤立，倡議「兩德模式」之雙重承認作為根本解決兩岸問題和突破台灣國際人格孤立之困境。

　　克萊恩如能動若觀火，持續這般「保守中見彈性」，見機於美台有如鋼索般敏感關係下，也許對他個人與美台會產生更有利的發展，然而克萊恩畢竟也是個人，早期仕途之平順，難免產生過度自信，尤其是他熱情、率性，易於崇拜偶像的感情特質，在詭譎多變、暗潮洶湧的美台政局中，都極易在理想與現實的拿捏中失衡，踩上政策紅線。而他與蔣經國的關係尤為引人注目，通過這條線索，清晰地勾勒出克一生在政治上的性格與特徵，克因蔣而對台灣發生獨特的情感，然又太自負將國府官場習俗之熟悉，擬作對中國文化的了解，究其

實，克對中國的了解仍有侷限部分，譬如克最愛強調所謂中國人尤其是蔣介石與蔣經國的「面子」問題，認為與他們打交道，只要顧到面子，則一切好辦，不免太過表面與膚淺，豈知他這位老友除面子外，城府下還有更深不可測的心思呢？最終竟無法體察台北「漢賊不兩立」堅持，與背後複雜之政治歷史因素，這是以深諳中國國情自許之克萊恩最大失誤。而克與國務院在蔣介石對華政策的掌握，也見其中濃厚的意氣與權力之爭，顯露克萊恩求成心切但又進退兩難，只好以「模糊」論述滿足反攻大陸發展上，美台雙方領導人根本無法相容的立場。這樣無奈求取兩全的矛盾心理，演變至最後，為了幫國府兵力尋求出路，竟設想轉移至越南戰場，更完全偏離了美國不可能在中國或中南半島擴大戰事的決策原則。而他與季辛吉之怨隙，亦顯露出他在理想主義與現實主義中之矛盾難解。基本上，尼克森與季辛吉與中共「關係正常化」是將美國外交從理想主義之意識型態對抗轉移至以利益與事實為中心的現實主義，但克萊恩務實下的主張卻是美國應該與兩岸都維持外交關係，於當時實際情勢言，則又未免超出實際，更甚於理想了。

　　世界沒有完人，我們也無需在任何情況下對克萊恩做維護或責難工作，我們感到遺憾的是於美於台他都付出了他的心力，卻落得叛逆英雄式的悲劇性結局。事實是，在這段由兩位蔣總統堅持「寧為玉碎不為瓦全」與美國不斷希望打開天窗說亮話，但又害怕蔣介石不顧一切捲美國下水，所交會出盡是充滿「理想對現實、生存或毀滅與承諾抑背叛」之極端衝突年代裏，能不斷在兩國政策夾縫中，設想妥協與謀劃共識之盡心盡力者，克萊恩實有其獨到與特殊之貢獻。

　　今（二○○六）年，正逢克萊恩先生過世第十週年，我們感激他陪同台灣走過美台近代關係史上的每一關鍵環節，及有如良師益友之無私奉獻，在哲人日遠，目前美台關係仍處風雨不止，國際環境仍然瞬息萬變的處境下，克萊恩的典型夙昔與這一段相當程度建基於個人特質影響之美台歷史，或許提供了另一個角度，希望可以給我們全心熱愛台灣這片土地之人，一些啟發和借鏡。

參考書目

中華民國政府出版品

國史館。王正華。中華民國與聯合國史料彙編：中國代表權。民國九十年。

國史館。劉鳳翰，何智霖，陳亦榮。汪敬煦先生訪問錄。民國八十二年。

國史館。賴暟。賴名湯先生訪問錄，上冊。民國八十三年。

國史館。瞿紹華。中華民國史事紀要。民國八十年。

國史館。遲景德、林秋敏訪問，孔令晟口述。孔令晟先生訪問錄。民國九十一年。

中央研究院近代史研究所。劉鳳翰、李郁青。溫哈熊先生訪問錄。民國八十六年。

國防部史政局。「緬泰越邊境我游擊隊行動受國際干涉之處理及李彌致聯合國等稿函」，國防部史政編譯局檔案。三十九年至四十二年五月。

外交部。中華民國出席聯合國大會第十六屆常會代表團報告書。民國五十一年。

外交部。中華民國出席聯合國大會第二十屆常會代表團報告書。民國五十五年。

外交部。中華民國出席聯合國大會第二十一屆常會代表團報告書。民國五十六年。

外交部。中華民國出席聯合國大會第二十五屆常會代表團報告書。民國六十年。

外交部。<u>中華民國出席聯合國大會第二十六屆常會代表團報告書</u>。民
　　國六十一年。

外交部。<u>外交部公報</u>，第三十三卷第四號。民國五十七年。

外交部。<u>外交部公報</u>，第三十六卷第三號。民國六十年。

外交部。<u>外交部週報</u>，第二十九期。民國四十年。

外交部。<u>沈部長昌煥言論選集</u>，民國五十五年。

美國政府出版品：

"US Intelligence Agencies and Activities: Risks and Control of Foreign
　　Intelligence" : Hearing Before the House Selected Committee on
　　Intelligence, 94th Congress. (Statement of Mitchell Rogovin, Special
　　Counsel to the Director of the CIA)

<u>The US Government and the Vietnam War, Executive and Legislative
　　Roles and Relations, Part 1, 1945-1961</u>, Washingotn D.C. : U.S.
　　Government Printing Office, 1984.

<u>Foreign Relations of the United States , 1958-60</u>, Vol. XIX, <u>China</u>,
　　Washington D.C.: US Government Printing Office, 1978.

<u>Foreign Relations of the United States, 1961-63</u>, Vol. V, <u>Soviet Unionl</u>,
　　Washington D.C. : US Government Printing Office, 1996.

<u>Foreign Relations of the United States, 1961-63</u>, Vol. VII, <u>Arms Control
　　and Disarmament</u>, Washington D.C. : US Government Printing
　　Office, 1996.

<u>Foreign Relations of the United States</u>, 1961-63, Vol. XXII, <u>China</u>,
　　Washington D. C. : US Government Printing Office, 1996.

<u>Foreign Relations of the United States</u>, 1964-68,Vol. XII, <u>China</u>,
　　Washington D. C.: US Government Printing Office, 1998.

National Security Archive in Washington, <u>Declassified Transcripts of Dr. Henry Kissinger's Secret trip to China in 1971.</u>

The Papers of Ray S. Cline, prepared by Bradley E. Gernand, Lisa Madison and

Jennifer Barbour, Washington, D. C. : Manuscript Division, Library of Congress, 1997.

中文書目

王杏芳。<u>中國與聯合國</u>。北京：世界知識出版社，一九九五年。

王洪鈞譯，Ray S. Cline 著。<u>一九七七年世界國力評估</u>。台北：台灣商務，民國六十七年。

王凌宵、劉麗真譯，David McCullough 原著，<u>杜魯門，1884~1972</u>。台北：麥田，民國八十四年。

王景弘。<u>採訪歷史：從華府黨案看臺灣</u>。台北：遠流，民國八十九年。

王萍訪問、官曼莉紀錄。<u>杭立武先生訪問錄</u>。台北：中央研究院近代史研究所，民國七十九年。

Roger Scruton 著，王皖強譯。<u>保守主義</u>。台北：立緒，二〇〇六年。

方海鷹譯，John Spaniel 著。<u>當代美國外交史</u>。台北：桂冠，民國七十五年。

衣復恩。<u>我的回憶</u>。台北：立青文教基金會，民國八十九年。

朱健明。<u>確保我在聯合國的合法地位～十四年的苦鬥經過</u>。台北：政治大學，民國五十三年。

江煜祿。<u>從杜魯門到柯林頓美國五十年來之政治外交與國防</u>。台北：開益，民國八十七年。

杜維運。<u>史學方法論</u>。台北：三民，民國七十八年。

李本京。七十年中美關係評估一九一三至一九八四。台北：黎明，民國七十四年。

李光耀。李光耀回憶錄：1965~2000。台北：世界，民國八十九年。

李雲漢。中國現代史。台北：三民，民國七十四年。

李灩春譯，余茂春著。美國間諜在中國，OSS In China。香港：明鏡，一九九九年。

沈劍虹。半生憂患。台北：聯經，民國七十八年。

沈劍虹。使美八年紀要。台北：聯經，民國七十一年。

林博文。時代的投影：近代人物品評。台北：元尊文化，一九九九。

林添貴譯，孟捷慕原著。轉向：從尼克森到柯林頓美中關係揭密。台北：先覺，民國八十八年。

林添貴譯。陶涵（Jay Taylor）原著。蔣經國傳：台灣現代化的推手。台北：時報，民國八十九年。

林添貴譯。李潔明原著。李潔明回憶錄～美中台三角關係大揭密。台北：時報，民國九十二年。

胡辛。陳香梅傳。台北：國際村，民國八十四年。

胡為真。從尼克森到柯林頓美國對華「一個中國」政策之演變。台北：台灣商務，民國九十年。

胡光麃。影響中國現任化的一百洋客。台北：傳記文學，民國七十二年。

國防部史政編譯局，Ray S. Cline 著。美國大戰略。台北：國防部史政編譯局，民國八十年。

紐先鐘譯，Ray S. Cline 著。世界各國國力評估。台北：黎明，民國六十五年。

述者柳元麟，訪問者傅應川、陳存恭、溫池京。<u>滇緬邊區風雲錄—柳元麟將軍八十八回憶</u>。台北：國防部史政編譯局，民國八十五年。

翁台生。<u>CIA 在台活動秘辛西方公司的故事</u>。台北：聯經，民國八十年。

翁台生。Chris Pocock 合著。<u>U-2 高空偵察機的故事-黑貓中隊</u>。台北：聯經，民國七十九年。

陸以正。<u>微臣無力可回天陸以正的外交生涯</u>。台北：天下，民國九十一年。

陳之邁。<u>蔣廷黻的志事與生平</u>。台北：傳記，民國七十四年。

陳志奇。<u>美國對華政策三十年</u>。台北：中華日報社，民國七十年。

符兆詳。<u>葉公超傳</u>。台北：聯懋文化基金，民國八十二年。

黃天才、黃肇珩。<u>勁寒梅香-辜振甫人生紀實</u>。台北：聯經，2005 年。

張玉法。<u>中國近代現代史</u>。台北：東華，民國七十九年。

張亞中、孫國祥著。<u>美國的中國政策</u>。台北：生智，民國八十一年。

張廣智。<u>西方史學散論</u>。台北：淑馨，民國八十四年。

張殿清。<u>間諜與反間諜</u>。台北：時英，民國九十年。

劉鳳翰，何智霖，陳亦榮訪問。<u>汪敬煦先生訪問錄</u>。台北，國史館，民國八十二年。

劉鳳翰、李郁青。<u>溫哈熊先生訪問錄</u>。台北：中央研究院近代史研究所，民國八十六年。

賴樹明。<u>薛毓麒傳：走過聯合國的日子</u>。台北：希代，民國八十四年。

錢復。<u>錢復回憶錄：卷一，外交風雲動</u>。台北：天下遠見，二〇〇五年。

錢復。<u>錢復回憶錄：卷二，華府路崎嶇</u>。台北：天下遠見，二〇〇五年。

關中。<u>中美關係檢討</u>。台北：作者自刊，民國七十一年。

Karl L. Rankin 原著。藍欽使華回憶錄。台北：徵信新聞社，民國五十三年。

中國社會科學院譯，顧維鈞著。顧維鈞回憶錄。北京：中華書局，一九八九年。

漆高儒。蔣經國評傳。台北：正中，民國八十六年。

蔣經國。蔣經國全集。台北：新聞局，民國八十一年。

蔣經國。蔣總統經國先生言論著述彙編。台北：黎明，民國七十一年。

蔣經國。蔣總統經國先生對國軍講詞選編。台北：黎明，民國七十四年。

聯合報國際新聞中心譯，Ray S Cline 著。我所知道的蔣經國。台北：聯經，民國七十九年。

編輯部編。中央情報局與杜勒斯。台北：三誠堂，民國九十年。

中英百科、辭典參考書

國防部史政編譯局。國軍簡明美華辭典。台北：國防部，民國八十六年。

簡明大英百科全書。台北：中華，民國七十七年。

大美百科全書。台北：光復，民國七十九年。

Cline, Ray S., "Intelligence", Encyclopedia of the American Military, New York: Scribner's, 1994.

英文書目

Allison, Graham& Zelikow, Philip, Essence of Decision: Explaining the Cuban Missile Crisis, 2nd edition, New York. : Longman, 1999.

Bailey, Thomas A. & Kennedy, David M., The American Pageant: A History of the Republic, Vol II, New York: D.C. Heath and Company, 1987.

Bissel Richard M., Lewis, Jonanthan E. & Puldo, Frances T., Reflections of a Cold War Warrior: From Yalta to the Bay of Pigs, New Haven: Yale University Press, 1996.

Blum William, Killing Hope: US Military and CIA Interventions Since World War II, Monroe, Maine: Common Courage Press, 1990.

Burke, Edmund, Reflections on the Revolution in France, Indianapolis: Hackett Publishing Co., 1790.

Clausewitz, Karl von, On War, London and Boston: Routledge and Kegan Paul, 1968.

Cline, Ray S., Secrets, Spies and Scholars: The blueprint of the essential CIA Washington: Acropolis Books, 1976.

Cline, Ray S., World Power Trends and U.S. Foreign Policy for the 1980s, Colorado: Westview, 1980.

Cline, Ray S., The CIA under Reagan, Bush and Casey: The Evolution of the Agency from Roosevelt to Reagan, Washington D.C. : Acropolis, 1981.

Cline, Ray S., & Yonah Alexander, Terrorism: Soviet Connection, New York: Crane Russak, 1984.

Cline, Ray S., Metastrategy-National Security Memorandum for the President, New York: Crane Russak, 1988.

Cline, Ray S., Chiang Ching-kuo remembered: the man and his political legacy, Washington D.C. : United States Global Strategy Council, 1989.

Cline, Ray S.& Caprenter William M., Secure Passage at Sea, Washington D.C. : United States Global Strategy Council, 1990.

Cline, Ray S., World Power Trends and US Foreign Policy for the 1990s, Colorado: Westview Press, 1990.

Cohen, Warren I., American Response to China, New York: Colombia University Press, 1990.

Donner, Frank J., The Age of Surveillance: The Aims and Methods of America's Political Intelligence System, N.Y. : Random House, 1981.

Downen L., Robert, The Taiwan Pawn in the China Game: Congress to the Rescue, Washington D.C. : CSIS, 1979.

Downen L., Robert, The Emerging Pacific Community: A Regional Perspective, Washington D.C. : CSIS, 1983.

Downen L., Robert, The Tattered China Card, Washington D.C. : CSIS, 1984.

Dulles, Foster Rhea, American Policy Toward Communist China, 1949~1969, New York: Thomas Y. Crowell, 1972.

Edwards, Lee, Missionary for Freedom: The Life and Times of Walter Judd, New York: Paragon House, 1990.

Fisher, Louis, Constitutional Conflicts between Congress and President, New Jersey: Princeton University Presss, 1985.

Frank J, Smist, Congress Oversees the United States Intelligence Community, 1947-1989, Knoxiville: University of Tennessee Press, 1990.

Guhin, John Michael, John Foster Dulles: A Statesman and His Times, New York: Colombia University Press, 1972.

Hilsman, Roger, To Move A Nation: The Politics of Foreign Policy in the Administration of John F. Kennedy, N.Y. : Doubleday & Company Inc., 1967.

Hilsman, Roger, The Politics of Policy Making in Defense and Foreign Affairs: Conceptual Models and Bureaucratic Politics, New Jersey: Prentice Hall, 1993.

Kang, Jean S, Evolution towards Change in US-China Policy 1961-1963，Cambridge: Harvard University Press, 1999.

Key, V. O. Politics, Parties, and Pressure Groups, 5th ed., N.Y. : Coreill, 1964.

Kirk, Russell, The Conservatism Mind: From Burke to Santayna, Chicago: Henry Regency Co, 1953.

Kirkpatrick, Lyman B., The Real CIA, New York: MacMillian, 1968.

Kissinger, Henry A, White House Years, Boston: Little, Brown, 1979.

Knott, Stephen F., Secret and Sanctioned: Covert Operations and the American Presidency, New York: Oxford University Press, 1996.

Khrushchev, Nikita, Khrushchev Remembers, Boston: Little, Brown, 1990.

Lippmann,Walter, U.S. Policy, London: Hamish Mamilton, 1943.

Montague, Ludwell, Intelligence Service, 1940-1950, Washington: CIA, 1969.

Muller, Jerry Z. Conservatism: An anthology of Social and Political Thought from David Hume to the Present, Princeton: Princeton University Press, 1997.

Neustadt, Richard E., President Power and the Modern Presidents, N.Y. : The Free Press, 1990.

Nutter, John Jacob, The CIA's Black Ops: Covert Action, Foreign Policy and Democracy, New York: Prometheus, 1999.

Pach, Chester J. & Richardson Elmo, The Presidency of Dwight D. Eisenhower, Kansas: University Press of Kansas, 1991.

Paige, Glenn D., The Korean Decision, New York: The Free Press, 1968.

Parmet, Herbert S., Richard Nixon and His America, Boston: Little, Brown, 1990.

Peter R. Baehr, The United Nations in the 1990s, N.Y. : St. Martin's Press, 1994.

Polmar, Noman, Spyplane: The U-2 History Declassified, Osceola, WI: MBI, 2001.

Popper K.R., The Poverty of Histroicism, London: Routledge,1976.

Stein, Arthur, Why Nations Cooperate: Circumstance and Choice in International Relations, Ithaca: Cornell University Press, 1990.

Schulzinger, Robert D., Henry Kissinger-Doctor of Diplomacy, N.Y. : Colombia University Press, 1989.

Ranking, Carl Lott, China Assignment, Seattle: University of Washington Press, 1964.

Reeves, Richard, President Nixon Alone in the White House, N.Y. : Simon & Schuster, 2001.

Rostow, Walt, The Diffusion Power: An Essay in Recent History, New York: Macmillan, 1972.

Rudgers, David F., Creating The Secret State, Kansas: University Press of Kansas, 2000.

Rusk, Dean, As I Saw It, N.Y. : W.W. Norton Company, 1990.

Rusk, Dean, The Winds of Freedom, Boston: Beacon Press, 1963.

Schlesingler, Arther M. , Jr., A Thousand Days: John F. Kennedy in the White House, Boston: Houghton Mifflin, 1965.

Shackley, Theodore, The Third Option: An American View of Counterinsurgency Options, New York: McGraw-Hill, 1981.

Small, Melvin, The Presidency of Richard Nixon, Kansas: University Press of Kansas, 1999.

Smith, Joseph B., Portrait of a Cold Warrior, New York: G.P. Putman's Sons, 1976.

Snyder, Glenn & Diesing Paul, Conflict among Nations: Bargaining, Decision Making, and System Structure in International Crisis, New Jersey: Princeton Press, 1977.

Spanier, John W., Games Nations Play, New York: Praeger Publishers, 1978.

Troy, Thomas F., Donovan and The CIA, Maryland: University Publication of America Inc., 1975.

Truman, Harry S., Memoirs: Years of Trial and Hope, 1946-1953, New York: Doubleday, 1956.

Truman, Margaret, Harry S. Truman, New York: Morrow, 1973.

Tucker, Nancy B., John Foster Dulles and the Taiwan Roots of the "Two China" Policy, N.J. : Princeton Universiry Press, 1990.

Turner, Stansfield, Secrecy and Democracy: The CIA in Transition, Boston: Houghton Miffilin, 1985.

Vok, William, American Foreign Policy: An Analytical Approach, New York: The Free Press, 1976.

White R. J., The Conservative Tradition, London: Nicholas Kaye, 1950.

Wise, David & Ross Thomas, The Invisible Government, New York: Random House, 1965.

學術論文

朱健民。「確保我在聯合國的合法地位～十四年的苦鬥經過」，國立政治大學學報，第九期。台北：國立政治大學。民國五十三年。

宋燕輝。「美國國會支持台灣參與世界衛生組織─實際作法及成效受限之研究」，中美關係專題研究，1998~2000。台北：中央研究院歐美研究所。民國九十年。

張欽盛。「加拿大對聯合國中國代表權的政策之演變」，聯合國與歐美國家論文集。台北：中央研究院歐美研究所。民國八十六年。

張有溢。聯合國中國代表權問題的演變始末。台北：國立台灣大學政治研究所碩士論文。民國六十四年。

Allen Whiting。「從烏拉山到台北盆地」，蔣總統經國先生追思錄。台北：黎明。民國七十七年。

Ray S. Cline。「經國先生的遠見」，蔣總統經國先生追思錄。台北：黎明。民國七十七年。

中文期刊、報紙

覃怡輝。「李彌將軍在滇緬邊區的軍事活動」，中華民國軍史學會會刊，第七期。台北：中華民國軍史學會。民國九十一年。頁九四、九七～一〇三、一一四。

邵玉銘。「試論大陸淪陷前後之中美關係及中美共同防禦條約之解釋與存廢問題」，傳記文學，第三十五卷，第二期。民國六十八年。頁二六。

沈錡。「我所參加過的蔣公與美國訪賓的重要會議」，傳記文學，第七十八卷，第二期。民國九十年。頁八五～八六。

居亦喬口述，汪元舟整理。「蔣介石的失食衣住行」，傳記文學，第五十五卷，第一期。民國七十八年。頁六三。

傅建中。「蔣經國會晤杜勒斯插曲」，傳記文學，第六十六卷，第四期。民國八十四年。頁八二。

周軍。「西方公司與海空突擊隊」，傳記文學，第八十四卷，第六期。民國九十三年。頁一〇〇。

芮正皋。「參與聯合國及其週邊組織的研析」，問題與研究，第三十二卷第十期。民國八十二年十月。頁二二～二三。「美國對『中國代表權』聲明全文」，國際現勢，第八〇六期。民國六十年八月十六日。頁六～九。

「周恩來聲明與美國反應」，國際現勢，第八〇七期。民國六十年八月二十三日。頁六～七。

「尼克森總統談我在安理會席位」，國際現勢，第八一二期。民國六十年九月二十七日。頁五。

「美國在聯合國的戰略」，國際現勢，第八一五期。民國六十年十月
　　四日。頁五。

「游擊武力遍佈大陸到處活躍對抗共匪」。中央日報。中華民國三十
　　九年七月十三日。版一。

「賴依呼籲出兵援韓照會我國特別處理」。中央日報。中華民國三十
　　九年七月十六日。版一。

「大陸反共游擊武力艱苦奮鬥壯大起來」。中央日報。民國三十九年
　　十一月二十六日。版一。

「我軍援韓國問題美國政策不變」。中央日報。民國三十九年十二月
　　一日。版一。

「大陸上游擊活動確能予匪大打擊」。中央日報。民國三十九年十二
　　月十二日。版一。

「美國參謀聯席會議重視我大陸游擊發展」。中央日報。民國三十九
　　年十二月十六日。版一。

「我 U-2 機一架最後任務失蹤」。中央日報，民國五十一年九月十日。
　　版一。

林照真。「台藏關係解讀不宜泛政治化」。中國時報，民國九十二年，
　　一月二十一日。版三。

傅建中，「冷戰孤兒—西藏的悲劇」。中國時報，民國八十八年五月
　　十一日。版三。

傅建中，「政治分合難料人生際遇無常」。中國時報。民國九十年八
　　月十五日。版三。

傅建中，「台藏關係不宜泛政治化」。中國時報。民國九十二年一月
　　二十一日。版三。

劉永祥，「體制外遊說起於李登輝時代」，<u>聯合報</u>，民國九十四年四月一日。A1。

張宗智，「對美游說邱義仁與公關公司簽約」，<u>聯合報</u>，民國九十四年四月一日。A4。

英文期刊論文、報紙

Cline, Ray S., "Policy withouth Intelligence", <u>Foreign Policy</u>, Winter, 1974-75. p.121,123.

Cline, Ray S., "Covert Action Is Needed for United States Security", <u>Conflict in American Foreign Policy</u>, D. Mansfield and G. Buckley Ed., New Jersey: Prentice Hall, 1985.pp.76-77.

Cline, Ray S., "Covert Action as Presidental Prerogative", <u>Harvard Journal of Law and Public Policy</u> 12 No. 2, Spring, 1989, pp.357-358,362.

Cline, Ray S., "The Cuban Missile Crisis", <u>Foreign Affairs</u>, No.4, 1989, Fall. 2. pp.190-196.

Guhin, Michael, "Dulles's Thought on the International Politics", <u>ORBIS</u>, Vol. XIII, Fall 1969.pp3-4.

Goodman, Allan E. "Reforming U.S. Intelligence", <u>Foreign Policy</u>, Summer, 1987. p.130.

Gumina, Paul, "Title VI of the Intelligence Autorization Act, Fiscasal Year 1991: Effective Covert Action Reform or Business As Usual?", <u>Hastings Constitutional Law Quarterly</u>, Fall, 1992. p.168.

Hershberg, James G. & Zubok Vladislav Translated, "Russian Document on the Korean War: 1950-53", <u>Cold War Interantioal History Project</u> (CWIHP), Issue14/15, Winter 2003-Spring 2004. p.370.

Isenberg, David, "The Pitfalls of U.S. Covert Operations", <u>Cato Policy Analysis</u>, No.118, April 7, 1989.p.7.

Mackinder,Halford J., "The Geographical Pivot of History", Geographical Journal, Vol. 23, 1904. pp.421-444.

Rockman, Bert A., "America's Department of State Irregular and Regular Syndromes of Policy Making", APSR, Vol. 75, No.4, December 1981. pp.921-927.

Scott, Dale Peter, "The U.S. and the Overthrow of Sukarno", Pacific Affairs, Summer, 1985.pp143-144.

Truman, David, "The American System in Crisis", Political Science Quarterly, December 1959. pp.481-498.

Melinda Liu, "When Heaven Shed Blood", Newsweek, April 19, 1999, p.38.

Patricia Roberts and Thomas Laird, "China's Balkan Crisis", Newsweek, April 19,1999, p.39.

Cline, Ray S., "Crises will Bloom if Reagan Yields", Free China Review, February 1982.

Cline, Ray S., "Pacific Connection", Houston Chronicle, November 25, 1982.

Cline, Ray S., "One China Approach Bad Diplomacy Bad Policy", Washington Times, December 20, 1982.

Cline, Ray S., "Terrorists Trained in Moscow", Washington Inquirier, February 3, 1984.

Jacob, Edmond, "Sen. Denton Warns of Terrorist Threat", The Washington Times, January 25, 1984.

"Red China Lobby Still Strong at State", US News & World Report, May 22, 1982.

UPI, "Senators criticize U.S.-Sino accord on Taiwan's Arms", The Arizona Republic, September, 18, 1982.

專書論文

Cline, Ray S., "ROC National Building and the Legacy of Chiang Chin-kuo", The Role of the Republic of China in the International Community, Washington D.C. : The United States Global Strategy Council, 1990.

Cline, Ray S., "Preface", The U.S. Army in World War II-Washington Command Post: The Operation Division, Washington D.C.: The U.S. Army, 1951.

Branfman, Fred, "The President's Secret Army: A Case Study-The CIA in Laos, 1962-1972", The CIA File, Robert L. Borosage & John Marks Eds., New York: Grossman, 1976.

Rosenthal, Herbert H., "Political Ideology and Americn Foreign Policy", Ideology and Pracitce: The Evolution of U.S. Foreign Policy, Thomas B. Lee（李本京）Ed., Taipei: Tamkang University, 1985.

Tucker, Nancy B., "John Foster Dulles and the Taiwan Roots of the Two China Policy", John Foster Dulles and the Diplomacy of the Cold War, Richard H.Immerman, Ed., New Jersey: Princeton Press University, 1990.

Tucker, Nancy B., "A House Divided: The United States, the Department of State, and China", The Great Powers of East Asia, 1953~1960, Warren I. Cohen and Akira Iriye, Ed., New York: Colombia University Press, 1990.

Wise, David, "Covert Operations Abroad: An Overview", The CIA File, Robert L. Borosage and John Marks Ed., 1976.

網路資料/Internet

1. National Security Archive: The United States and the Chinese Nuclear Program,1960-1964, edited by William Burr and Jeffrey I. Richelson, at http://www.gwu.edu/~nsarchiv/NSAEBB

2. Results of the Hearings on CIA Misdeeds, and the 1984 Iran-Contra Hearingns, from Civil Intelligence Association Defense Oversight Group, at http://www.ncoic@ix.netcom.com

3. Jeffrey E. Richelson, Science, Technology and the CIA: A national Security Archive Electronic Briefing Book, 2001, at http://www.gwu.edu/~nsarchive/NSAEBB

4. Allen S. Whiting, "Reflections on Misunderstanding China", The Sigur Center Asia Paper, March 5, 2001, at http://www.gwu.edu/AsiaPapers

5. Cline, Ray S., Intoduced, in "Red Cocaine: The Drugging of America and the West", Joseph D. Douglas, London: Edward Harlet Ltd., 1990. At http://www.freerepublic.com

6. 中國新聞網，http://www.southcn.com

7. Eric Hotung .com., http://www.erichotung.com/chinese/intro.htm.

附錄

Appendix I
雷‧克萊恩大事記年表

一九一八年六月四日	誕生於伊利諾州克拉克郡安德生鎮
一九三九年	取得哈佛大學學士學位
一九三九～四〇年	榮獲 Henry Prize Fellow 赴笈英國牛津大學
一九四一年	取得取得哈佛大學碩士學位
	與瑪嬌麗威爾（Marjorie Wilson）小姐結婚
一九四一～四二年	任教哈佛大學
一九四二～四三年	擔任海軍部情報局密碼分析員
一九四三～四六年	擔任戰略情報局（OSS）即時情報組長
一九四六～四九年	擔任美國陸軍部軍史處研究員受命編撰
	Washington Command Post
一九四九年	取得取得哈佛大學博士學位
一九四九～五一年	擔任中央情報局情報分析員
一九五一年	出版 Washington Command Post
一九五一～五三年	出任英國美國大使館聯絡員
一九五四～五八年	返回中情局任職中蘇情報分析員
一九五五年	擔任美國代表團團員出席日內瓦四強國際
	會議

一九五八～六二年	擔任中情局台北站長─正式職稱則用美國海軍通訊輔助中心（US Naval Auxiliary Communication Center, Taipei, Taiwan, R.O.C.）主任
一九六二～六六年	出任中情局副局長
一九六六～六九年	出任德國大使館特別顧問
一九六九年	獲頒中情局情報傑出獎章
一九六九～七三年	擔任美國國務院情節研究局局長
一九七三年	獲頒中情局終生情報成就獎章
一九七三～八六年	擔任美國重要智庫喬治城大學國際戰略研究中心執行長
一九七四年	任教華盛頓喬治城大學教授
一九七五年	出版 *World Power Assessment*
一九七六年	出版 *Secrets, Spies, and Scholars*
一九七七年	創立國家情報研究中心出版 *World Power Assessment*
一九七九年	創立亞洲和平與安全聯合當選自由中國委員會副主席
一九八一年	出版 *The CIA Under Reagan, Bush, and Casey*
一九八二年	當選自由中國委員會主席
一九八四年	與 *Y. Alexander* 出版 *Terrorism: The Soviet Connection*
一九八六年	擔任全球戰略學會主席
一九八八年	出版 *Metastrategy*

一九八九年	出版 *Chiang Ching-kuo Remembered: The Man and His Political Legacy*
一九九二年	出版 *Foreign Policy Failures in China, Cuba, and Nicaragua*
一九九六年	病逝維吉尼亞州阿靈頓居

來源：The Papers of Ray S. Cline, Library of Congress

Appendix II　克萊恩先生與蔣故總統經國先生往來信函

 The Center for Strategic and International Studies

Georgetown University / 1800 K Street / Washington DC 20006 / Telephone 202,333

Cable Address CF

April 23, 1976

The Honorable Chiang Ching-kuo
Premier
Republic of China
Taipei, Taiwan

Dear Ching-kuo:

Having just received your note of April 12, saying you
enjoyed your birthday book on Americans, I am reminded to tell
you that I hope to visit Taipei in June and would very much like
to see you and Faina then.

The conference on Mainland China, which we are sponsoring
along with your Institute of International Affairs, will keep me
tied up from the time of my arrival on 8 June through 11 June.
If it is possible for me to pay a call on you on 12 or 13 June,
I would very much like to talk with you about world affairs.

The political atmosphere in Washington is finally beginning
to improve a little, and I hope the customary buoyancy and vigor
of the American political spirit will revive as the scandals
of the Nixon era recede into the past. What will happen in 1977
is impossible to predict now, but my guess is our foreign policy
will not be so erratic and confused as it has been in the past
five years.

It will give me great pleasure if I can get your thoughts
and advice on the hard road ahead which both the Republic of China
and the United States must travel.

Marjorie joins me in sending our love to Faina and you as
always.

Cordially,

Ray S. Cline
Director of Studies

281

President

OFFICE OF THE ~~PREMIER~~
REPUBLIC OF CHINA

December 15, 1977

Dr. Ray S. Cline
3027 North Pollard Street
Arlington, Virginia 22207
U. S. A.

Dear Dr. Cline:

This is the holiday season once again -- Christmas,
January 1 and our own Chinese New Year, which falls on
February 7 in the forthcoming Year of the Horse.

I want to take this occasion to express my affection-
ate greetings to you and yours. Friendship means more
and more to me with the passing of the years.

The year just closing has presented many problems
for all of us. We have persevered, as we must, and I
hope we have made a little progress toward understanding,
peace and prosperity in our time.

I appreciate your interest in my country and the
free world cause. Your intention is the same as mine,
I think: to try to do better in 1978.

With sentiments of the season and best wishes for
your health and happiness,

Sincerely yours,

Chiang Ching-kuo
Premier

THE PRESIDENT
OF THE
REPUBLIC OF CHINA

Dr. Ray S. Cline   April 21, 1979
Executive Director
World Power Studies
The Center for Strategic and
    International Studies
Georgetown University
1800 K Street
Washington, D. C. 20006
U. S. A.

Dear Ray:

Thank you for your letter of March 22, 1979. I
read your magazine article with great interest. It
seems to me that you have argued most eloquently on our
behalf. It is admirable that you present all the right
geopolitical, economic and moral reasons for disowning
that unfortunate decision.

Fortunately for us, and as you say, public and Con-
gressional revulsion at this uncalled for Presidential
fiat was overwhelming. Although the Taiwan Relations
Act leaves much to be desired, it is nevertheless a source
of comfort and reassurance to us to realize that our coun-
try enjoys an enormous reservoir of good will in America.
Despite a series of crises and political reversals, the
government and people of the Republic of China confront
the future with courage and optimism.

You are often in our thoughts these days. Faina and
I want to invite you and Marjorie to come and visit us
this fall. You can be assured of a hearty welcome from
all your friends here, who look forward to seeing you soon.
Needless to say, you will come as my personal guests.

With renewed appreciation of all that you have done
for us,

                              Yours sincerely,

                              Chiang Ching-kuo
                              President

The Center for Strategic and International Studies

Georgetown University / 1800 K Street / Washington DC 20006 / Telephone 202/833-

COUNSELORS TO THE CENTER   Cable Address: CENST
Henry A. Kissinger
Robert J. Henle, S.J.

EXECUTIVE COMMITTEE: Nathaniel Samuels, Chairman / Anne Armstrong / William J. Baroody, Sr. / Leo Cherne / T. Byron Collins, S.J. / Kenneth M. Crosby / Henry A.
Donald G. Herzberg / Peter F. Krogh / Morris I. Leibman / Thomas H. Moorer / Ronald L. Smith.

June 12, 1979

Honorable Chiang Ching-kuo
President
Republic of China
Taipei, Taiwan

Dear Ching-kuo:

Marjorie and I are deeply appreciative of your invitation to us to visit you this fall. We accept with pleasure and look forward to seeing you, Faina, all your family, and our many old friends.

My present thinking is to come to Taiwan in October. I know you will be busy at the time of the Double Ten, but perhaps we could pay our visit just before or just after the ceremonies. If you have any preference, please let James Soong know, because I will be working out detailed travel plans with him soon through S.K. Hu.

Enclosed you will find a monograph setting down the story of Carter's new China policy and especially the passage of the Taiwan Relations Act. It is an interesting case history and a unique exercise in American political science. I believe it will be studied by university students for a long time, and I wanted to get the main facts down quickly for the record. I assigned the job of writing it to one of my able young assistants rather than doing it myself, since time was short and it is important to bring other scholars with a sound viewpoint into the field of China policy. I wrote the Foreword, however, setting the basic facts in broad perspective, and I believe you will find the whole study informative.

You may be interested in two other projects of mine concerning China. One is the TV show on the U.S. intelligence process about which I have spoken to you earlier. It is now reaching the critical point of filming and fund raising with a view to going on the air in 1980. The distinguished young Boston TV producer, Austin Hoyt, is going to Taipei for a ten-day visit beginning 24 June 1979. He is very eager to work out with the GIO some co-production arrangements and advance agreements on distribution in the Far East. The plot concerns Soviet aggression in Saudi Arabia, but I have written in an extensive section on the situation in the Republic of China, the security threat from the Chinese Communists, and the importance of close cooperation between American and Chinese intelligence agencies in Taiwan. If we can get this program on the air, it will be a big plus for both American intelligence and Taiwan. I am writing separately to James Soong, with whom Hoyt will be in touch.

Honorable Chiang Ching-kuo
June 12, 1979
Page Two

The other idea I am working on is to organize a small group of well-known Americans interested in foreign affairs, but not closely identified with China policy, to monitor and comment publicly to the Congress on the implementation of the Taiwan Relations Act. I am calling my group the Coalition for Asian Peace and Security so we can take up any issue related to international problems in East Asia but the main focus will be on relations between Taipei and Washington and on threats to Taiwan's security or economic welfare. Several Congressmen, including Senators Stone and Hayakawa, have encouraged this project. It has also been discussed thoroughly with S.K. Hu, who thinks it will add a new useful element to public discussion of Chinese-American relations. At any rate, that is my hope, and I will let you know how things progress.

We will look forward to seeing you soon. Best wishes in the meantime!

Cordially,

Ray S. Cline
Executive Director
World Power Studies

See Herb Natzke

The Center for Strategic and International Studies

Georgetown University / 1800 K Street / Washington DC 20006 / Telephone 202/833 85

COUNSELORS TO THE CENTER
Henry A. Kissinger
Robert J. Henle, S.J.

Cable Address: CE IST!
TWX: 710 229

EXECUTIVE BOARD: Nathaniel Samuels, Chairman / Anne Armstrong, Vice-Chairman / William J. Baroody, Sr. / Leo Cherne / T. Byron Collins, S.J. / Donald G. 171'
Peter F. Krogh / Morris I. Leibman / Thomas H. Moorer / James R. Schlesinger / Ronald L. Smith

March 17, 1980

The Honorable Chiang Ching-kuo
President
Office of the President
Taipei Taiwan
Republic of China

Dear Ching-kuo:

I am writing to you to express a hope that the Chinese lunar New Year just beginning will be a good one for the Republic of China as well as for the United States. Certainly my country is paying a high price for its past neglect of its military strength as well as neglect of its allies. The tide of opinion is changing rapidly for the better in Washington, but the political situation is still very confused because of the upcoming election. I am working for George Bush's nomination but will certainly support Reagan if he runs against Carter.

It seems only a few weeks ago since we had the leisurely visit to the southern part of the island and the chance to talk at length. Since then the seizure of the U.S. Embassy in Tehran and the Soviet invasion of Afghanistan have appalled most Americans, but our present political leadership obviously does not know what to do. I find it all depressing and can only hope for a rebirth of American leadership under a new administration in 1981.

In June I expect to attend Tsai Wei-ping's annual conference on Mainland China; and since our daughter, Sibyl, who was seriously ill last fall at the time of my trip, is in better health now, Marjorie is planning to accompany me. We hope we can see you and Faina then.

One other personal note which you will find interesting concerns a mutual friend, Herb Natzke, who was one of my senior staff officers in the good old NACC days and then worked with me in Berlin. Herb has just written me that he has retired completely from government service and has settled down in Manila to work in private business for the indefinite future. He probably will be visiting Taipei in April and would very much like to pay his respects to you. He was a very loyal and effective worker on joint U.S.-Chinese affairs in

Honorable Chiang Ching-kuo
March 17, 1980
Page Two

the early 1960s and has had a great deal of experience in Washington
and abroad since then. If you can spare a few minutes to see
him, I am sure it will be mutually enjoyable and profitable. My
thought is that I should tell him to get in touch with James Soong
whenever he gets to Taipei, and I hope an appointment can be
worked out for old times sake.

I am keeping in close touch with S.K. here as usual, and we
had a good talk just before he left for Taipei last week. My
hope is that he will return soon with good news about your health
and happiness. As always, I look forward to getting your views on
what is happening in this sorry international situation confronting
us all.

Marjorie and I wish you and all of your family the best of
everything for the next year and those that follow. We will look
forward to seeing you soon.

Cordially,

Ray S. Cline
Executive Director
World Power Studies

Appendix III 克萊恩先生與費正清先生就「一個中國」思
想的信函討論

The Center for Strategic and International Studies

Georgetown University / 1800 K Street Northwest / Washington DC 20006 / Telephone 202/833-8‚ ‚5

Cable Address: CENST‚ ‚T

October 1, 1976

Letter to the Editor of THE ATLANTIC MONTHLY

Please let me comment on your article on "Our One-China Problem" by
John K. Fairbank in the September Atlantic.

Professor Fairbank's excellent historical analysis in the first half
of the article leads him to say, quite rightly, that the Republic of China
in Taiwan is quite separate in tradition and fact from the "Continental
China" of Mao and his heirs. He points out that the society in Taiwan
is "part of our world, increasingly interconnected with us in trade,
culture, education, and other lines" and says it is "both infeasible and
immoral to try to destroy" the US-Taiwan relationship. This analysis
proceeds inexorably to the conclusion that "the One-China doctrine is one
of those hoary Chinese devices for manipulating the unsophisticated
barbarian."

Nevertheless, strangely, Professor Fairbank then develops the argument
which so many Sinologists yearning for "normal" relations with the People's
Republic of China are espousing, namely, that we acknowledge "the doctrine
that Peking has sovereignty over Taiwan" while trying to find "legal fiction"
that will permit us to maintain trade and consular contacts with Taiwan
and even guarantee its security by some veiled commitment to defense of
the area. Jerome Cohen argues substantially the same case in the October 1976
Foreign Affairs. In other words, they say give the 16 million people and
flourishing economy of Taiwan to Peking but tell Peking it cannot really
take Taiwan over.

While I must admire the ingenuity of Fairbank's and Cohen's arguments
that we can have our Taiwan cake and let Peking eat it, the deliberate
deviousness of this proposal out-Kissingers Kissinger. It is naive to
believe that such hypocrisy is a sound foreign policy.

If, as Professor Fairbank says, US "future relations with Peking
should justify themselves by the concrete advantages Peking receives,"
why pretend to be abandoning Taiwan when we do not mean actually to do so.
If Peking needs "normal" relations with the United States enough to accept
such a fictional subscription to the "hoary" One-China myth, why not be
honest and say we observe there are at this point in history two Chinese
states de facto with which the United States proposes to conduct diplomatic
business? Saddling ourselves with such a disingenuous commitment to a false
One-China formula could only end in disillusion for Peking or a sellout
of Taiwan. These are the horns of the dilemma implicit in our present
relations with the two Chinese governments. Why compound our difficulties
with further fictions?

288

Letter to the Editor (Cont'd)
October 1, 1976
Page Two

    You are aware that I have urged publicly that we abandon the ambiguities and deceptions on China and adopt a clearcut One-China, Two-State position reflecting the world as it is. It is much more realistic than what Professor Fairbank and his colleagues propose. Purely for clarity, I attach hereto three paragraphs giving the essence of the policy I recommend as published in the <u>Congressional Record</u> of September 15, 1976.

                  Cordially,

                  Ray S. Cline
                  Executive Director of Studies

HARVARD UNIVERSITY
COUNCIL ON EAST ASIAN STUDIES

EXECUTIVE COMMITTEE
JOHN K. FAIRBANK, *Chairman*
EDWIN O. REISCHAUER, *Associate Chairman*

1737 CAMBRIDGE STREET
CAMBRIDGE, MASSACHUSETTS 0: 38
617-495-5722

October 14, 1976

To the Editor
Atlantic Monthly

The only thing that Mr. Cline leaves out of account is the Chinese people and their history. His argument makes sense within our American culture. It happens, however, that the unity of the Chinese realm, the One China doctrine, is in fact the central political faith of the Chinese state and has been for 2000 years. There are many reasons for this fact of life in China: unity meant peace, no civil war and strength to repel invasion. It was proof of the universal kingship of the Son of Heaven - one sun in the sky, one ruler under Heaven. Modern nationalism has made the One China idea even more potent. It is not something the United States should oppose, so we don't. As proof of the potency of One China note that Chiang Kai-shek and our friends today on Taiwan have clung to it fervently while anathematizing "Two China's." Taipei has distinctly not asked for the independence that Mr. Cline would thrust upon it.

Mr. Cline should not push an American policy that disregards the basic beliefs of the people concerned. We tried that in Vietnam and it didn't work.

John K. Fairbank

JKF:jlf

HARVARD UNIVERSITY
COUNCIL ON EAST ASIAN STUDIES

EXECUTIVE COMMITTEE
JOHN K. FAIRBANK, *Chairman*
EDWIN O. REISCHAUER, *Associate Chairman*

1737 CAMBRIDGE STREET
CAMBRIDGE, MASSACHUSETTS 02138
617-495-5722

October 15, 1976

Dr. Ray S. Cline
The Center for Strategic and International
   Studies
Georgetown University
1800 K Street NW
Washington, D.C. 20006

Dear Ray:

   I am glad to hear from you and hope we can get together.
Thanks also for sending the copy of your letter to the <u>Atlantic</u>.
They asked me for a reply and I gave them the enclosure. I hes-
itate to accept the idea that we have here a case of history
versus reality because I think historical fictions are actually
quite real in moving people. Obviously we could have a great
conversation.

   My mother is living in Georgetown at age 102 so when I get
to Washington I am often tied up, but I hope we can get together.

Sincerely,

John K. Fairbank

JKF:jlf
Enclosure

Appendix IV 克萊恩先生致美國國會參、眾兩院外交關係
委員會主席：*M. Frank Church* 與 *M. Clement*
J. Zablocki 就有關「台灣關係法」的遊說信函

 The Center for Strategic and International Studies

Georgetown University / 1800 K Street / Washington DC 20006 / Telephone 202/833-)59

COUNSELORS TO THE CENTER
Henry A. Kissinger
Robert . . Henle, S.J.
Cable Address: CENS TR/

*Nathaniel Samuels
Chairman, Executive Committee

*Walter Laqueur
Chairman, Research Council

January 5, 1979

Honorable Clement J. Zablocki
Chairman
House Committee on International
    Relations
2183 Rayburn House Office Building
Washington, D.C. 20515

Dear Chairman Zablocki:

I am writing to you because of what seems to me clearly
to be a grave juridical fallacy in the legislative proposal
being put before the Congress as part of the implementation
of the Administration's new China policy.

The President proposes to ask the Congress to pass
legislation protecting the security and trade relationship
between Taiwan and the United States as a substitute for
our present Mutual Defense Treaty and 59 other treaties.
Unfortunately the Administration is recommending that these
guarantees be made by a private corporation to be set up in
the United States in concert with an unofficial entity
representing the authorities in Taipei.

These Taipei authorities consider themselves a sover-
eign state under a government fully controlling the terri-
tory, the people, and all of the institutions of Taiwan
under the name of the Republic of China. The people of this
state definitely do not want to be a part of the People's
Republic of China.

It is hard to credit the presumption of the White House
and State Department in asking the Congress to concur in an
agreement to transfer 18 million people of one state against
their will to assume a subordinate status under another
government, the PRC. This agreement with Peking sounds more
like the 18th century than the end of the 20th century. The
United States has certainly never done anything of the kind
before.

The key difficulty, however, is the juridical problem
that nowhere is there any precedent or legal basis for
binding security commitments being made by a group of pri-
vate individuals or a corporation with a similar group
abroad. Trade theoretically might be handled in this

Honorable Clement J. Zablocki
January 5, 1979
Page Two

indirect way, although in this case the legality and practical-
ity are doubtful because the Carter Administration has just
recognized Peking as the sole legal government of China. This
concession to Peking surely gives it the right to regulate
commerce with any of its provinces, including Taiwan. In fact,
the United States would have little lawful recourse if Peking
at some point establishes a "Berlin blockade" of Taiwan t.)
strangle its flourishing foreign commerce. Other nations, like
Japan, have set up unofficial trading channels but these have
up until now been protected by the U.S. Mutual Defense Treaty
with Taiwan.

     The obvious answer is for the Congress to recognize that
The Republic of Free China (Taiwan) is de facto a sovereign
political entity and to legislate security and trade as well
as other business with Taiwan on a government-to-government,
basis. This government-to-government relationship is what
President Chiang Ching-kuo demanded in the recently concluded
discussions with Deputy Secretary of State Warren Christopher,
as indicated in the attached statement.

     The Congress will be neglecting its constitutional duties
if it takes the unprecedented step of passing legislation
authorizing issuance of national security guarantees through
private entities to private entities abroad. For that reason,
I believe the Congress should insist on de facto government-to-
government relations with Taipei.

                              Cordially,

                              Ray S. Cline
                              Executive Director

RSC:jad
Attachment

The Center for Strategic and International Studies

Georgetown University / 1800 K Street / Washington DC 20006 / Telephone 202/833-859£

COUNSELORS TO THE CENTER
Henry A. Kissinger
Robert J. Hanle, S.J.

*Nathaniel Samuels
Chairman, Executive Committee

*Walter Laqueur
Chairman, Research Council

Cable Address: CENSTRA⊤

January 19, 1979

Honorable Frank Church
Chairman
Senate Committee on Foreign Relations
245 Russell Senate Office Building
Washington, D.C. 20510

Dear Senator Church:

I am writing to you because of what seems to me clearly to be a grave juridical fallacy in the legislative proposals being put before the Congress as part of the implementation of the Administration's new China policy.

The President proposes to ask the Congress to pass legislation protecting American relationships with Taiwan as a substitute for our present Mutual Defense Treaty and 58 other treaties. Unfortunately the Administration is recommending that these guarantees be made by a private corporation to be set up in the United States to deal on an unofficial, nongovernmental basis with the authorities in Taipei and the people of Taiwan.

These Taipei authorities are in fact the government of the Republic of China, operating under the Chinese constitution of 1946 and plainly descended lineally in full legality from the Chinese Republic set up in 1912 by Sun Yat-sen. The duly elected President, Chiang Ching-kuo, has as recently as December 1977 stated that he represents a "legitimately established government" that "is an independent sovereign state." Its territorial jurisdiction as of today, plainly established in the 59 treaties between the Republic of China and the United States, includes the island of Taiwan and a number of adjacent islands off the shore of mainland China.

In this territory by every normal standard of international law and custom, the Republic of China is a sovereign state both de jure and de facto. Its body politic includes nearly 18 million Chinese citizens. These people of course have the inherent right of any group organized politically as a sovereign state to self-determination and self-defense. It is perfectly clear that the people of Taiwan support their own elected government and do not wish to become subordinated to the Communist regime on the mainland.

Honorable Frank Church
January 19, 1979
Page Two

　　The Republic of China also claims de jure the right to
represent the millions of mainland Chinese that are de facto
under the control of the Chinese Communist government in Peking.
The United States in recent years has neither endorsed nor rejected
this de jure claim by the Republic of China. It is not necessary
to do so, since many nations we recognize have claims to other
territory beyond what they control in fact.

　　President Carter has now, upon his own authority without
Congressional consent, terminated diplomatic relations with the
Republic of China and recognized the Communist regime in Peking,
the People's Republic of China (PRC), "as the sole legal govern-
ment of China."

　　It is hard to credit the presumption of the White House
and State Department in asking the Congress and the people of the
United States to accept an agreement to transfer 18 million
people of one state against their will to become a subordinate
element of another state, thus coming by normal standards of
international law under the rule of another government, the PRC.
The secret agreement with Peking announced December 15, 1977,
sounds more like the 18th century than the end of the 20th
century. The United States has certainly never done anything of
the kind before.

　　The key difficulty now, however, is the juridical problem
that nowhere is there any precedent or legal basis for legally
binding commitments being made by a group of private individuals
or a corporation on behalf of a government with a similar group
abroad across the broad spectrum of cultural, trade, investment,
scientific, and security relations that exist between the
Republic of China and the United States.

　　Some people agree that trade can be handled in this indirect
way. Other nations, like Japan, have set up unofficial trading
channels but these have up until now been protected by the U.S.
Mutual Defense Treaty with Taiwan. In the case of U.S.-Taiwan
relations the legality and practicality of unofficial channels
are doubtful because the Carter Administration has just recog-
nized Peking as the sole legal government of China. This conces-
sion to Peking in its opinion surely gives it the right to regu-
late commerce with Taiwan like any other of its provinces. In
fact, the United States would have little lawful recourse if
Peking at some point establishes a "Berlin blockade" of Taiwan
to strangle its flourishing foreign commerce.

　　The highest ranking leader of the PRC, Premier Hua Kuo-feng,
stated that Taiwan's future is an "internal" matter in which the
United States has no right to interfere. The Carter Administra-
tion's hints that the talkative little Vice-Premier Teng Hsiao-
ping gave some kind of "tacit" agreement to leave Taiwan alone
are not very credible and certainly not authoritative.

Honorable Frank Church
January 19, 1979
Page Three

The obvious answer is for the Congress to authorize and request the President to recognize that the Republic of China (Taiwan) is a sovereign political entity and to legislate security and trade as well as other business with Taiwan on an official, government-to-government basis. This move would correct the morally shabby treatment of our friends and longtime loyal allies in Taiwan. If the Peking government is in any way sincere in its recent "tacit" assurances of respect for Taiwan's autonomy, treating Taipei fairly will not jeopardize our recognition of Peking.

The Congress will be neglecting its constitutional duties if it takes the unprecedented step of passing legislation authorizing issuance of national long-term American guarantees of a secure relationship with Taiwan through the dubious channel of private entities dealing with private entities abroad. For that reason, I believe the Congress should insist on official government-to-government relations with Taipei.

I hope the Senate and the House will both hold hearings on these important matters of state and I would be glad to accept an invitation to testify in support of the views herein set forth, as surely many other scholars would.

Cordially,

Ray S. Cline
Executive Director,
World Power Studies

RSC:jad
cc: Honorable John H. Glenn
    Chairman, Subcommittee on East
    Asian and Pacific Affairs

Appendix V 克萊恩先生與台灣「亞洲與世界雜誌」負責人
杭立武先生就「海洋同盟」理論之連絡信函

 The Center for Strategic and International Studies

Georgetown University / 1800 K Street / Washington DC 20006 / Telephone 202/833-85
Cable Address: CENSTR

COUNSELORS TO THE CENTER
Henry A. Kissinger
Robert J. Henle, S.J.

EXECUTIVE COMMITTEE: Nathaniel Samuels, Chairman / Anne Armstrong / William J. Baroody, Sr. / Leo Cherne / T. Byron Collins, S.J. / Kenneth M. Crosby / Henry A. Dudley
Donald G. Herzberg / Peter F. Krogh / Morris I. Leibman / Thomas H. Moorer / Ronald L. Smith.

September 7, 1979

Dr. Han Lih-wu
Publisher
Asia & the World Forum
P.O. Box 156
Taipei, Taiwan
Republic of China

Dear Dr. Han:

I like your idea about encouraging informal cooperative arrange-
ments between Japan, the Republic of China, and the Republic of
Korea for guaranteeing the security of the sea-lanes in the Western
Pacific. It ties in with my own concept of an "All Oceans Alliance"
to create a "peacetime constabulary of the sea." There is some
interest here in this concept, particularly on the part of Frank
Barnett of the National Strategy Information Center, Inc. He is
thinking of organizing a roundtable group to discuss Three-Ocean
Navy cooperation and has some ideas about participants. I will be
glad to participate.

Perhaps you would like to write directly to Frank. In any
case, I will send a copy of your letter and my reply to him. The
National Strategy Information Center address is:

111 East 58th Street
New York, New York 10022

Let me know how you progress.

Best regards!

Cordially,

Ray S. Cline
Executive Director
World Power Studies

Appendix VI　克萊恩先生與辜振甫先生與邵玉銘先生就
CSIS 研究計畫與贊助之往來信函

The Center for Strategic and International Stud
Georgetown Universi'y / 1800 K Street / Washington DC 20006 / Telephone 202/887-02

Henry A. Kissinger, Counselor
Robert J. Henle, S.J., Counselor
James R. Schlesinger, Senior Adviser
Zbigniew Brzezinski, Senior Adviser
Thomas H. Moorer, Senior Associate
Ray S. Cline, Senior Associate
Jack H. Bridges, Senior Associate
Cable Address: CENS
TWX: 710822

EXECUTIVE BOARD: Leo Cherne, Chairman / Anne Armstrong, Vice Chairman / David M. Abshire / T. Byron Collins, S.J. / Peter F. Krogh / Morris I. Leibman / Nathaniel Samuels / James R. Schlesinger / Frederick Seitz / Ronald L. Smith

February 17, 1982

Dr. C. F. Koo
President
Taiwan Cement Corporation
113 Chungshan Road, North, Section 2
Taipei, Taiwan, China

Dear C.F.,

I am writing to you to request formally for a continuing grant.
from the association of businessmen whom you represent in support
of the Pacific Basin Community project at Georgetown University.
Our East Asia program is very active, as the enclosed papers indicate.
Bob Downen and I do a lot of extra-curricular writing on Asian affairs
beyond the purview of the Pacific project, as you can see, with Taiwan
as one main focus.

In the last six months of 1981 you contributed $100,000 to the
Georgetown Center for Strategic and International Studies. We all
hope you can now contribute a similar amount for the first half of
1982 and make plans for a similar contribution in July 1982.

Enclosed is an updated package of materials produced by our CSIS
Pacific Basin Project during the past six months, together with miscell-.
aneous articles and correspondence on the China/Western Pacific security
issues which I and Bob Downen have circulated during that period. Much
of this relates to the "FX sale" issue and to United States commitments
to Taiwan in general.

In addition, there are several other activities just completed,
or now in the working stage, which I should mention:

-- We have initiated a new series of periodic Congressional Study
Group discussion meetings addressing the subject of "The Emerging
Pacific Basin Community," with an impressive array of permanent study
group members led by Senators John Glenn, S.I. Hayakawa, Congressman
Stephen Solarz, and Assistant Secretary of State John Holdridge. This
series, to be conducted over the next twelve months, will climax with
a large-scale CSIS conference on the subject, probably early in 1983.
I would hope that you might be able to lead a delegation of R.O.C.
businessmen and academicians to the conference in Washington at that
time. A more detailed description of our Congressional Study Group is
enclosed with this package along with a complete listing of permanent
members.

298

Dr. C. F. Koo
February 17, 1982
Page Two

-- We are also in the process now of preparing an important new CSIS publication on Taiwan's value to United States interests in the Western Pacific, tentatively titled "Western Pacific Security and the Future of Taiwan." This 100-page monograph was written recently by Mr. Martin Lasater, chief foreign policy advisor to Congressman Mickey Edwards of the House Foreign Operations Subcommittee, and is based upon research he undertook while studying in Taipei. It devotes a good deal of attention to the U.S. arms sales commitment to Taiwan, and should be ready for circulation in the Spring of this year.

-- Robert Downen, Director of our Pacific Basin Project, is now engaged in work for a major CSIS contract with the United States Army to forecast global political conditions to the year 2000. Bob's particular assignment is to project conditions in East Asia and the Western Pacific at the end of this century, and includes an analysis for the Army of the mainland China/Taiwan power balance during the next eighteen years. Bob is also working on a new project which will focus attention on Taiwan's valuable contributions to the rescue and relief of Vietnamese refugees during the past six years.

-- During June of 1981, we hosted a one-day conference at CSIS on the topic of "divided nations and international law," to compare and contrast Taiwan's legal status in the international community with that of South Korea and West Germany. A number of noted international experts spoke at our gathering, including Ralph Clough, Morton Kaplan, Wei Yung, and Hungdah Chiu; and the audience included key Congressional staff aides, corporate representatives, academicians, and media correspondents. A publication of the proceedings is scheduled for circulation later this month.

-- Our monthly CSIS newsletter, ASIA REPORT, observed its second anniversary of publication and continues to circulate widely on Capitol Hill and elsewhere around Washington.

-- Robert Downen's two CSIS monographs, "The Taiwan Pawn in the China Game" (1979) and "Of Grave Concern: U.S.-Taiwan Relations on the Threshhold of the 1980s" (1981), have been translated and published in Chinese-language editions in Taipei within the past half-year.

-- Everyone at Georgetown is extremely appreciative of the support you have been giving our work. It would be very hard to continue at the same pace without it. Please let me know whether we can count on you for comparable assistance for the coming year.

Cordially,

Ray S. Cline
Senior Associate

Encs.

CSIS

Center for Strategic & International Stud

Georgetown University / 1800 K Street Northwest / Washington DC 20006 / Telephone 202/887-
TWX: 7108229583   Cable Address: CE?-

Counselors. Henry A. Kissinger Robert I. Henle, S.J.	Senior Advisers James R. Schlesinger Zbegniew Brzezinski Robert G. Neumann	Senior Associates Thomas H. Moorer Ray S. Cline Robert H. Kupperman	Overseas Representatives

January 11, 1985

Mr. Yu-ming Shaw
Director
Institute of International Relations
64 Wan Shou Road
Mucha, Taipei, Taiwan
Republic of China

Dear Yu-ming,

I want to take this opportunity to advise you of some
of our recent activities in the World Power and Pacific
Program at CSIS. A printed "prospectus" for the coming
year is enclosed.

It was extremely helpful for IIR to assume the role of
donor last fall (1984). Private corporation contri-
butions have been coming to us from Taipei for some
time. My hope is that IIR, as a university affiliated
organization, can regularly support our research on
China and Pacific affairs as a parallel activity with its
own outstanding "think tank" work.

Because this spring (1985) will be something of a tran-
sition period in IIR's involvement with our programs, I
am bringing you up to date on what we have been
doing for the past 18 months, as well as sketching out
our plans for future programming for which I hope you
will help us find funds.

As you know, CSIS held a sixteen-nation conference on
the "Emerging Pacific Community Concept" in
October 1983 in Washington. We are still receiving
favorable responses from around the country and
overseas. A publication of the conference proceedings
was distributed in 1984 very widely around Washington,
throughout the United States, and to many officials
and research institutions abroad. Although you may
already have received a copy, I am enclosing another
copy with this letter as the first of our exhibits.
You will see that the R.O.C. was competently and
conspicuously represented.

CSIS

Center for Strategic & International Studies
Georgetown University/1800 K Street Northwest/Washington DC 20006 Telephone 202 887-0200
TWX 710-822-9144 Cable Addr. CENSIS

March 25, 1986

Dr. Yu-ming Shaw
Director
Institute of International Relations
64 Wan Shou Road
Mucha, Taipei, Taiwan
Republic of China

Dear Yu-ming,

I am writing to ask formally for your Institute to renew the grant of money from private donors that has been provided for some years now to support work on Asia at CSIS, Georgetown University.

This year has been successful in programmatic terms. We were able to conduct a number of seminars, workshops, and write numerous articles and speeches to reach a large number of people.

I am sending, under separate cover, a few samples of the materials that have come out of my research work. Please share them with your colleagues at IIR.

I have just returned from a meeting in San Fransisco of the U.S. National Committee on Pacific Economic Cooperation, on which I am one of the members of the Executive Committee. This group has the unqualified support of President Reagan and Secretary Shultz. I am hoping that our influence will be felt by decision makers. Key members of this committee will be exchanging views with the new Assistant Secretary for East Asian Affairs, Gaston Sigur. He was on the Reagan campaign team with me in 1980 and I expect to stay in close private touch with him. All of my written material will be available for him and his staff.

I look forward to my visit to Taipei in June and I am delighted I was able to persuade Georgetown once again to co-sponsor the Sino-American Conference. I regret to say there was some reluctance to do so, but my commitment to attend in any case brought the decision around to a favorable resolution.

You are aware that I am continuing my role of many years as Project Director of World Power Studies (Geopolitics) at CSIS as well as Director of the Pacific Basin Project, which concentrates sequentially on different regions of the East Asia scene.

Page 2
Letter to Yu-ming Shaw

This year the focus is on the ASEAN states, and I am directing a
very lively project on US-ASEAN relations with about 50
participants — funded mainly by CSIS donors from the United
States. I also am overall policy coordinator for all other Asian
projects, which mainly means Japan and Korea.

As you can see from the backup material (sent under separate
cover) reflecting my writing and public pronouncements in the
news media and on the lecture platform, I do a great deal of my
work technically apart from CSIS. The reason is that CSIS does
not have the resources to support some of the projects I consider
important or does not for one reason or another wish to sponsor
programs featuring the issues I have selected for emphasis.

Since CSIS encourages its scholars to publish and speak in a
variety of communications vehicles, there is no difficulty for me
in reaching out to diverse audiences, particularly on the China
issue.

In honesty I must say CSIS is very ginger about treating China
policy problems but so far has not prevented me from presenting
my well-known views on Free China in other arenas. I intend
during the remainder of 1986 to write journalistically about
Communist China in a realistic fashion and at the same time
develop a systematic project to examine more academically
what the Republic of China stands for geopolitically and
economically in East Asia and the Pacific. Perhaps some
scholars from Taiwan could assist me in this latter project.

In light of these ongoing activities, I hope the IIR will be able to
continue its financial support of my work at CSIS. It would be
most helpful carrying on in my work to receive your normal
contribution of $100,000 for the first six months of 1986 and
anticipate a similar grant for the second half year. We will
appreciate your favorable consideration of this request.

With best wishes,

Ray S. Cline

Appendix VII 克萊恩先生出席美國國會「美中關係正常化」
講稿

Statement Before
Subcommittee on Asian and Pacific Affairs
House Committee on International Relations
September 29, 1977

Normalization of U.S.-China Relations

by
Ray S. Cline
Executive Director of Studies
Center for Strategic and International Studies
Georgetown University

It is a great honor for me to appear before this distinguished

group. I want to take this opportunity to discuss with you seriously

one of the most crucial issues confronting the Carter Administration

in its foreign policy today. This issue involves our relations with

the Republic of China on the island of Taiwan and the Carter Admin-

istration's planning for normalizing relations with the People's

Republic of China (PRC) on the mainland. Since I am strongly ad-

dicted to the curious format and style of Chinese communist propa-

ganda, which it has been my duty to read for more than 30 years,

I will categorize my remarks along the lines of the pattern Mao Tse-

tung used on many occasions to set forth his thoughts.

-5-

In this vein I propose to puncture eight myths about China,

and then suggest three main principles of foreign policy that the

United States ought to follow. If any of you feel the urge to put

my eight myths and three principles in a little red book and wave

it at the State Department in Washington, go right ahead.

The first myth that needs to be punctured is that there is

only one China. Everybody says this, meaning there is only one

Chinese civilization or culture. Actually, in terms of political

organization, there are two Chinas if we mean large groups of

people of Chinese ethnic origin living in territory controlled by

their own governments.

-6-

The reality is that the People's Republic has <u>de facto</u> control

of the Chinese mainland territory, and, with periodic disruptions

characteristic of political struggles for power inside a dictator-

ship, has governed the lives of a population now numbering 950

million Chinese people. There is no factual basis for the PRC

claim that its regime is the rightful ruler of all territory that

is called Chinese; it has never controlled or governed the island of

Taiwan.

In admitting there are really <u>two</u> Chinas we are facing facts

as they exist today: that there are two separate substantial

political entities in East Asia, with capitals in Peking and Taipei.

We are not, by dealing with them necessarily endorsing the <u>de jure</u>

claim of either government to be the present or the eventual rightful

regime of all of <u>one</u> China, whenever or if in the fullness of time

this long-divided civilization is politically reunited.

-7-

The venerated scholar from Harvard, John Fairbank, is one
of the many Sinologists who have been urging that the United
States "legitimate" the Communist regime in Peking by taking the
official diplomatic position that there is only <u>one</u> China, and
that the Communist rulers control it. One the other hand, only
last September (1976), Fairbank himself wrote in <u>The Atlantic</u>,
"On reflection we can see that the One China doctrine is one of
those hoary Chinese devices for manipulating the unsophisticated
barbarian....In practical terms we cannot accept either side of
the One China claims of our Chinese friends in Peking and Taipei,
though we acknowledge the existence of their One China ideal."
Even Professor Fairbank, as a scholar, concludes that <u>one</u> China
is "not a workable fact."

-8-

I cannot subscribe to his recommendation to base American policy on the pretense that there is only one China. Just as war is too important to be left to the generals, China policy is too complex to be left to the Sinologists. It is a mistake to follow Professor Fairbank and his many colleagues who urge that we placate Peking by agreeing to the myth by which they are trying to manipulate us barbarians.

A second myth logically follows the one China myth. It is that the Republic of China on Taiwan is not a nation with a right to exist. The plain, obvious truth is that a separate Chinese state called the Republic of China has de facto control of Taiwan and the offshore islands of Kinmen, Matsu, and the Pescadores, an area of nearly 14,000 square miles. Although it is much smaller than the Mainland, the Republic of China very effectively governs 17 million ethnic Chinese, and this puts it among the fifty largest populations of the approximately 160 countries in the world. By all the normal definitions of the attributes of statehood, the Republic of China is an independent self-governing nation.

-34-

I hope that we will see no more a resurrection of the eight

myths that surround the proposition that we should carry gifts to

Peking at the expense of Taiwan.

What then ought to be the main principles of our policy toward

the PRC? They can be simply stated and constitute the conclusion

of my remarks to you on China.

1. Base U.S. foreign policy on facts--not myths; on fair

   dealing with all nations, not geopolitical maneuvering;

   on straightforward protection of U.S. strategic interests,

   not hope or fantasy about outsmarting or wooing concessions

   from the dictators at the helm of either the USSR or the

   PRC.

2. Very plainly, do not try to buy off adversaries at the ex-

   pense of allies and friends.

-35-

3. With respect to U.S.-China policy, specifically, the

right position is not a Peking formula or a Japanese

formula, but an all-American formula of de facto recog-

nition of the two Chinese states so long as they are

demonstrably able to govern their territory and their

people under conditions of free access to international

markets for commodities and arms.

It is basically a diplomatic position proposing fair treatment

for both the Republic of China and the PRC. This calls for accept-

ing the reality that the PRC has de facto control of the mainland

territory of China and offering to extend full diplomatic recogni-

tion to Peking on this basis without subscribing to its de jure

claim to be the rightful ruler of all territory that is called

Chinese. This is a sufficient gesture of willingness to conduct

cordial diplomatic relations with Peking despite the fact its

political and economic system is one we disapprove of thoroughly.

-36-

At the same time, to be fair, we should also announce coolly

but firmly that the United States does not permit any other government,

certainly not the government of the PRC, to dictate our deci-

sions on our diplomatic and security relations with other states.

We should say flatly that the United States will maintain full

diplomatic relations and honor our Mutual Defense Treaty with the

Republic of China as we said we would when we signed the Shanghai

Communique of 1972. Accordingly, U.S. policy should favor all

nations' recognition of the Republic of China (Taiwan) as de facto,

an independent state, a political entity with full sovereignty. We

would not by adopting this policy be endorsing the de jure claims

of any state to be the rightful regime for all China, but instead

would be facing the facts as they exist today.

This solution is similar to the one by which we broke the

diplomatic impasse over Germany, whereby the United States estab-

lished diplomatic relations with East Germany, a rigidly communist

state, while maintaining full diplomatic relations and defense

treaty guarantees with our loyal ally, West Germany.

-37-

This is the only realistic basis compatible with American moral

and political principles for dealing with the China problem for the

foreseeable future. There is only one Chinese civilization, but

there are today two Chinese states. If the Chinese Communists are

so rigid in their politics and ideology as to spurn this even-handed

solution, it is their loss, and there would be nothing to gain from

straining for closer contacts with them.

This middle-of-the-road policy puts us on the tenable ground

of willingness to do business with both Chinese governments on the

basis of reciprocal interests. It gives our nation an equitable way

out of what has seemed to be an evolving trend toward a one-sided,

pro-Peking policy. It removes U.S. policy on China from the anguish-

ing either-or choice posed by proponents of recognition of Peking's

claims at any price and sets our foreign policy on the firm ground

of reality, not myth.

(end)

Appendix VIII 克萊恩先生出席美國國會作證卡特總統 「台灣關係法」之 HR-1614 & S-245 提案講稿

STATEMENT BY DR. RAY S. CLINE
CENTER FOR STRATEGIC AND INTERNATIONAL STUDIES
GEORGETOWN UNIVERSITY

on

HR-1614

A BILL

To promote the foreign policy of the United States
through the maintenance of commercial, cultural,
and other relations with the people on Taiwan
on an unofficial basis

Mr. Chairman, distinguished Congressmen of the House Committee
on Foreign Affairs:

You have been asked to approve a bill, HR-1614, that
will retroactively implement and give legislative endorsement
to the President's hasty, ill-conceived decision of 15 December
1978 to sell out Taiwan lock, stock, and barrel, territory
and people to the Communist regime in Peking, the People's
Republic of China (the PRC). In it the President avoids making
any legal, binding, governmental commitment to Taiwan's security
or permanent ties with the United States. This unprecedented,
indeed bizarre bill, HR-1614, is a Chinese fortune cookie
baked by Chinese Communist Vice Premier Teng Hsiao-p'ing. It
is being handed to you by the White House and the State Depart-
ment, but the message inside was written in Peking.

- 2 -

The message inside is what counts. What it says is: The PRC, the world's most massively oppressive Communist dictatorship, is being given by the United States, by what international authority I cannot guess, our approval of its view that it has the legal right to seize total political control of Taiwan whenever it is able to do so. The more than 17 million determinedly non-Communist Chinese of the Republic of China residing under their own legally elected government on Taiwan, the Pescadores, and the Quemoy and Matsu island groups are being transferred against their will to become part of the PRC as if they were our chattel goods.

While the Carter Administration from time to time indulges in creative ambiguity to the point of downright duplicity on what was secretly agreed with Peking, let there be no mistake about it. As the PRC Chinese language version of the 15 December 1978 agreement and Premier Hua Kuo-feng's announcement in Peking plainly state, the United States "recognizes" that Taiwan is part of the Communist People's Republic of China and hence that the future of Taiwan is entirely "an internal affair" of the PRC. Gentlemen, it is your duty to pluck this message out of the glazed cookie dough of academic and legalistic doubletalk and read it out loud and clear to the American people.

Part of the irony of the Carter Administration's willingness to sacrifice Taiwan to curry favor in Peking is that, in fact, the formal constitution of the Chinese Communist Party

- 3 -

contains a platform that is not only anti-Soviet but also
anti-American. This constitutional position was most recently
approved, unanimously, on August 18, 1977, four days before
the U.S. Secretary of State Cyrus Vance's arrival in China.
It states the Communist Party "unites with the proletariat,
the oppressed people and nations of the world and fights
shoulder to shoulder with them to oppose the hegemonism of
the two superpowers, the Soviet Union and the United States,
to overthrow imperialism, modern revisionism and all reaction....
Personally I would insist on a change of that constitutional
provision of the Chinese Communist Party before proceeding
to de-stabilize our relations with Taiwan and making our
fortunes in Asia hostage to the goodwill of the unstable,
faction-ridden regime now dominated by 74-year old Teng
Hsiao-p'ing.

If, at the White House bidding, the Congress is willing
to accept S-245 as drafted it will be legislating the abandon-
ment of an open society to Communist takeover by de-legitimizing
its duly constituted legal government and declaring null and
void its sovereignty--and hence its inherent right of self
defense. This is exactly what the President hastily and
furtively agreed to over the Christmas recess, capitulating
to the PRC's persistent demands and extracting no guarantees
of safety for the people of Taiwan whom President Carter
himself has promised again and again to protect.

- 4 -

What is this political entity so cavalierly treated?
Henceforth no member of the Carter Administration will call
it the Republic of China. But it is called by the people of
Taiwan the Republic of China. There are still in force more
than 50 treaties and agreements between the government of the
United States and the government of the Republic of China,
including a Mutual Defense Treaty terminated unilaterally by
the personal act of the President but still in force through
1979. I do not scruple, therefore, to call it the Republic
of China.

The government of the Republic of China controls nearly
14,000 square miles of territory, and is in population-size
larger than most of the countries of the United Nations. It
is, in fact, the 40th largest country of the 160 independent
sovereign states of the world. It is approaching fully
representative government with elections by secret ballot at
village, county, city, and provincial levels. The people of
Taiwan support their government fully as is indicated by a
turnout of more than 80 percent of all registered voters in
a recent island-wide election.

Taiwan is an island of hope, prosperity, and human liberty
in an Asian sea of poverty and turbulence. There the best
of American and Asian political philosophies and economic
technologies have been blended to show how to modernize Chinese
society without giving up freedom. The "modernization" of main-
land China is a hope, a dream, quite possibly an impossible
dream. In Taiwan it is a present reality.

- 5 -

It is hard to believe that the United States has adopted
a policy of premeditated murder of this gentle and prosperous
land. I raised this question in an article published in
The Asia Mail of October 1978 and carefully warned both the
State Department and the White House of the disastrous con-
sequences that would follow the plan they had even then, to
make a deal with Peking and cut ~~Taiwan~~ by cutting adrift. It is now
scheduled to happen on March 1, 1979, and the Congress is being
asked to approve S-245 as a legislative fig leaf to cover the
naked truth.

The National Assembly of the Republic of China, its
highest constitutional authority, and President Chiang Ching-kuo
have declared during the past year that the Republic of China
is an "independent sovereign nation." This means it has the
inherent right to self-determination and self defense. It
also has a half-million well-trained soldiers in its armed
forces and, I assure you, they will fight for their freedom
from rule by the Communist authorities of the PRC if they
have to do so.

From official statements and testimony given before this
committee, it is clear the White House and the State Department
believe the Republic of China is not a sovereign state with
a legal government. Yet, if 17 million Chinese people, with a
free enterprise economy and trade with the United States seven
times larger than American trade with mainland China, are
governed effectively by a political entity with an international
personality having all the normal attributes of sovereignty,
then why does this bill so plainly try to imply the contrary?

- 6 -

The Carter Administration and its hired academics, the professional Pollyannas who tell you that Taiwan will be well off under the PRC, claim that we cannot deal with the Republic of China simply as the effective government of a sovereign state now controlling Taiwan, the Pescadores, and the Quemoy and Matsu islands. No matter what is said by my colleagues John Fairbank of Harvard, Doak Barnett of Brookings Institution, and Michel Oksenberg of the University of Michigan and--latterly--of the National Security Council Staff, an open society and free enterprise economy will not flourish if its international status is reduced to make it a subordinate province of a dictatorial Communist State with a centrally controlled economy and total police domination of its people.

The history of Tibet shows what promises of "autonomy" in the PRC are worth. Sooner or later, when they are able, at their leisure if they have received in advance American approval, the Communist leaders in Peking will try to assert the legal authority the Carter Administration proposes to give them to take over Taiwan by subversion, intrigue, assassination, economic strangulation, blockade, or outright military conquest.

When that happens the consequence will be war because the 17 million Chinese people of Taiwan do not want to put their high standard of living (four times that of the mainland) and their freedom in "blind trust" to the PRC, as if Taiwan were an American-owned peanut farm. Do not be misled by academic

- 7 -

doubletalk about there being only one China. There is only
one Chinese civilization but over history it has been divided
into separate states under separate governments for many
centuries. Even the venerated Sinologist from Harvard, John
Fairbank, wrote in THE ATLANTIC of September 1976 that the
concept of "one China" is "not a workable fact." He said,
"The one China doctrine is one of those hoary Chinese devices
for manipulating the unsophisticated barbarian." He is right.
The Carter Administration has been manipulated and is setting
out to manipulate the Congress and the people of the United
States.

The fact is there are two Chinese states and two Chinese
governments, and this has been the situation for exactly 30
years. President Carter said we should recognize reality.
Reality is duality. The United States needs dual relations,
one relationship with Peking, one with Taipei. There is no
reason under normal standards of international law and custom
why these relationships should not be equal.

Since 1949 American agreements and treaties have all been
cast in terms clearly specifying that we are treating the
Republic of China as the government of Taiwan and the islands
controlled from Taiwan. The authorities of the Republic of
China on Taiwan have accepted these arrangements. These
authorities are willing to be recognized legally as the govern-
ment of the Republic of China on Taiwan. If you do not believe
me, ask the representatives of the Republic of China. They

- 8 -

still reside in Washington in diplomatic status, although the
State Department is threatening to expel them if the Congress
does not do the President's bidding by March 1. The effective
rule of Taiwan by the government of the Republic of China is
a fact. It is not negated by that government's theoretical
claim to represent all of the Chinese people. We recognize
diplomatically many nations that claim territory not actually
under their control, for example Ireland which aspires to
part of the United Kingdom. Such claims are not invalidating
with regard to the sovereignty of the territory nations
actually do control.

In other words, there is no legal reason why President
Carter is obliged to break off diplomatic relations with the
Republic of China simply because he decided to recognize the
PRC.

Why did the President make this morally shabby deal?
Surely the greatest nation in the world, the United States,
has not made this extraordinary move to de-legitimize a nation
with which we have had close and friendly ties for many decades
just because the Communist authorities of the People's Republic
demanded it! Are we a dependency of Peking or will we become
one? Did Teng Hsiao-p'ing annex this country too in his recent
royal procession through it? You know better and I know better.
The PRC is an impoverished, backward nation hungry for our

- 9 -

grain, our technology, and our money. Peking is not likely to
reject normalization simply because we stand up for principle
and maintain normal relations with the Republic of China on Taiwan.

For the record, no previous President was willing to
undercut Taiwan's security with such an agreement. After
issuing the Shanghai Communique of 1972 Henry Kissinger
reasserted on President Nixon's behalf the flat statement in
"State of the World" message sent to the Congress two weeks
earlier: "With the Republic of China, we shall maintain our
friendship, our diplomatic ties, and our defense commitment."
No other nation that has recognized Peking has accepted such
humiliatingly compliant language concerning the subordination
of Taiwan as the United States used on 15 December 1978--not
Canada, not Austria, not France. President Carter voluntarily
gave the Chinese in Peking a promissory note on Taiwan, and
unless the Congress restricts its terms, they can cash it at
will. If there is a crisis over Taiwan in the future, and our
relations with Taiwan are legislatively made "unofficial" and
"nongovernmental," the United States will have lost any right
under international law to intervene.

President Carter has made a bad bargain reflecting ad-
versely on this nation's honor and credibility. In the bill
before you the President is asking the Congress and the
American people to bail him out by endorsing that bad bargain.
The immediate result will be confusion and uncertainty about
our strategic purposes in East Asia. The eventual outcome
could be war over Taiwan. The proposed "unofficial" American

- 10

relationship recommended in this bill is intended to permit
this country to shirk its long-standing security guarantees
to Taiwan.

HR 1614 as drafted is a transparent U.S. de-legitimization
of the legally elected, constitutionally established government
of the Republic of China.

It calls for a totally unprecedented, indeed unwarranted,
and politically hazardous delegation of power over the conduct
of American foreign relations with an important nation, the
Republic of China, to a nongovernmental, unofficial, private
nonprofit corporation registered in the District of Columbia.

You are being asked to assign total responsibility for
the conduct of particularly sensitive international relation-
ships to a group of private individuals answerable only to
the whim of the President. This bill sets up a sham private
institution to conduct public business, managed by foreign
service and military officers arbitrarily removed from active
service in a style reminiscent of the clumsier "sheep
dipping" operations of a CIA paramilitary front organization in
the palmiest days I can recall of secret covert action abroad.

The proposal is designed to remove from the normal
Constitutional processes of political accountability in our
Government an important element of our foreign policy, quite
possibly a war-or-peace factor. The effrontery of this proposal
is especially striking because it is precisely on this matter,
our defense commitments to the Republic of China, that both

- 11 -

Houses of Congress, and specifically the Senate in a vote of
94 to zero, last July, requested the President, in an
amendment to legislation which actually became law under his
signature, to consult with the Congress before making any
substantial changes in our policy.

Gentlemen, this bill is a direct snub to the Congress.
If that were its only shortcoming, I would assume you would
know how to take care to protect your own prerogatives. The
bill is also, however, the key legislative element in a drastic
foreign policy reversal of traditional American positions in
foreign affairs. President Carter's new China policy is
geopolitically dangerous because it tends to align us with one
giant Communist nation against another, the much stronger and
better armed Soviet Union. It is fiscally irresponsible be-
cause it holds out promises of vast profits for American
businessmen to be derived from trade with the PRC, which has
nothing of consequence to trade and nothing but our loans
with which to pay for its purchases. Beyond all that, however,
and crucially important, the new China policy is deeply
immoral in betraying a friendly nation to its mortal
enemies. Such an act will undermine U.S. credibility as an
ally worldwide.

The Congress should not pass HR-1614 in its present form.
Instead I urge you to preserve the integrity of our interna-
tional alliance system, now under siege in many quarters, by
altering HR-1614 to give an official, governmental commitment

- 12 -

to the security of Taiwan and establish a normal diplomatic
relationship insuring friendship and commerce with its people
and their government, the Republic of China on Taiwan.

I would like to conclude by suggesting the passage of an
amendment to HR-1614 or, alternatively, a Joint Congressional
Resolution including language along the following lines:
At the end of the bill, HR-1614, add the following:
Whereas, on January 1, 1979, the United States established
diplomatic relations with the People's Republic of China,
and terminated official relations with the Republic of
China; and
Whereas, it is the declared policy of the United States Govern-
ment to "maintain commercial, cultural, and other relations
with the people on Taiwan;" and
Whereas, it is the moral responsibility of the United States
to continue to provide for the security of the people on
Taiwan in a manner commensurate with the commitments of
the Mutual Defense Treaty now being terminated; and
Whereas, the Government of the People's Republic of China
exercises effective jurisdiction over 21 provinces on
the mainland of Asia, but in no way exercises, nor has
ever exercised, effective jurisdiction over Taiwan, the
Pescadores, and the Quemoy and Matsu Islands; and
Whereas, the governing authorities on Taiwan, internationally
known as the Republic of China, exercise effective
jurisdiction over the island of Taiwan, the Pescadores,
and Quemoy and Matsu Islands.

13 -

Now, therefore, be it resolved by the Senate and House of
Representatives of the United States of America, in Congress
assembled, that:

1. Notwithstanding the establishment of diplomatic
relations between the United States and the People's Republic
of China, the United States acknowledges the fact that Taiwan
and its adjacent islands remain separate entities apart from
that territory currently controlled by the Government of the
People's Republic of China, and that they remain under the
political jurisdiction and effective government of the central
governing authorities of the Republic of China on Taiwan;

2. Be it further resolved that, in order to facilitate
the declared policy of the United States to "maintain commercial,
cultural, and other relations with the people on Taiwan," and
in view of the distinct political character of the Republic of
China on Taiwan and its associated islands, the United States
agrees to extend to the governing authorities on Taiwan, and to
their representatives in the United States, the following
privileges:

    (a)   continuing title to all property in the United
            States lawfully owned by the formerly recognized
            Republic of China;

    (b)   full access to the United States courts in pursuit
            and defense of the rights of the people on Taiwan;

    (c)   full access to United States Government officials;
            and

- 14 -

(d)　the same privileges and immunities as are enjoyed
     by diplomatic missions accredited to the United
     States.

February 8, 1979

國家圖書館出版品預行編目

克萊恩與臺灣：反共理想與理性之衝突和妥協
／涂成吉著 .-- 一版 .-- 臺北市：秀威資
訊科技 , 2007 [民 96]
　面；　　公分 . -- (社會科學類；AF0063)
參考書目：面
ISBN 978-986-6909-66-5 (平裝)

1.克萊恩 (Ray Steiner Cline) - 傳記
2.克萊恩 (Ray Steiner Cline) - 學術思想
785.28　　　　　　　　　　　　96008306

 社會科學類　AF0063

克萊恩與台灣
─反共理想與理性之衝突和妥協

作　　者／涂成吉
發 行 人／宋政坤
執行編輯／賴敬暉
圖文排版／黃莉珊
封面設計／李孟瑾
數位轉譯／徐真玉　沈裕閔
圖書銷售／林怡君
法律顧問／毛國樑　律師
出版印製／秀威資訊科技股份有限公司
　　　　　台北市內湖區瑞光路 583 巷 25 號 1 樓
　　　　　電話：02-2657-9211　　　傳真：02-2657-9106
　　　　　E-mail：service@showwe.com.tw
經 銷 商／紅螞蟻圖書有限公司
　　　　　台北市內湖區舊宗路二段 121 巷 28、32 號 4 樓
　　　　　電話：02-2795-3656　　　傳真：02-2795-4100
　　　　　http://www.e-redant.com

2007 年 6 月 BOD 一版
定價：420 元

讀 者 回 函 卡

感謝您購買本書,為提升服務品質,煩請填寫以下問卷,收到您的寶貴意見後,我們會仔細收藏記錄並回贈紀念品,謝謝!

1. 您購買的書名:_____

2. 您從何得知本書的消息?

　　□網路書店　□部落格　□資料庫搜尋　□書訊　□電子報　□書店

　　□平面媒體　□ 朋友推薦　□網站推薦 □其他_____

3. 您對本書的評價:(請填代號　1.非常滿意 2.滿意 3.尚可 4.再改進)

　　封面設計____　版面編排____　內容____　文/譯筆____　價格____

4. 讀完書後您覺得:

　　□很有收獲　□有收獲　□收獲不多　□沒收獲

5. 您會推薦本書給朋友嗎?

　　□會　□不會,為什麼?_____

6. 其他寶貴的意見:_____

_____

_____

_____

讀者基本資料

姓名:_____　年齡:_____　性別:□女 □男

聯絡電話:_____　E-mail:_____

地址:_____

學歷:□高中(含)以下　□高中　□專科學校　□大學

　　□研究所(含)以上 □其他_____

職業:□製造業 □金融業 □資訊業 □軍警 □傳播業 □自由業

　　□服務業 □公務員 □教職　□學生 □其他_____

To：114

台北市內湖區瑞光路 583 巷 25 號 1 樓

秀威資訊科技股份有限公司　　　收

(請沿線對摺寄回,謝謝!)

秀威與 BOD

BOD（Books On Demand）是數位出版的大趨勢，秀威資訊率先運用 POD 數位印刷設備來生產書籍，並提供作者全程數位出版服務，致使書籍產銷零庫存，知識傳承不絕版，目前已開闢以下書系：

一、BOD 學術著作—專業論述的閱讀延伸
二、BOD 個人著作—分享生命的心路歷程
三、BOD 旅遊著作—個人深度旅遊文學創作
四、BOD 大陸學者—大陸專業學者學術出版
五、POD 獨家經銷—數位產製的代發行書籍

BOD 秀威網路書店：www.showwe.com.tw
政府出版品網路書店：www.govbooks.com.tw

　　永不絕版的故事・自己寫・永不休止的音符・自己唱